Reiki-Essenz

Der Wegweiser zu einer alten Heilkunst

DIANE STEIN

Reiki

ESSENZ

DER WEGWEISER
ZU EINER ALTEN
HEILKUNST

Aus dem Amerikanischen von
Teja Gerken und Karin Hirschmann

MEDIZIN & NEUES BEWUSSTSEIN

Titel der amerikanischen Originalausgabe: »Essential Reiki«
erschienen bei The Crossing Press Inc., Freedom, CA

Cover: Dragon Design, GB
Illustrationen: Ian Everard
Kalligraphie: Carl Rohrs
Satz und Gestaltung: Dragon Design
Lektorat: Christian Andreas Hofer

Printed in Germany

ISBN 3-925610-03-0

Für Elaine Goldman Gill

Danksagung

Viele Menschen haben dazu beigetragen, daß dieses Buch fertiggestellt werden konnte. Mein Dank gilt in erster Linie Elaine Goldman Gill und John Gill, den Mitinhabern von The Crossing Press, für ihren Mut und ihre Bereitschaft, ein so umstrittenes Buch zu veröffentlichen. Elaines Einweihungen in Reiki I, II und III, die ich 1993 im Buchladen Mystical Dragon im kalifornischen Carlsbad vorgenommen habe, zählen noch immer zu den schönsten Augenblicken meines Lebens. Richard Donovan möchte ich für seine Rechtsberatung danken, Diana Acuna für die alternativen Unterrichtsmethoden und die Informationen über die Symbole. Sasha Daucus danke ich für seine Hilfe beim Auffinden seltener Bücher und für seine stete Ermutigung. Jane Brown und Linda Page haben das Manuskript gelesen und korrigiert, Jane Brown und Carol Hunner haben wichtige Unterlagen zu den Ki-Übungen beigesteuert. Patty Callahan von Brigit Books in St. Petersburg, Florida, sowie Joy Weaver vom Treasure-Buchladen in Tampa, Florida, waren mir bei den Recherchen ebenfalls eine große Hilfe.

Laurel Steinhice und Suzanne Wagner gehören zu den Frauen, die jahrelang mit mir an Channeling-Sitzungen über Reiki teilgenommen haben. Detong Cho Yin erklärte mir in aller Ruhe, was ich über den Buddhismus wissen wollte, und gab mir darüber hinaus viele andere wichtige Informationen im Zusammenhang mit diesem Buch. Danken möchte ich auch den Menschen, die mich in Reiki ausgebildet haben, wohl wissend, daß ich das Gelernte irgendwann weitergeben und veröffentlichen würde. Sie unterrichteten mich nach traditionellen und modernen Methoden, obwohl ich zu der Zeit die Ausbildung nicht bezahlen konnte. Manche gaben mir ihr Wissen telefonisch oder per Post weiter, andere gaben mir die traditionelle Ausbildung zusätzlich zu meinen unorthodoxen Methoden, und wieder andere gaben mir Einblicke und auch Einweihungen bei einem ersten Treffen. Auch wenn sie ungenannt bleiben, möchte ich ihnen an dieser Stelle dafür danken.

Danken möchte ich auch den zahlreichen Reiki-III-Lehrern, die von mir eingeweiht Reiki zu vernünftigen Preisen an interessierte Menschen weitergeben. Unter anderem sind dies Jill Elizabeth Turner, Anastasia Marie Zepp, Jane Brown, Sasha Daucus, Diana Acuna, Tom Oakley, Carolyn Taylor, Lisa Severn und Liz Tarr. Ich danke ihnen allen für ihre Freundschaft und für ihre Arbeit.

Inhalt

Was ein Geheimnis ist, soll nicht länger ein Geheimnis bleiben, und was verhüllt war, wird aufgedeckt. Was entzogen war, wird im Licht aufgehen, und alle Frauen werden es sehen und sich freuen.

Alice Bailey[1]

Wenn du dich selbst heilst und anderen bei ihrer Selbstheilung behilflich bist, heilst du die Erde.

Du änderst wirklich etwas.

Laurel Steinhice[2]

Ich glaube, daß ein höchstes Wesen existiert – das absolut Unendliche – eine dynamische Macht, die die Welt und das Universum regiert. Es ist eine unsichtbare spirituelle Kraft, die vibriert und alle anderen Kräfte verblassen läßt. Deshalb ist es das Absolute!

Ich werde es *Reiki* nennen...

Reiki ist universelle Lebenskraft des großen göttlichen Geistes und gehört somit allen, die nach einer Heilkunst suchen und diese erlernen möchten.

Hawayo Takata[3]

1 Alice Bailey, *The Rays and the Initiations, Vol. V.*, S. 332. Zitiert von Rosalyn L. Bruyere und Jeanne Farrens (Hg.), *Wheels of Light: A Study of the Chakras, Vol. I,* S. 17.

2 Laurel Steinhice in Diane Stein, *Dreaming the Past, Dreaming the Future: A Herstory of the Earth,* Titelseite.

3 Hawayo Takata in Paul David Mitchell, *Reiki: The Usui System of Natural Healing,* S. 5-6.

Vorwort: Wichtig

Um Reiki I, II und III praktizieren zu können, bedarf es der persönlichen Einweihung durch einen Reiki-Lehrer oder eine Reiki-Lehrerin, die selbst die Reiki-Ausbildung mitsamt den Einweihungen erhalten haben. Dieses Buch ist somit kein Ersatz für die direkte Übertragung der Reiki-Kraft. Nach Erhalt der Einweihungen kann dieses Buch von Reiki-Praktizierenden und Reiki-Lehrern als *Reiki-Reiseführer* benutzt werden. Es ist das erste Buch, das die Reiki-Ausbildung in moderner Form für westliche Heiler zugänglich macht, und vermutlich auch das erste seiner Art überhaupt.

Angesichts der Veränderung und der Krise, in der sich unser Planet derzeit befindet, benötigen wir alle so dringend Heilung, daß das Wissen nicht länger geheimgehalten oder nur einigen wenigen vorbehalten werden darf. Respektiere die Heiligkeit der nachfolgenden Informationen und Reiki als göttliches Geschenk. Gebrauche es zum Wohle aller, und laß alle daran teilhaben, die es benötigen und sich dafür entscheiden. Was du aussendest, bekommst du vielfach zurück. Reiki ist universelle Liebe.

Vollmond in der Jungfrau
26. März 1994

Hinweis

Die Gedanken, Methoden und Anregungen in diesem Buch sind mit aller Sorgfalt gesammelt worden. Sie sind aber kein Ersatz für medizinischen Rat. Bei gesundheitlichen Störungen solltest du deshalb einen Arzt deines Vertrauens konsultieren.

Einführung

Meine erste Erfahrung mit dem Heilen durch Händeauflegen machte ich 1983 beim *Michigan Women's Music Festival,* wo ich auch andere Heilmethoden kennenlernte. Seit dieser Zeit weiß ich, daß ich mein Leben dem Heilen widmen möchte. Ich wünschte damals, daß auch ich ein Medium wäre und die Dinge tun könnte, die anderen Frauen scheinbar so einfach gelangen. Ich verbrachte die nächsten fünf Jahre damit, die wenigen Bücher zu lesen, die ich zu diesem Bereich finden konnte, und experimentierte mit dem Gelernten zum großen Teil an mir selbst. Ich fühlte, daß dies nur der Anfang war, und bemühte mich ständig, noch mehr aufzunehmen und zu wachsen. Ich empfand mein Wirken nicht als kraftvoll. Zu dieser Zeit unterrichtete ich auch das Heilen mit Kristallen, Edelsteinen und Händeauflegen und suchte nach Wegen, den Leuten das Lernen einfacher und wirkungsvoller zu gestalten. Irgendwie kam es mir vor, als ob etwas fehlte, das die Effektivität des Händeauflegens erhöhen und es gleichzeitig so einfach und leicht wie nur möglich machen würde.

Im August 1987 schließlich (kurz vor dem Harmonie-Treffen), entdeckte ich den Schlüssel, welcher allerdings unerreichbar schien. Auf einer »metaphysischen« Dinner-Party traf ich zwei wunderbare schwule Männer. Sie sahen mir bei einer kurzen Heilung durch Händeauflegen zu und fragten mich, wer mich in Reiki unterrichtet hätte. Ich antwortete, daß ich gar keine Reiki-Ausbildung hätte und überhaupt nicht wüßte, was es sei. Sie bestanden darauf, daß ich Reiki praktizierte, und baten mich, meine Hände fühlen zu dürfen. Beide waren sich einig, daß meine Hände »heiß« seien und daß dies das Zeichen eines Reiki-Heilers sei. Jetzt wollte ich mehr über Reiki wissen.

Später, als mir die beiden Männer eine Ganzbehandlung mit Reiki gaben, wußte ich, daß Reiki das einfache Heilsystem war, nach dem ich gesucht hatte. Ich fragte, wo ich ausgebildet werden könnte und wie teuer es sein würde, und war entsetzt zu erfahren, daß die Einweihung in Reiki I zu dieser Zeit 150 Dollar kostete und nur eine Frau in der Stadt war, welche sie gab. Reiki II kostete 600 Dollar und Reiki III oder die Meisterausbildung 10 000 Dollar, wobei sie nur selten stattfand, selbst wenn sie sich der Schüler leisten konnte. Stipendien gab es nicht. Ich arbeitete zu der Zeit als Kellnerin in einem Restaurant und konnte gerade meine Miete zahlen. Somit mußte Reiki warten.

Kurze Zeit später erhielt einer der beiden Männer seine Reiki-II-Ausbildung. Wir unterhielten uns stundenlang über Heilung, und die hohen Kosten der Ausbildung waren ein häufiges Thema. Einer der beiden vertrat die Meinung, daß die Kosten notwendig seien, da sie eine gewisse Verpflichtung darstellten. Der andere sah die Sache mehr wie ich: Heilung und Ausbildung zum Heiler sollten jedem zugänglich sein, der sie heilsam für sich selbst oder für andere anwenden wollte. Ich meine, daß es meine Aufgabe als Schriftstellerin und Heilerin war (und ist), jede Methode zu lehren und jede Information weiterzugeben, zu welcher ich Zugang habe. Bezahlung oder Gegenleistung stehen nicht an erster Stelle, und ich finde, daß jegliche Kosten, welche die erwünschte Information unerreichbar machen, unmoralisch sind. Die beiden Männer wußten, daß die Informationen über Heilung, die ich von ihnen bekam, früher oder später auch in meinen Büchern auftauchen würden.

Als mein Freund mit der Reiki-II-Ausbildung anfing, Reiki an andere weiterzugeben, obwohl er selber noch nicht die Meisterausbildung erhalten hatte, bat ich ihn, es mit mir zu probieren, was er aber monatelang verweigerte. Im Januar 1988 beschlossen wir drei, in der AIDS-Abteilung eines örtlichen Krankenhauses zu heilen, und er überlegte es sich doch anders. Ich erhielt meine Reiki-I-Einweihung zu Lichtmeß, am 2. Februar 1988, und es war eindeutig, daß die Einweihung wirksam war, obwohl ich sie von jemandem erhalten hatte, der nur die Reiki-II-Ausbildung besaß.

Ich fühlte mich durchdrungen von einer Energie, die ich davor nicht erlebt oder für möglich gehalten habe. Ich war erfüllt von Licht und Liebe für alle Wesen. Meine Heilungskapazität stieg enorm an, und die Leichtigkeit, mit der ich Reiki anwenden konnte, zeigte mir, daß dies die Heilmethode war, nach der ich gesucht hatte.

Kurz darauf begannen wir mit unseren Heilungen im Krankenhaus. Dies war ein Zeitabschnitt, in welchem ich die Transformation vom Anfänger zum Heiler spürte, und als mein Freund im Sommer seine Reiki-III-Ausbildung erhielt, nahm ich an seinem ersten Reiki-Seminar teil. Da ich immer noch weniger als 300 Dollar im Monat verdiente, konnte ich die 150 Dollar Seminarkosten nicht aufbringen, durfte allerdings trotzdem teilnehmen und wurde auch traditionell eingeweiht, erhielt aber keine Teilnahmebescheinigung. Mein Freund beriet mich bei einem Kapitel über Reiki, das in meinem Buch *Naturheilkunde für Frauen* erschien, aber wollte mich nicht weiter unterrichten. Ich fing an, die Reiki-I-Handhaltungen in Seminaren zu lehren, und sprach häufig davon, eines Tages meine Reiki-Ausbildung fortzusetzen und zu lernen, wie man es unterrichtet.

Im November 1989 wurde ich von zwei Frauen, welche ich 1988 auf dem *Michigan Women's Music Festival* kennengelernt hatte, eingeladen, sie auf einer Seminarreise in den Mittleren Westen der USA zu begleiten. Eine von ihnen hatte gerade ihre Reiki-III-Ausbildung von einer Lehrerin erhalten, die wie ich der Meinung war, daß diese Heilmethode zugänglicher gemacht werden müßte. Sie hatte die 10 000 Dollar nicht, die normalerweise für die Reiki-III-Ausbildung verlangt wurden, und erhielt diese für viel weniger. Ihre Lehrerin experimentierte mit modernen Unterrichtsmethoden, war aber selbst traditionell ausgebildet worden. Während des Wochenendes gab sie auf einmal einigen der Seminarteilnehmer vollkommen überraschend die Reiki-I-Einweihung und weihte mich in Reiki II ein, wobei ich auch die Bescheinigungen für beide Grade erhielt. Sie versprach außerdem, mir bei unserem nächsten Treffen die Ausbildung für Reiki III zu geben, und meinte: »Ich hätte es beinahe schon heute getan, konnte aber die Papiere mit den Symbolen nicht finden.«

Wir trafen uns im folgenden Jahr zweimal, aber sie fand immer wieder Ausreden, um mich nicht weiter zu unterrichten. Ich war sehr frustriert. Da ich meine Reiki-I-Einweihung von einem Reiki-II-Praktizierenden erhalten hatte, entschloß ich mich, den nächsten Reiki-Grad auf eigene Faust zu lernen. Ich vermutete, daß die Plazierung der Reiki-II-Symbole im Kronen- und Herz-Chakra und auf den Händen des Empfängers die Basis dafür seien, und kam dabei der Wahrheit nahe. Da mir nur Reiki II zur Verfügung stand, hatte ich zu wichtigen Symbolen keinen Zugang.

Nach einem Telefongespräch mit einer Frau, die ich nie getroffen hatte, der ich aber von meinen Bemühungen erzählte, bekam ich einen Brief, in welchem sich ein Zettel mit den traditionellen Reiki-III-Symbolen befand. Hierdurch wurden meine Experimente effektiver, und ich war in der Lage, in einigen meiner Versuche den Empfänger für die Energie zu öffnen. In meinen Seminaren gab ich weiterhin die gesamten mir zur Verfügung stehenden Informationen weiter mit der Begründung, daß ich eine experimentierfreudige Reiki-II-Praktizierende sei.

In einem anderen Telefongespräch berichtete ich meiner Reiki-II-Lehrerin im Mittleren Westen, daß ich mich in Einweihungen versuche. Sie zeigte sich darüber sehr verärgert, und wir hatten eine heftige Auseinandersetzung über meine Tätigkeit. Ich erinnerte sie daran, daß sie mir die gesamten Informationen versprochen hatte, ihr Versprechen aber nicht hielt. Sie rief mich eine Stunde später zurück und meinte: »Da du es ohnehin tust, dann tue es wenigstens richtig.« Daraufhin erklärte sie mir am Telefon die einzelnen Schritte zur Weitergabe von Reiki-Einweihungen.

Ich bediente mich also ihrer modernen Methode, und siehe da, meine Empfänger begannen sich der Reiki-Energie wirklich zu öffnen. Sie öffneten sich zwar nicht besonders stark, und nicht jeder entwickelte die heißen Hände und inneren Gefühle, welche auf eine Reiki-Öffnung hinweisen. Meine Reiki-II-Lehrerin unterrichtete mich weiterhin per Telefon und fütterte mich stückchenweise mit Informationen, die ich wie ein Puzzle zusammensetzen mußte. Diese Art von Unterricht war zwar auf Dauer sehr frustrierend, aber ich hatte keine andere Wahl.

Im Juni 1990 – zur Zeit der Sonnenwende – hielt ich ein Wochenendseminar in der Nähe von Denver ab. Während dieses Seminars bot ich jedem interessierten Teilnehmer die Reiki-I-Einweihung auf experimenteller Basis an. Sechs Frauen nahmen mein Angebot an und öffneten sich der Reiki-Energie. Nach diesem Wochenende in Denver besuchte mich die Partnerin meiner Reiki-II-Lehrerin, die gerade auf der Durchreise war. Eine Freundin von ihr, welche ich bis dahin nicht kannte, fuhr sie zu dem Haus, in dem ich untergebracht war, und blieb zum Abendessen. Beim Essen sprach ich über die Seminare und wie sehr ich mir die Reiki-III-Einweihung wünschte, damit ich es »richtig« tun könnte. Daraufhin meinte sie: »Ich habe zwar jetzt keine Zeit für eine richtige Ausbildung, aber wenn du nur die Einweihung brauchst, so können wir das sofort machen.«

Während wir noch beim Dessert saßen, gab sie mir die Reiki-III-Einweihung. Ich habe seitdem nichts mehr von ihr gehört, danke ihr aber von ganzem Herzen. Meine eigenen Einweihungen wurden danach um so kraftvoller und absolut zuverlässig – jeder öffnete sich der Energie. Jetzt war ich eine Reiki-Meisterin und konnte andere ausbilden.

Im Februar 1991, wieder zu Lichtmeß, gab ich in einer anderen Stadt ein Wochenendseminar. Ich unterrichtete Reiki I und II zusammen, und eine der Teilnehmerinnen sah mich den ganzen Tag sehr finster und mürrisch an. Zum Schluß sagte sie, daß sie eine traditionelle Reiki-Meisterin sei und mit mir sprechen wolle. Sie schalt mich heftig wegen einiger meiner Methoden. Vor allem war sie strikt dagegen, daß ich meinen Schülern erlaubte, bei Einweihungen zuzusehen – was ich übrigens immer noch tue. Sie protestierte, daß meine Einweihungsmethode nicht traditionsgemäß sei, und meinte, daß jegliche Änderung eine Abweichung von Reiki darstelle. Ich war da völlig anderer Meinung.

An diesem Punkt unterbrach uns meine Gastgeberin mit dem Vorschlag, daß die Frau mir entweder die »richtige« Methode beibringen oder aufhören sollte, meine Zeit zu verschwenden. Sie war einverstanden und unterwies mich am nächsten Tag eine Stunde in der traditionellen Einweihung und in den Lehrmethoden. Sie gab mir außerdem noch die traditionelle Reiki-III-Einweihung und versprach mir die dazugehörigen Bescheinigungen, welche sie aber nie ausstellte, weil ich nicht ausschließlich nach dem traditionellen System arbeitete, sondern meine eigenen Methoden mit denen meiner Reiki-II-Lehrerin kombinierte. Und da diese Mischung erstaunlich gut funktionierte, war ich nicht bereit, etwas daran zu ändern.

Zum Beltanefest im Mai 1991 (mir fällt beim Schreiben dieses Buches auf, daß meine wichtigsten Erfahrungen mit Reiki während der Wicca-Sabbate stattfanden) schickte mir meine frühere Reiki-II-Lehrerin eine Kopie eines »neuen« Reiki-III-Symbols und bat mich, es auszuprobieren. Nach anfänglichem Widerstreben gefiel es mir immer besser, so daß ich es auch heute noch benutze, da es eindeutig stärkere Kräfte besitzt. Mit diesem neuen Symbol entfernte sich meine Methode noch weiter von der traditionellen Reiki-Lehre. Am Ende jenes Monats fuhr ich zum *Southern Women's Music and Comedy Festival,* was einen weiteren Meilenstein auf meinem Weg zur Reiki-Meisterin bedeutete.

An diesem Festival lehrte ich kein Reiki, da die Teilnehmerzahl in den Seminaren zu hoch war für die begrenzte Menge von Reiki-Einweihungen, die ich an einem Tag hätte geben können. Statt dessen veranstaltete ich einen Workshop über Naturheilmittel, in welchem mir zwei Frauen offenbarten, daß sie bald sterben würden. Ich bot ihnen Reiki-Einweihungen an, und da sie zustimmten, vereinbarten wir ein Treffen am Ende des Workshops. Ich lieh mir zwei Klappstühle und weihte die Frauen ein, in der Hoffnung, ihr Leiden zu lindern und ihnen ein Heilungsmittel zu geben. Als ich fertig war und aufblickte, sah ich, daß sich eine lange Menschenschlange gebildet hatte, alles Frauen, die auch eingeweiht werden wollten. Eine Frau aus der Gruppe mit Reiki II half mir, indem sie die Handhaltungen erklärte, und ich gab Reiki-Einweihungen für die nächsten zwei Stunden. Es war mir nicht ganz wohl dabei, diese Einweihungen außerhalb eines richtigen Reiki-Seminars zu geben, aber meine innere Stimme spornte mich immer wieder an: »Nur weiter so, nur weiter so.«

Als ich am nächsten Tag Bücher signierte, bildete sich erneut eine Schlange, und wieder gab ich Reiki-Einweihungen. Später hörte ich, daß unter den Festival-Frauen das Gerücht umging: »Stell dich bei Diane Stein an, sie verschafft dir die tollste spirituelle Erfahrung deines Lebens.« Die meisten hatten keine Ahnung, wofür sie anstanden, und trotzdem sagte mir meine innere Stimme: »Mach weiter.« Alles in allem gab ich in zwei Tagen wohl 150 Einweihungen kostenlos. Körperlich war es zuviel für mich; ich war nachher gut drei Wochen krank. 25 Einweihungen am Tag sind mehr als genug. Diese Erfahrung zeigte mir allerdings auch, wie notwendig Reiki ist und wie viele Menschen es brauchen.

Nach dem Festival wußte ich, daß es meine Aufgabe ist, so vieln Frauen (und Männer) wie möglich

Reiki zu lehren. Diese fantastische Heilmethode muß jedem zugänglich gemacht werden, unabhängig davon, ob er sich die Ausbildung leisten kann oder nicht. Diese Einstellung vertrete ich auch heute noch, allerdings fällt es mir manchmal schwer, den Veranstaltern von Seminaren und Festivals nahezubringen, weshalb diese Heilungsmethode so wichtig ist. Als meine Reiki-II-Lehrerin, welche mich bis dahin immer noch mit der Reiki-III-Bescheinigung lockte, von meinen Festival-Aktivitäten hörte, weigerte sie sich, mich weiter zu unterrichten. Ihrer Meinung nach mißbrauchte ich Reiki, indem ich es verschenkte, und so ließ sie unsere neu gefaßten Pläne, meine Ausbildung abzuschließen, endgültig fallen.

Obwohl ich jetzt seit vier Jahren Reiki-Meisterin bin und Hunderte von Schülern unterrichtet habe, besitze ich keinerlei offizielle Bescheinigung und finde diese auch nicht mehr wichtig. Ich biete meinen Schülern eine Bescheinigung für ein »unorthodoxes Reiki« an und bin überzeugt, daß ich trotzdem gut und effektiv lehre. Zu meinem Geburtstag am Herbstanfang 1992 schenkte mir eine Schülerin eine Bescheinigung. »Du hast mich ausgebildet«, meinte sie, »hiermit bescheinige ich dir deine Befähigung.« Darüber mußten wir beide herzlich lachen. Mittlerweile habe ich einige hundert Reiki-III-Praktizierende ausgebildet, und viele von ihnen unterrichten bereits selbst. Ich habe sie gebeten, meine Preispolitik mit niedrigen Kursgebühren und, wenn nötig, mit Stipendien fortzusetzen, und wie ich dafür zu kämpfen, daß diese Heilmethode, die allen zugänglich sein sollte, weiter entmystifiziert wird. Viele Frauen und einige Männer haben diesen Weg inzwischen eingeschlagen.

Reiki I

Der erste Grad

1. Kapitel

Die Geschichte des Reiki

Reiki ist eine Heilmethode, die durch Händeauflegen unvergleichliche Ruhe, Entspannung und Kraft bringt. Dieses Buch soll zeigen, was Reiki alles kann und wie es wirkt. Um diese Heilmethode wirklich zu verstehen, muß man jedoch wissen, wo sie entstand und wie sie in den Westen gelangte. Der Werdegang des Reiki umfaßt nahezu die gesamte Geschichtsschreibung der Menschheit, und die Methode selbst ist gewiß älter als seine schriftliche Dokumentation. Ich habe mein möglichstes getan, um den Ursprung von Reiki zu erforschen, trotzdem bleiben viele Lücken. Viele in diesem Zusammenhang bedeutsame Informationen sind nie ins Englische übersetzt worden, und ein noch viel größerer Teil davon ist überhaupt nicht niedergeschrieben worden. Die traditionelle Reiki-Geschichte beginnt im 19. Jahrhundert, doch da war Reiki schon uralt.

Auskünfte über die Zeit vor der schriftlichen Überlieferung sind nur durch Channeling möglich, und obwohl derartige Informationen als spekulativ bezeichnet werden müssen, sind sie interessant und werfen neue Fragen auf. Ich bin der Meinung, daß solche Methoden zu faszinierend und wertvoll sind, um sie zu übersehen, wenngleich sie natürlich nicht nachweisbar sind. Für mein Buch *Dreaming the Past, Dreaming the Future* beschrieb das Medium Laurel Steinhice 1990 die zwölf Ursprungsplaneten, deren Bewohner die ersten Siedler der Erde darstellten. Die meisten dieser Planeten befinden sich im Siebengestirn und einige in den Sternsystemen des Sirius und des Orion.[1] Die Menschheit entwickelte sich nicht auf der Erde; wir wurden von einer Vielzahl planetarischer Kulturen hierher gebracht, und einige Channellers beschreiben diese nun in ihren Texten. Es gibt mittlerweile auch mutige Übersetzer alter Schriften, die den Beweis dafür erbringen.

1991 bat ich Laurel, durch Channeling den Ursprung von Reiki zu übermitteln. Sie sagte, daß Reiki von demselben Planeten abstamme, der uns auch die vielarmigen Götter und Göttinnen der vorpatriarchalischen indischen Kulturen brachte. Der uns heute als Shiva bekannte indische Gott (damals noch weiblich) war es, der Reiki zu uns brachte, und möchte mit diesem Geschenk in steter Erinnerung bleiben. Reiki wurde als Geburtsrecht genetisch in den menschlichen Körper integriert, als dieser für die Erde entworfen wurde.[2]

Reiki steckt in jedem von uns, und diese universelle Lebenskraft sollte niemals verlorengehen. In der frühen Zivilisation der Erde, welche heute als *Mu* bekannt ist, bekamen Kinder ihre Reiki-Grundausbildung in einem Alter, in dem sie heute eingeschult werden. Den zweiten Reiki-Grad erhielten sie im Realschulalter. Der dritte Reiki-Grad, die Meisterausbildung, war obligatorisch für Erzieher und Lehrer und stand jedem zur Verfügung, der diese Ausbildung wünschte. Als die Menschen dieser Wurzelrasse Mu verließen, um das heutige Indien und Tibet zu besiedeln, nahmen sie Reiki mit, während der Inselkontinent verlorenging. Die Erdverschiebungen, die zum Untergang von Mu und später von Atlantis führten, beschworen auch ein kulturelles Chaos herauf, und so wußten schließlich nur noch einige wenige von Reiki. Als im 19. Jahrhundert ein Japaner nach den Heilmethoden von Jesus und Buddha suchte, stieß er beim Studium altindischer Schriften auf die Überreste der Shiva-Kultur.

Die traditionelle Reiki-Geschichte[3] beginnt Mitte des 19. Jahrhunderts mit Mikao Usui, einem christlichen Priester, der als Leiter der Doshisha-Universität in Kyoto, Japan, lebte. Nachdem ihn seine Studenten gebeten hatten, Jesu Heilmethode zu demonstrieren, begab er sich auf eine zehnjährige Suche, um diese Fähigkeit zu erlernen. Als ihm die kirchlichen Behörden in Japan erklärten, daß sie nichts über diese Methoden wüßten und darüber auch nicht diskutiert würde, suchte Usui die Antwort auf seine Fragen im Buddhismus. Es gibt in der Tat verblüffende Ähnlichkeiten zwischen Buddhas Leben in Indien (Gautama Siddhartha, 620-543 v. Chr.) und dem Leben Jesu. Von buddhistischen Mönchen erfuhr Usui, daß die alten spirituellen Heilmethoden verlorengegangen seien. Er könne ihnen nur auf die Spur kommen, indem er zum Buddhismus übertrete und den Weg zur Erleuchtung ginge.

Daraufhin reiste Usui in die Vereinigten Staaten und blieb dort sieben Jahre. Nachdem er auch von den dortigen Christen keine weiteren Antworten bekam, ging er zur *University of Chicago Divinity School,* wo er vergleichende Religionswissenschaften und Philosophie studierte und außerdem seinen Doktor der Theologie erhalten haben soll. Er lernte auch Sanskrit, die ursprüngliche Sprache Indiens und Tibets. Trotzdem fand Usui keine Hinweise zu den von ihm gesuchten Heilmethoden. Seit dieser Zeit gilt Usui nicht mehr als Christ oder Geistlicher, sondern nur noch als Buddhist, welcher nach seiner Rückkehr nach Japan in einem Zen-Kloster lebte.

Interessanterweise fand Reiki-Meister William Rand bei Nachforschungen über die Ursprünge von Reiki heraus, daß Mikao Usui nie an der Doshisha-Universität war, weder als Leiter, Lehrer oder Student. Darüber hinaus gibt es keine Unterlagen über seinen Aufenthalt an der Universität von Chicago oder über einen dort erhaltenen Abschluß.[4] Die Vermutung liegt nahe, daß die christlichen Aspekte der Geschichte für den Westen hinzugefügt wurden, damit die erstaunlichen Fähigkeiten des Reiki-Systems eher akzeptiert werden. Die Parallelen zwischen dem Buddhismus und den anfänglichen Lehren Jesu (anstelle des religiösen Christentums oder der von der Kirche verbreiteten Lehre) sollte man sich allerdings etwas genauer anschauen. Dazu werde ich kurz von der Geschichte des Reiki abweichen.

Buddha, der Erlöser Indiens, wurde im Jahre 620 v. Chr. nahe der nepalesischen Grenze als Sohn des Königs geboren und trug den Namen Gautama

Siddhartha. Abgeschirmt vom Elend der Welt, lebte der Prinz in einem Palast, den er nicht verlassen durfte. Als Erwachsener trieb ihn das Bedürfnis, die Außenwelt mit eigenen Augen zu sehen, so weit, daß er seinem Vater gegenüber ungehorsam wurde und dem goldenen Käfig entfloh. Zum ersten Mal sah er Alter, Krankheit, Tod, Armut und Elend, und diese Bilder machten ihm sein karmisches Erbe bewußt, alle Menschen von ihren Qualen zu erlösen.

Daraufhin entsagte er dem Reichtum und verließ seine geliebte junge Frau, um in die Heimatlosigkeit zu gehen. Er lebte unter Bäumen, bettelte um sein Essen und meditierte über die Aufhebung des Leidens. Eines Tages, als er unter einem Feigenbaum meditierte, kam ihm die erlösende Erkenntnis, wie alle Menschen zu heilen seien, und diese Offenbarung unter dem Bodhi-Baum war die erste Erleuchtung. Der Sakyamuni Buddha entdeckte, daß die Gier und Negativität, welche durch das Haften an weltlichen Dingen und sogar an anderen Menschen verursacht wird, die Ursache alles Elends ist. Die Handlungen, die sich aus dieser Schwäche ergeben, häufen gutes wie schlechtes Karma an, das die menschliche Seele auf der irdischen Ebene festhält. Das Karma bewirkt so lange die Wiedergeburt eines Menschen, bis sich jegliche Umstände aufgelöst haben. Die Reinkarnation und das Leben auf der Erde erzeugen das menschliche Leid, und außer der Wiedergeburt in einem anderen menschlichen Körper gibt es keinen Weg, das angesammelte Karma abzutragen.

Wie das Karma aufzulösen und der Kreislauf von Wiedergeburt und Reinkarnation beendet werden kann, beantworten die buddhistischen Lehren. Diese Philosophie, welche auch Götter und Göttinnen anderer Kulturen akzeptiert, prägte nachhaltig alle wichtigen Weltreligionen, einschließlich Christentum. Die buddhistische Lehre basiert auf dem Prinzip des Mitgefühls für alle Lebewesen. Sie fordert Gewaltverzicht und Friede gegenüber Menschen und Tieren, ist gegen das Töten von Mensch und Tier und für bedingungslose Nächstenliebe. Im buddhistischen Sinn bedeutet Heilen mehr als die Heilung des Körpers, da unser Geist und unsere Emotionen auch der Heilung bedürfen und Heilen in erster Linie spirituell geschehen muß. Die Welt wird als Illusion angesehen, eine dem Leeren entsprungene Kreation des Geistes. Viele der Gleichnisse und Geschichten aus dem späteren Christentum stammen ursprünglich aus dem Buddhismus, unter anderem auch das Gleichnis vom Senfkorn, vom verlorenen Sohn, die Bergpredigt und Jesu Versuchung in der Wüste durch den Teufel.

Buddhas Entdeckung vom Weg zur Erleuchtung ermöglichte die Erleuchtung anderer. Einige Buddhas sowie auch die als Bodhisattvas bekannten Erleuchtungswesen folgten Gautama Siddharthas Weg. Ein Bodhisattva (Erlöser) ist jemand, der die Erleuchtung erreicht hat und sich somit nicht weiter zu reinkarnieren braucht. Dessenungeachtet kehren die Erleuchtungswesen in einem physischen Körper zur Erde zurück, um andere von Schmerz und Elend zu befreien und sie in die Erleuchtung zu führen. Zwei der bekanntesten weiblichen Bodhisattvas (obwohl im Buddhismus nur wenige Frauen bekannt sind) sind Kuan-Yin in China (in Japan als Kannon bekannt) und Tara in Tibet. Ich bin davon überzeugt, daß auch Maria und Josef Bodhisattvas waren.

Buddha sowie einige der ihm nachfolgenden Buddhas waren als *Die Großen Heiler* (wie später auch Jesus genannt wurde) bekannt. Heilen hatte im frühen Buddhismus einen derart hohen Stellenwert, daß später davon abgesehen wurde, um der Erleuchtung nicht im Weg zu stehen. Was wir heute Reiki nennen, war in Indien seit Gautama Siddharthas Zeiten bekannt. Es wurde teilweise in den buddhistischen *Sutras* (heiligen Schriften) beschrieben, überwiegend aber nur mündlich überliefert. Einige der frühen buddhistischen Schriften erläutern die Auswirkungen des spirituellen Heilens (das Freisein von Elend und

Reinkarnation in einem »reinen Land«, wo Erleuchtung möglich ist) mehr als die eigentlichen Methoden des Heilens. Rituale und Gebete zum Buddha des Heilens werden in einigen Texten beschrieben.

Methoden, die dem Westen vertrauter sind, wie Psychotechniken, Visualisierungen, Einweihungen/Einstimmungen, meditative Zustände und spirituelles Heilen von Körper, Geist und Emotionen, stellen eine als *Tantra* oder *Vajrayana* bekannte Art des Buddhismus dar. Tantra ist eine aus Tibet stammende esoterische Form des Mahayana-Buddhismus. Es erfordert völlige Hingabe und jahrelange meditative Erfahrung. Im Westen ist Tantra irrtümlicherweise als sexuelle Praktik bekannt. Tatsächlich ist ihr Ziel die Vereinigung und Einheit aller Geschöpfe. Diese Einheit wird durch die Visualisierung (ohne körperlichen Kontakt) eines Sexualpartners verkörpert. Zwei Nebeneffekte der tantrischen Praktiken sind übersinnliche und heilende Fähigkeiten. Eingeweihte werden angehalten, diese nur im Notfall in Anspruch zu nehmen, da diese Fähigkeiten vom Prozeß der Erleuchtung ablenken.[5]

Der tibetische Buddhismus kennt auch den Begriff des *Tulku,* eines göttlich Inkarnierten mit Erinnerungen an frühere Leben. Der jetzige Dalai Lama ist zum Beispiel ein Tulku. Nach dem Tod eines Dalai Lama gehen die Lamas (buddhistische Mönche) auf die Suche nach seiner Reinkarnation, die sie anhand verschiedener Zeichen und Prüfungen identifizieren. Noch als kleines Kind wird der neue Lama daraufhin ins Kloster gebracht, um erneut die Funktion zu übernehmen, die er in seinem früheren Leben innehatte. Auf diese wichtige Verbindung zwischen mystischem Buddhismus und Jesus werde ich noch näher eingehen.[6]

Schriftliche Überlieferungen des tantrischen Buddhismus geben keine klaren Anweisungen, wie der Pfad zu erreichen ist. Die Texte sind nur für Eingeweihte bestimmt und werden mündlich weitergegeben. Aus Angst vor Entweihung werden sie sorgsam geschützt und sind absichtlich undeutlich formuliert. Ohne einen Lehrer läßt sich die mystische Sprache nicht entziffern, und nur Schüler, die von ihm für würdig erachtet werden, erhalten die nötige Unterweisung.[7] Etliche Lehren gehen verloren, wenn der Lehrer/Meister sie keinen Schülern anvertraut; gelegentlich werden verlorengegangene Praktiken durch ein Medium wiederentdeckt. Das tibetanische *Tantra Lotus Sutra,* ein Text aus dem ersten oder zweiten Jahrhundert v. Chr., enthält die Symbole der Reiki-Methode.

Wie erreichte nun diese Reiki-Methode Jesus im Nahen Osten? Laut Holger Kersten, einem deutschen Schriftsteller und Forscher, Autor des Buches *Jesus lebte in Indien,* war Jesus ein reinkarnierter Bodhisattva, ein Tulku. Seine Geburt wurde von buddhistischen Mönchen erwartet, und die »drei Weisen aus dem Morgenland« folgten der seltenen Planetenkonstellation des Jahres 5 v. Chr., um ihn zu finden. Der Buddhismus war zu dieser Zeit im Osten sehr verbreitet, und die meisten Länder des Nahen Ostens besaßen buddhistische Zentren.

Das Kind muß zu diesem Zeitpunkt etwa zwei Jahre alt gewesen sein und war bedroht durch Herodes, dem Prophezeiungen eines neugeborenen Essener-Führers zu Ohren gekommen waren, der die römische Herrschaft anzweifeln werde. In Qumran, nahe den Grotten, welche später die Schriftrollen vom Toten Meer beherbergten, gab es ein buddhistisch orientiertes Essener-Kloster, in dem man von diesen Prophezeiungen wußte. Die Lehren der Essener beinhalten die Reinkarnation und das Karma sowie die Unsterblichkeit der Seele, die mitfühlende Friedfertigkeit und das einfache Leben.[8] Den Tulku im Jesusknaben erkennend oder vielleicht auch auf Anweisung der Essener, die ihn als solchen erkannten, nahmen die drei Weisen den Jungen und seine Eltern mit nach Osten. Das Kind

CHRONOLOGIE

Indien

620 v. Chr.	Geburt des Gautama Siddhartha, Sakamuni Buddha, nahe der indisch-nepalesischen Grenze.
543 v. Chr.	Gautama Siddharta stirbt in Kusingara (Indien).
2. bis 1. Jh. v. Chr.	Das Tantra Lotus Sutra wird geschrieben,[15] weitere Heilungstexte existieren.
7 v. Chr.	Historisches Datum der Geburt Jesu.[16]
5 v. Chr.	Die »Drei Weisen aus dem Morgenland« (Indien) sind auf der Suche nach der Reinkarnation eines Erleuchteten und nehmen Jesus und seine Familie mit nach Ägypten und Indien.
27 oder 30 A.D. bis 30 oder 33 A.D.	Jesus kehrt für 2-3 Jahre nach Jerusalem zurück.[17]
30 oder 33 A.D.	Die Kreuzigung Jesu und Beweise, daß er überlebte.[18]
46 oder 49 A.D.	16 Jahre nach seiner Kreuzigung kehrt Jesus nach Indien zurück.[19]
110 A.D.	Jesus stirbt in Srinagar (Indien); der Sage nach wurde er 120 Jahre alt, was zu seiner Zeit nicht ungewöhnlich war.[20]

Japan

Spätes 19. Jh.	Mikao Usuis Suche nach Reiki.
1925	Chujiro Hayashi erhält 47jährig die Reiki-Meisterausbildung.
1930	Todesjahr von Mikao Usui, der 16 oder 18 Reiki-Meister einweihte.
10. Mai 1941	Todestag von Chujiro Hayashi, der 13 oder 16 Reiki-Meister einweihte, darunter die ersten Frauen, Hawayo Takata und seine Ehefrau Chie Hayashi.

Hawaii

24. Dez. 1900	Geburtsdatum von Hawayo Kawamuru.
10. März 1917	Heirat mit Saichi Takata.
Oktober 1930	Saichi Takata stirbt.
1935	Hawayo Takata sucht das Maeda-Krankenhaus in Akasaka (Japan) auf, danach Hayashis Reiki-Klinik und ist nach vier Monaten geheilt.
Frühjahr 1936	Takata erhält von Chujiro Hayashi die Reiki-I-Einweihung.
1937	Takata erhält Reiki II und kehrt nach Hawaii zurück, wo sie ihre erste Reiki-Klinik in Kapaa eröffnet.
Winter 1938	Auf Hawaii erhält Hawayo Takata von Chujiro Hayashi Reiki III und wird am 22. Februar 1938 von ihm zu seiner Nachfolgerin ernannt.
11. Dez. 1980	Todesdatum von Hawayo Takata, die zwischen 1970 und 1980 22 Reiki-Meister ausbildete; einige Quellen geben den 12. Dezember als ihren Todestag an.[21]

wurde zuerst in Ägypten, später in Indien aufgezogen und ausgebildet. Durch den Zugang zu den buddhistischen Mahayana- und Vajrayana-Lehren war er bei seiner Rückkehr nach Jerusalem als erwachsener Mann im Buddhismus bewandert und wirkte bereits als Reiki-Heiler. Außerdem war er ein Bodhisattva.

Holger Kersten rekonstruiert das Leben Jesu und wartet mit einleuchtenden Erklärungen für sein Weiterleben nach der Kreuzigung auf. Jesus wird in den buddhistischen *Sutras* oftmals als Issa oder Yuz Asaf und im Islam als Ibn Yusf erwähnt. Die meisten Quellen beschreiben seine Vergangenheit oder die Wundmale, wodurch er eindeutig zu identifizieren ist. Jesus überlebte und hielt sich noch viele Jahre als respektierter Heiliger in Indien auf.[9] Die Gräber von Maria in Mari (Pakistan), Maria Magdalena in Kashgar (Indien) und Yuz Asaf in Srinagar (Indien) sind bekannte Betstätten und eindeutig als solche ausgewiesen.[10] Kersten zitiert 21 Textstellen, die den Aufenthalt nach seiner Kreuzigung sowohl in Kaschmir (Indien) als auch an zahlreichen anderen Orten belegen.

Die christliche Kirche, in der sich die Lehren des Apostels Paulus stärker widerspiegeln als die des buddhistisch geprägten Jesu, hat den Großteil dieser höchst wissenschaftlichen Informationen zurückgehalten. Der geschichtliche Jesus ist eine faszinierende Figur und hat zu Recht seinen Platz in der Geschichte des Reiki. Falls er tatsächlich andere in die Heilmethode einführte – im Neuen Testament instruierte er zumindest seine Jünger -, dann erreichte Reiki einen wesentlich größeren Teil der Alten Welt außerhalb Indiens, als bisher angenommen wurde. Aus der christlichen Lehre verbannte es höchstwahrscheinlich der Apostel Paulus, der Jesu Lehren anscheinend neu interpretierte. Im 5. Jahrhundert wurden die grundlegenden Konzepte der Wiedergeburt und des Karmas aus den biblischen Schriften gestrichen, und auch die Heilmethode Jesu, die so vielen hätte helfen können, war dem Westen nicht mehr zugänglich. Nur im Buddhismus wurde das Heilen lebendig gehalten; es wurde praktiziert, aber nicht publik gemacht.

Mikao Usui kehrte nach Japan zurück und lebte in einem buddhistischen Zen-Kloster. Dort fand er eines Tages die Texte, in denen die Formeln und Symbole zum Heilen beschrieben waren und die er nun in ihrer ursprünglichen Sanskrit-Fassung lesen konnte. Es fehlten jedoch Hinweise wie die Aktivierung und Nutzung der Energie. Derartige Undeutlichkeiten waren in den *Sutras* absichtlich enthalten, um sie vor Mißbrauch zu schützen. Bei Hawayo Takata heißt es dazu:

> *Er begann Sanskrit zu studieren, und als er es später beherrschte, fand er eine Formel. Es war keine besonders schwere, im Gegenteil, sie war sehr einfach. Etwa so wie zwei mal zwei gleich vier ist… Also sagte er sich: »Ausgezeichnet, ich habe es gefunden. Nun muß ich es allerdings deuten, denn es wurde vor 2500 Jahren geschrieben, ist also uralt. Aber durch diese Prüfung muß ich durch«.*[11]

Die Prüfung bestand aus dreiwöchigem Meditieren, Fasten und Beten auf dem heiligen Berg Kuriyama in Japan. Er suchte sich einen geeigneten Platz und legte 21 Steinchen vor sich, die ihm als Kalender dienten und von denen er am Ende jedes Tages einen wegnahm. Am letzten Morgen seiner Suche, kurz vor Sonnenaufgang, sah Usui einen Lichtstrahl auf sich zukommen. Sein erster Gedanke war zu fliehen, doch dann entschied er sich anzunehmen, was auch immer kommen mochte als Antwort auf sein Meditieren, selbst wenn es ihn das Leben kosten würde. Daraufhin traf ihn das Licht am Dritten Auge, und er verlor das Bewußtsein. Er sah »Millionen von kleinen Bläschen in allen Farben des Regenbogens«[12] und schließlich, wie auf einer Leinwand, die Reiki- Symbole. Während die Symbole vor ihm standen, wurde er darüber informiert, wie ihre Heilungsenergie zu aktivieren sei. Dies war die erste Reiki-Einweihung, die übersinnliche Wiederentdeckung einer uralten Methode.

Mikao Usui verließ den Kuriyama mit dem Wissen, wie Buddha und Jesus geheilt hatten. Während er den heiligen Berg hinabstieg, erlebte er, was gemeinhin als die vier Wunder bezeichnet wird. Zuerst verletzte er sich beim Laufen den Zeh, woraufhin er sich instinktiv hinsetzte und seine Hände auflegte. Diese erwärmten sich, und der Zeh ward geheilt. Als nächstes erreichte er eine Pilgerunterkunft am Fuße des Berges. Ungeachtet des dreiwöchigen Fastens bestellte er eine vollständige Mahlzeit und verspeiste sie mühelos. Drittens litt die Wirtin unter Zahnschmerzen, woraufhin ihr Usui seine Hände auf die Wange legte und die Schmerzen verschwanden. Als er zum Kloster zurückkehrte und hörte, daß der Vorsteher mit Arthritis im Bett lag, heilte er auch ihn.

Usui nannte die heilende Energie Reiki, was universelle Lebenskraft oder -energie bedeutet, und ging damit in die Slums von Kyoto. Dort lebte er für einige Jahre im Bettlerviertel und heilte die Armen. Zur damaligen Zeit wurden Menschen mit mißgestalteten, fehlenden Gliedern oder offensichtlichen Krankheiten von der Gemeinde als Bettler unterstützt. Nachdem er sie geheilt hatte, wollte er, daß sie ein neues Leben anfangen, aber immer wieder kamen dieselben Leute. Als er sah, daß die von ihm Geheilten weiterhin bettelten, anstatt ein ordentliches Leben zu führen, verließ er entmutigt die Slums. Die Zurückgebliebenen waren verärgert, da sie als Geheilte ihr Bettlerdasein aufgeben und arbeiten gehen mußten.

Usuis Erfahrung in den Slums wird heute als Rechtfertigung für die hohen Kursgebühren der Reiki-Seminare genommen, mit der Begründung, daß eine Heilung ohne Bezahlung nicht entsprechend gewürdigt wird. Vielleicht ist aber Usuis Scheitern weniger darauf zurückzuführen, daß er kein Geld verlangte, als vielmehr darauf, daß er nur den Körper heilte, den Geist und die Seele aber unberührt ließ. Die buddhistischen Lehren messen der Heilung des Körpers keinerlei Bedeutung bei; es heißt vielmehr, daß Heilung nur spirituell und auf dem Weg zur Erleuchtung geschehen kann. Ist die Erleuchtung erreicht, braucht man nicht mehr wiedergeboren zu werden. Das Leiden wird dadurch aufgehoben. Buddhisten beschreiben diesen Weg zur Erleuchtung als einzig wahre und wirksame Heilmethode.

Mikao Usui zog als Pilger durch das Land und lehrte Reiki. Eines Tages begegnete er Chujiro Hayashi, einem pensionierten Marineoffizier der Reserve. 1925 erhielt Hayashi im Alter von 47 Jahren von Usui seine Reiki-Meisterausbildung und wurde Nachfolger von Mikao Usui, der 1930 starb, nachdem er 16 oder 18 Reiki-Meister (die Quellen weichen hier voneinander ab) ausgebildet hatte, wobei bis auf Hayashi keiner in der Geschichte des Reiki erwähnt ist. Chujiro Hayashi bildete im Laufe seines Lebens Reiki-Teams mit Männern und Frauen sowie 16 Meister aus. In Tokio eröffnete er eine Klinik, in welcher Heiler gruppenweise an Patienten arbeiteten, die für die Zeit ihrer Genesung in der Klinik lebten. Patienten, die nicht in die Klinik kommen konnten, wurden zu Hause von Reiki-Heilern behandelt. 1935 suchte Hawayo Takata die *Shina No Machi-Klinik* von Chujiro Hayashi auf, um sich heilen zu lassen.

Hawayo Kawamuru wurde am 24. Dezember 1900 als Kind japanischer Ananas-Plantagenarbeiter in Hanamaulu auf der Hawaii-Insel Kauai geboren.[13] Da sie für die Plantagenarbeit zu klein und zu schwach war, suchte sie sich schon während der Schulzeit andere Jobs. Sie half zum Beispiel kleineren Kindern bei den Schularbeiten oder verkaufte Erfrischungsgetränke. Nach dem Schulabschluß wurde ihr eine Stelle als Dienstmädchen in der Villa eines reichen Plantagenbesitzers angeboten. Dort lebte sie 24 Jahre, wurde zwischenzeitlich mit dem verantwortungsvollen Posten der Haushälterin betraut und heiratete 1917 Saichi Takata, den Buchhalter der Plantage, mit dem sie eine glückliche Ehe führte, aus der zwei Kinder hervorgingen.

Im Oktober 1930 starb Saichi Takata im Alter von 32 Jahren an einem Herzinfarkt. Seine Witwe, die zwei kleine Kinder großzuziehen hatte, entwickelte akute Gesundheitsprobleme und war auch nervlich ziemlich am Ende. Die bei ihr diagnostizierte Erkrankung der Gallenblase hätte sofort operiert werden müssen, aber wegen Asthma war eine Narkose nicht ungefährlich. Ihr Gesundheitszustand verschlechterte sich zusehends, und man sagte ihr, daß sie zwar ohne Operation nicht überleben würde, aber an diesem Eingriff auch sterben könnte. Als 1935 eine ihrer Schwestern starb, überbrachte sie die traurige Nachricht ihren Eltern, die nach Tokio zurückgekehrt waren, und begab sich dann in das Maeda-Krankenhaus in Akasaka.

Hier blieb sie einige Wochen und wurde planmäßig, nachdem außerdem noch eine Blinddarmentzündung, ein Tumor und Gallensteine entdeckt worden waren, für die Operation vorbereitet. In der Nacht vor der Operation hörte sie eine innere Stimme, welche ihr sagte: »Die Operation wird nicht notwendig sein.« Später, als sie auf dem Operationstisch für die Narkose vorbereitet wurde, hörte sie die Stimme wieder, woraufhin sie aufstand und den Chirurgen fragte, ob es denn keine andere Heilungsmethode gäbe. Dieser antwortete: »Ja, wenn Sie lange genug in Japan bleiben können«, und erzählte ihr von Chujiro Hayashis Reiki-Klinik. Seine Schwester, die dort ebenfalls geheilt und in Reiki unterwiesen worden war, brachte sie noch am selben Tag hin.

Nach vier Monaten in der Klinik war Takata körperlich, seelisch und geistig vollständig geheilt. Daraufhin wollte sie selbst Reiki erlernen, wurde als Ausländerin aber zunächst abgelehnt. Hayashi wollte zu der Zeit nicht, daß die Heilkunst des Reiki außerhalb Japans betrieben wird. Schließlich gab er jedoch durch das Einschreiten des Maeda-Chirurgen nach. Hawayo Takata erhielt ihren ersten Reiki-Grad im Frühjahr 1936. Daraufhin arbeitete sie im Heiler-Team der Klinik, und nachdem sie 1937 den zweiten Reiki-Grad erhalten hatte, ging sie nach Hawaii zurück.

Hawayo Takatas erste Reiki-Klinik war in Kapaa, wo sie mit viel Erfolg arbeitete. Um sich gegen die behördlichen Schikanen abzusichern, besorgte sie sich eine Genehmigung als Masseurin.

Im Winter 1938 wurde sie von Chujiro Hayashi in Hawaii besucht, wo beide auf eine Vortragsreise gingen. Takata erhielt hierbei ihre Reiki-III-Ausbildung, und am 22. Februar 1938 kündigte Hayashi an, daß Hawayo als Reiki-Meisterin seine Nachfolge antreten werde. Er wies sie ausdrücklich darauf hin, Reiki nicht ohne Bezahlung zu geben und daß sie sofort zu ihm nach Japan kommen müsse, wenn er sie riefe. 1939 eröffnete sie ihr zweites Heilzentrum in Hilo. Eines Morgens im Jahre 1941 sah sie Hayashi im Geiste vor ihrem Bett stehen und wußte, daß dies sein Ruf war. Daraufhin nahm sie das nächstmögliche Schiff nach Tokio.

In der Reiki-Klinik wurde sie bereits von Chujiro Hayashi, seiner Frau Chie Hayashi sowie weiteren japanischen Reiki-Meistern erwartet. Hayashi teilte ihr mit, daß er einen Krieg kommen sah, in welchem alle, die mit Reiki zu tun hätten, umkämen, und die Klinik geschlossen würde. Um Reiki vor dem völligen Untergang zu bewahren, hatte er vorsorglich Takata, eine Ausländerin, zu seiner Nachfolgerin bestimmt. Chujiro Hayashi erklärte außerdem, daß er als Reserveoffizier eingezogen, als Heiler aber niemanden töten werde. Eher würde er selbst sterben, und deshalb habe er Takata gerufen.

Am 10. Mai 1941 stoppte Chujiro Hayashi in Anwesenheit seiner Schüler mittels Gedankenkraft seinen eigenen Herzschlag und starb. Der von ihm vorausgesagte Krieg war der Zweite Weltkrieg, und tatsächlich gab es fortan in Japan kein Reiki mehr. Chie Hayashi überlebte zwar, aber ihre Klinik wurde beschlagnahmt, und sie konnte sie nicht mehr als Heilzentrum nutzen.

Über Takata konnte Reiki fortgeführt werden. Sie brachte Reiki zuerst nach Hawaii und schließlich auch nach Amerika und Europa. Sie wurde 80 Jahre alt, sah aber stets bedeutend jünger aus. Sie unterrichtete Hunderte von Menschen in Reiki und bildete in den letzten zehn Jahren ihres Lebens 22 Reiki-Meister, Männer wie Frauen, aus. Hawayo Takata starb am 11. Dezember 1980.

Wenn ein Patient in ihrer Klinik schwer krank war und vieler Sitzungen bedurfte, bildete sie seine Familienangehörigen in Reiki aus, damit diese die Behandlung fortsetzen konnten. Der Patient selber erhielt die Reiki-Ausbildung, sobald er kräftig genug war. Takata lehrte, indem sie Geschichten erzählte und Beispiele gab. Sie erlaubte ihren Schülern nicht, während des Unterrichts Notizen zu machen, und unterrichtete jede Gruppe individuell. Manchmal fing sie mit den Handhaltungen am Kopf an, ein andermal begann sie an der Körpermitte oder an den Füßen. Auch den dritten Reiki-Grad gestaltete sie unterschiedlich. Keiner der von ihr eingeweihten Meister erhielt seine Ausbildung auf dieselbe Weise.

Hawayo Takata bestand immer darauf, von ihren Schülern und sogar von ihren eigenen Angehörigen bezahlt zu werden. Sie kam zu dem Schluß, daß dies notwendig sei, weil die Menschen Reiki sonst nicht so schätzen, daß sie es auch anwenden, und war der festen Meinung, daß die, die nicht für ihre Ausbildung bezahlen, weder im Beruf noch im Leben erfolgreich sind.[14] Die von ihr ausgebildeten Lehrer verlangen weiterhin Summen, die so hoch sind, daß die meisten Menschen sich keine Reiki-Ausbildung leisten können.

Ich persönlich halte die horrenden Preise – für jedwede Heilmethode – in der heutigen Zeit, in der so viele Not leiden, für nicht gerechtfertigt, obwohl Takatas Erfahrung nicht ganz unrichtig ist. Einige Schüler mißachten tatsächlich das, wofür sie nicht bezahlt haben. Ein solches Verhalten wird dadurch gefördert, daß Werte mehr am Kaufpreis als am Inhalt gemessen werden. Meine Erfahrung hat jedoch gezeigt, daß selbst diese Schüler noch ganz erheblich von Reiki profitieren, auch wenn ihnen das Verständnis dafür fehlt.

Seit Hawayo Takatas Tod hat sich für Reiki im Westen einiges geändert. Phyllis Furomoto, Takatas Nachfolgerin und Enkelin, ist zur *Großmeisterin* des traditionellen Usui-Reiki ernannt worden, die Ausbildungsmethoden haben sich weiter verändert, und es entwickelten sich verschiedene Zweige von Reiki. Jeder dieser Zweige hält seine Lehrmethode für die einzig wahre, und trotzdem funktionieren sie alle und sind alle von Hawayo Takatas Methode abgeleitet.

Das traditionelle Usui-Reiki, auch als *Usui-Reiki-Ryoho* bekannt, kommt der von Hawayo Takata in Japan erlernten Methode wahrscheinlich am nächsten. Es lehrt Reiki in drei Graden, wobei Reiki III die Meister/Lehrerausbildung ist. Nur sehr wenige werden für die traditionelle Reiki-Ausbildung zugelassen, selbst wenn sie die Gebühr von 10 000 Dollar bezahlen können. Einige Lehrer unterteilen den dritten Reiki-Grad mittlerweile in Reiki III für Behandler und Reiki III für Lehrer. Einige bezeichnen die Reiki-III-Ausbildung für Behandler auch als fortgeschrittenes Reiki II. Ein anderes System, das sich *Radiance* nennt, ist in elf Grade unterteilt und soll angeblich in den höheren Graden über Takatas Lehren hinausgehen. Mehr Grade bedeuten aber auch stets mehr Kosten.

Die Ausbildung in den verschiedenen Graden variiert von Methode zu Methode. Reiki I wird größtenteils auf die gleiche Art und Weise gelehrt, Reiki II mit einigen Änderungen oder Zusätzen. Die größten

Unterschiede sind allerdings im 3. Reiki -Grad zu finden, vor allem, was die Einweihungsmethoden betrifft. Im traditionellen Reiki sind vier Sitzungen für die Einweihung/Einstimmung der ersten Stufe notwendig, und manche Lehrer geben die gleiche Anzahl für Reiki II. Einige modernere Methoden geben die Informationen der vier Sitzungen in einer einzelnen Einweihungssitzung weiter. Ich selber unterteile Reiki nur in drei Stufen, und meine Reiki-III-Ausbildung enthält die vollständigen Lehranweisungen. Obwohl ich in beiden Methoden ausgebildet bin, bevorzuge ich den modernen Weg, in welchem die Einweihungen in je einer Sitzung erfolgen. Ich finde ihn umfassender und auch bedeutend einfacher. Das vorliegende Buch gibt einen Einblick in diesen Weg und beschreibt alle drei Stufen ausführlich. Meine Methoden haben sich aus dem entwickelt, was am besten und einfachsten funktioniert.

Reiki hat sich seit seiner Wiederentdeckung ständig verändert. Heute erreicht es mehr Menschen als je zuvor, besonders dort, wo es unkonventionelle Lehrer gibt, die nicht die allgemein üblichen hohen Preise verlangen. Wir wissen leider nicht, wie Buddha durch Handauflegen heilte, und auch nicht, wie Jesus diese Technik erlernte und weiterreichte. Die Anfänge des Reiki müssen gewürdigt werden, gleichzeitig ist aber auch den veränderten Bedürfnissen von Mensch und Erde Rechnung zu tragen. Ich hoffe sehr, daß dieses Buch die Reiki-Lehren weitergibt und damit die erfolgreiche Methode natürlichen Heilens vor dem Untergang bewahrt. Gleichzeitig wünsche ich mir, daß es all jene erreicht, die sich für Reiki interessieren und es erlernen möchten. Reiki ist Liebe, und gerade in dieser krisengeschüttelten Zeit benötigen wir nichts so sehr wie Liebe.

»Reiki« in verschiedenen japanischen Schriftzeichen

1 Laurel Steinhice, in Diane Stein, *Dreaming the Past, Dreaming the Future: A Herstory of the Earth,* S. 196-199, 3. Juni 1990.

2 Laurel Steinhice, in einer persönlichen Unterhaltung, Februar 1991.

3 Datum von Raol Birnbaum, *The Healing Buddha,* S. 26-27.

4 Holger Kersten, Jesus lebte in Indien. Die Daten über das Leben Jesu stammen aus diesem Buch. Ihre Bedeutung im Zusammenhang mit Reiki wird sich zeigen.

5 *Ebenda.*

6 *Ebenda.*

7 *Ebenda.*

8 *Ebenda.*

9 Daten von 1800 bis 1900 sind in verschiedenen Reiki-Quellen zu finden. Ich beziehe mich vor allem auf Fran Brown, *Reiki leben, Großmeisterin Takatas Lehren.*

10 Die traditionelle Reiki-Methode wird in fast jedem Buch über Reiki beschrieben. Meine Informationen darüber stammen hauptsächlich von der Tonkassette mit Begleitheft *The History of Reiki as Told by Mrs. Takata,* Southfield, MI, USA, The Center for Reiki Training 1979.

11 William L. Rand, *Reiki: The Healing Touch, First and Second Degree Manual,* S. 2.

12 John Blofeld, *The Tantric Mysticism of Tibet: A Practical Guide to the Theory, Purpose and Techniques of Tantric Meditation,* S. 36-40.

13 Holger Kersten, *Jesus lebte in Indien.*

14 John Blofeld, *The Tantric Mysticism of Tibet,* S. 198-199. Ein großer Teil meines Wissens über Buddhismus kommt aus diesem ausgezeichneten Buch.

15 Holger Kersten, *Jesus lebte in Indien.*

16 *Ebenda.*

17 *Ebenda.*

18 Hawayo Takata, *The History of Reiki as Told by Mrs. Takata*, Text, S. 4.
19 *Ebenda*, S. 6.
20 Hawayo Takatas Leben wird in fast jedem Buch über Reiki beschrieben. Die Hauptquellen für dieses Buch waren: Fran Brown, *Reiki leben: Großmeisterin Takatas Lehren*, sowie Helen J. Haberly, *Reiki: Hawayo Takata's Story*, S. 11-44. Beide Bücher sind sehr empfehlenswert.
21 Hawayo Takata, *The History of Reiki al told by Mrs. Takata*, Text, S. 14-15.

2. Kapitel

Was ist Reiki?

Das Auflegen der Hände zur Beruhigung und Schmerzlinderung geschieht instinktiv und ist so alt wie die Menschheit. Wenn es irgendwo weh tut, legen die meisten als erstes eine Hand oder beide Hände auf die schmerzende Stelle. Wenn ein Kind hinfällt und sich das Knie aufschürft, so möchte es, daß seine Mutter die Stelle berührt, damit es besser wird. Bei Fieber oder Krankheit legt die Mutter instinktiv ihre Hände auf die Stirne des Kindes. Menschliche Berührung vermittelt Wärme, Frieden und Heilung. Auch ist sie ein Zeichen von Schutz und Liebe. Hat ein Tier Schmerzen, so leckt es die betroffene Stelle aus dem gleichen Grund, weshalb wir unsere Hände auflegen. Eine Tiermutter leckt ihre Jungen auch, wenn Gefahr droht. Auf diesem einfachen Verhalten basieren alle Methoden der heilenden Berührung.

Der lebendige Körper, ob Mensch oder Tier, strahlt Wärme und Energie aus. Diese Energie ist unsere Lebenskraft, und sie hat so viele Bezeichnungen, wie es menschliche Zivilisationen gibt. In ihrem Buch *In Search of the Healing Energy* beschäftigt sich Mary Coddington ausführlich mit dieser Energie und ihrer Geschichte in den verschiedenen Kulturen. Die polynesischen Hunas nennen sie *Mana*, die amerikanischen Ureinwohner *Orenda*. Diese Lebenskraft ist in Indien als *Prana*, im Hebräischen als *Ruach*, in islamischen Ländern als *Barraka* und in China als *Qi* bekannt. Einige individuelle Heiler bezeichnen sie als *Orgon-Energie* (Wilhelm Reich), *animalischen Magnetismus* (F. A. Mesmer) oder *Archaeus* (Paracelsus). In Japan nennt man sie *Ki*, und hiervon stammt auch das Wort *Reiki* ab.

Der Qi-Gong-Lehrer Mantak Chia bezeichnet Qi (das chinesische Wort für Ki) als »Energie, Luft, Atem, Wind, Lebensatmung, Lebenskraft… die aktivierende Energie des Universums«.[1] Qi-Gong ist eine uralte asiatische Heilmethode, die die Energie im Körper kreisen läßt und hierdurch Qi verstärkt und erhält. Qi oder Ki ist eine Art elektrische Energie, die den Körper erzeugt und über dessen Gesundheit entscheidet. Verläßt Ki den lebenden Organismus, tritt der Tod ein. Qi oder Ki ist auch für die Erde, die Planeten, die Sterne und das Himmelreich unentbehrlich, und diese Energiequellen beeinflussen wiederum das Ki des lebendigen Körpers. Alles Lebendige enthält Ki und strahlt es aus, es ist die biomagnetische Energie der Aura.

Beim Reiki, dem Heilen mit universeller Lebenskraft, werden die Energiekanäle des Behandlers durch die Einweihung geöffnet und von Blockaden befreit. Er empfängt dadurch nicht nur mehr Lebensenergie oder Ki für seinen eigenen Heilungsprozeß, sondern wird gleichzeitig auch mit der Quelle des universellen Qi oder Ki verbunden. Diese Quelle kann vom Heiler beliebig bezeichnet werden. Ich nenne sie Göttin, andere nennen sie Gott, Höheres Selbst, Urquell, Universum oder was sonst an Bezeichnung für Urkraft oder Lebensenergie möglich ist. Reiki ist keine Religion und hat auch nichts mit Religionen zu tun. Diese Lebensenergie ist der Ursprung des Lebens schlechthin und damit auch viel älter als irgendeine Religion.

Obwohl alles Lebendige bereits von Ki durchdrungen ist, stellt die Reiki-Einweihung eine noch stärkere Verbindung mit der unerschöpflichen Quelle dar. Schon mit der ersten Einstimmung auf Reiki wird der Empfänger zum Kanal für die universelle Heilenergie und muß für den Rest seines Lebens nur mehr sich oder anderen die Hände auflegen, um sich mit dem heilenden Ki zu verbinden, und die Energie wird automatisch durch ihn hindurchfließen. Die Einweihung verstärkt durch den direkten Kontakt mit dem Ki auch die Lebensenergie des Empfängers. Er fühlt eine Energie, die zuerst ihn selbst und später auch andere heilt, ohne sich zu erschöpfen. In den wenigen Minuten der Einweihung erhält der Empfänger ein Geschenk, das sein Leben in jeglicher Hinsicht positiv verändert.

Erst durch diesen Prozeß der Einweihung oder Einstimmung wird Reiki zu einer ganz besonderen Methode des Händeauflegens oder der Heilung durch Berührung. Die Einweihung ist keine Heilbehandlung, vielmehr macht sie den Empfänger zum Heiler. Mit dem ersten Reiki-Grad erhält der Schüler die erste kombinierte Einweihung, bestehend aus vier Einweihungen, falls sie ein traditioneller Reiki-Meister gibt. Es folgt je eine weitere Einweihung für Reiki II und Reiki III. Mit jeder Einweihung wächst die Fähigkeit, die heilende Kraft des Ki durch die Hände fließen zu lassen. Das Wesentliche an Reiki sind die Einweihungen. Ohne diese Einstimmung, die nur persönlich durch den Reiki-Meister vorgenommen werden darf, ist es kein Reiki, sondern irgendeine andere Heilweise.

Einweihungen werden einzeln gegeben und können als wunderschönes Ritual oder auch ganz schnell und ohne Feierlichkeiten absolviert werden. In jedem Fall ist eine solche Einweihung ein wunderbares Geschenk. Während der Einweihung steht der Lehrer zunächst hinter dem Schüler und zeichnet die Symbole. Dann wiederholt er das Ganze von vorn und schließlich noch einmal von hinten, um die Einweihung abzuschließen. Jeder nimmt dabei etwas anderes wahr. Manche sehen Farben, andere Bilder, und wieder andere fühlen sich in frühere Leben zurückversetzt, ganz besonders in solche mit Reiki-Erfahrung. Einige sind ganz durchdrungen von Licht oder innerem Frieden, Staunen oder Liebe. Manche Schüler spüren mehr als andere, doch die Gefühle sind da, wenn auch nur schwach. Legt der neue Reiki-Heiler einem anderen die Hände auf, um ihm die Reiki-Energie zu schicken, spürt er meist zum ersten Mal das für Reiki charakteristische Fließen, das von einem Wärmegefühl begleitet wird.

Von diesem Punkt an ist derjenige, der die Einweihung empfangen hat, ein Reiki-Praktizierender, und damit eröffnen sich ihm ungeahnte Möglichkeiten. Bei der Einweihung kommt nichts Neues hinzu;

es wird etwas geöffnet und eingestimmt, was schon immer da war. Der Vorgang ähnelt dem Anschließen einer Lampe in einem Haus, in dem bereits Strom liegt. Sobald der Heiler seine Hände auflegt, mit der Absicht zu heilen, wird das Licht eingeschaltet. Traditionelle Reiki-Lehrer behaupten, daß du Reiki in diesem Leben erhältst, weil du es in früheren Reinkarnationen schon einmal hattest. Sie sagen, daß sich Reiki »zurückerinnert«, und ich glaube, es geht sogar noch darüber hinaus. Wir alle haben Reiki in früheren Leben schon einmal erhalten, es ist ein Teil unseres genetischen Erbes und somit in jedem von uns vorhanden.

Reiki ist in drei Grade unterteilt. In Reiki I werden bereits durch die Einweihung körperliche Leiden des Empfängers geheilt. Sein gesundheitlicher Zustand bessert sich oft noch Monate nach der Einweihung. Reiki-I-Behandlungen dienen in erster Linie der Selbstheilung. Der Reiki-I-Heiler kann auch einen anderen Menschen heilen, wenn dieser anwesend ist. Diese Art des Heilens wird als Direktheilung bezeichnet; der Heiler muß dabei seine Hände direkt auf sich selber oder die andere Person auflegen. (Die Reiki-I-Griffpositionen werden im nächsten Kapitel erläutert.)

Es dauert drei bis vier Wochen, um sich an die Reiki-I-Einweihung zu gewöhnen. Während dieser Zeit fließt die Reiki-Energie oftmals in seltsamen Augenblicken, die nichts mit Heilung zu tun haben. Man hat das Gefühl abzudriften oder verspürt ein Kribbeln, träumt intensiv, auch über frühere Leben, oder beobachtet an sich Entgiftungserscheinungen, unter anderem Durchfall, verstärkte Nasensekretion oder vermehrten Harndrang. Das Wohlbefinden leidet aber nicht darunter. Diese Reaktionen zeigen nur, daß die Energie sich auf den neuen Heiler einstellt und dessen Fähigkeit steigert, ihm als Heilungskanal zu dienen. Seine Aura und sein Körper nehmen mehr Ki auf als je zuvor. Hierdurch klären sich die Aura und die Chakras. Wenn es unangenehm wird, hilft eine Selbst- oder Fremdbehandlung, um die Energie wieder ins Gleichgewicht zu bringen und die Wahrnehmungen zu dämpfen. Nach der Reiki-I-Einweihung ist es am besten, zumindest im ersten Monat so viele Heilbehandlungen wie möglich und sich selbst eine tägliche Reiki-Behandlung zu geben.

Die Reiki-II-Einweihung intensiviert die Kraft der Heilungsenergie ganz erheblich, und sie konzentriert sich auf die emotionale, geistige und karmische Heilung des Empfängers. Nach der Einweihung drängen wieder alte Gefühle, unverarbeitete Situationen aus der Vergangenheit, frühere Leben und negative Gedankenmuster ins Bewußtsein, um endlich vollkommen geheilt zu werden. Dieser Prozeß kann bis zu sechs Monate dauern, und obwohl er nicht immer angenehm ist, so ist er doch positiv und notwendig.

Der zweite Reiki-Grad verstärkt die Wirksamkeit der Behandlungen in beträchtlichem Maße und macht mit den Methoden und Instrumenten der Fernheilung bekannt. Darüber hinaus werden drei der Reiki-Symbole vorgestellt und zum ersten Mal bewußt benutzt. Diese Symbole gelangen mit der ersten Einweihung in die Aura des Heilers und gehen beim Heilen unbewußt aus seinen Händen hervor. Reiki II befähigt den Heiler, diese Energien bewußt zu lenken, und informiert vorab über die Möglichkeit, Reiki-Meister zu werden und andere Menschen als Reiki-Kanal zu öffnen.

Reiki III ist die Meister- oder Lehrerausbildung. Ein Meister ist ganz einfach ein Lehrer, der etwas *gemeistert* hat. Es ist kein Ego oder Besitz mit dieser Bezeichnung verbunden. Die Einweihung beinhaltet Energie der spirituellen Ebene und bewirkt eine spirituelle Heilung des Empfängers. Diese Energie ist reine Lebensfreude, Einssein mit allem Lebendigen und die Verbindung mit der Göttin oder Quelle. Nach der harten Arbeit, die auf die Reiki-II-Einweihung folgt, ist Reiki III ein echtes Geschenk, über das man sich freuen kann. Während der Behandlungen bemerkt der Heiler eine weitere Funktionssteigerung als Kanal für die heilende Energie, und seine Heilkraft erreicht eine höhere Ebene. Reiki III beinhaltet zwei weitere Symbole, mehr esoterische Informationen zu den Symbolen und die Methode des Einweihens. Dieser Grad ist nur ernsthaften Heilern zu empfehlen und all denen, die Reiki lehren und zu einem wesentlichen Teil ihres Lebens machen möchten.

Der Lernprozeß beginnt mit Reiki I. Sobald man die erste Einweihung erhalten hat, braucht man zum Heilen nur seine zwei Hände, entweder legt man sie direkt auf die schmerzende Stelle oder bedient sich der Reiki-Positionen für die Ganzbehandlung. Alles Weitere erledigt die Ki-Energie, die ohne eine bestimmte Richtung durch die Hände des Heilers fließt. Der Heiler braucht nicht unbedingt zu wissen, an welcher Stelle Heilung benötigt wird. Die Energie besitzt eine übermenschliche Intelligenz und fließt genau dorthin, wo sie gerade gebraucht wird. Sie wird nicht der Aura oder dem Heiler entzogen, sondern stammt von der Göttin/Quelle. Während einer Behandlung plaziert der Heiler seine Hände in verschiedenen Positionen, und Reiki erledigt den Rest. Die Energie heilt auf allen Ebenen, der körperlichen, der gefühlsmäßigen, der geistigen und der seelischen Ebene.

Reiki-Energie heilt den ganzen Menschen. So ist es zum Beispiel möglich, daß nach der Behandlung von Kopfschmerzen auch andere Organe und Ebenen geheilt sind. Obwohl sich die Hände des Heilers am Schmerzpunkt des Patienten, an seinem Kopf, befinden, haben viele Kopfschmerzen ihre Ursache im Verdauungssystem. Ist dies der Fall, dann wird die Energie sowohl zu den Gedärmen als auch zum Schmerz im Kopf geleitet. Beides sind Bereiche der körperlichen Ebene. Sind die Kopfschmerzen seelisch bedingt, z.B. durch Streß, so wird Reiki auch auf dieser Ebene heilen. Das gleiche trifft auf Schmerzen der geistigen Ebene zu. Hat der Patient weitere Leiden, wie z.B. Allergien, so werden auch diese von der Reiki-Energie geheilt, ganz gleich ob der Heiler davon wußte oder nicht.

Menschen und Tiere sind nicht nur körperliche Wesen. Neben unserem physischen Körper, der sofort durch Sehen und Berühren wahrgenommen wird, haben wir noch drei weitere Körper. Diese unsichtbaren und nichtphysischen Körper sind aus Ki bestehende Energieebenen, die über den Zustand des physischen Körpers bestimmen. Heilung kann nicht nur auf der physischen Ebene erfolgen, sie muß auch die schwingenden Energiekörper miteinbeziehen. Während die Schulmedizin ausschließlich den physischen Körper behandelt, werden beim ganzheitlichen Heilen, und ganz besonders beim Reiki, alle vier Körper behandelt. Heilen geht somit über die rein medizinische Versorgung weit hinaus. Bei Kopfschmerzen wird ein Aspirin vielleicht die Symptome beheben, aber nichts gegen die Ursache des Leidens unternehmen. Reiki behandelt nicht nur den spürbaren Schmerz, sondern auch dessen Ursprung. Mit Aspirin kommen die Kopfschmerzen wahrscheinlich nach drei Stunden wieder; mit Reiki sind sie für immer behoben.

Diese Tatsache trifft vor allem auf ernsthafte Erkrankungen zu. Eine körperliche Krankheit hat in der Regel nicht nur körperliche Ursachen, und diese müssen erst geheilt werden, bevor der körperliche Schmerz behoben werden kann. Die meisten metaphysischen Heiler sind der Meinung, daß alle körperlichen Schmerzen auf ein emotionales Trauma, negative Gedankenmuster oder seelische Not zurückzuführen sind. Ohne die Aufdeckung und Behandlung der Ursachen können die Schmerzen nicht behoben werden. Diesem Thema haben sich Louise Hay *(Heile deinen Körper)* und Alice Stedman *(Who's the Matter With Me?)* ausführlich gewidmet. Von beiden Frauen gibt es Auflistungen der Körperteile bzw. Erkrankungen mit Hinweisen, wo die Ursachen für die Beschwerden zu suchen sind.

Diese Definitionen treffen auf einige Menschen genau zu, auf andere weniger. Den Autorinnen fehlt ein politisches Bewußtsein, was sich denn auch in ihren Hinweisen widerspiegelt. So sieht zum Beispiel Louise Hay Menstruationsbeschwerden als »Ablehnung der eigenen Weiblichkeit«[2] und nicht als Ablehnung der benachteiligten Stellung als Frau in unserer Gesellschaft. Mit einem solchen Zusatz würden die Definitionen praxisnäher. Diese Definitionen sowie das Karma-Konzept (wonach die gegenwärtigen Lebensumstände die Auswirkungen früherer Leben sind) werden auch von manchen metaphysischen Heilern dazu mißbraucht, den Patienten die Schuld für ihre Schmerzen zu geben, frei nach dem Motto: »Das ist dein Problem, du selbst bist dafür verantwortlich, sieh zu, wie du es löst.« Sie rechtfertigen sich damit, daß Krankheiten eine karmische Bestrafung sind und daß Menschen sich ihre Krankheiten aussuchen und sich somit auch gegen sie entscheiden können.

Diese Auffassung stellt eine Vereinfachung der karmischen Gesetze dar. Diese setzen voraus, daß man während eines Lebens eine durch das vorige Leben bedingte Anzahl von Dingen zu lernen hat und daß Krankheiten oder Beschwerden Auslöser für diesen Lernprozeß sein können. Karma bedeutet einfach nur *Handeln bzw. Aktion,* und zu jeder Aktion gehört eine *Reaktion.* Dies könnte auch mit der alten Redensart »Wie man in den Wald hineinruft, so schallt es heraus« erklärt werden. Fehler im Leben bedürfen einer Wiedergutmachung, erfordern Einsicht oder eine andere Einstellung, um sie auszugleichen. Manchmal reicht es schon, wenn sie emotional noch einmal durchlebt werden. Geschieht dies nicht in dem Leben, in dem das Ereignis stattgefunden hat, dann vielleicht im nächsten. Es ist jedenfalls nicht als Bestrafung anzusehen.

Manche Menschen entwickeln Krankheiten, um sich das notwendige Lernen zu erleichtern. Ein sehr ungeduldiger Mensch erklärt sich vielleicht damit einverstanden, bettlägerig zu sein oder im Rollstuhl zu sitzen, um dadurch endlich Geduld zu lernen. In den wenigsten Fällen sind die Situationen jedoch klar und deutlich. Auch ist es einfach zu sagen, daß du dir in diesem Leben ein Bein brichst, weil sich wegen dir in einem früheren Leben jemand anders ein Bein gebrochen hat. Es ist falsch zu glauben, daß jemand sich seine Leiden aussucht, da diese Wahl und Zustimmung im früheren Leben ohne körperliches Bewußtsein erfolgen.

Nach buddhistischer Auffassung wird Karma durch emotionale Verstrickungen erzeugt, die von einem Leben zum nächsten getragen werden. Dies ist die Kraft, durch welche der Mensch immer wieder zur Erde zurückkehren muß, um seine Situationen und Emotionen zu klären. Die Buddhisten glauben, daß der Weg zur Erleuchtung jegliches Karma heilt und den Menschen vom Kreislauf der Wiedergeburt befreit, daß dieses Karma aber nur während der Verkörperung aufgelöst werden kann. Manche Heiler fragen sich, ob die Reiki-Behandlung zur Heilung von Krankheiten mit dem Karma des Patienten in Konflikt gerät oder ob der Heiler die karmische Verantwortung für diese Person trägt. Ich sehe das so: Wenn jemand durch Reiki oder anderweitig geheilt wird, dann ist es seine Bestimmung, ansonsten wäre es nicht zur Heilung gekommen. Auf keinen Fall ist der Heiler verantwortlich, er dient nur als Energiekanal. Derartige Heilungen geschehen zwischen dem Empfänger, seinem geistigen Führer und der Göttin. Mehr darüber unter Reiki II.

Wenn wir uns das vor Augen halten, wie gehen wir dann mit dem emotionalen Ursprung und dem Karma in der Reiki-Praxis um? Sanft, gefühlvoll und mit Respekt, lautet die Antwort. Um es mit Louise Hay oder Alice Steadman zu halten, denen es um die Heilung des gegenwärtigen Lebens geht, formuliere zuerst eine Frage anstelle einer Behauptung: »Ist es möglich, daß du Hautausschläge bekommst, weil dir

Seelisch-geistige Gründe für Krankheiten[8]

Problem	Ursache
Arme	Stehen für die Fähigkeit des Festhaltens; unterdrückte Gefühle versteifen die Gelenke.
Asthma	Erdrückende Liebe, Schuldgefühle und Minderwertigkeitskomplexe.
Beine	Angst oder Scheu, sich weiterzubewegen, sich nicht bewegen wollen; Krampfadern: sich in einer Situation befinden, die man haßt.
Brüste	Mutterschaft, übermäßige Bemutterung einer Person/eines Gegenstandes/eines Ortes/einer Erfahrung; Brustkrebs: tiefer Groll in Verbindung mit übermäßiger Bemutterung.
Dickdarm	Verstopfung: Unfähigkeit, etwas loszulassen; Durchfall: Angst, etwas festzuhalten; Verstopfung: mangelndes Vertrauen, genug zu bekommen, zu bewahren.
Finger	Zeigefinger: Ego, Ärger und Angst. Daumen: Sorgen Mittelfinger: Ärger; rechts: gegenüber einem Mann; links: gegenüber einer Frau, den Finger mit der anderen Hand festhalten, um loszulassen. Ringfinger: Vereinigungen und Trauer. Kleiner Finger: Familie und Verstellung.
Füße	Selbstverständnis, Fortbewegung.
Genitalien	Fragen der Männlichkeit oder Weiblichkeit, Ablehnung der Sexualität, »Sex ist schmutzig«, »der weibliche Körper ist unrein«.
Genitalien	Blasenentzündung: Wut; verhalten tut weh. Scheidenentzündung: Emotionale Verletzung durch einen Partner. Prostata: Selbstwert und sexuelle Leistungsfähigkeit. Impotenz: Angst vor oder Gehässigkeit gegenüber dem Partner. Frigidität: Angst, sexuelle Schuldgefühle, Selbstverachtung. Prämenstruelles Syndrom: Ablehnung des weiblichen Zyklus oder der eigenen Weiblichkeit. Geschlechtskrankheiten: Sexuelle Schuldgefühle.
Geschwüre	Angst, nicht gut genug zu sein; mangelndes Selbstbewußtsein.
Gicht	Form der Kritik an sich selbst und anderen; Perfektionismus.
Hals	Angst vor Veränderung, Unfähigkeit, seine Meinung zu sagen; Ärger, zunichte gemachte Kreativität, Kehlkopfentzündung: zu wütend, um zu sprechen. Halsschmerzen: Wut, Ärger. Mandelentzündung oder Schilddrüsen: unterdrückte Kreativität, stark unterdrückte Kreativität bei Leukämie.
Haut	Bedrohte Individualität, andere haben Macht über dich; dünnhäutig, Gefühl, die Haut am lebendigen Leibe abgezogen zu bekommen, Bedürfnis nach Liebe, Hege und Pflege.

SEELISCH-GEISTIGE GRÜNDE FÜR KRANKHEITEN

Problem	Ursache
Hände	Sich an Geld oder Beziehungen klammern; Gicht: Selbstkritik, Verinnerlichung von Kritik, Kritik an anderen.
Herz	Herz ist Liebe und Blut ist Lebensfreude. Herzanfälle sind eine Form der Ablehnung und des Herauspressens von Liebe und Lebensfreude.
Knie	Mangelnde Flexibilität, Unbeweglichkeit, Stolz, Ego, Sturheit, Angst vor Veränderung, Selbstgerechtigkeit.
Kopf	Das, was wir nach außen zeigen, etwas von Grund auf Falsches.
Kopfschmerzen	Selbstentkräftigung.
Krebs	Tiefer Groll, Mißtrauen, Selbstmitleid, Hoffnungslosigkeit, Hilflosigkeit.
Lungen	Unfähigkeit, Leben in sich aufzunehmen und zu geben, Ablehnung des Lebens. Emphysem oder starkes Rauchen: Ablehnung des Lebens, Minderwertigkeitskomplexe.
Magen	Unfähigkeit, Vorstellungen, Ideen und Erfahrungen zu verdauen. Wer oder was schlägt dir auf den Magen? Angst.
Magersucht/Bulimie	Selbsthaß und Selbstablehnung, Absage an das eigene Leben, Gefühl der Wertlosigkeit.
Migräne	Ärger und Perfektionismus, Frustration. Masturbation bringt sie zum Stillstand.
Nacken	Steht für Flexibilität.
Nebenhöhlen	Durch jemanden irritiert sein.
Ohren	Unfähigkeit, das Gesagte zu akzeptieren; Ohrenschmerzen: Ärger; Taubheit: nicht zuhören wollen.
Rücken	Oben: Bedürfnis nach emotionaler Unterstützung Mitte: Schuldgefühle Unten: Erschöpfung, Geldsorgen.
Schlaganfälle	Negatives Denken, kein Zulassen von Lebensfreude, erzwungene Richtungsänderung.
Schmerz	Schuldgefühl, das nach Bestrafung sucht. Stelle fest, wo sich der Schmerz manifestiert.
Schwellungen	Ins Stocken geratenes Denken, zurückgehaltene Tränen, Gefühl, in der Falle zu sitzen.
Steifheit	Steifer Körper: starres Denken, mangelnde Flexibilität, Angst, eingleisiges Denken, Widerstand gegen Veränderung. Wo sich Steifheit manifestiert, ist auch das Muster zu suchen.
Tumore	Falsches Wachstum, von alten Schmerzen geplagt werden, keine Heilung zulassen; Gebärmuttertumor: stetige Mißachtung der Weiblichkeit, Frauenfeindlichkeit.
Übergewicht	Schutzbedürfnis, Unsicherheit.
Unfälle	Ausdruck von Ärger, Frustration, Rebellion.
Verbrennungen, Furunkel, Fieber, Entzündungen, wunde Stellen, Schwellungen	Ärger.

jemand ›unter die Haut‹ geht?« Antwortet dein Patient mit einem »Nein«, frage ihn nach dem Grund. Im entspannten Zustand der Heilung wird ihm die Ursache vielleicht bewußt, obwohl er zuvor keine Ahnung davon hatte. Er könnte sich zum Beispiel an frühere Leben erinnern, wobei dieser Einblick die Situation gewöhnlich bereinigt. Benutze die Antworten des Patienten nicht, um ihn zu beurteilen, sondern um sein Selbstbewußtsein zu stärken. Gibt er als Begründung Ängste in seiner derzeitigen Lebenssituation an, so frage ihn, was für ihn geschehen muß, damit sich das ändert. Frage ihn auch, was du als Heiler tun kannst, um dabei behilflich zu sein.

Du könntest mit ihm zum Beispiel über seine Probleme sprechen oder die Heilung an einem geschützten Ort vornehmen, an dem er seine Wut ausdrücken oder weinen kann. In etwa einer von vier Reiki-Sitzungen kommt es beim Empfänger zu einem emotionalen Loslassen, wenn der Heiler seine Hände am Hals oder Herzen auflegt. Dies bedeutet, daß er seine Gefühle in bezug auf sein Leiden oder seine Situation ausdrückt, und oft bilden festgehaltene Gefühle den Ursprung des Leidens. Der Patient könnte zum Beispiel weinen, wütend werden, über das reden, was ihm passiert ist, kichern oder ungeduldig werden. Der Heiler sollte ihn hierbei unterstützen. Er bleibt beim Patienten, während dieser die Entspannung erlebt, läßt sie geschehen und setzt dann die Reiki-Behandlung fort.

Der Behandler darf diesen Prozeß nicht beeinflussen. Er muß völlig unparteiisch sein. Es ist zwar möglich, daß er entsetzliche Dinge hört, er darf aber nicht reagieren. Seine Aufgabe ist es, der Person, die diese Emotionen ausdrückt, ein Gefühl der Geborgenheit zu geben und zuzuhören. Weint der Empfänger, so sage: »Es ist in Ordnung, wenn du weinst, hier kannst du es tun und dich sicher fühlen, laß alles heraus.« Beschreibt die Person ein Trauma des gegenwärtigen Lebens, daß sie zum Beispiel als Kind mißbraucht wurde, so tröste sie in ihrem Schmerz. Etwa mit den Worten: »Du warst stark genug, es zu überleben. Jetzt ist es vorbei, und es wird niemals wieder passieren.« Ist der Empfänger wütend, so sage: »Du hast das Recht, wütend zu sein. Laß deine Wut heraus.« Wenn er ein Trauma aus einem früheren Leben durchlebt, so ist es möglich, daß er darin sein gegenwärtiges Lebensmuster erkennt. Indem du dieses Loslassen unterstützt, kann er seine Gefühle – die Ursache seines Leidens – zum Ausdruck bringen. Dies allein ist ein großer Schritt; der Patient kann gesunden, wozu er vorher nicht fähig war.

Wird der Patient sehr unruhig oder versucht er vergeblich zu reden, so ermutige ihn, das Notwendige auszusprechen. Menschen unseres Kulturkreises, Frauen im besonderen, sind regelrecht darauf gedrillt, ihre Gefühle nicht preiszugeben, und deshalb kann eine plötzliche, starke Gefühlsäußerung sehr erschreckend wirken. Da du für die Reiki-Sitzung einen schützenden Rahmen schaffst, in dem der Empfänger vertrauensvoll alles äußern kann, was ihn bedrückt, kommt es häufig zu diesen Gefühlsausbrüchen. Stelle dann Fragen wie: »Kannst du mir sagen, was los ist?« oder »Kannst du beschreiben, was du siehst?« Erzwinge die Antworten jedoch nicht, wenn der Empfänger noch nicht in der Lage ist, darüber zu sprechen. Fängt er jedoch an zu erzählen, so lassen Tränen und Wut meist nicht lange auf sich warten. Und wieder ist das Loslassen dieser zurückgehaltenen Gefühle ein wichtiger Bestandteil des Heilungsprozesses.

Wenn ein frischgebackener Heiler dieses Loslassen der Gefühle zum ersten Mal an einem Empfänger erlebt, macht es ihm eventuell angst. Diese Gefühlsausbrüche dauern jedoch in der Regel nur wenige Minuten an; sobald der Behandler die Beinpositionen erreicht hat, sind sie vorbei. Obwohl sie für den Heiler manchmal heftig und angsteinflößend sind, tun sie dem Empfänger sehr gut. Auch scheint das Universum unerfahrene Heiler zu beschützen – sie werden nur Situationen vorfinden, mit denen sie auch umgehen können. Kompliziertere und intensivere Sitzungen kommen erst dann, wenn der Heiler auf sie vorbereitet ist. Sobald jemand anfängt, Reiki anzuwenden, wird seine Heilung zunehmend gezielter. Durch den Kontakt mit geistigen Führern, ob bewußt oder unbewußt, weiß der Heiler, was er wann und wie zu sagen hat. Auf Gefühlsausbrüche oder alle anderen Situationen kann er somit adäquat reagieren. Später fragt er sich dann vielleicht wieso.

Nach der Heilbehandlung fühlt sich die Person, die ein derartiges Loslassen erfahren hat, wesentlich erleichtert und besser, und der Heiler ist mit ihr gewachsen. Dies ist ein guter Zeitpunkt, um über andere Unternehmungen zu sprechen, wie zum Beispiel das Aufsuchen einer Selbsthilfegruppe für Inzestopfer oder das Aufdecken von Gedankenmustern in einem früheren Leben. Es liegt in der Natur der Reiki-Kraft, daß der Heiler weitaus besser vor den disharmonischen Strukturen (Schmerzen oder Gefühlen) des Empfängers geschützt ist, als dies bei den meisten anderen Heilmethoden der Fall ist. Falls sie dennoch auf ihn übergehen, muß er sich das nur eingestehen und sie loslassen. Nach einer Reiki-Sitzung ist sowohl der Behandelnde als auch der Empfänger energetisch aufgeladen und erfüllt von ausgewogener Energie. Der Heiler, der Reiki durch seine Hände zum Empfänger hat fließen lassen, erfährt dabei selbst auch eine Heilung.

Aufgrund dieser komplexen Zusammenhänge und weil Reiki alles heilt, was der Heilung bedarf, kann man nicht voraussagen, wie eine Reiki-Sitzung abläuft. Der Heiler hat es buchstäblich nicht in der Hand, obwohl er Reiki durch Auflegen der Hände überträgt. Der Heiler kann nur versprechen, daß Reiki jedem, der es empfängt, helfen wird. Er kann nicht versprechen, daß Reiki eine bestimmte Krankheit heilt oder etwas anderes bewirkt. Reiki lindert Schmerzen, beschleunigt den Heilungsprozeß, stoppt Blutungen, entspannt den Empfänger und aktiviert und harmonisiert die Chakras und die Energie der Aura. Während der Sitzung verlangsamt sich die Atmung, der Blutdruck sinkt und der Empfänger wird emotional ruhiger. Was weiter geschieht, obliegt der Göttin oder der Quelle der universellen Energie und ist nicht voraussehbar.

Das schließt Wunder nicht aus, und sie sind gar nicht so selten. Jeder, der länger mit Reiki-Energie arbeitet, weiß darüber zu berichten. In einem Fall arbeitete ich mit den zwei eingangs erwähnten Homosexuellen zusammen, um einem todkranken jungen AIDS-Patienten im Krankenhaus zu helfen. Er hatte 42 Grad Fieber, und keiner rechnete damit, daß er die Nacht überleben würde. Er war nicht bei Bewußtsein, halluzinierte und war sehr nervös. Während der Sitzung legte einer der Männer die Hände an seinem Kopf auf, der andere hielt die Füße, und ich gab Reiki an den Vorderpositionen des Rumpfes. Während der Sitzung wußte ich auf einmal, daß sein Fieber um drei Grad gesunken war, obwohl ich dies nicht hätte wissen können. Nach der Sitzung schalteten wir die Fieberanzeige wieder ein (wir hatten sie entfernt, um den Patienten im Bett besser erreichen zu können), und tatsächlich war seine Temperatur gesunken.

Wir warteten eine halbe Stunde und legten ihm erneut die Hände an allen Grundpositionen auf. Diesmal fiel das Fieber ganz; wir konnten zusehen, wie sich die Digitalanzeige am Bildschirm während der Behandlung veränderte. Der junge Mann kam zu sich, während wir noch im Zimmer waren, und unterhielt sich dann den Rest der Nacht mit seiner Mutter. Sie hatten noch einige persönliche Dinge zu klären, und durch die Behandlung hatten sie genügend Zeit. Tief und ruhig schlafend, verstarb er am nächsten Morgen. Seine Mutter rief mich später an und bedankte sich für die Zeit, die sie noch zusammen verbringen durften, und für den friedlichen Tod ihres Sohnes. Ist jemand am Ende seines Lebens angelangt, so kann auch Reiki den Tod nicht verhindern, das Sterben jedoch erleichtern.

In einem anderem Fall stürzte eine Freundin von mir bei der Arbeit und verletzte sich am Rücken. Die Ärzte diagnostizierten bei ihr vier angebrochene und einen gebrochenen Wirbel. Aufgrund ihres Übergewichts, ihres Alters und der schlechten Gesundheit (Herzkrankheit, Diabetes, Nachwirkungen einer Kinderlähmung) wurde beschlossen, sie nicht zu operieren. Statt dessen sagte man ihr, sie werde sechs Monate in einem Pflegeheim verbringen und danach lernen, im Rollstuhl zu fahren. Als ich sie im Krankenhaus besuchte, zeigte sie mir eine große Schwellung über dem Knie, an dem die Ärzte eine Gewebeprobe entnommen hatten, weil Verdacht auf einen Tumor bestand. Als ich meine Hände auf die Stelle legte, spürte ich, daß es sich um einen Muskelkrampf handelte, und die Schwellung ging unter meinen Händen zurück. Nach dieser kurzen Behandlung zeigten ihre täglichen Bluttests auf einmal an, daß sie keine Insulinspritzen mehr benötigte, obwohl sie seit dreizehn Jahren 75 Einheiten pro Tag bekam. Ihre Blutwerte wurden mehrmals täglich überprüft, aber sie brauchte fortan nicht mehr Insulin zu spritzen.

Als sie im Pflegeheim untergebracht war, besuchte ich sie mit zwei meiner Schüler für eine Ganzbehandlung, bei der alle Grundpositionen ausgeführt werden. Als wir eine Woche später zurückkamen, trafen wir sie auf der Terrasse, die sie ohne fremde Hilfe erreicht hatte. Nach einer weiteren Sitzung und zweieinhalb Wochen später – anstelle der geplanten sechs Monate – verließ sie das Pflegeheim auf eigenen Füßen. Die Pfleger und Ärzte hatten keine Ahnung, wie es dazu kommen konnte. An dem Abend, als wir auf der Terrasse saßen, behandelte ich auch den kleinen Hund einer anderen Besucherin, der – auf der Suche nach Energie – ständig um mich herumschwänzelte. Der Hund forderte regelrecht Energie. Seine Besitzerin wußte nicht, daß ich Heilerin bin, und meine Freundin, die mit meiner Reiki-Praxis vertraut war, schwieg und lächelte nur. Wochen später hörte ich von der Besitzerin des Hundes, daß er gerade eine Blutuntersuchung hinter sich hatte und seine lebensbedrohliche Lebererkrankung ausgeheilt war. Seine Blutwerte waren völlig normal, und die Besitzerin wußte nicht weshalb. Selbst ich hatte keine Ahnung, daß der Hund leberkrank war, als ich ihn auf der Terrasse streichelte.

Ein andermal kam eine Frau zu mir, die drei walnuß- bis zitronengroße Knoten in der Brust hatte. Ich versuchte sie davon zu überzeugen, zum Arzt zu gehen, aber sie hatte entschieden, sich nicht die Brust amputieren zu lassen. Anfänglich war ich der Meinung, daß die Knoten viel zu weit fortgeschritten waren, um sie mit einer ganzheitlichen, natürlichen Methode zu heilen, doch dann begannen wir, in Zusammenarbeit mit zwei weiteren Heilern des dritten Reiki-Grades, wöchentliche Sitzungen abzuhalten. Die Frau selbst fing an, sich mit Kräutern zu behandeln. Sie nahm Kermesbeere, Chaparral und Haifischknorpel ein und machte Umschläge mit Rizinusöl.

Nach einem Monat zeigte sich ein dunkler runder Fleck auf ihrer Brust, hinter dem wir einen Abszeß vermuteten. Wir rieten ihr, diese eitrige Geschwulst in Ruhe zu lasssen. Innerhalb von drei Monaten entwickelte sich mit Hilfe einer mexikanischen Zugsalbe das größte Geschwür, das ich je gesehen habe; es hatte einen Durchmesser von etwa fünf Zentimetern. Es eiterte wochenlang, und am Ende waren alle drei Knoten verschwunden. Ich riet ihr, sich von einem Arzt ein Antibiotikum verschreiben zu lassen, was sie denn auch tat. Obwohl dies eine schmerzhafte und beängstigende Erfahrung für sie war, ist im Vergleich zu Krebs so ein Geschwür nicht lebensgefährlich.

Eine meiner Schülerinnen berichtete folgende Geschichte. Das erste Kind ihrer Tochter, ein Sohn, wurde mit einem schweren Hörfehler geboren. Die Großmutter gab dem Kind häufig Reiki, wodurch sie eine tiefe Beziehung herstellten. Als das Baby fünf

Monate alt war, erhielt sie einen Anruf von ihrer verzweifelten Tochter, die sich nicht zu helfen wußte, weil ihr Sohn in ungewohnter Weise schrie. Meine Schülerin besuchte sie daraufhin, beruhigte das Baby mit Reiki und meinte zu ihrer Tochter: »Laß doch einfach noch mal seine Ohren prüfen. » Beim nächsten Arztbesuch stellte sich heraus, daß sich das Gehör des Kindes normalisiert hatte.

Derartige Erfahrungen sind einfach überwältigend. Reiki kommt aber nicht vom Heiler. Der stellt nur den Kontakt zur Quelle der universellen Lebensenergie her und dient als Kanal für die Kraft. Der Heiler kann sich das, was bei der Behandlung geschieht, nicht als Verdienst anrechnen. Tatsache ist, daß des öfteren überhaupt nichts passiert, wenigstens nichts, was zum Zeitpunkt der Anwendung wahrnehmbar ist. Ebensowenig ist der Heiler dafür verantwortlich, wenn die Heilung ausbleibt. Hierfür kann es gute Gründe geben. Es könnte zum Beispiel das Karma des Patienten sein, das Leiden vollständig zu erfahren, selbst wenn dies zu seinem Tod führt. Der Tod ist nämlich auch eine Form der Heilung.

Der Empfänger der Behandlung vermag auch, bewußt oder unbewußt, die heilende Energie abzuwehren und somit an seinem Leiden festzuhalten oder zu sterben. Es gibt Gründe, warum Menschen ihr Leiden behalten: Sie ziehen daraus einen Nutzen, der ihnen anderweitig verwehrt bleibt. Vielleicht möchten sie eine Weile umsorgt werden. Wenn mir ein derartiges Verhalten auffällt, versuche ich den Empfänger darauf aufmerksam zu machen. Dies sollte auf eine vorurteilsfreie Weise geschehen, denn er hat das Recht der freien Wahl, doch sollte er sich über sein Verhalten im klaren sein. Mit diesem Bewußtsein ist er dann in der Lage, die Situation zu beurteilen und die für ihn richtige Entscheidung zu treffen. Entscheidet er sich zu sterben, so wird er es auch tun.

Ich halte es für moralisch verwerflich zu sagen: »Ich habe diese Person geheilt.« Jeder kann sich nur selbst heilen. Der Heiler dient lediglich als Kanal für die Energie, die dann vom Empfänger auf die für ihn beste Weise genutzt werden kann. Heilung ist eine dreiseitige Vereinbarung zwischen Heiler, Empfänger und Göttin/Quelle. Eine Heilung wird denn auch nicht *an* jemandem vorgenommen, sondern *mit* jemandem. Ohne die Zustimmung und Mitarbeit des Empfängers kommt es zu keiner Heilung. Demnach lautet das einzige Gesetz in Reiki I, daß der Empfänger dem Heiler das Recht zu seiner Heilung geben muß. Nach dieser Vereinbarung kann alles, was passieren soll, passieren.

Reiki ist in jeder Hinsicht positiv und kann somit keinem Lebewesen, unabhängig von dessen Zustand oder Status, schaden. Es kann bei jedem angewendet werden, ganz gleich wie jung, alt oder gebrechlich jemand ist. Ältere Menschen, Babys und Kinder reagieren sehr gut auf Reiki, ebenso Haustiere und Pflanzen. Reiki hilft allen, die krank sind, Schmerzen haben oder unter emotionalem Streß leiden. Auf gesunde Menschen oder Tiere wirkt Reiki entspannend und verjüngend. Die Handpositionen bewirken einen Ausgleich der rechten und linken Gehirnhälfte sowie sämtlicher Chakras und Energiefelder. Sie klären und verstärken den Fluß der Lebenskraft Ki im Körper von Mensch und Tier. Liegt jemand im Sterben, so erleichtert Reiki diesen Prozeß, hindert die Person aber nicht daran, zur vorgesehenen Zeit die Augen zu schließen. Die trauernden Angehörigen erfahren durch Reiki ebenfalls Hilfe und Trost.

Obwohl Reiki die meisten Geburtsfehler nicht beheben kann, so kann es doch eindeutige Verbesserungen in scheinbar hoffnungslosen Fällen herbeiführen. Für diejenigen, welche mit einer permanenten Behinderung leben müssen, wird sich auch durch Reiki nicht grundsätzlich etwas an ihrer Situation ändern, aber Reiki kann helfen, das Leben so angenehm wie möglich zu gestalten. Die Reiki-Energie lindert Schmerzen, entspannt verkrampfte Muskeln und glättet die Emotionen. Amputierte Glieder oder Körperteile können durch Reiki nicht ersetzt werden, aber es hilft den Betroffenen, über den Verlust hinwegzukommen und sich mit der neuen Situation zu arrangieren.

Trotzdem habe ich auch schon »unmögliche« Heilungen erlebt. Im Fall eines hirngeschädigten Säuglings führten tägliche Reiki-Behandlungen zu einer rascheren Entwicklung, als von den Ärzten vorausgesagt. Ein anderer Fall betraf ein drei Wochen altes Baby mit einem Loch in der Herzwand. Die Behandlung durch eine meiner Schülerinnen in der Woche vor der korrigierenden Operation führte zu einem simpleren chirurgischen Eingriff, von dem sich der Säugling rascher als erwartet erholte. Die Mißbildung am Herzen war kleiner als auf den Röntgenaufnahmen, und das Baby war kräftiger als zuvor. Dieses Phänomen habe ich schon häufiger bei Operationen festgestellt, denen Reiki-Behandlungen vorausgingen: Die Patienten wurden schneller gesund, und das Problem war harmloser, als anfangs vermutet.

Während eines Workshops brachte mir einmal eine Frau ein sechs oder sieben Monate altes Baby. »Dieses Baby ist gehirntot«, sagte die Frau. »Das meinen zumindest die Ärzte.« Das Baby sah vollkommen normal aus, was ich der Frau auch sagte. Sie erzählte mir daraufhin ihre Geschichte. »Als ich im sechsten Monat schwanger war, nahmen die Ärzte an mir verschiedene Tests vor und machten viele Fotos, erklärten mir aber nicht weshalb. Zum Schluß meinten sie, daß mein Baby an Anenzephalie leide, das heißt, es würde ohne Schädeldecke und Gehirn zur Welt kommen und einige Tage nach der Geburt sterben. Ich war entsetzt. Ich gehörte einer rituellen Frauengruppe an, in der drei Frauen den ersten Reiki-Grad besaßen. Zweimal im Monat setzten sie mich bei unseren Treffen in die Mitte des Kreises und gaben mir eine Reiki-Behandlung. Mein Baby wurde normal geboren, und die Ärzte wissen bis heute nicht warum. Sie haben diverse Fotos von einem Baby ohne Schädel. Von meinen drei Kindern war dies auch die leichteste Geburt.«

Nach einer Behandlung oder während eines Behandlungszyklus kommt es manchmal zu einer Entgiftung des Empfängers (Mensch wie Tier). Diese ähnelt der Einweihung in den ersten Reiki-Grad. Der Patient bekommt eventuell Durchfall, hat abnormal riechenden oder aussehenden Stuhlgang, starken Harndrang, Körpergeruch, vorübergehende Hautausschläge, eine laufende Nase und Erkältungssymptome oder schwitzt übermäßig. Damit entledigt sich der Körper krankheitserregender Gifte, und er sollte dabei unterstützt werden. Der Heiler muß auf diese körperlichen Reaktionen vorbereitet sein und wissen, daß sie unschädlich sind. Er sollte dem Empfänger sagen, daß er diesen Symptomen nicht mit Medikamenten zu Leibe rücken muß, sondern zulassen soll, daß die Gifte den Körper auf ihre Weise verlassen.

Die Entgiftung dauert normalerweise einige Tage. Eine Reinigung unterscheidet sich insofern von einer Krankheit, als sich die betroffene Person trotz der Symptome wohl fühlt. Rate ihr dazu, viel Wasser zu trinken, leicht zu essen oder für einige Tage eine Fastenkur mit Tee und Säften zu machen. Nach einer solchen »Krise« fühlt sich der Patient besser denn je, und damit beginnt die eigentliche Heilung.

Es gibt Momente, in denen der Heiler merkt, daß der Empfänger nicht an die Heilung glaubt. Erlaubt ihm der Patient dennoch zu heilen und steht dieser Heilung offen gegenüber, so wird sie stattfinden, ob derjenige an sie glaubt oder nicht. Jemand, der jedoch nicht offen ist für die Heilung oder sie innerlich abwehrt, kann den Prozeß blockieren. Für manch einen ist Heilen ohne Medizin unvorstellbar, auch wenn er der Reiki-Behandlung vorher zugestimmt hat. Diese Leute sagen zwar »ja«, weigern sich aber trotzdem, die Energie anzunehmen. Wenn dies passiert, spürt der Heiler, daß seine Energie blockiert wird. Er kann dem

Patienten dann vorsichtig mitteilen, was er wahrnimmt, aber letztendlich muß dieser selber entscheiden.

Reiki verstößt nicht gegen die Willensfreiheit. Nimmt der Empfänger die Energie nicht an, so kann der Heiler nichts weiter tun. Derartige Situationen können das Selbstvertrauen eines neuen oder unerfahrenen Heilers arg erschüttern, besonders dann, wenn der Empfänger beharrlich vorgibt, die Energie anzunehmen, sie in Wirklichkeit aber ablehnt. Das Problem liegt hier beim Empfänger, nicht beim Heiler. Sei dir dessen bewußt, daß es solche Ablehnungen gibt und daß du dein Bestes gegeben hast. Mir passierte es in einer meiner ersten Reiki-Sitzungen, und erst Jahre später wurden mir die Zusammenhänge klar.

Der Empfänger könnte auch sagen, daß er nichts spürt. Manchmal hat auch der Heiler den Eindruck, als ob während der Reiki-Sitzung nichts geschieht. Es kommt vor, daß der Heiler nichts und der Empfänger eine ganze Menge spürt. In diesen Fällen kannst du nur der Reiki-Energie vertrauen. Die Heilung geschieht, ob sie wahrgenommen wird oder nicht. Manchmal fühlt der Empfänger seine Schmerzen während der Sitzung stärker. Dies hält für einige Momente an, und gewöhnlich rate ich meinen Patienten, während dieser Zeit in die Schmerzen »hineinzuatmen.« Reiki kann auf diese Weise tagelange Kopfschmerzen oder andere Leiden auf ein paar schmerzhafte Momente verkürzen, und es lohnt sich, diesen kurzen Schmerz durchzustehen. Wenn diese zusätzlichen Schmerzen nachlassen, sind *sämtliche* Schmerzen vorüber. Ich bitte meine geistigen Führer, diese Schmerzen so kurz und erträglich wie möglich zu gestalten, aber manchmal müssen sie sein. Sie dauern nie lange an und sind völlig ungefährlich.

Als wir unsere Reiki-Behandlungen an der Frau mit den Knoten in der Brust vornahmen, verspürte sie einige Male ein starkes Brennen an den Tumorstellen. Das war für sie sehr schmerzhaft, weitaus schlimmer als normalerweise, und es machte ihr angst. Selbst ich war besorgt. Ich bat meine geistigen Führer immer wieder, sanfter zu sein. Sie erwiderten, daß sie keinen Einfluß darauf hätten, daß es aber bald vorbei wäre. Dieses Brennen dauerte etwa zehn Minuten pro Sitzung. Im Endeffekt wurden die Tumore damit herausgebrannt, und die Knoten heilten vollkommen aus.

Reiki kann allein oder in Verbindung mit einer medizinischen (oder tiermedizinischen) Behandlung angewendet werden. Es behindert keinerlei Medikamente oder andere Verfahren, macht diese nur effektiver und unterstützt den Patienten. Die Reiki-Energie beschleunigt den Heilungsprozeß, manchmal sogar allen medizinischen Methoden zum Trotz. So kann Reiki bei einer Frau, die Chemotherapie erhält – eine Behandlung, von der ganzheitliche Heiler glauben, daß sie mehr Schaden anrichtet als Gutes bewirkt – die positiven Wirkungen der Behandlung unterstützen und gleichzeitig helfen, die schädlichen Nebenwirkungen zu vermindern. Reiki funktioniert allerdings besser in Verbindung mit holistischen Methoden. Es läßt sich zum Beispiel ausgezeichnet mit Homöopathie oder Kräutern kombinieren. Man kann auch Medikamente oder holistische Heilmittel vor der Einnahme mit Reiki »aufladen«, so daß ihre Wirksamkeit erhöht wird. Bei Einnahme von Insulin oder Mitteln gegen Bluthochdruck sollte der Blutdruck öfter gemessen werden, da die benötigte Dosis unter Umständen durch Reiki reduziert wird.

Mit Reiki heilen gebrochene Knochen schneller wieder zusammen. Es empfiehlt sich jedoch zu warten, bis der Knochen gerichtet ist, und dann direkt über dem Bruch zu behandeln. Manchmal bewirkt die Ki-Energie eine sehr schnelle Heilung, insofern ist es wichtig, daß der Knochen vorher gerichtet wird, weil der Bruch sonst nicht exakt zusammenwächst. Vor dem Richten solltest du deshalb andere Körperteile behandeln. Lege deine Hände niemals direkt auf eine

Wunde oder verletzte Haut. Halte etwas Abstand; die Energie wird dorthin fließen, wo sie gebraucht wird, ohne Schmerzen und ohne Infektionsgefahr. Reiki wirkt sehr gut durch den Gips, mit dem der Knochen gerichtet wird.

Trotz der Warnung, nie Reiki an einem frischen Bruch anzuwenden, möchte ich hierzu eine Geschichte erzählen. Eine Freundin von mir fiel von der Veranda, und alles deutete darauf hin, daß sie sich ihren Knöchel gebrochen hatte. Ich riet ihr, den Fuß röntgen zu lassen, doch sie weigerte sich und bat mich statt dessen, ihren Fuß zu heilen. Diese Frau würde nicht einmal wegen eines gebrochenen Knochens zum Arzt gehen. Mir war zwar nicht ganz wohl dabei, aber ich willigte ein, es zu versuchen. Ich legte meine Hände auf ihren Knöchel, und wieder empfing ich die Botschaft, daß er gebrochen war. Im stillen sagte ich zu meinen geistigen Führern: »Dies ist die einzige Heilung für ihren gebrochenen Knöchel, die sie bekommen wird. Möge es gleich beim ersten Mal richtig funktionieren.« Daraufhin spürte ich, wie sich der Knochen unter meinen Händen in die richtige Position bewegte. Die Frau trug zur Unterstützung für einige Wochen feste, bis über die Knöchel reichende Schuhe. Gegen die Entzündung nahm sie Vitamin C und Beinwell, und obwohl der Knöchel anfangs ganz blau war, heilte er schließlich sehr gut. Meine Freundin hatte wirklich Glück, aber empfehlen würde ich diese Methode nicht.

Auch in einem anderen Fall ist es besser, mit der Reiki-Behandlung zu warten. Ein Mann hatte sich versehentlich mit einer Säge einen Finger abgeschnitten. Er legte den amputierten Finger in ein Glas mit Wasser und begab sich sofort ins Krankenhaus. Auf dem Weg dorthin behandelte er seine Hand mit Reiki. Als er im Krankenhaus ankam, wurde er gefragt, weshalb er so lange gewartet hätte, die Wunde sei schon zu weit verheilt, um den Finger wieder anzunähen. Gerade mal zwanzig Minuten waren seit dem Unfall vergangen, aber die Reiki-Energie kann die Heilung drastisch beschleunigen.[3]

Ich erwähnte bereits das Aufladen von Medizin mit Reiki. Dazu hält man das Medizinfläschchen zwischen den Händen und läßt die Energie hindurchfließen. Weitere Anwendungsmöglichkeiten sind zum Beispiel das Ausbreiten der Hände über einer Mahlzeit, die vielleicht ursprüngliche Art der Segnung, sowie das Aufladen von Wasser mit Reiki, wodurch das Wasser in ein Heilmittel verwandelt wird. In gleicher Weise kannst du Verbandsmaterial aufladen. Auch Kristalle können mit dieser Energie aufgeladen werden, am wirkungsvollsten jedoch mit den Symbolen des zweiten und dritten Reiki-Grades. Ich habe Reiki sogar schon an meinem Auto angewendet, wenn ich sichergehen wollte, daß es morgens in der Kälte anspringt.

Obwohl Reiki starke Kräfte besitzt, ist es sehr unwahrscheinlich, damit Schaden anzurichten. Reiki-Energie verfügt über eine Intelligenz, die weit über das menschliche Wissen hinausgeht, und zu ihrer Aktivierung müssen lediglich die Hände in den Grund- oder Zusatzpositionen oder an den Schmerzstellen aufgelegt werden. Die Energie selbst bewirkt die Heilung, und das im positiven Sinne. Der Heiler benötigt keine übernatürlichen Kräfte und muß sich diesen Prozeß auch nicht bewußt machen.

Mit das erste, was ich bei Reiki I erlebte, war die Entwicklung meiner psychischen Fähigkeit zu diagnostizieren. Sobald ich meine Hände auf schmerzende Stellen lege, weiß ich in der Regel, wo das Problem liegt; meistens treffe ich damit ins Schwarze. Allerdings sind Diagnosen von medizinischen Laien in vielen Ländern nicht legal – setze diese Art von Fähigkeiten also mit Vorsicht ein und denke über mögliche Folgen nach, bevor du in einer Reiki-Sitzung eine Diagnose stellst. Ist die Lage allem Anschein nach ernst, so rate deinem Patienten, einen Arzt aufzusuchen. In der Regel ist es nicht sinnvoll, Krebs zu diagnostizieren.

Ich bin zwar für Ehrlichkeit beim Heilen, aber nur, wenn diese auch zu verantworten ist. Ebenso unpassend finde ich es, jemandem mitzuteilen, daß er bald stirbt. Solche Informationen können Fehler enthalten, und auch die Krankheit kann sich während des Heilungsprozesses verändern. Denke daran, stets Mitgefühl zu zeigen.

Am Ende dieses planetarischen Zeitalters bedürfen wir fast alle der Heilung. In dieser Krisensituation bleibt keine Zeit für jahrelanges Erlernen einer Fähigkeit. Mit Reiki bedarf es nur der Einweihung, und sofort wird der Schüler zum Heiler. Momentan benötigen wir sämtliche Heiler, die wir bekommen können. Das Potential der Selbstbefähigung ist gewaltig, ganz besonders bei Frauen. Bedenke, daß Befähigung die Bestätigung einer bestimmten Fähigkeit und Begabung ist, und nicht das Ego. Empfänger von Reiki können sogar von einer einzigen Sitzung ungeheuer profitieren. Durch Reiki bekommen die Menschen ihre Gesundheit besser in den Griff und vermeiden dabei oft die hohen Kosten, Unmenschlichkeiten und invasiven Methoden der Schulmedizin. Reiki kann zwar die Medizin nicht ersetzen, aber es hilft meist dort, wo die Medizin nicht weiterweiß, und zwar sanfter und positiver.

Bei akuten Beschwerden wie Grippe, Erkältung, Kopfschmerzen oder verstauchtem Knöchel hilft oft schon eine einzelne Reiki-Sitzung. Bei ernsten oder chronischen Beschwerden sind jedoch meist mehrere Sitzungen erforderlich. Ich vergleiche Reiki mit dem Aufladen einer Batterie: Eine relativ gesunde Person braucht nur ein wenig Aufladung, ist sie schwer erkrankt, benötigt sie viel Energie. In der Reiki-Klinik von Chujiro Hayashi wurden die Patienten täglich von einem Team geheilt, bis sie gesund waren. Für jemanden mit Krebs oder AIDS sind tägliche Behandlungen meistens effektiver als wöchentliche, und es wird unter Umständen trotzdem einige Zeit dauern, bis eine Besserung eintritt. Bei chronisch kranken Patienten rate ich zu einer Reiki-Einweihung, da sie hierdurch die Befähigung zur Selbstheilung und die Wirkung der Einweihung erhalten. Wenn du die Einweihung erhalten hast, so gib dir selber täglich Reiki, ob du krank bist oder nicht. Durch das stetige Aufladen der Batterie kann die Anzahl der Sitzungen letztendlich reduziert werden.

Reiki unterscheidet sich in vielerlei Hinsicht von anderen Heilungsmethoden, die ebenfalls mit Händeauflegen oder Berühren arbeiten. Für mich bestand der wichtigste Unterschied bei Reiki I darin, daß ich aufhörte, die Symptome meiner Patienten zu übernehmen. Bei meiner früheren Heiltätigkeit ging die Patientin, die mit Menstruationsbeschwerden gekommen war, schmerzfrei nach Hause, aber leider hatte ich dann ihre Krämpfe. Ich lernte, diese Energie zu erden und loszulassen, aber das dauerte oft so lange wie die Heilung selbst. Mit meiner ersten Einweihung änderte sich dies vollkommen. Ich übernehme nicht mehr die Schmerzen anderer, nehme jedoch während einer Sitzung vereinzelt Gefühle wahr, die mit etwas mitteilen wollen und die verschwinden, sobald ich diese Mitteilungen bestätige.

Ich hätte nie mit der Behandlung von AIDS-Patienten in Krankenhäusern anfangen können, wenn ich mir ständig deren Krankheitssymptome aufgeladen hätte. Ebensowenig wäre ich zu solch intensivem Heilen fähig gewesen, hätte ich mich hinterher so leer und verbraucht gefühlt wie vor meiner Arbeit mit Reiki. Mit Reiki fühle ich mich am Ende der Sitzungen klar, ausgeglichen, geerdet, energetisiert und rundherum wohl. Benötige ich selber Reiki, während ich jemandem eine Behandlung gebe, so fließt mir die Reiki-Kraft automatisch während der Arbeit zu. Das lenkt mich keineswegs davon ab, dem Patienten zu geben, was er braucht. (Reiki- oder andere Heilbehandlungen sind jedoch zu unterlassen, wenn du selbst sehr krank oder verärgert bist.) Durch Reiki fand ich auch die enorme Kraft und Effektivität, nach der ich stets gesucht hatte. Je mehr der Heiler die Reiki-Kraft für sich nutzen kann, desto stärker wird seine Fähigkeit zu heilen.

Mit Reiki ist noch etwas anderes verbunden, das ich ganz bewußt bis zum Schluß aufgehoben habe, und das sind die Reiki-Lebensweisheiten. Obwohl Reiki keine Religion ist, so ist es doch der östlichen Philosophie stark verbunden. Reiki entstammt einer Kultur, der wir hier im Westen praktisch alle unsere metaphysischen Wissenschaften und Vorstellungen von Moral und Ethik verdanken. Im Mahayana-Buddhismus und seiner Nebenrichtung, dem Vajrayana, entwickelten sich vor sehr langer Zeit die Fähigkeiten der Meditation, der Visualisierung, des rituellen, geistigen und Kräuterheilens, der Traumarbeit, des bewußten Sterbens, der sexuellen Heilung mit Achtung vor Frauen, der Rückkehr zu früheren Leben, ja sämtliche Arten psychischen Wachstums und Könnens und vieles mehr. Als ich bei den Vorbereitungen zu diesem Buch den Tantra-Buddhismus studierte, war ich überrascht, darin die Ursprünge sämtlicher Religionen – einschließlich meines eigenen Wicca-Kultes – zu finden.[4] Wie sähe die Welt wohl heute aus, wenn das Christentum aus den wahren Lehren Jesu hervorgegangen wäre.

Mir sind im Laufe der Jahre verschiedene Versionen der fünf einfachen Reiki-Lebensregeln begegnet; fast jedes Buch über Reiki gibt sie anders wieder. Der Überlieferung nach wurden sie von Mikao Usui aufgeschrieben. Die Liste von Hawayo Takata, die ihrer Tonkassette *The History of Reiki as Told by Mrs. Takata* (Begleitheft S. 11) beiliegt, kommt dem Original wahrscheinlich am nächsten.

Gerade heute sei nicht ärgerlich.
Gerade heute sorge dich nicht.
Sei dankbar für die vielen Segnungen und ehre Vater und Mutter, deine Lehrer und Nächsten sowie auch deine Nahrung.
Verdiene dein Brot ehrlich.
Sei freundlich zu allen Wesen.

Eine andere Version der Reiki-Lebensregeln ist in *The Reiki Handbook* von Larry Arnold und Sandy Nevius nachzulesen:

Gerade heute werde ich für die vielen Segnungen dankbar sein.
Gerade heute werde ich mich nicht sorgen.
Gerade heute werde ich mich nicht ärgern.
Gerade heute werde ich meine Arbeit ehrlich tun.
Gerade heute werde ich freundlich zu meinen Nächsten und allen Wesen sein.[5]

Eine weitere Version lautet wie folgt:

Gerade heute sei nicht ärgerlich.
Gerade heute sorge dich nicht.
Ehre deine Lehrer, Eltern und die Älteren.
Verdiene dein Brot ehrlich.
Sei dankbar gegenüber allem, was lebt.[6]

Ich persönlich halte mich an die letzte Version, füge diesen Regeln aber noch eine sechste hinzu: *Respektiere das Einssein allen Lebens.* Damit gleicht die Liste im Grunde der von Großmeisterin Takata (die ich erst vor kurzem entdeckte). Diese Lebensweisheiten gilt es zu vertiefen, und ihre tägliche Umsetzung läßt Reiki zu einem Teil des Lebens werden. Auch verletzen diese Regeln keine Religion oder religiöse Vorstellung.

Die Interpretation dieser Regeln bleibt jedem selbst überlassen. Oftmals werde ich gefragt: »Ich bin ein Inzestopfer, wie kann ich da meinen Vater ehren?« Diese Frau frage ich dann, ob sie nicht den *anderen* Elternteil ehren kann oder jemanden, der für sie ein *wahrer* Elternteil war. Andere haben Fragen zu ihrem

Ärger. Ich rate ihnen, ihre Wut und ihren Groll nicht zu schlucken und nicht zu warten, bis sie explodieren. Meiner Meinung nach geht es bei diesen Regeln im wesentlichen darum, die wahren Gefühle zu zeigen und die Atmosphäre zu reinigen, statt den Zorn weiter in sich schwelen zu lassen.

Die Reiki-I-Einweihung ist ein Meilenstein im Leben des Emfängers, und sein Leben ist von diesem Zeitpunkt an für immer verändert. Obwohl diese Veränderungen sehr positiv sind, benötigt der neue Heiler eine Orientierungshilfe, da sein Leben auf einmal eine andere Dimension erhält. Die Reiki-Lebensweisheiten können bei diesem Reifungs- oder Wachstumsprozeß und Neuanfang sehr behilflich sein. Über sie zu meditieren, wirkt sehr beruhigend und stärkend und ist auch bei Selbstheilungen empfehlenswert. Ich bitte meine Schüler, sich in diese Lebensweisheiten zu vertiefen, sie in sich wirken zu lassen, bevor sie sie verwerfen. Die Dankbarkeitsregel ist wohl die wichtigste von allen.

Am meisten lernt man über Reiki durch seine Anwendung und indem man sich als Schüler von der Energie leiten läßt. Nach der Einweihung in den ersten Reiki-Grad weise ich meine Schüler an, im ersten Monat täglich eine Anwendung an sich selbst und mindestens drei Ganzbehandlungen pro Woche an anderen auszuführen. Je öfter der Schüler Reiki anwendet, desto stärker wirkt es in ihm und fördert seine eigene Entwicklung und Heilung.

Meine Aufgabe in diesem Leben ist es, so viele Menschen wie nur möglich in die Kunst des Heilens einzuweihen. Auf der Suche nach effektiven Techniken, die ich an andere weitergeben kann, studiere ich jede mir zugängliche Heilmethode. Reiki gibt mir allerdings etwas, wozu keine andere Methode fähig ist: An einem einzigen Nachmittag kann ich Menschen, die vorher keine Ahnung von Heilung oder Energie hatten, entsprechend einweisen und sie am Abend als kompetente Reiki-Praktizierende nach Hause schicken. Jede andere Heilmethode bedarf jahrelanger Ausbildung, um sie zu beherrschen. Wenn diese neuen Reiki-Schüler meinen Kurs verlassen, bin ich mir über deren Fähigkeiten absolut sicher und weiß, daß sie gute Arbeit leisten werden. Reiki kann keinen Schaden anrichten, und niemand kann Reiki falsch anwenden. Gerade deshalb schätze ich Reiki so sehr. In diesem Punkt war ich mir mit meinen Schülern stets einig.

DIE REIKI-LEBENSREGELN [7]

Gerade heute werde ich für die vielen Segnungen dankbar sein.
Gerade heute werde ich mich nicht sorgen.
Gerade heute werde ich mich nicht ärgern.
Gerade heute werde ich meine Arbeit ehrlich tun.
Gerade heute werde ich freundlich zu meinen Nächsten und zu allen Wesen sein.

1 Mantak und Maneewan Chia, *Awaken Healing Light of the Tao,* S. 31.

2 Louise L. Hay, *Heile deinen Körper. Seelisch-geistige Gründe für körperliche Krankheit,* S. 33.

3 Die genaue Quelle dieser Geschichte ist mir zwar unbekannt, aber einige Leute haben mir erzählt daß Reiki-Lehrer derartige Warnungen gegeben hätten. Die gleichen Lehrer warnen vor der Heilung von ungerichteten gebrochenen Knochen.

4 Zur weiteren Information siehe John Blofeld, *The Tantric Mysticism of Tibet.*

5 Larry Arnold und Sandy Nevius, *The Reiki Handbook,* S. 27.

6 Bodo Baginski und Shalila Sharamon, *Reiki: Universale Lebensenergie,* S. 31.

7 Larry Arnold und Sandy Nevius, *The Reiki Handbook,* S. 27.

8 Louise L. Hay, *You Can Heal Your Life,* 14. Kapitel.

3. Kapitel

Die Reiki-Sitzung

In diesem Kapitel lernst du, die Reiki-Energie anzuwenden, nachdem du die Reiki-I-Einweihung erhalten hast. Es enthält Hinweise und die Grundpositionen für die Selbstheilung, für die Behandlung von anderen Menschen und Haustieren sowie für Gruppenheilungen. Sobald du anfängst, Behandlungen durchzuführen, offenbart sich das ganze Wunder des Reiki. Ich habe ja bereits einige Geschichten über meine Heilbehandlungen erzählt und höre auch von anderen Heilern immer wieder neue, aber der wahre Zauber des Reiki liegt in seiner Anwendung.

Als erstes muß ein Heiler wissen, wie er seine Hände zu halten hat. Beim Reiki werden immer beide Hände benutzt, wobei die Handflächen nach unten zeigen. Finger und Daumen sind ausgestreckt, aber geschlossen (als ob sie Socken übergezogen hätten, nicht Fausthandschuhe, wie es ein sechsjähriger Reiki-I-Schüler von mir mal formuliert hat). In dieser Haltung werden sie auf die verschiedenen Körperteile aufgelegt, und wir lassen sie dort – vollkommen entspannt und ohne Druck auszuüben – verweilen. Die universelle Lebenskraft oder Ki, welche die Heilung in Gang setzt, fließt durch die Chakras in die Mitte der Handflächen und dann in die Fingerspitzen. Falls aus irgendeinem Grund nicht beide Hände auf eine Position gelegt werden können, so halte eine Hand auf die gewünschte Position und die andere auf einen anderen Körperteil. Es müssen sich immer beide Hände auf oder knapp über dem Empfänger befinden, um die Energie zu aktivieren und hindurchfließen zu lassen.

Obwohl die Hände beim Reiki stets gebraucht werden, sind sie nicht die einzige Quelle der Reiki-Energie. Sobald du die Reiki-I- Einweihung erhalten hast, wirst du mit Erstaunen feststellen, daß die Energie durch jeden Körperteil fließen kann. Berührst du mit bloßen Füßen deinen Hund, in der Absicht, ihn mit Reiki zu heilen, so wird die Energie auch durch deine Fußsohlen fließen und den Hund erreichen. Berührst du im Bett mit deinen Füßen ein Bein oder den

Die Handhaltung beim Reiki

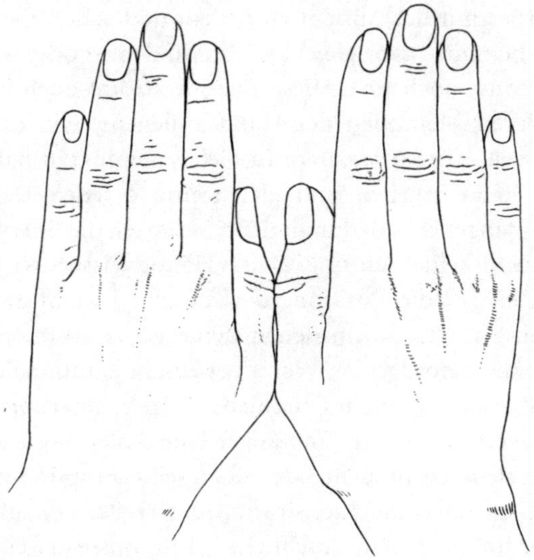

Rücken deines Partners, so wird sich die Energie auch auf diese Weise entfalten, solange du die Absicht hast zu heilen. Shiatsu-Praktizierende werden die Energie womöglich beim Massieren spüren, wenn sie ihre Ellbogen benutzen.

Die Reiki-Energie kann sich auch außerhalb der Behandlungen in den Händen ansammeln. Freunde von mir – Künstler, die auch Reiki praktizieren – berichten, daß sich die Energie bei ihren künstlerischen Tätigkeiten entfaltet. Neue Reiki-I-Schüler erzählen oft, daß ihre Hände zu den merkwürdigsten Zeiten heiß werden, was in den ersten Wochen durchaus normal ist. Es kann auch passieren, daß sich deine Hände erwärmen, wenn du neben jemandem sitzt, der die Energie braucht. Dies kann im Kino ein wenig peinlich sein, aber solange du nichts sagst, weiß es ja niemand. Wenn es dir mit Freunden passiert, frage sie, ob sie eine Reiki-Behandlung möchten – sie werden bestimmt sagen, daß du übernatürliche Fähigkeiten besitzt. Reiki kann auch durch die Berührung des eigenen Körpers aktiviert werden. Nimm solche Anregungen dankbar an.

Reiki fängt automatisch an zu fließen, sobald beide Hände mit der Absicht zu heilen auf den eigenen oder den Körper eines anderen gelegt werden. Beim Zurückziehen der Hände wird der Energiefluß wieder gestoppt. Es bedarf keinerlei Aufforderung oder anderer Methoden, um Reiki ein- und auszuschalten. Sobald die Energie zu fließen beginnt, verspürt der Heiler oder der Empfänger in den meisten Fällen ein Hitzegefühl, das für Reiki charakteristisch ist. Nachdem die Energie den Empfänger während der Reiki-I-Einweihung erstmals durchströmt hat, erhitzen sich die Hände bei den meisten nachfolgenden Heilbehandlungen. Braucht der Empfänger jedoch Kühle, so werden ihm die Hände des Heilers diese zuführen. Es kommt auch vor, daß der Heiler in den Händen Wärme verspürt und der Empfänger der Energie Kälte oder umgekehrt. Jede Behandlung und Grundposition kann unterschiedlich ausfallen.

Nach dem Auflegen der Hände in einer der Grundpositionen nimmt der Heiler unterschiedliche Gefühle wahr. Anfangs spürt er nur die erwartete Körperwärme, doch wenn seine Hände auf einem Körperteil verweilen, kommen andere Wahrnehmungen hinzu. Er verspürt eventuell Hitze, Kälte, fließendes Wasser, Vibrationen, Schütteln, Magnetismus, statische Elektrizität, Kribbeln, nimmt Farbe, Töne oder (sehr selten) Schmerzen in seinen Händen wahr. Der Heiler hat vielleicht das Gefühl, daß seine Hände eingeschlafen sind, denn er verspürt das entsprechende Kribbeln. Der Empfänger hat unter Umständen die gleichen, eventuell auch unterschiedliche Empfindungen, vielleicht spürt er aber überhaupt nichts. Die Wahrnehmungen sind von Position zu Position und von Behandlung zu Behandlung verschieden. Man kann sie nicht voraussagen, aber irgend etwas wird fast immer wahrgenommen.

Diese Empfindungen dauern meistens bis zu fünf Minuten, obwohl sie einem anfangs sehr viel länger vorkommen. Sobald die Gefühle verebben, stellt sich wieder Ruhe und die bekannte Körperwärme ein. Das signalisiert dem Heiler, zur nächsten Position überzugehen. Callie, meine sechsjährige Freundin und Reiki-I-Schülerin, drückte es folgendermaßen aus: »Zuerst geht es hoch, dann herunter, und dann kannst du weitergehen.« Mir fällt keine bessere Beschreibung dafür ein. Verweilst du in der Position, wiederholt sich das Ganze: Körperwärme, diverse körperliche Wahrnehmungen für einige Minuten, dann wieder Körperwärme. Oft braucht man für eine Position weniger als die veranschlagten fünf Minuten, auch das ist völlig in Ordnung; lasse dich stets von dem Gefühl in deinen Händen leiten. Die Rückenpositionen nehmen meist weniger Zeit in Anspruch, es sei denn, der Empfänger hat dort Probleme.

Manchmal scheinen die Wahrnehmungen gar nicht enden zu wollen, und man hat das Gefühl, als würden die Hände festkleben. Verweile so lange wie nötig an der Stelle. Wenn deine Hände aber gern weitergehen möchten und die Empfindungen trotzdem anhalten, so bleibe noch ein wenig in dieser Position, bevor du zur nächsten übergehst. Es ist ein Zeichen, daß der Körper an dieser Stelle mehr Heilung benötigt, aber genauso wie sich der Schmerz nicht über Nacht einstellte, wird vermutlich mehr als eine Sitzung zur Heilung nötig sein. Normalerweise ist es eine bestimmte Stelle oder Position, die mehr Reiki benötigt, aber da die vollständige Behandlung bis zu eineinhalb Stunden dauern kann, ist es nicht von Vorteil, zuviel Zeit an einer Position zu verbringen. Nach einigen Behandlungen entwickelt der Heiler ein Gefühl für die Verweildauer an den einzelnen Positionen. Verlasse dich auf deine Intuition und bedenke, daß es kein *Richtig* oder *Falsch* gibt. Die Wahrnehmungen sind während einer Selbstbehandlung oft weniger ausgeprägt als bei der Heilung von anderen.

Reiki erfordert nur sehr wenig bewußte Konzentration. Lege einfach deine Hände auf oder über den Körper mit der Absicht zu heilen, und schon fließt die Energie – ganz gleich, woran du denkst oder was du sonst noch tust. Diese Energie strömt auch bei anderen Methoden des Händeauflegens, wie zum Beispiel beim Massieren. In vielen Seminaren habe ich Reiki gegeben und gleichzeitig geredet. Dem Empfänger geht dadurch nichts verloren; die Energie braucht keine Führung. Deine Hände wissen, wann es Zeit ist, die Position zu wechseln. Es gibt aber auch Situationen, in denen deine ganze Aufmerksamkeit gefordert ist. Wenn bei einem emotionalen Loslassen oder beim Durchleben von Erinnerungen früherer Leben der Empfänger eine Anleitung zum Visualisieren braucht oder über seine Empfindungen sprechen möchte, so muß der Heiler voll und ganz für ihn da sein. Psychische Erkenntnisse in Reiki-Sitzungen können von großer Bedeutung sein, sie kommen nur in einem entspannten Zustand und bei vollkommener Ruhe. Achte bei der Eigenbehandlung auch auf die Gedanken, die dir beim Auflegen der Hände kommen; sie können sehr aufschlußreich sein.

Die Reiki-Behandlung von Hunden, Katzen oder Kleinkindern unterscheidet sich von der Behandlung Erwachsener. Den meisten Tieren und Kindern fehlt die nötige Geduld, um während einer kompletten Reiki-Sitzung stillzuhalten. Außerdem können sie die Energie schneller und einfacher aufnehmen, als es bei erwachsenen Menschen der Fall ist. Oft dauert eine Position nur 30 Sekunden. Ein gesundes Tier wird die Energie vielleicht sogar ablehnen, indem es einfach wegläuft. Ein krankes Tier dagegen nimmt Reiki normalerweise an. Ein Tier, das im Sterben liegt, wird Reiki in der Regel ablehnen. Eine Zurückweisung kann auch andere Gründe haben. Babys schlafen bei einer Reiki-Behandlung oft ein, normalerweise mögen sie Reiki jederzeit.

Für die Reiki-Behandlung von Kindern und Haustieren lege deine Hände an gut zugänglichen Körperteilen auf oder direkt auf die schmerzende Stelle. Verweile dort, und Reiki wird überall hinfließen, wo es gebraucht wird. Ist der Körper groß genug, so führe die Grundpositionen aus. Kleinere Tiere, wie eine Eidechse, eine Maus oder einen kleinen Vogel, kannst du zwischen deinen Handflächen halten. Hat ein Tier genug Energie aufgenommen, so wird es dich dies wissen lassen – es fängt dann an zu zappeln oder geht weg. Braucht es noch mehr Energie, so kommt es nach einigen Minuten zurück und eventuell auch später immer wieder. Fahre mit der Behandlung so lange fort, wie das Tier danach verlangt. Bei Kindern werden dich deine Hände wissen lassen, wann die Position oder Heilung beendet ist, oder aber das Kind verliert die Ruhe und meldet sich von selbst. Ein älteres Kind wird dich vielleicht bitten, aufzuhören.

Katzen sind sich der Reiki-Energie in besonderem Maße bewußt, haben dazu allerdings eine andere Einstellung. Sie glauben nämlich, daß sie von Katzen erfunden wurde, und möchten sie gerne für sich behalten. Sie sind in der Regel nicht davon begeistert, Reiki mit einem Menschen zu teilen. Wenn sie allerdings Heilung brauchen, werden sie diese annehmen, deine Technik aber kritisieren. Eine Reiki-III-Schülerin übte zu Hause mit anderen Schülern die energetische Übertragung von Reiki, während ihre Katze im Raum war. Nachdem die Besucher gegangen waren, gab sie ihrem Frauchen zu verstehen, »daß sie das alles bereits wußte«. Katzen können selber wundervolle Heiler sein und sind normalerweise eine Bereicherung der Reiki-Sitzung, vorausgesetzt, der Patient mag Katzen.

Die Reiki-Behandlung bei Tieren6

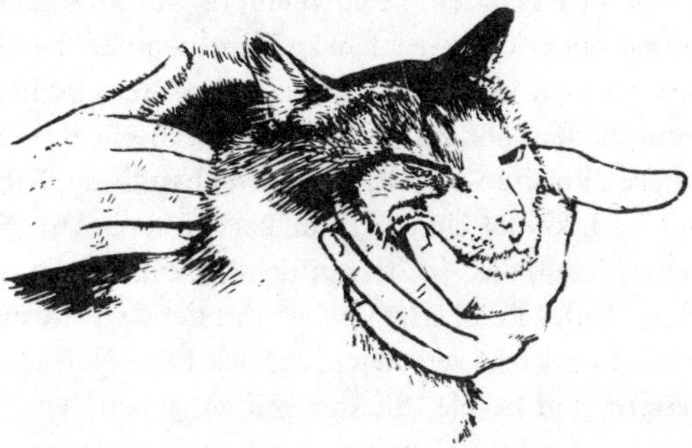

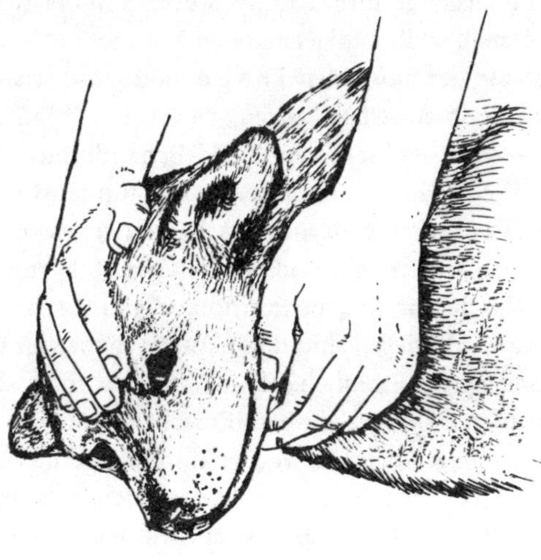

Hunde sind gelassener; die Reiki-Energie muntert sie auf. Einer meiner zwei sibirischen Huskies, Cooper, liebt Reiki und nimmt davon soviel, wie ich ihm geben kann oder möchte. Kali dagegen nimmt Reiki von mir überhaupt nicht an, dafür aber gern von meinen Freunden. Wie Katzen akzeptieren auch Hunde Reiki am besten, wenn sie Heilung brauchen. Wenn ich Leuten Reiki-Sitzungen gebe, senden Coopers Pfoten Regenbogen aus, und er ist oftmals eine große Hilfe, während Kali sich zu sehr aufregt. Sie reagiert überaus sensibel auf psychische Energie und mag sie nicht. Paß also auf, daß dein Haustier nicht zum Reiki-Junkie wird oder ständig den Massagetisch blockiert, es könnte auf Dauer lästig werden.

Mit Kindern ist die Situation ähnlich. Du kannst mit deinen Händen gleich mehrere Körperteile auf einmal abdecken. Genau wie Tiere nehmen Kinder die Energie rasch auf und lassen dich wissen, wenn sie genug haben. Sobald sie dies tun, wechsele zu einer anderen Position oder beende die Behandlung. Babys und Kleinkinder sind sehr an Reiki interessiert. Ein kleines Kind, das sich frei in dem Raum bewegt, wo seine Mutter Reiki erhält, wirkt mit der Zeit störend. Es wird vielleicht versuchen, auf den Massagetisch zu klettern und bei der Sitzung mitzumachen (wie die Katzen oder der 30 Kilo schwere Hund). Es ist besser, Kinder in einem anderen Raum unterzubringen, bis sie selbst an der Reihe sind. Kinder mit Reiki-I-Einweihung beenden ihre Grundpositionen in der Regel sehr schnell, oft in weniger als einer Minute. Trotzdem spüren sie den normalen Energiezyklus und wissen, wann es Zeit ist weiterzugehen.

Da eine vollständige Reiki-Behandlung eine ganze Weile dauert, mindestens eine Stunde und oft länger, ist es wichtig, darüber nachzudenken, wo und wann man sie sich selbst oder anderen gibt. Wenn du deine Hände nur auf eine Position oder eine schmerzende Stelle auflegst, sind diese Fragen nicht von Bedeutung. Reiki-Eigenbehandlungen kann man sehr schön abends im Bett vor dem Einschlafen oder morgens gleich nach dem Aufwachen durchführen. Wenn du nicht alle Positionen bequem erreichen kannst, konzentriere dich auf diejenigen, die leicht auszuführen sind. Selbstheilung ist auch sehr effektiv, wenn du entspannt in einem Sessel sitzt, vielleicht sogar beim Fernsehen.

Bei der Reiki-Behandlung ist es sehr wichtig, daß es Heiler wie Empfänger bequem haben und sich wohl fühlen. Der Empfänger wird mindestens eine Stunde zuerst auf dem Rücken, dann auf dem Bauch liegen. Lege ihm ein Kissen unter die Knie, falls er Rückenbeschwerden hat, und auch unter den Kopf und die Hüfte, falls er danach verlangt. Wenn du auf dem Fußboden arbeitest, kannst du eine Decke oder Matte unterlegen, und als Heiler sitzt du vielleicht bequemer auf einem Kissen. Der Heiler verbringt viel Zeit in jeder einzelnen Position und führt oft mehrere Positionen nacheinander aus, bevor er sich wieder bewegen kann. Es ist schade, wenn man aufhören oder sich bewegen muß, weil ein Fuß eingeschlafen ist oder einem der Rücken weh tut. Die beste Lösung für alle Beteiligten ist ein Massagetisch. Während ich Reiki gebe, sitze ich auf meinem Bürostuhl mit Rollen, auf dem ich mich problemlos fortbewegen kann. Findet die Sitzung auf dem Boden oder in einem Bett statt, mußt du als Heiler zuerst herausfinden, welche Körperhaltung für dich am bequemsten ist und wie du dich am besten entspannen kannst.

Kranke oder Schwache, die Reiki empfangen (vielleicht auch im Krankenhaus) sind meist nicht in der Lage, sich selbst umzudrehen. In einem solchen Fall führst du die Positionen nur an der Vorderseite des Körpers aus. Sind einige Positionen unter Umständen schwer zu erreichen, läßt man sie am besten aus. Es empfiehlt sich immer, eine vollständige Reiki-Behandlung zu geben. Ist dies nicht möglich, so tue, was du kannst, oder lege deine Hände nur an oder über der schmerzenden Stelle auf. Obwohl es am besten ist, wenn der Empfänger bei der Reiki-Behandlung liegt, kann man ihn auch auf einem Stuhl sitzend behandeln. Bei Reiki-Sitzungen in der Öffentlichkeit lege ich meine Hände nur auf die Schultern des Empfängers und lasse die Energie auf diese Weise zu ihm fließen. Ein bißchen Reiki ist besser als gar keins.

Die Reiki-Sitzung verlangt eine Atmosphäre der Stille und Geborgenheit. Zumindest bei den Kopfpositionen sollte nicht gesprochen werden. Danach kommt es beim Empfänger oft zum Loslassen von Gefühlen, was nicht abgeblockt oder unterbrochen werden darf. Konzentriere dich zu diesem Zeitpunkt vollkommen auf den Empfänger. Manche Leute schlafen während der Behandlung ein oder verlassen ihren Körper und sollten dabei nicht gestört werden. In weniger intensiven Sitzungen werden sich Heiler und Empfänger während der Grundpositionen unterhalten. Sitzungen im Beisein anderer Personen schließen normalerweise ein intensives Loslassen der Gefühle aus. Vertraue auf deinen Instinkt, wann es gut ist zu reden und wann nicht. Teile deine Beobachtungen in einfühlsamer Weise mit dem Empfänger der Behandlung.

Manche Heiler bevorzugen leise Musik in dem Raum, wo sie praktizieren, am besten ist instrumentale klassische oder New-Age-Musik, auf keinen Fall Hard-Rock oder Hip-Hop. Dämpfe das Licht, lege den Telefonhörer beiseite oder ziehe den Stecker heraus und schließe die Tür, um nicht abgelenkt zu werden. Gehe bei der Eigenbehandlung genauso vor. Du brauchst wie jeder andere die Zeit und den Raum für deine Heilung und hast es verdient. Wasche dir vor Beginn der Sitzung die Hände, da sich die erste Reiki-Position über den Augen befindet. Zentriere dich, beruhige deine Gedanken und fange dann an.

Lockere Kleidung ist sowohl für den Heiler als auch den Empfänger während der Reiki-Sitzung am bequemsten; beide bleiben bekleidet. Einige Heiler arbeiten gerne barfuß, sofern der Raum mit Teppich ausgelegt und warm genug ist. Der Empfänger sollte sich die Schuhe ausziehen, die Brille abnehmen, sofern er eine trägt (Kontaktlinsen bleiben meistens eingesetzt), und er sollte keinen beengenden Gürtel tragen. Ich halte es nicht für notwendig, während einer Reiki-Behandlung den Schmuck abzulegen, aber manche Heiler bestehen darauf. Halte eine Decke bereit, falls es dem Empfänger zu kalt wird. Werden Kristalle unter dem Massagetisch ausgelegt, so müssen diese vorher gereinigt werden.

Reiki kann zusammen mit Kristallen und Edelsteinen angewendet werden und ist dann sehr effektiv. Von größter Wichtigkeit ist es jedoch, die Steine vor und nach jeder Sitzung zu reinigen. Gereinigte Kristalle oder Edelsteine kannst du auch in deinen Händen aufladen. Lege sie dann auf die Chakras des auf dem Rücken liegenden Empfängers und beginne mit der Reiki-Sitzung. Anweisungen zum Auflegen der Steine findest du in diversen Büchern, auch in meinem eigenen *Naturheilkunde für Frauen*. Grundsätzlich werden die Steine farblich passend zu den Farben der Chakras aufgereiht (orangefarbene Steine werden auf das Sakral-Chakra gelegt), verlasse dich hierbei jedoch auf deine Intuition. Werden Edelsteine in die Reiki-Behandlung einbezogen, ist die Wahrscheinlichkeit des emotionalen Loslassens beim Empfänger wesentlich höher, zudem haben derartige Sitzungen eine sehr intensive Wirkung.

Auch die Reiki-Handpositionen befinden sich zum großen Teil über den Chakras, und nach den drei Kopfpositionen sind sie leicht zu behalten. Die Chakras sind Energiesysteme, die auf dem ätherischen Doppel des physischen Körpers lokalisiert sind, eine Schicht von der physischen Körperebene entfernt. Als Energieumwandler bringen sie irdisches und himmlisches Ki in den menschlichen und tierischen Körper. Die Chakras des Menschen sind entlang der ätherischen Wirbelsäule und im Bereich des Kopfes lokalisiert. Während einer vollständigen Reiki-Sitzung werden sämtliche Chakras und alle Organe des Körpers behandelt. Bei Tieren sind die Chakras mehr auf einer dreieckigen Energieebene lokalisiert, und nur wenige der Chakras befinden sich an der Wirbelsäule. Näheres über Chakras bei Tieren findest du in meinen Büchern *Natural Healing for Dogs and Cats* und *The Natural Remedy Book for Dogs and Cats*.

Obwohl es beim Reiki nicht so wichtig ist, die genaue Lage der Chakras zu kennen, vereinfacht es doch die Beschreibung der Handhaltungen. Das im Westen gebräuchliche Chakra-System wurde in Indien entwickelt, was eine weitere Verbindung zu Reiki herstellt. Allerdings besitzen andere Kulturen ähnliche Systeme. Für die Energieübertragung ist es gut zu wissen, weshalb sich deine Hände auf bestimmten Körperteilen befinden. Jedes einzelne Chakra reguliert ein Organ in seinem Bereich. Ich werde diese Zentren nur kurz beschreiben, da es eine Vielzahl ausgezeichneter Bücher über das Chakra-System gibt. Da eine Reiki-Behandlung am Kopf anfängt und nach unten fortgesetzt wird, beschreibe ich die Chakras von Kopf bis Fuß.

Die drei Reiki-Kopfpositionen decken das Kronen- und das Stirn-Chakra (auch Drittes Auge genannt) ab. Das Kronen-Chakra befindet sich oben auf dem Kopf in der Höhe der Fontanelle. Körperlich wird es der Zirbeldrüse zugeordnet. Das Kronen-Chakra stellt unsere Verbindung zur Spiritualität sowie zur Göttin/Quelle dar, meistens wird es violett oder weiß dargestellt. Das Kronen-Chakra macht die Wahrnehmung von geistigen Führern und die Fähigkeit des Channeling möglich. Als nächstes kommt das Dritte-Auge- oder das Stirn-Chakra, das an der Nasenwurzel zwischen den Augenbrauen liegt und der Hypophyse zugeordnet ist. Dies ist das Chakra der außersinnlichen Wahrnehmung wie Hellsehen, -hören, -fühlen und -riechen, auch fördert es das Bewußtsein für das Einssein mit dem Universum. Die Farbe dieses Chakras ist Indigoblau, das tiefblau wie der Nachthimmel leuchtet. Es ist das Kraftzentrum der Frau und der Sitz der Intuition. Bei der körperlichen Heilung stehen das Kronen- und das Stirn-Chakra für das Gehirn, die Augen und das Zentralnervensystem.

Das Hals-Chakra ist am Kehlkopf lokalisiert und wird der Schilddrüse und den Nebenschilddrüsen zugeordnet. Es ist hellblau und dient der körperlichen sowie der psychischen Kommunikation. In einer Welt, in der die freie Meinungsäußerung gefährdet ist, bedarf dieses Zentrum bei den meisten Menschen

Die sieben Hauptchakras7

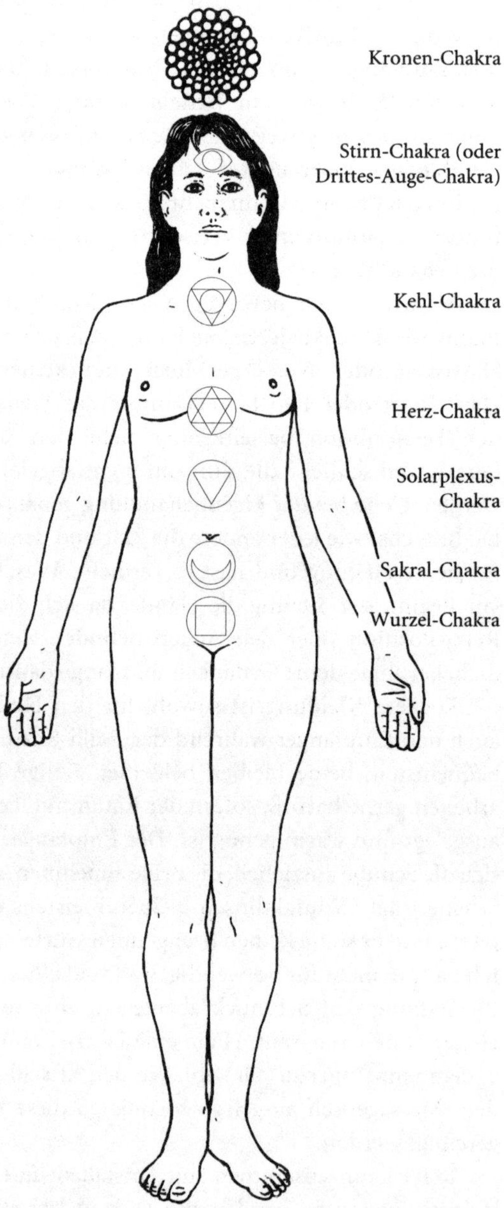

der Heilung. Auf dieser Ebene werden Gefühle zum Ausdruck gebracht, und hier ist auch die Kreativität angesiedelt. Die Behandlung schließt alles ein, was mit dem Hals zu tun hat: Halsschmerzen, Lampenfieber, Probleme mit der Schilddrüse, Kehlkopfkrebs. Unter dem Hals-Chakra, hinter dem Brustkorb oder Sternum, befindet sich das Herz-Chakra, das dem Herzen und der Thymusdrüse zugeordnet ist. Für dieses Zentrum werden oft zwei Farben benutzt: neben der Grundfarbe Grün auch Rosa. Es ist das Zentrum von wahrer, bedingungsloser Liebe, Zuneigung und Nächstenliebe. Seelische Qualen und Herzeleid (ebenso wie körperliche Herzbeschwerden) sind typisch für unsere Gesellschaft, und somit benötigen die meisten von uns eine Heilung auf dieser Ebene.

Unter dem Herzen und zwischen den unteren Rippenbögen befindet sich das Nabel- oder Solarplexus-Chakra. Es ist sonnengelb. Dies ist das Kraftzentrum des Mannes und der Ort, von dem aus die physischen Energien verteilt werden. In diesem Zentrum wird die aufgenommene Nahrung assimiliert – seine körperliche Entsprechung ist die Bauchspeicheldrüse und die Leber – und für einen Ausgleich der Kräfte gesorgt. Zu den typischen Erkrankungen des Solarplexus-Chakras gehören Ernährungs- und Verdauungsstörungen sowie Alkoholismus. Dem Sakral-Chakra untersteht bei Männern die Milz (Reinigung) und bei Frauen die Gebärmutter, die ja auch eine reinigende Funktion besitzt. Dieses Energiezentrum befindet sich eine Handbreit unter dem Nabel. Hier sind erste Eindrücke und alte emotionale Bilder gespeichert, außerdem ist es das Zentrum der sexuellen Energien. Die ihm zugeordnete Farbe ist Orange. Die Arbeit an diesem Chakra klärt frühkindlichen Mißbrauch sowie Fragen der Sexualität und Fruchtbarkeit.

Das meistens mit den Nebennieren in Verbindung gebrachte Wurzel-Chakra liegt beim Mann in der Höhe des Steißbeins, bei der Frau zwischen den Eierstöcken und ist durch ein kräftiges Rot gekennzeichnet.

In der Entwicklung begriffene Chakras: Die Hara-Linie[8]

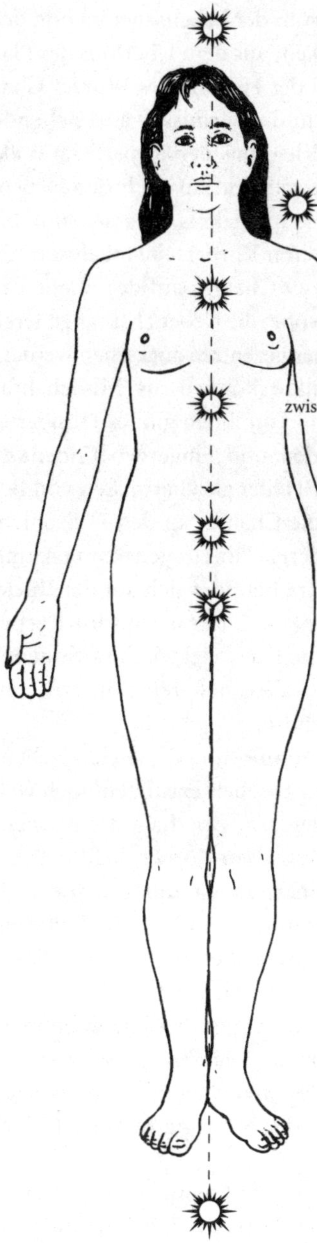

Dem Osten als Tor zum Leben und Tod bekannt, ist das Wurzel-Chakra der Ort der Geburt und Wiedergeburt. Es ist das Zentrum der Lebensenergie und des Überlebens, der Fähigkeit, aus dem Überfluß des Planeten zu schöpfen. Bei der Heilung des Wurzel-Chakras geht es um Grundbedürfnisse: ausreichende Nahrung, Schutz und Kleidung, der körperliche Wille zu existieren, geerdet zu sein und auf der Erde zu leben. Dies sind die sieben Hauptchakras, und sie sind auf der vorderen und hinteren Körperseite lokalisiert. Es sollen sich im ganzen 49 Chakras auf der Ebene des Ätherleibes befinden, wobei die Nebenchakras generell als weniger wichtige Energiezentren angesehen werden. Auch Akupunkturpunkte können als Minichakras bezeichnet werden, und von ihnen gibt es Hunderte. Die sich in den Händen und Fingern befindenden Nebenchakras sind für Heiler gleichermaßen von Bedeutung, ebenso wie die Chakras an den Fußsohlen, die auch die Reiki-Energie übertragen können und uns erden. Je ein Chakra befindet sich auf der Rückseite jedes Körpergelenkes. Chakras sind im Körper ein wichtiger Bestandteil des elektrischen Systems, indem sie Impulse aus allen höheren Körpern zum physischen Körper vermitteln.

Neben den sieben Haupt- und den vielen Nebenchakras des ätherischen Doppels existieren noch weitere wichtige Energiezentren. Oberhalb des Kronen-Chakras, über dem physischen Körper, befindet sich der Transpersonal-Punkt. Er ist durchsichtig (alle Farben zusammengenommen) und hat die Funktion der inneren Göttin. Weitere über das Kronen-Chakra hinausreichende Zentren werden sich vielleicht noch im Menschen entwickeln. Unter den Füßen befindet sich das Erd- oder Erdungs-Chakra in Schwarz. Es stellt die Verbindung des Menschen mit dem Planeten dar und erdet uns mit der Nahrung und der Erdanziehungskraft.

Eine Energielinie verläuft vom Transpersonal-Punkt zum Erd-Chakra. Wahrscheinlich befindet sie sich jenseits vom ätherischen Doppel, in der Aura des Emotions- oder Astralkörpers. Barbara Brennan nennt sie in ihrem Buch *Licht-Heilung* die Hara-Linie.[1] Mantak und Maneewan Chia beschreiben sie in *Awaken Healing Light of the Tao*[2], und Duane Packer und Sanaya Romans erwähnen sie in ihren Audiokassetten *Awakening Your Light Body*[3]. Auf dieser Linie befinden sich weitere Energiezentren, die mit Qi-Gong in Verbindung stehen, sich bei vielen Menschen zum ersten Mal aber spontan öffnen. Ich spüre sie bei immer mehr Behandlungen. Wirklich von Bedeutung ist die Hara-Linie erst in Reiki II und III, doch beschreibe ich die »neuen« Zentren schon jetzt, obwohl ich mir zu diesem Zeitpunkt noch nicht über alle ihre Anwendungen im klaren bin.

Zu diesen Zentren gehört der Kausalkörper, ein rot-goldenes Chakra an der Schädelbasis, das mit Offenbarungen verbunden zu sein scheint. Zwischen Hals- und Herz-Chakra befindet sich ein weiteres neues Zentrum. Es ist aquamarinblau, und ich nenne es das Thymus-Chakra. Es dient der Immunität und schützt vor Giften und Chemikalien. Das am Zwerchfell gelegene Chakra ist limonengrün. Seine Aufgabe ist die Reinigung von alten Emotionen und Giften auf jeder Ebene. Das letzte dieser neuen Chakras ist das Hara selbst, welches sich zwischen dem Wurzel- und Sakral-Chakra befindet und gelegentlich als Sakral-Zentrum bezeichnet wird. Im Qi-Gong wird es Tan Tien genannt, in Japan und China ist es das Zentrum der menschlichen Energie und Kraft: das ursprüngliche Qi. Sein westliches Gegenstück wäre der Solarplexus (obwohl der golden und nicht gelb ist), doch das Hara oder Tan Tien geht noch darüber hinaus.

Für Mantak Chia ist Tan Tien der Sitz des ursprünglichen Qi im Körper, die universelle Lebenskraft, die jedem angeboren ist. Diese verbindet sich mit dem himmlischen Qi (aus dem Universum) und dem irdischen Qi (unseres Planeten) – dem Transpersonal-Punkt und dem Erd-Chakra – zu den drei lebenserhaltenden und nährenden Kräften[4]. Barbara Brennan bezeichnet das Tan Tien oder Hara als den Ort des »Willens, im physischen Körper zu leben«[5]. Sie beschreibt die Hara-Linie als Linie der Absicht und des Zwecks dieser Reinkarnation. Mehr über die Hara-Linie in Reiki II. Das menschliche Ki (oder Qi)-System ist sehr kompliziert, und je mehr es aktiviert wird, desto komplexer gestaltet es sich. Für die Reiki-I-Handhaltungen brauchst du dich jedoch nur mit den sieben Hauptchakras auszukennen.

DIE EIGENBEHANDLUNG

Damit kommen wir zur eigentlichen Reiki-Sitzung. Der größte Nutzen des ersten Reiki-Grades liegt in der Selbstheilung. Immer wieder berichten mir Schüler, daß sie schon viele Heilmethoden studiert hätten, aber in bezug auf ihre eigene Heilung nichts erfahren haben. Genau hier setzt Reiki an. Die Handpositionen zur Eigenbehandlung sind außerdem die Grundlage für alle weiteren Reiki-Positionen. Obwohl ich sie hier in einer bestimmten Reihenfolge beschreibe, kannst du dich bei der Anwendung getrost auf deine Intuition verlassen. Wenn du das Gefühl hast, deine Hände an anderer Stelle als vorgegeben aufzulegen, nur zu. Du kannst auch mal eine Position auslassen oder die Behandlung in anderer Reihenfolge durchführen. Ich lege Wert darauf, daß meine Schüler die Grundpositionen in ihrer Gesamtheit erlernen und ausführen, bis sie sie beherrschen, um sich später bei Bedarf von ihren geistigen Führern und ihrem Instinkt leiten zu lassen.

Reiki kann nicht falsch angewendet werden. Lehrer variieren zwar die Positionen, aber alle führen es richtig aus. Sobald du deine Hände auflegst, fließt die Energie dorthin, wo sie benötigt wird. Verharre in der Position, bis sich der Energiefluß verändert und du zur nächsten Stelle geführt wirst. Falls du eine Position nicht ausführen kannst oder eine oder mehrere Positionen schlecht zu erreichen sind, so fahre mit der nächsten fort. Reichst du mit deinen Armen nicht weit genug, um die Rückseite zu behandeln, so behandle nur die Vorderseite. Kreuze jedoch in den einzelnen Positionen nicht deine Arme oder Beine. Grundsätzlich gilt, die Hände dort aufzulegen, wo es weh tut. Nach Möglichkeit solltest du dir eine Ganzbehandlung geben, bei der alle Grundpositionen ausgeführt werden. Anderenfalls behandelst du so viele wie möglich.

Die umseitigen Abbildungen zeigen die Handpositionen für die Selbstbehandlung und sind der Einfachheit halber numeriert. Die Behandlung beginnt auf der Vorderseite des Körpers und erfolgt stets vom Kopf zu den Füßen und dann auf der Rückseite vom Kopf zu den Füßen. Die ersten drei Positionen befinden sich am Kopf. Bei der Kopfposition 1 bedecken beide Hände das Gesicht in Längsrichtung (Handflächen neben der Nase). Verharre in dieser Position, bis die energetischen Empfindungen wieder aufhören, normalerweise nach etwa fünf Minuten. Diese erste Position gleicht die rechte und die linke Gehirnhälfte aus und wirkt wahre Wunder bei Kopfschmerzen und überanstrengten Augen. Gleichzeitig sprichst du damit das Stirn- oder Dritte-Auge-Chakra an.

Für die Kopfposition 2 legst du die Daumen unterhalb der Ohren an. Die Finger zeigen nach oben, und die Handflächen bedecken die Wangen. Warte wieder, bis der Energiezyklus abgeschlossen ist. Diese Position wirkt extrem beruhigend und wird fast instinktiv eingenommen. Bei den Kopfpositionen 3a, b bedecken deine Hände den Hinterkopf und die Medulla oblongata, den Übergang vom Gehirn zu den Rückenmarksnerven. Dabei wird das Kronen-Chakra, das Dritte Auge von hinten sowie der Kausalkörper miteinbezogen. Auch diese Positionen sollten jeweils etwa fünf Minuten ausgeführt werden.

Dann gehe weiter zum Kehl-Chakra (4a, b). Falls das Auflegen der Hände vorne an der Kehle eine Panikreaktion hervorruft (dies ist bei Selbstheilungen selten

REIKI-I-HANDHALTUNGEN

Selbstbehandlung – Positionen an Kopf und Vorderseite

1. Auf dem Gesicht

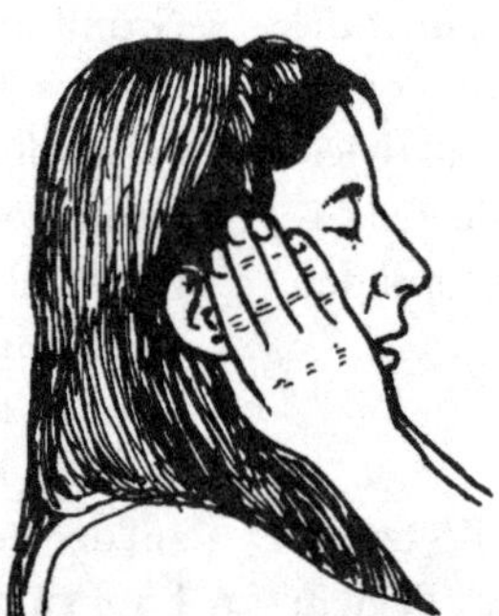

2a. An den Wangen; der Daumen befindet sich knapp unter den Ohren

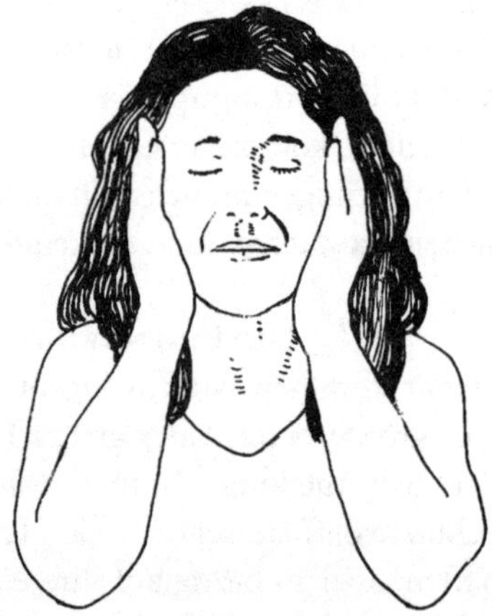

2b. Alternative zu Position 2a

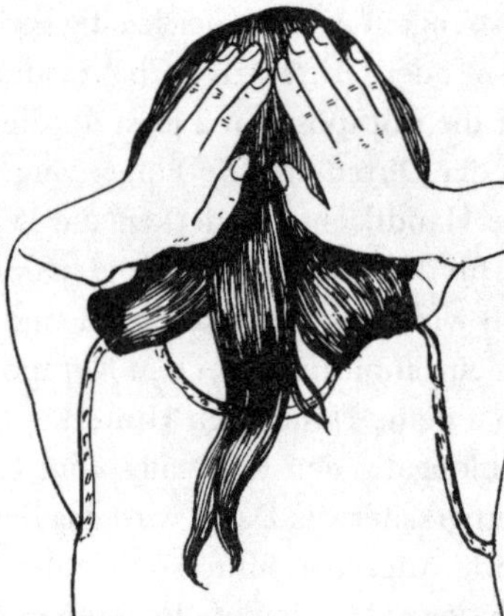

3a. Hinterkopf

3b. Alternative zu 3a

REIKI-I-HANDHALTUNGEN (FORTSETZUNG)

Selbstbehandlung

4a. Hände umfassen den Hals

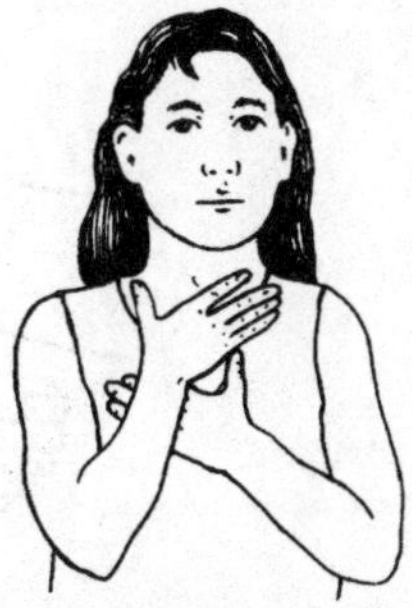

4b. Alternative zu Position 4a

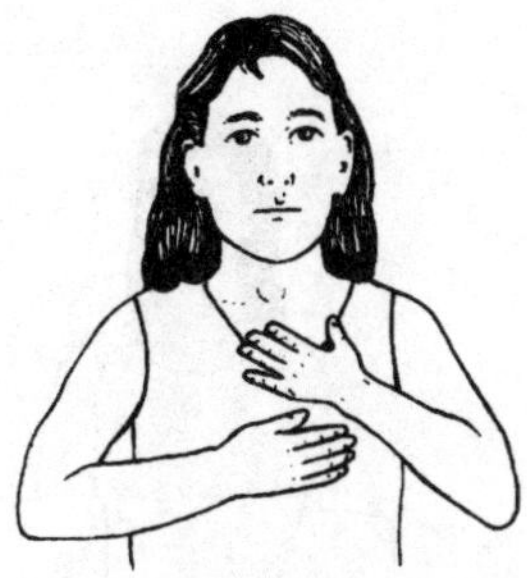

5a. Über dem Herzen – Brustbein (ausschließlich bei der Selbstbehandlung)

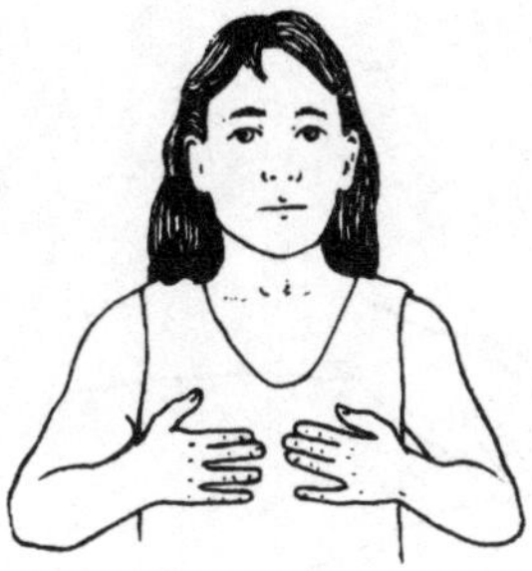

5b. Alternative zu Position 5a (ausschließlich bei der Selbstbehandlung)

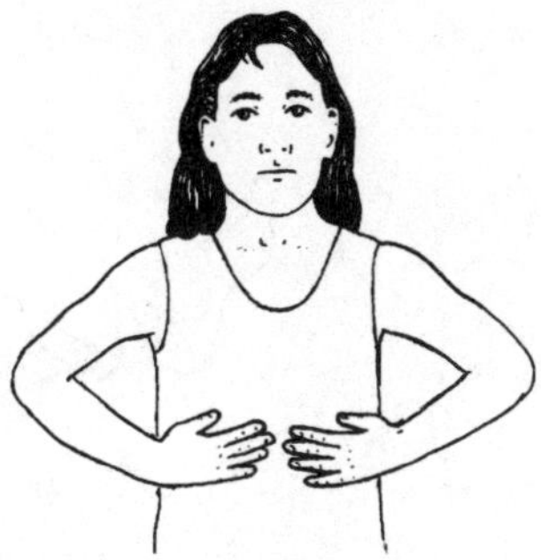

6. Unterhalb des Rippenbogens; Daumen auf der untersten Rippe

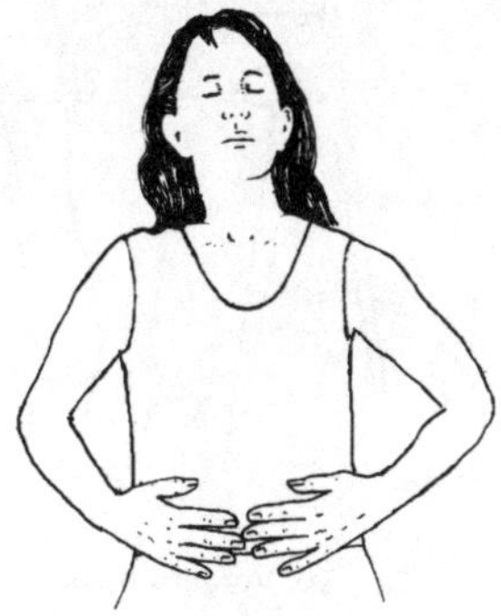

7. Unterhalb des Nabels

8. Auf dem Unterbauch, über den Beckenknochen

9a. Hände in der Mitte über dem Schambein (ohne den Genitalbereich zu berühren)

9b. Alternative zu Position 9a im Genitalbereich (ausschließlich bei der Selbstbehandlung)

REIKI-I-HANDHALTUNGEN (FORTSETZUNG)

Selbstbehandlung, Knie- , Knöchel- und Fußpositionen an der Vorderseite

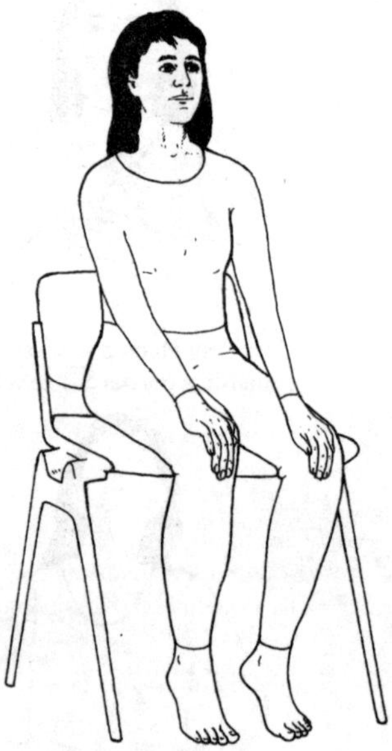

10. Vorderseite beider Knie

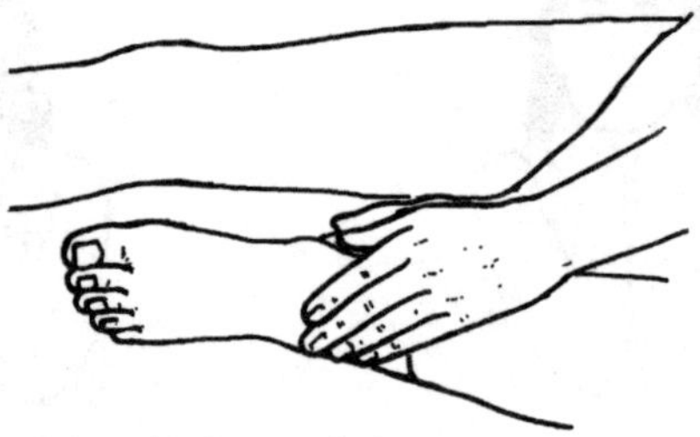

11a. Vorderseite beider Knöchel

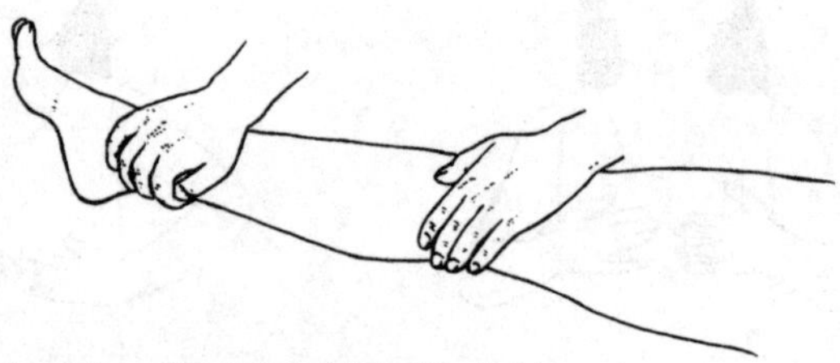

11b. Knie und Knöchel gleichzeitig; beide Beine nacheinander behandeln

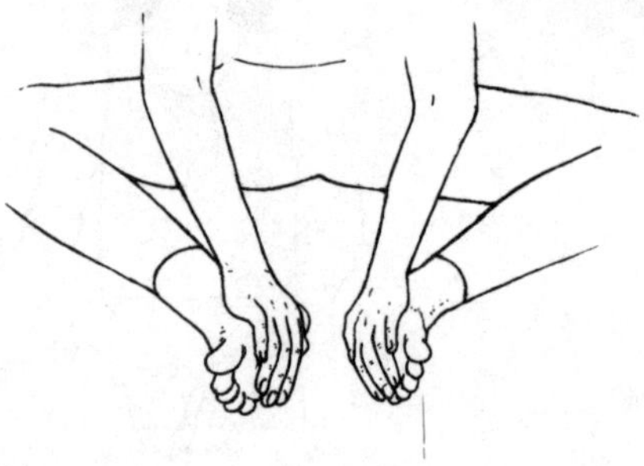

12a. Fußsohlen

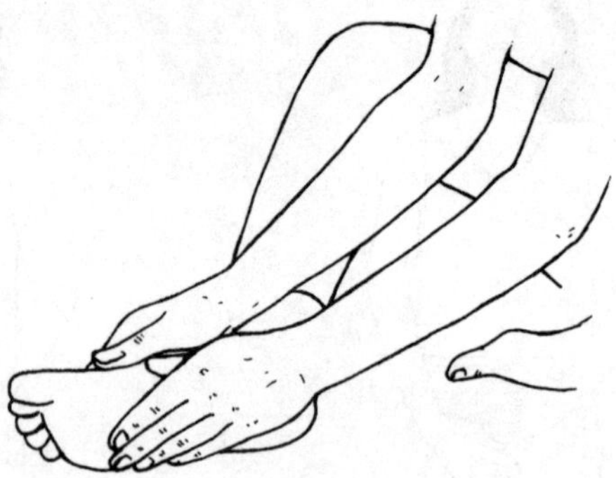

12b. Erst eine Fußsohle, dann die andere

REIKI-I-HANDHALTUNGEN (FORTSETZUNG)

Selbstbehandlung – Positionen an der Rückseite

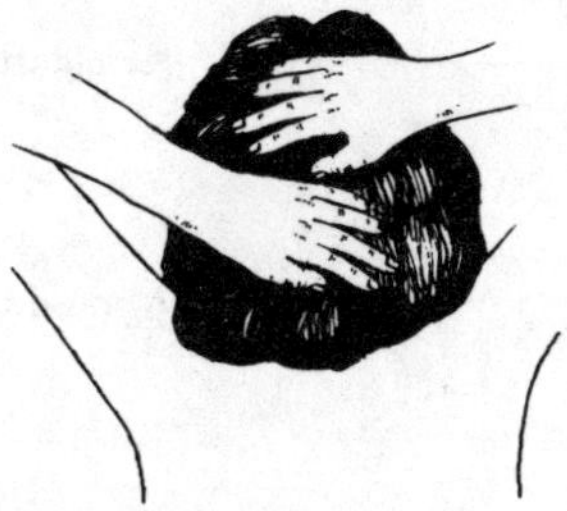

13a. Hinterkopf, eine Hand am Balken, eine am Scheitel

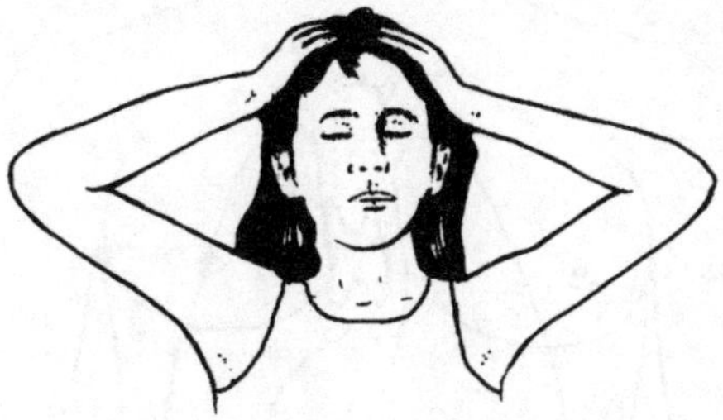

13b. Alternative zu Position 13a

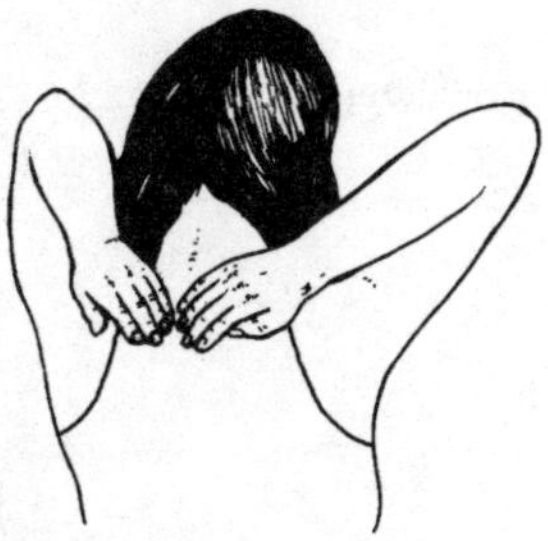

14. Im Nacken, etwas oberhalb der Schulterblätter

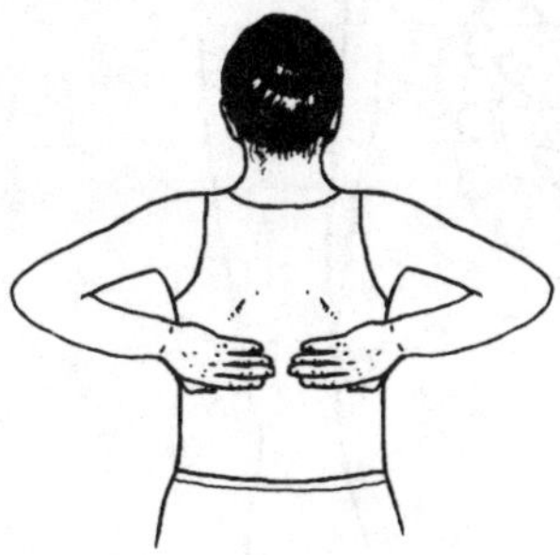

15. Über den Rippen, unterhalb der Schulterblätter auf Herzhöhe

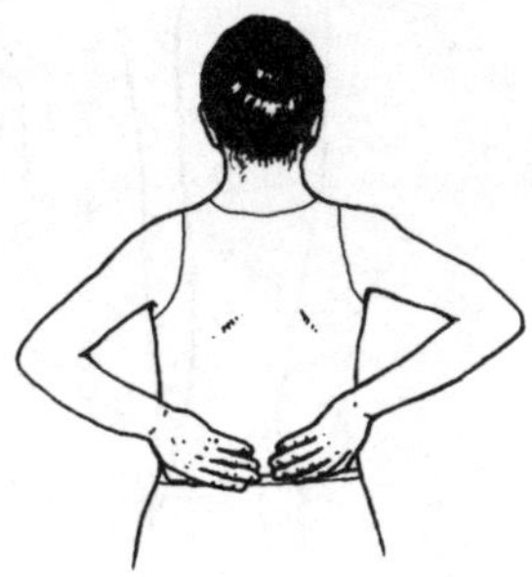

16. Oberhalb der Hüften

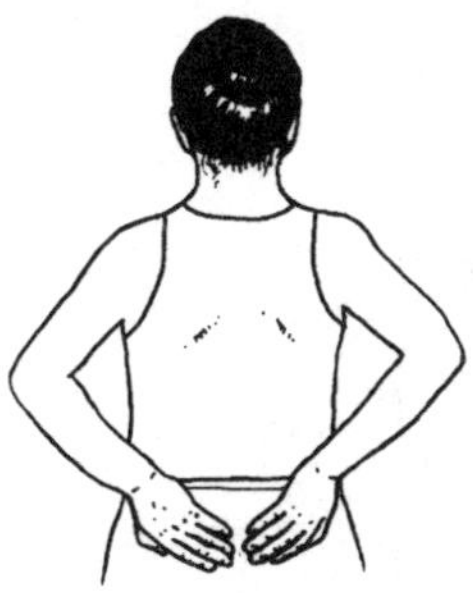

17a. Auf dem Kreuzbein

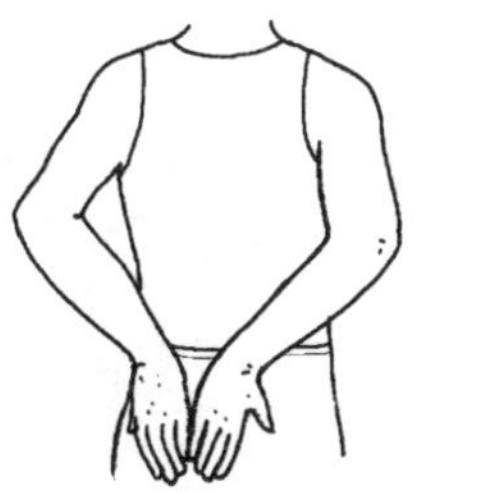

17b. Alternative oder zusätzlich zu Position 17a

Sitz der wichtigsten Organe im weiblichen Körper – Vorderansicht

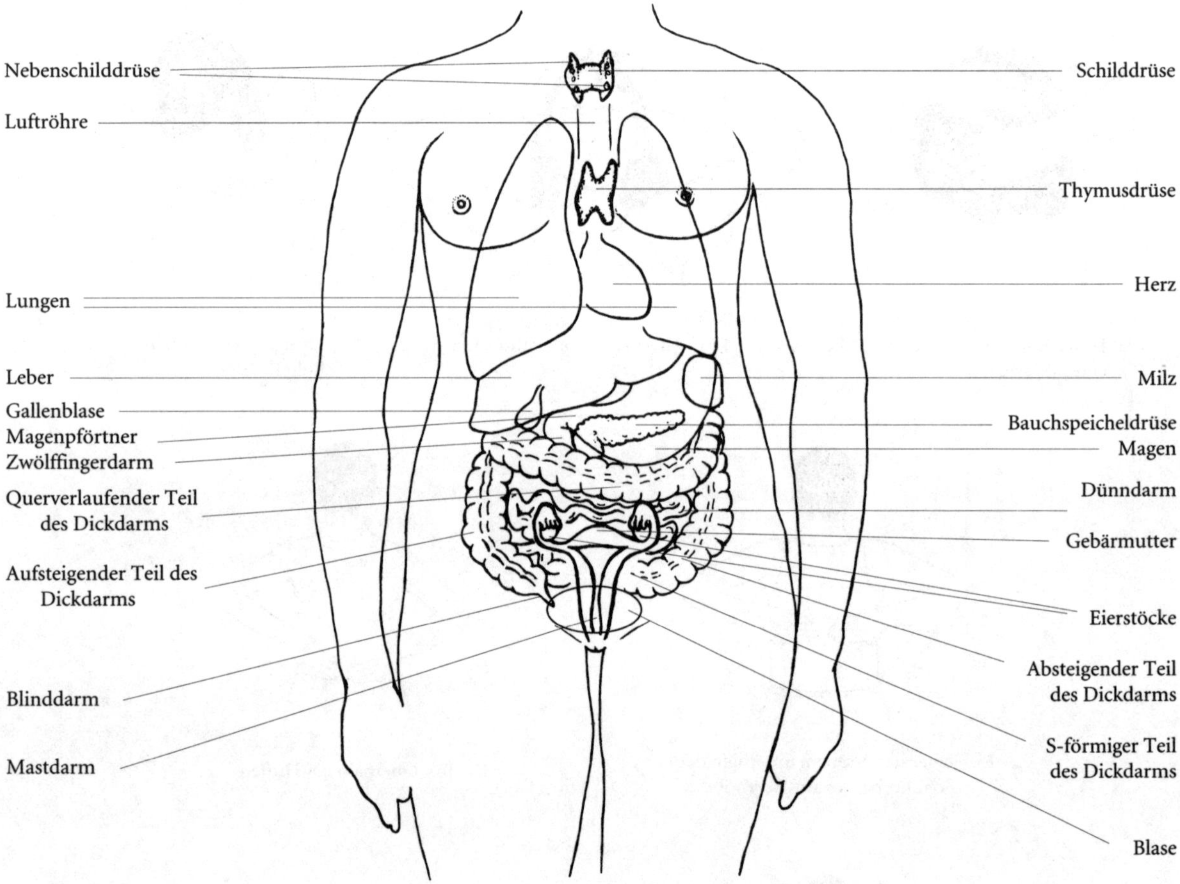

Männlicher Körper

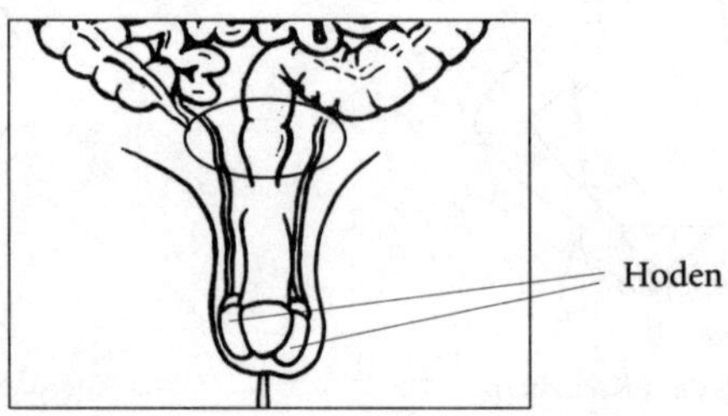

Sitz der wichtigsten Organe im Körper – Rückenansicht

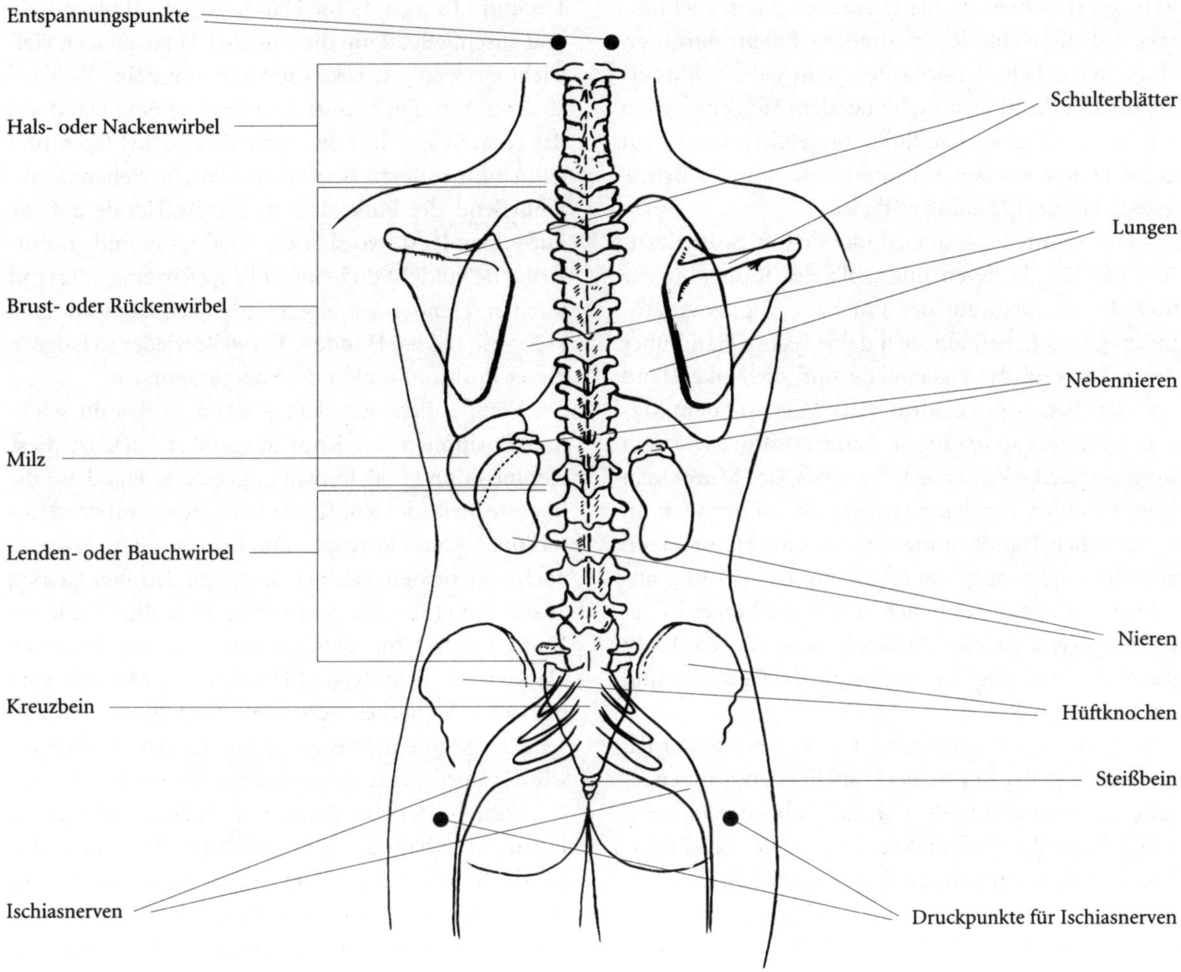

der Fall) so lege deine Hände nicht über dem Schlüsselbein, sondern unterhalb davon an. Wenn du anderen Reiki gibst, solltest du die Hände möglichst nicht direkt auf die Kehle legen, sondern knapp darunter. (Das Chakra befindet sich sowieso im V des Schlüsselbeins.) Die Positionen 5a, b über dem Herzen werden nur bei der Eigenbehandlung ausgeführt. Lege dazu deine Hände auf den Brustkorb oder auf die Brüste selbst, falls dort Heilung nötig ist.

Die nächste Position befindet sich am Solarplexus (6). Die Hände liegen unterhalb des Rippenbogens und die Daumen auf der untersten Rippe. Anatomisch gesehen, befindet sich deine rechte Hand über der Leber und der Gallenblase und die linke Hand über der Bauchspeicheldrüse, der Milz und dem Magen. Eventuell spürst du in dieser Position, wie dein Magen knurrt. Wieder bedarf es etwa fünf Minuten in jeder Position, um den Energiezyklus zu beenden. In der gleichen Handhaltung wandern die Hände dann zur Taille oder noch ein Stück abwärts (7) und anschließend zum Unterbauch, wobei die Finger in der Leistengegend über den Beckenknochen liegen (8). In dieser Position erreicht die Energie die Gedärme und das Sakral-Chakra.

Für die letzte Position auf der Vorderseite werden die Hände in der Mitte des Unterleibes zusammengeführt. Eine Hand befindet sich dabei über der anderen, knapp über dem Schambein (9a), b. Bei der Eigenbehandlung kannst du auch den Genitalbereich bedecken, sofern du dies möchtest. Dies ist die Position des Wurzel-Chakras und steht bei Frauen für Gebärmutter, Blase und Vagina, bei Männern für Blase und Hoden.

Als nächstes gehst du weiter zu den Knien, Knöcheln und Füßen. Dies sind keine traditionellen Reiki-Positionen, aber ich finde sie trotzdem sehr wichtig, ganz besonders die Zusatzposition für die Füße. Sie sorgen für einen Ausgleich der Energie in den oberen Zentren, fördern die Erdung und den Kontakt mit Mutter Erde und helfen auch, die Heilungsenergie zu integrieren. Für die Positionen 10, 11a und 11b legst du die Hände zuerst auf beide Knie und anschließend um die Knöchel. Du wirst dich vielleicht ein wenig strecken müssen, um deine Knöchel zu erreichen. Du kannst aber auch je eine Hand auf das rechte Knie und den rechten Knöchel legen und dann zum anderen Bein überwechseln. Behandle abschließend die Füße, indem du die Hände auf die Fußsohlen legst, wo sich die Chakras befinden. Entweder behandelst du beide Füße gleichzeitig (12a) mit je einer Hand oder einen Fuß nach dem anderen (12b) mit beiden Händen. Verweile wieder so lange in dieser Position, wie du die Energie spürst.

Wende dich nun dem Rücken zu. Da du schon drei Positionen am Kopf ausgeführt hast, ist diese Kopfposition (13a) freiwillig. Lege eine Hand auf die höchste Stelle des Kopfes und die andere auf den Hinterkopf (Kausalkörper). Du kannst diese Position auch mit beiden Händen auf dem Kronen-Chakra ausführen (13b). Als nächstes legst du die Hände am Nacken oder auf den großen Muskeln zwischen Nacken und Schultern (14) auf. Diese Muskeln sind bei vielen Menschen verspannt. Sie bilden die Rückseite das Kehl-Chakras und sind nicht so empfindlich wie die Vorderseite dieses Energiezentrums.

Führe nun deine Arme zum Rücken und lege die Hände unterhalb der Schulterblätter (15) auf, so daß sie die Rückseite des Herz-Chakras bedecken. Die Fingerspitzen liegen sich gegenüber wie bei den Positionen vorne. Behalte diese Handhaltung bei und gehe etwas tiefer: Die Hände liegen jetzt oberhalb der Hüften (16) auf. Wandere noch ein Stück abwärts, bis die Hände auf dem Kreuzbein liegen (17a). Diese Positionen sprechen das Solarplexus- und das Sakral-Chakra an. Zur Abwechslung oder auch zusätzlich kannst du die Hände auf oder neben das Steißbein legen (17b), so daß die Finger zum Wurzel-Chakra zeigen.

Wiederhole dann die Positionen an Knie und Knöchel, wobei du diesmal die Hände hinten anlegst. Zum Schluß behandelst du noch einmal die Fußsohlen (12a, b). Dies ist eine vollständige Reiki-Eigenbehandlung. Die Positionen werden dir sehr bald vertraut sein. Sobald du die Behandlung abgeschlossen hast, solltest du ein großes Glas Wasser trinken und dich eine Weile ausruhen. Du wirst dich eventuell ein bißchen benommen oder auch high fühlen; dieser Zustand kann wenige Minuten bis zu einer Stunde anhalten. Achte auf die Gefühle und Gedanken, die während der Behandlung aufkommen.

Die Reiki-Behandlung bei anderen

Die Reiki-Sitzung mit anderen verläuft im Grunde genommen genauso wie die Eigenbehandlung, von zwei Ausnahmen abgesehen. Erstens werden die Hände ausgestreckt und nicht zum eigenen Körper hingeführt, was auch die Ausführung der Positionen etwas verändert. Als Heiler solltest du eine für dich angenehme Haltung wählen, sonst läufst du Gefahr, dich zu sehr zu verspannen. Verschränke nicht deine Arme oder Beine und erlaube dies auch dem Empfänger nicht. Zweitens solltest du während der Behandlung die Intimsphäre des Empfängers respektieren. Das Berühren der Brüste oder der Genitalien kommt einer Verletzung des persönlichen Freiraumes und einem Vertrauensbruch gleich, es sei denn, du behandelst dich selbst oder deinen Lebenspartner. Sei dir dessen bei Kindern wie auch Erwachsenen bewußt. Jede dritte Frau in Amerika wurde schon einmal vergewaltigt, und die Hälfte bis drei Viertel von ihnen sind das Opfer von Inzest oder andere Gewalttaten. Reiki-Sitzungen verlangen einen geschützten Rahmen, und der sollte immer gewährleistet sein.

Beginne die Behandlung mit den Kopfpositionen hinter dem Empfänger stehend oder sitzend. In dieser Haltung wirst du die drei Positionen am Kopf, am Hals und am Herzen ausführen. Die Handhaltungen sind nachfolgend wieder abgebildet und durchnumeriert. Lege zu Beginn beide Hände sanft auf das Gesicht des Empfängers, ohne Druck auszuüben (1). Sobald die körperlichen Empfindungen abklingen und die Energie wieder ruhig fließt, gehe über zur nächsten Position. Diese erste Position bewirkt einen Ausgleich der linken und rechten Gehirnhälfte. Der Empfänger ist dabei oft unruhig, entspannt sich aber, sobald du die Behandlung fortsetzt. Zumindest während der Kopfpositionen solltest du dafür sorgen, daß nicht gesprochen wird. Redet der Empfänger trotzdem weiter, so bitte ihn, still zu sein.

Die Position 2 befindet sich über den Wangen, wobei die kleinen Finger direkt neben den Ohren aufliegen. Während Position 1 das Dritte Auge abdeckt, spricht die zweite Position zugleich das Kronen- sowie das Dritte-Auge-Chakra an. Der Empfänger wird hierbei meistens sehr ruhig, eventuell sogar einschlafen oder aus seinem Körper heraustreten. Für die Position 3 hebt der Heiler den Kopf des Empfängers an (welcher dabei normalerweise hilft) und legt seine Hände darunter. Passe deine Hände der Wölbung des Hinterkopfes an. Die exakte Position ist dort, wo es für beide Hände angenehm ist. Diese Position spricht das Kronen-Chakra, das Dritte Auge und den Kausalkörper an. Die Kopfpositionen wirken auf den Schädel, das Gehirn, die Augen, die Ohren und das zentrale Nervensystem.

Gehe weiter zum Kehl-Chakra (4). Da viele Menschen in Panik geraten, wenn man ihren Hals umfaßt, lege ich meine Hände dort nie direkt auf. Besser ist es, sie unterhalb des Halses über dem Schlüsselbein zu plazieren. Du kannst die Hände auch schützend vor den Hals halten, ohne ihn zu berühren, was auf Dauer allerdings etwas anstrengend ist. In einem früheren Leben sind viele Frauen, die heute als Heilerin arbeiten, auf dem Scheiterhaufen verbrannt worden. Bevor die Flammen sie erreichten, wurden sie in der Regel erwürgt; das erklärt sicher diese Angst.

Reiki-I-Handhaltungen

Behandlung anderer Personen

Positionen vorne – Heiler steht oder sitzt hinter dem Empfänger

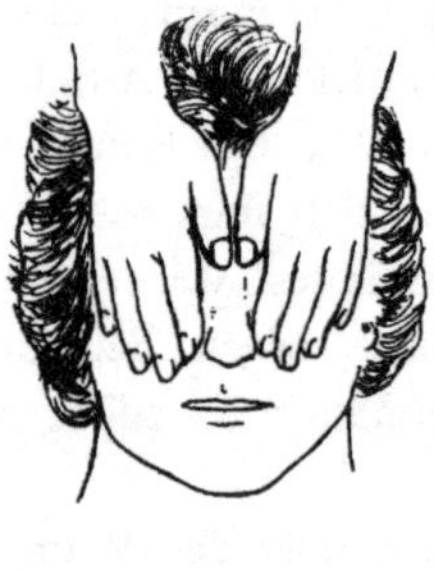

1. Hände liegen leicht gewölbt über den Augen

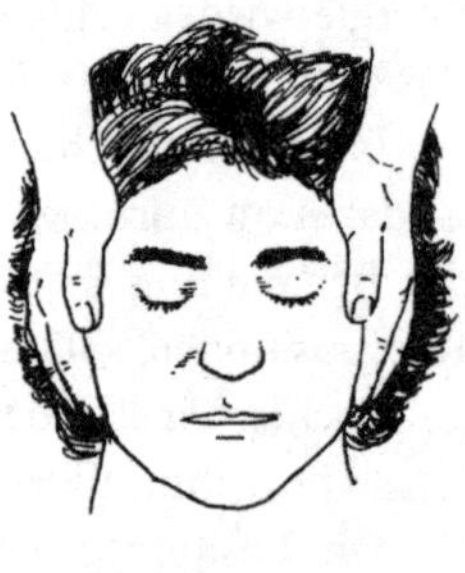

2. Auf dem Wangenbereich, die kleinen Finger des Heilers ruhen sanft an den Ohren

3. Hände unter dem Kopf, der Heiler hebt den Kopf an

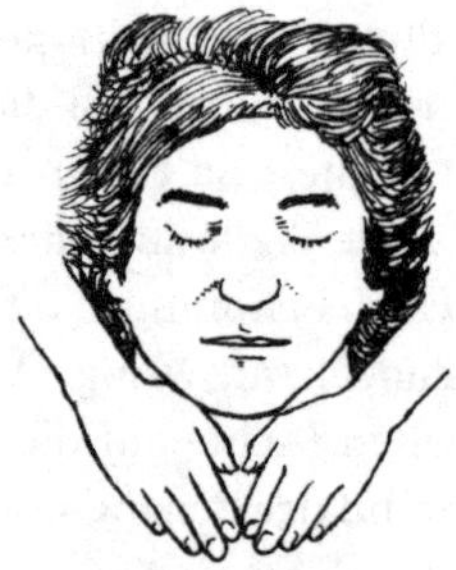

4. Hände ruhen sanft über dem Schlüsselbein, etwas oberhalb des Halses

Positionen vorne – Heiler befindet sich seitlich vom Empfänger

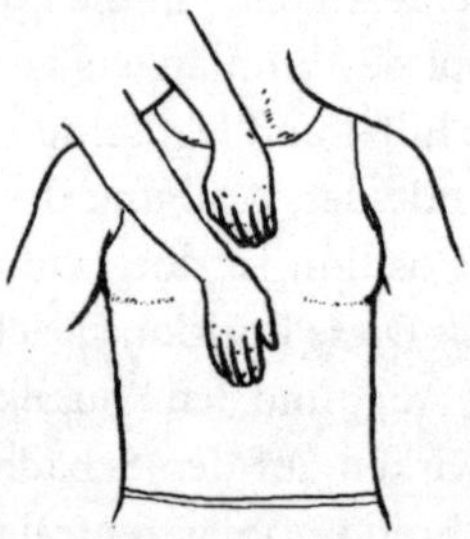

5a. Zwischen den Brüsten, nur bei Bedarf anwenden; die Intimsphäre der Empfängerin darf nicht verletzt werden

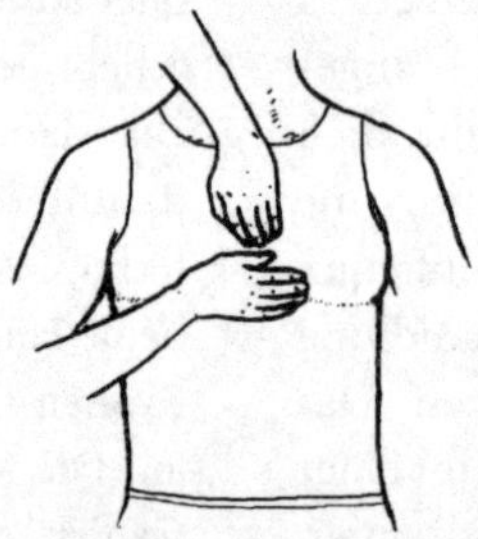

5b. Alternative zu Position 5a

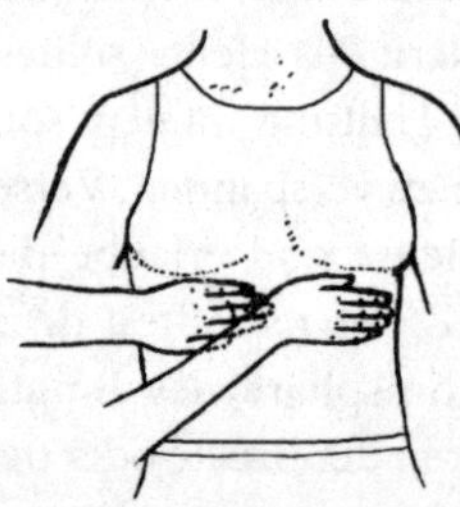

6. Unterhalb der Brüste und oberhalb der unteren Rippen

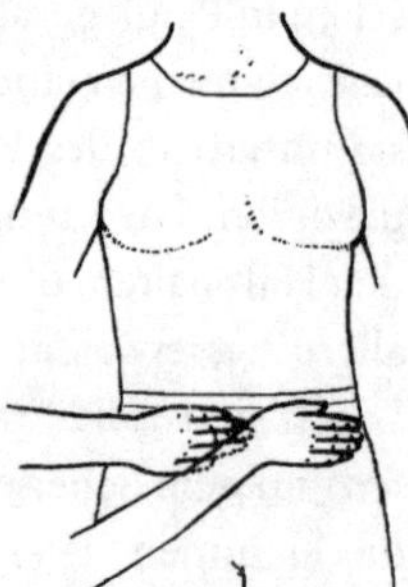

7. Knapp unterhalb der Taille

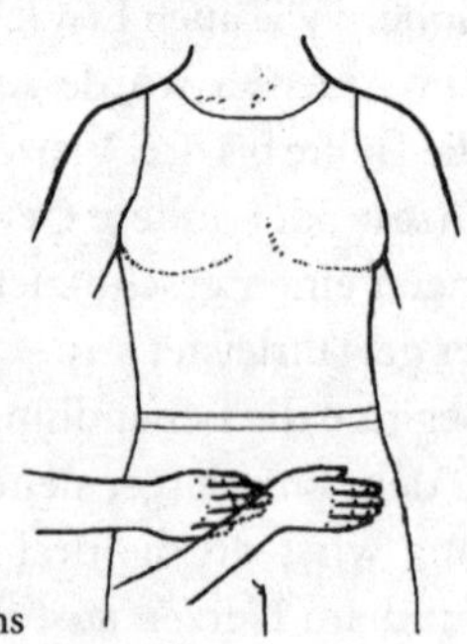

8. Im Beckenbereich oberhalb des Schambeins

Positionen vorne – Heiler bewegt sich weiter nach unten

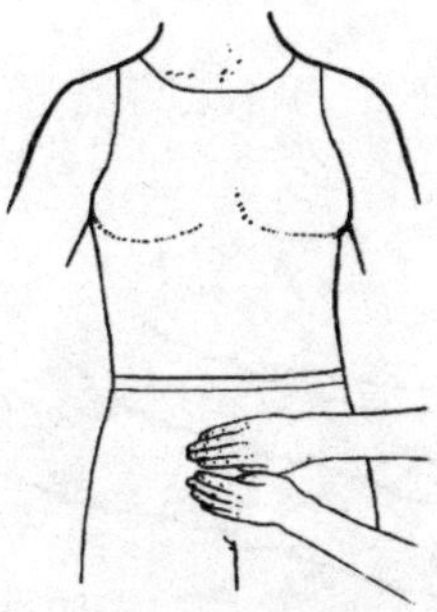

9. Beide Hände auf dem Unterbauch, oberhalb des Schambeins

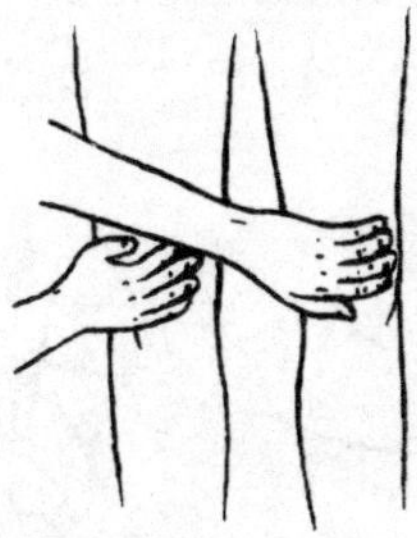

10. Knievorderseiten

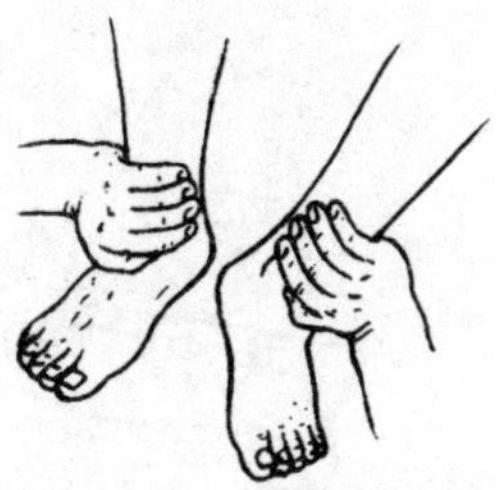

11a. Knöchelvorderseiten

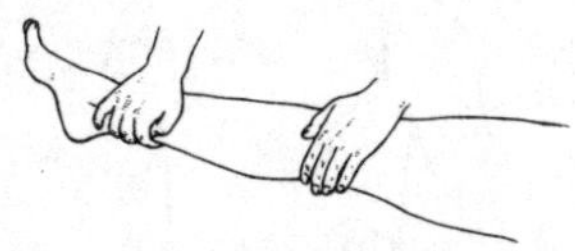

11b. Knöchel und Knie gleichzeitig; Beine nacheinander behandeln

Positionen vorne – Heiler an den Füßen, steht dem Empfänger gegenüber

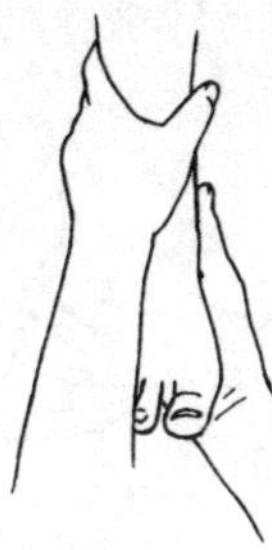

12a, b.
Fußsohlen werden einzeln behandelt

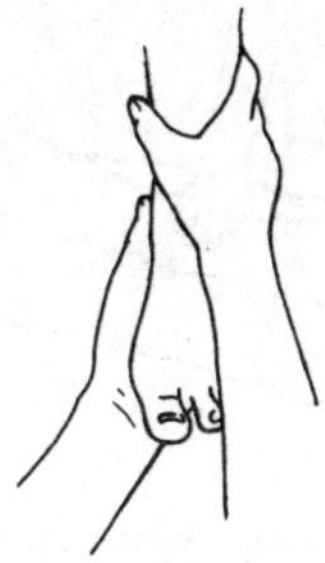

Positionen hinten – Heiler wendet sich erneut dem Kopf des Empfängers zu

13. Freiwillige Kopfposition: eine Hand am Scheitel, die andere am Hinterkopf; Empfänger dreht den Kopf zur Seite

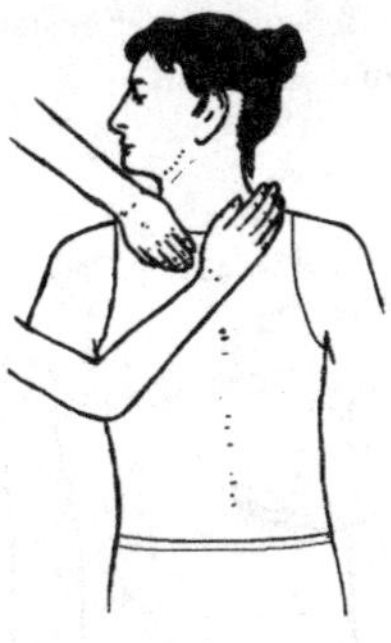

14. Genick (Heiler steht oder sitzt seitlich vom Empfänger)

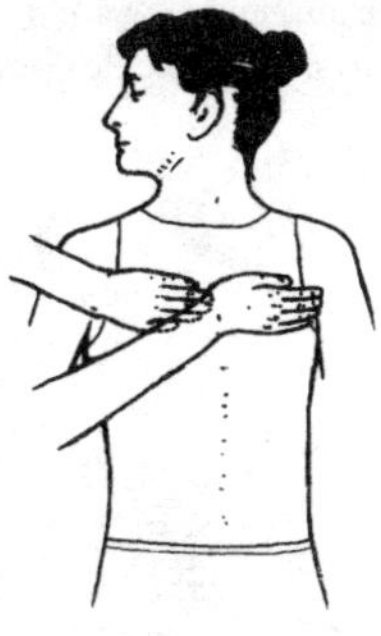

15. Auf den Schulterblättern

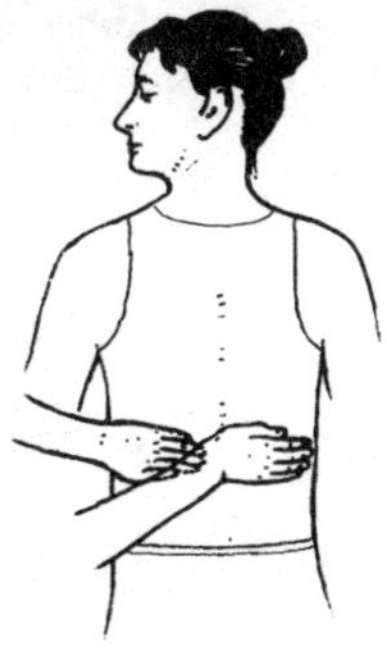

16. Rückenmitte

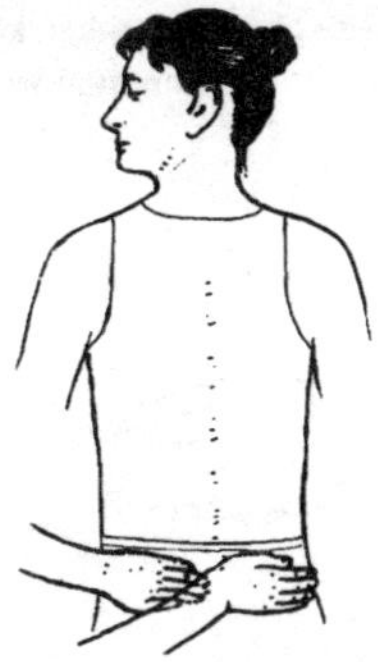

17. Auf dem Rücken unterhalb der Taille

REIKI-I-HANDHALTUNGEN

Behandlung anderer Personen – Positionen hinten

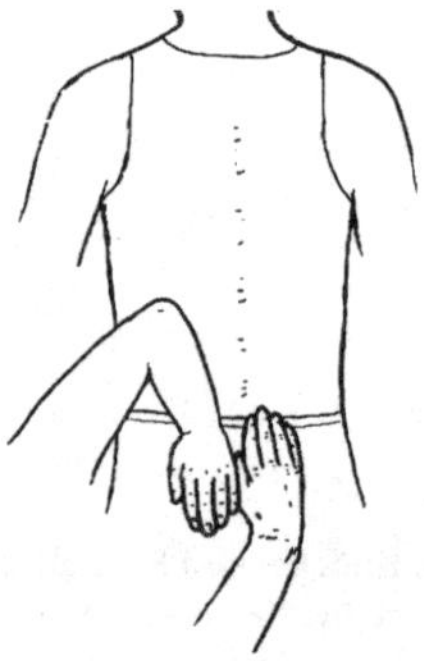

18. Auf dem Steißbein

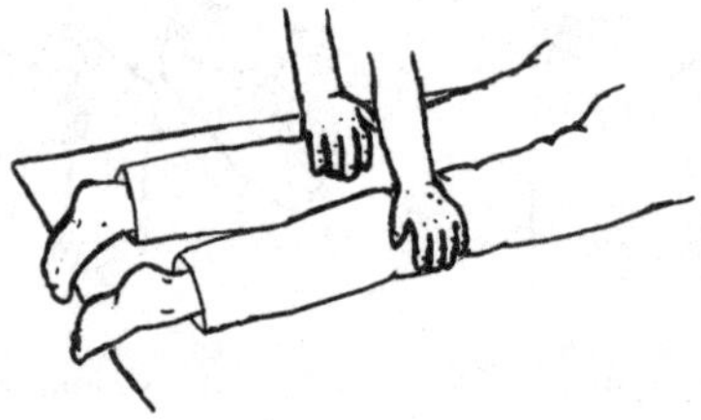

19. Kniekehlen

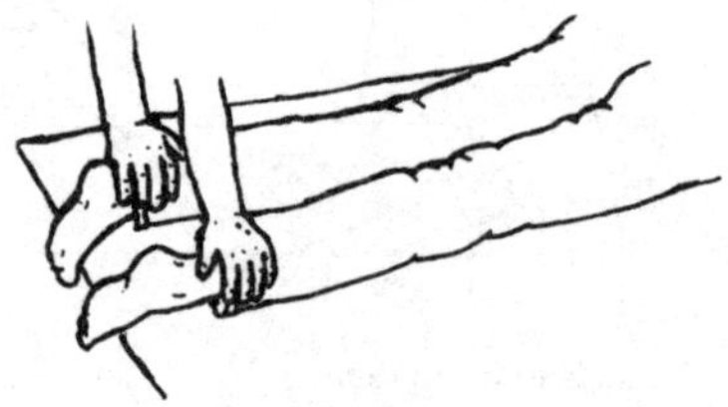

20a. Rückseite der Knöchel

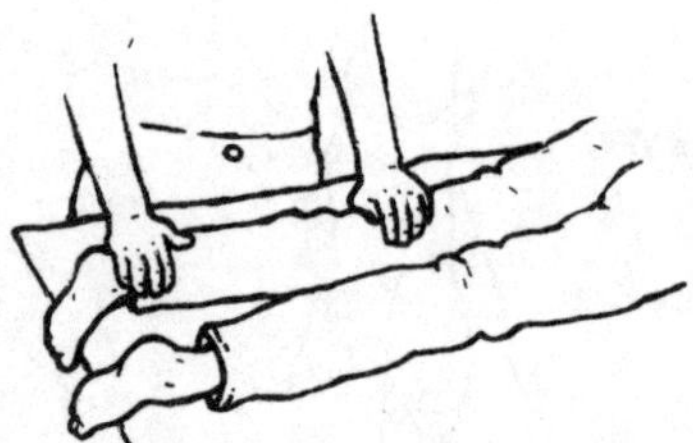

20b. Knie- und Knöchelrückseite gleichzeitig;
Beine nacheinander behandeln

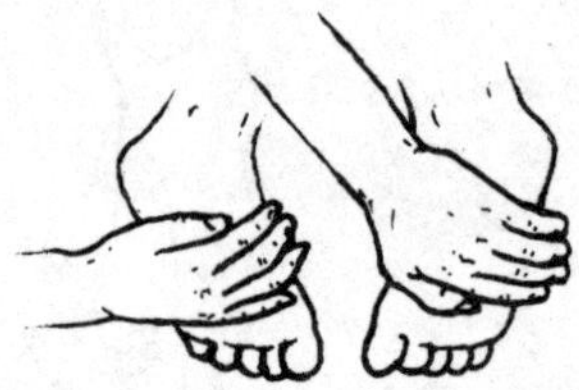

21. Fußsohlen

Mögliche Handhaltungen

Diese Handhaltungen können wahlweise auf der Vorder- und Rückseite ausgeführt werden. Lege die Hände nebeneinander anstatt hintereinander auf. Sie ersetzen die Positionen 6, 7, 8 und 9 vorne sowie die Positionen 15, 16, 17 und 18 hinten.

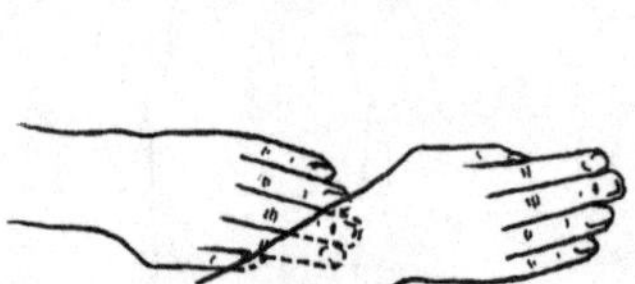

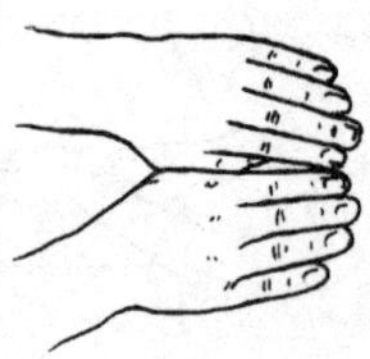

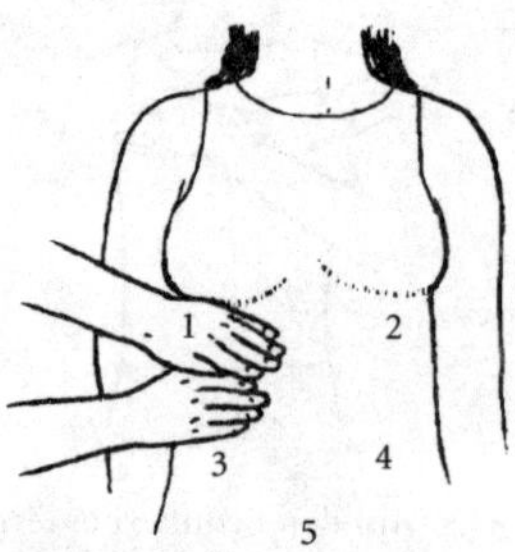

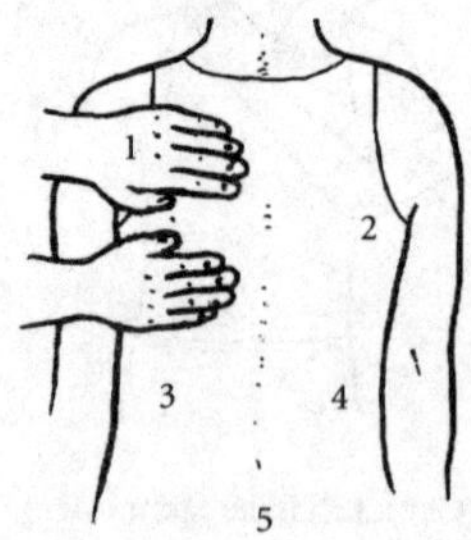

Strecke nun deine Arme weit aus oder stelle dich seitlich zum Herz-Chakra (5a, b). Lege einer Frau, mit der du nicht eng befreundet bist, nie die Hände auf die Brüste, es sei denn, ihr habt dies vorher abgesprochen. (Falls sie Zysten oder Knoten in der Brust hat, ist es vielleicht angebracht.) Normalerweise legst du deine Hände oberhalb der Brüste auf oder dazwischen, falls dort genügend Platz ist, oder du läßt die Position ganz aus. Verharre etwa fünf Minuten in dieser Position und gehe dann über zur nächsten. Dazu mußt du seitlich vom Empfänger – und nicht mehr hinter ihm – stehen. Der Solarplexus (6) befindet sich direkt unterhalb der Brust und bezieht sich auf den gesamten oberen Verdauungstrakt (Leber, Gallenblase, Bauchspeicheldrüse).

Bei den vorderen Positionen kannst du wählen, wie du deine Hände auflegen möchtest. Sie können wie bei der Selbstheilung gehalten werden, allerdings zeigen sie nach außen anstatt nach innen. Lege sie dazu waagerecht entlang einer gedachten Linie auf den Körper, wobei die Finger der einen Hand fast das Handgelenk der anderen Hand berühren. Eine andere und oftmals bequemere Haltung besteht darin, die Hände nebeneinander aufzulegen (so daß sich die Daumen fast berühren). Um die einzelnen Positionen exakt zu finden, stelle dir den Körper des Empfängers viergeteilt vor und lege deine Hände paarweise auf jedes Viertel. Behandle erst das obere rechte Viertel, dann das linke und anschließend das untere rechte und das untere linke Viertel. Zuletzt legst du beide Hände mitten auf den Unterbauch. (Bei Reiki ist es egal, auf welcher Seite begonnen wird.) Wenn du möchtest, kannst du die Rückseite genauso behandeln. Die nachfolgenden Abbildungen und Beschreibungen zeigen die erste Methode, die zweite findest du auf Seite 66 abgebildet. Beide Handhaltungen sind richtig, entscheidend ist nur, welche vom Heiler als angenehmer empfunden wird.

Die Position 7 befindet sich direkt unterhalb der Taille und entspricht dem Sakral-Chakra. Bei der Folgeposition 8 decken die Hände den Bereich oberhalb des Schambeins und das Becken ab. Lege die Hände entweder hintereinander oder nebeneinander auf. Als nächstes führst du beide Hände mittig zum Unterbauch (9), knapp oberhalb des Schambeins (Wurzel-Chakra). Die Hände werden hierbei übereinandergelegt. Diese Positionen beziehen sämtliche Bauchorgane sowie die Verdauungs-, Ausscheidungs- und Fortpflanzungsorgane ein. Siehe dazu auch die Abbildungen der Körperorgane. Grundkenntnisse in Anatomie sind bei der Reiki-Behandlung durchaus angebracht und von Vorteil, medizinisches Fachwissen wird allerdings nicht benötigt.

Die Knie-, Knöchel- und Fußpositionen sind bei der Behandlung von anderen noch wichtiger als bei der Selbstheilung. Seit etwa einer halben Stunde – oder auch länger – hat sich der Empfänger nicht gerührt (es sei denn, es kam zu einem Gefühlsausbruch). Er scheint entweder zu schlafen oder sich außerhalb des Körpers zu befinden. Die Bein- und Fußpositionen helfen ihm nun, sich wieder zu erden.

Um diese Positionen ausführen zu können, muß sich der Heiler erneut bewegen. Bei den Vorderpositionen stand oder saß er neben dem Empfänger. Er braucht jedoch nicht von einer Seite zur anderen zu gehen, er kann einfach die Hände nach unten wandern lassen, bis er die Beine des Empfängers erreicht. Widme dich zuerst der Oberseite beider Knie (10) und den Knöcheln (11a). Alternativ dazu kannst du auch gleichzeitig eine Hand auf das Knie und die andere auf den Knöchel legen (11b); diese Methode wird im allgemeinen bevorzugt. Verharre wie immer in diesen Positionen, bis die Energiewahrnehmungen nachlassen.

Beende die Behandlung mit den Fußsohlen. Nimm dir entweder jeden Fuß einzeln vor (12a, b) oder beide gleichzeitig (12c), ganz nach Belieben. Falls du die Rückenpositionen in die Behandlung miteinbeziehst, so bleibt es dir überlassen, die Fußpositionen erst am Ende der Sitzung auszuführen. Bitte den Empfänger nun, sich umzudrehen, und begebe dich wieder an seinen Kopf.

Wenn der Empfänger seinen Kopf nun zur Seite dreht, kannst du die Position 13 ausführen, die als einzige von hinten erfolgt. Eine Hand wird dabei an der Schädeldecke, die andere am Hinterkopf aufgelegt. Sobald die Empfindungen nachlassen, begebe dich zum Nacken (14). Mir ist noch niemand begegnet, der auf diese Halsposition nicht empfindlich reagiert. Du kannst die Hände zur Abwechslung auch auf die großen Kappenmuskeln am Übergang von der Schulter zum Hals legen.

Stelle dich nun wieder seitlich zum Empfänger und fahre mit den drei Rückenpositionen (15, 16, 17) fort. Hierbei können die Hände entweder hintereinander oder nebeneinander wie auf der Vorderseite aufgelegt werden. Die Positionen sprechen das Herz-, das Solarplexus- und das Sakral-Chakra an. Sie wirken außerdem auf die Nieren und helfen ausgezeichnet bei Verspannungen, Streß und Rückenbeschwerden. Hat der Empfänger einen extrem langen Rücken oder starke Schmerzen im unteren Rückenbereich, so laß noch eine weitere Position (18) folgen, wo das Gesäß beginnt. Dazu können die Hände in entgegengesetzter Richtung aufgelegt werden.

Als nächstes sind die Beine und Füße dran, und es ist sehr wichtig, diese Positionen vollständig auszuführen. Sie helfen dem Empfänger, sich zu erden. Fahre die Beine entlang und behandle die Rückseiten der Knie (19) und der Knöchel (20a). Es funktioniert sehr gut, wenn du eine Hand auf die Kniekehle legst und mit der anderen den Knöchel von hinten umfaßt (20b). Warte auf die Energie und wiederhole das Ganze auf der anderen Körperseite. Es ist wichtig, beide Seiten zu behandeln.

Die letzte Position betrifft die Fußsohlen (21). Ganz gleich, ob an der Vorder- oder Rückseite des Körpers gearbeitet wird, die Hände werden stets unter die Füße gelegt, da sich hier an der Sohle die Chakras befinden. Du wirst spüren, wie die Reiki-Energie durch die Füße strömt, ein Vorgang, der oft minutenlang andauert. Diese Position vervollständigt die Behandlung und beendet sie gleichzeitig. Der Empfänger ist nach der Sitzung zwar nicht völlig geerdet, aber dennoch funktionsfähig. Ohne die Fußpositionen würde er sich eine ganze Weile ziemlich benommen fühlen.

Eine andere Möglichkeit, die Behandlung zu beenden, ist das Aus- oder Glattstreichen der Aura. Dazu streichst du sanft und ruhig mit einer Hand oder beidhändig (die Handflächen zeigen nach unten) in einem weiten, ellipsenförmigen Bogen in etwa 20 Zentimeter Abstand zum Körper von dem Kopf des Empfängers in Richtung Füße. Streiche zuerst einige Male vom Kopf zum Rumpf, dann vom Rumpf zu den Beinen und anschließend von den Beinen zu den Füßen. Deine Hände befinden sich dabei in der Aura des Empfängers. Es fühlt sich an wie fließendes Wasser, was eventuell auch der Empfänger wahrnimmt. Das Ausstreichen der Aura, besonders wenn es schnell ausgeführt wird, erdet den Empfänger nach der Sitzung und macht ihn wieder vollkommen wach. Er wird dieses Gefühl mögen.

Gib dem Empfänger Bescheid, daß die Sitzung beendet ist, und rate ihm, noch eine Weile ruhig liegenzubleiben. Dränge ihn nicht, aufzustehen. Wenn er soweit ist, zeige ihm, wie er sich auf die Seite drehen und dann – auf den Armen abgestützt – aufrichten soll, denn ein vom Nacken eingeleitetes Aufstehen schadet nur dem Nacken und dem Rücken. Sobald er aufrecht sitzt, warne ihn vor zu schnellen Bewegungen und gib ihm ein Glas Wasser zu trinken. Er wird sich vielleicht für eine halbe Stunde etwas benommen, nicht ganz da fühlen. Der Zustand der Entspannung und der veränderten Wahrnehmung kann bis zu drei Tage dauern. Es ist ein sehr angenehmes Gefühl.

Nach einer Heilbehandlung kommt es bei manchen Menschen zu einer Entgiftung des Körpers. Diese körperliche Reinigung ist ungefährlich, doch Reiki-Neulinge sollten darüber informiert werden. Nicht jede Behandlung zieht eine Entgiftung nach sich, nur etwa eine von sechs Erstbehandlungen ist davon betroffen. Der Empfänger muß in der folgenden Woche auch mit einigen geistig-seelischen Umstellungen rechnen. Er sollte sich gegen die aufkommenden Bilder und Gedanken nicht wehren, sie vielmehr kommen und gehen lassen. Die meisten Menschen fühlen sich nach einer Reiki-Sitzung wunderbar, und es geht ihnen von Tag zu Tag besser. Viele positive Veränderungen der Reiki-Behandlung sind von Dauer, auch wenn langwierige Beschwerden nur selten in einer einzelnen Sitzung behoben werden. Nach der Reiki-Anwendung fühlt sich auch der Heiler ausgezeichnet.

Es gibt bei der Kreuzbein-Schädel-Massage eine Bewegung, die bei der dritten Reiki-Kopfposition, während der der Empfänger auf dem Rücken liegt, einbezogen werden kann. Diese wird Entspannungspunkt-Massage genannt und bewirkt eine Ausrichtung der gesamten Wirbelsäule von oben nach unten. An dem Rückgrat wird dabei in keinster Weise manipuliert, und das Ganze ist vollkommen ungefährlich. Bei falscher Anwendung des Griffs passiert überhaupt nichts, bei korrekter Anwendung befreit er von Migräne, Kopf-, Nacken- und Rückenschmerzen, richtet den Kiefer und entspricht in seiner Wirkung einer vollständigen chiropraktischen Behandlung.

Ich habe diese Methode einmal an einer Frau ausprobiert, die bei einem Autounfall mit dem Kopf gegen die Windschutzscheibe geprallt war. Sie sah buchstäblich Sterne und war stark desorientiert. Die Aktivierung des Entspannungspunktes ließ ihre Beschwerden verschwinden. Gute Ergebnisse habe ich auch bei Migräne und Spannungszuständen erzielt. Der Entspannungspunkt kann ohne weiteres auch bei Menschen mit Rückenbeschwerden behandelt werden. Es gibt verschiedene Möglichkeiten, einen Entspannungspunkt an unterschiedlichen Körperteilen zu aktivieren. Die meisten Masseure lernen zwar während ihrer Ausbildung die nachfolgend beschriebene Methode, vernachlässigen sie aber, weil sie deren Wert nicht erkennen.

Beginne damit, an deinem eigenen Körper die zwei Akupunkturpunkte 10 des Blasenmeridians zu finden. Sie sind paarweise hinten am Hals angeordet, beidseitig der Wirbelsäule, dort wo die Schädelknochen auf den Halswirbel treffen. Die Punkte bestehen aus zwei winzigen Vertiefungen im Nackenmuskel und sind unter der Haut spürbar. Wenn du sie gefunden hast, breitet sich ein merkwürdiges Gefühl aus, so als hättest du eine Reißzwecke im Gehirn. Die Punkte sind normalerweise nicht schmerzempfindlich, es sei denn, dein Nacken ist schief oder die Muskeln sind verspannt. Meistens verspürst du nur dieses komische Gefühl. Wenn du einen Punkt gefunden hast, suche auf der gegenüberliegenden Seite nach dem anderen. Sobald du diese Punkte mühelos an dir ausmachen kannst, versuche sie bei anderen Leuten zu finden, bis du darin geübt bist.

Wenn sich deine Hände während einer Reiki-Behandlung unter dem Kopf des Empfängers befinden, ist es an der Zeit, die oben beschriebene Technik anzuwenden. Finde als erstes die Akupunkturpunkte, indem du die Zeigefinger zu beiden Seiten des Nackens auflegst. Der Empfänger wird dir sagen, wenn du die Stellen erreicht hast. Dabei ist es wichtig, sich exakt auf den Punkten zu befinden, da sonst nichts passiert. Es gibt viele solcher Punkte, die paarweise auf der Linie angeordnet sind, wo sich Kopf und Nacken treffen, und die meisten von ihnen funktionieren. Die Punkte Blase-10 sind der Wirbelsäule am nächsten, liegen aber nicht direkt auf ihr.

Lokalisierung des Entspannungspunktes[9]

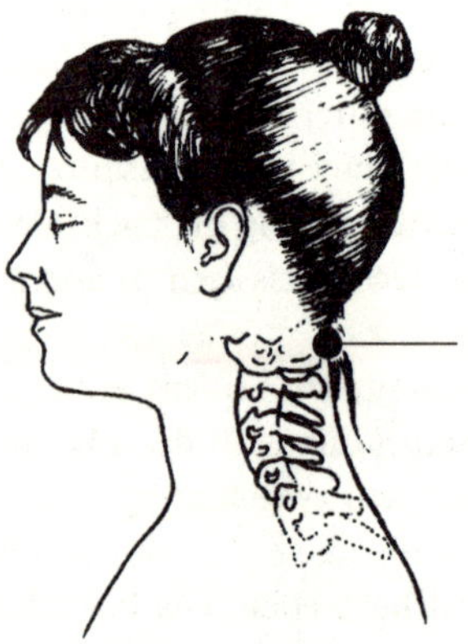

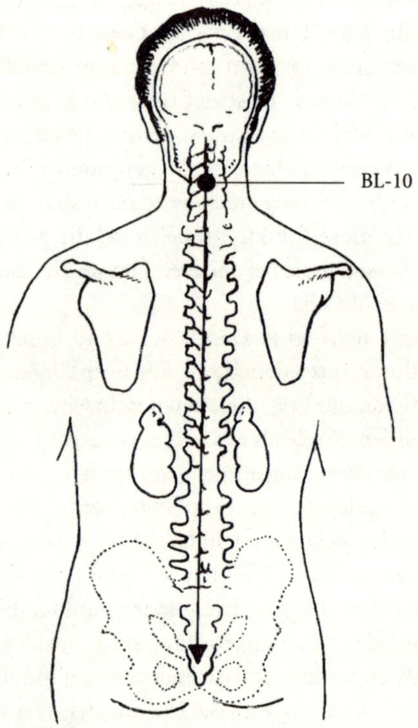

Sobald du die Punkte gefunden hast, übst du mit den Fingern leichten Druck aus. Achte dabei auf die Atmung des Empfängers. Durch den Druck auf diese Akupunkturpunkte wird der Puls der Rückenmarksubstanz ausgeglichen, der mit siebzehn Schlägen pro Minute pulsiert. Wenn dieser Ausgleich zustande kommt, sind Herzrhythmus, Pulsfrequenz und Atem für eine Weile synchron geschaltet. Dies kannst du an der Atmung des Empfängers erkennen: Anfangs wird er normal atmen und dabei den Brustkorb rhythmisch heben und senken.

Wenn es zu dieser Synchronisation kommt, was entweder einen Moment oder einige Minuten dauern kann, wird der Empfänger einmal tief seufzen, und seine Atemfrequenz wird sich verringern. Statt sich zu heben und zu senken, verharrt der Brustkorb beinahe regungslos. Verstärke jetzt kurz den Druck auf die Akupunkturpunkte und ziehe die Finger dann sanft zurück (etwa einen halben bis einen Zentimeter). Du wirst vielleicht spüren, wie sich der Nacken ein wenig bewegt. Diese sanfte Zugbewegung erfordert keinen Kraftaufwand. Verweile anschließend in dieser Position.

Nach ein bis zwei Minuten wirst du ein leichtes Pulsieren in den Fingerspitzen verspüren. Meistens beginnt es an einem Punkt und setzt sich am anderen fort, bis schließlich beide pulsieren. Sobald du das Pulsieren an beiden Punkten spürst, ziehe die Hände unter dem Kopf des Empfängers hervor. Damit ist die Aktivierung des Entspannungspunktes abgeschlossen; fahre nun mit der Reiki-Sitzung fort. Der Energie- und Pulsausgleich bewirkt eine Justierung der Wirbelsäule. Die Knochen richten sich wieder aus. Doch nicht der Heiler hat eine Einrenkung vorgenommen, sondern die Reiki-Energie in Verbindung mit dem Entspannungspunkt.

Am Ende der Sitzung ist der Empfänger eventuell noch stärker benommen als nach einer normalen Reiki-

Behandlung. Dieser Zustand hält etwa eine halbe Stunde an. Er ist zwar angenehm und sehr entspannend, aber der Empfänger sollte währenddessen nicht Auto fahren. Die wenigsten Menschen können den Entspannungspunkt an sich selbst aktivieren, obwohl es möglich ist. Probiere es einmal damit: Verstaue zwei Tennisbälle in einer Socke und verknote sie, damit die Bälle nicht herausfallen. Lege dich sodann auf einen harten Untergrund und plaziere die Socke mit den Tennisbällen im Genick. Lehne dich nun zurück, um auf die Bälle Druck auszuüben. Eventuell reicht dieser Druck für die Aktivierung des Entspannungspunktes aus.

Bei dieser Prozedur können einem zwei Fehler unterlaufen. Befinden sich die Finger nicht genau auf den Druckpunkten, erfolgt keine Synchronisation, und es geschieht nichts weiter. Der andere Fehler passiert, wenn du die Zugbewegung ausführst, bevor die Synchronisation einsetzt; auch hierbei justiert sich das Rückgrat nicht. Verfehlst du die Synchronisation und ziehst die Finger nicht zurück, dann warte, bis es erneut zu einer Gleichschaltung kommt, wobei deine Finger auf den Punkten verbleiben. Falls sich bei dem Empfänger in dieser Hinsicht nichts tut, bitte ihn, ganz tief Luft zu holen. Dies könnte ihn in den gewünschten Zustand versetzen, indem du die Finger zurückziehen kannst. Sollte dir während der Anwendung ein Fehler unterlaufen, passiert gar nichts. Der Empfänger nimmt keinen Schaden, aber es kommt auch nicht zur Heilung.

Diese Technik hat schon so vielen Menschen geholfen, vor allem, wenn sie an Migräne oder Rückenbeschwerden litten, daß ich sie generell zusammen mit Reiki I weitergebe. Obwohl sie mit Reiki eigentlich nichts zu tun hat, ist sie doch ein wichtiger Teil der Behandlung. Da sie so gut zur dritten Kopfposition paßt, gehört sie meiner Meinung nach in ein Reiki-Buch. Ein Kursteilnehmer schrieb mir einmal:

Die Entspannungspunkt-Behandlung, die du mir für meine Beschwerden des Kiefergelenkes gabst, grenzt an ein Wunder. Nicht nur, daß mein Kiefer sich nicht mehr ausrenkt, er knackt auch nicht mehr beim Öffnen und Schließen des Mundes. Vielen Dank!

Die Methode ist zwar simpel, aber sie erfordert ein wenig Übung. Es ist auf jeden Fall die Mühe wert.

Die Reiki-Behandlung in der Gruppe

Die Heiler in der Reiki-Klinik von Chujiro Hayashi arbeiteten im Team, und das ist auch heute noch möglich. Bei einer Reiki-Sitzung mit mehreren Behandlern können mehrere Positionen gleichzeitig ausgeführt werden, und der Zeitaufwand wird geringer. Der Empfänger erlebt einen äußerst starken Zustrom der Energie und bekommt die positiven Auswirkungen der Ganzbehandlung sehr schnell zu spüren. Ein Heilungsteam, das gut zusammenarbeitet, kann wesentlich mehr Behandlungen durchführen als ein einzelner Heiler, und im Team ist die Sitzung für den einzelnen auch nicht so anstrengend. Das Beisammensein mit anderen Reiki-Praktizierenden während der Teamheilung macht viel Freude. Im Team wird jeder einzelne gebraucht und erfüllt seine spezielle Aufgabe.

In einem Reiki-Team muß jedes Mitglied mindestens den ersten Reiki-Grad besitzen. Es gibt aber auch Teams mit Praktizierenden des ersten, zweiten und dritten Reiki-Grades. Ein Team besteht wenigstens aus zwei Heilern, kann sich aber aus bis zu acht oder neun Heilern zusammensetzen. Sind mehr Heiler anwesend, als benötigt werden, dann stehen die zusätzlichen Heiler hinter den anderen. Jeder von ihnen gibt die Reiki-Energie weiter, indem er seine Hände auf die Schultern des Vordermannes legt, dessen Hände wiederum auf dem Empfänger liegen. Es ist wunderbar, wenn so viele Heiler zusammen an einer Person arbeiten – so viele Menschen, die Reiki geben: Das ist es, was wir heute dringend brauchen.

Zu Beginn einer Gruppenheilung stellt oder setzt sich ein Heiler an das Kopfende des Empfängers und führt alle drei Kopfpositionen aus, für mehr Hände ist kein Platz. Damit ist er gleichzeitig Leiter der Sitzung. Es können sich an der Behandlung so viele Heiler beteiligen, wie es Reiki-Positionen gibt: je ein Händepaar pro Position. In einem kleinen Team wird die Arbeit aufgeteilt. Bei zwei Heilern führt einer die Positionen vom Kopf bis zum Herzen aus, der andere beginnt am Solarplexus und geht weiter in Richtung Füße. Sind drei Heiler anwesend, so arbeitet einer am Kopf, einer am Rumpf und einer an den Beinen und Füßen. Bei vier Heilern kümmert sich einer um den Kopf, zwei behandeln den Rumpf und einer führt die Bein- und Fußpositionen aus. Es können so viele Heiler teilnehmen, wie um den Massagetisch oder das Bett Platz finden.

In einem Team von drei oder mehr Heilern ist eine Person oft während der gesamten Heilung mit der letzten Fußposition beschäftigt. Sie legt die Hände unter die Füße des Empfängers und verweilt in dieser Haltung bis zum Ende der Sitzung. Dies kann eine interessante Position sein. Der Heiler spürt durch seine Hände hindurch jede energetische Veränderung im Körper des Empfängers. Oft weiß er, wo die Energie hingeht und wo sie blockiert ist. Diese Wahrnehmungen schaden dem Heiler nicht, dennoch ist es ratsam, beim Aufkommen heftiger Emotionen zur Seite zu treten. Halte dabei weiterhin Kontakt zu den Füßen, aber gehe mit dem Rest deines Körper der freigesetzten Energie aus dem Weg. Der Heiler kann hierbei auch viele psychische Informationen aufnehmen. Diese können frühere Leben, Situationen des jetzigen Lebens oder auch Dinge betreffen, die der Empfänger wissen oder tun sollte, gelegentlich werden auch diagnostische Daten übermittelt.

Die Reiki-Behandlung mit mehreren Behandlern[10]

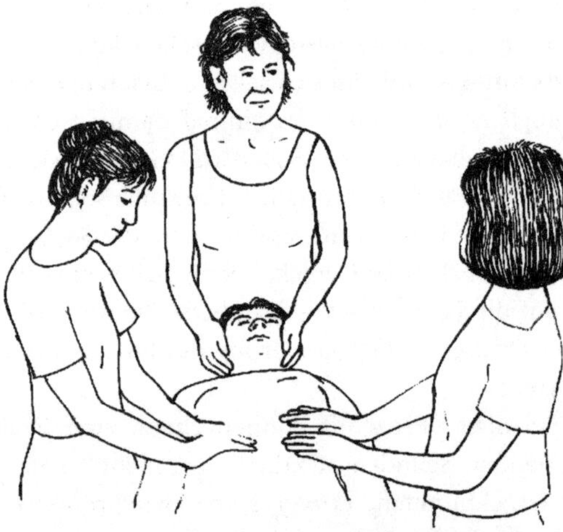

Ich hatte das Glück, meine ersten Reiki-Behandlungen 1988 im Team mit den beiden eingangs erwähnten Männern durchzuführen. Wir gingen auf die Aids-Station eines Krankenhauses und gaben allen Interessierten Reiki-Sitzungen. Diese Heilungen waren sehr gefühlsbetont. Wir arbeiteten größtenteils mit Männern, die nur noch wenige Tage zu leben hatten. Das Krankenhauspersonal war uns gegenüber sehr mißtrauisch. In diesem einen Jahr lernte ich unwahrscheinlich viel über Reiki und Gruppenbehandlung. Einmal hatten wir eine Reiki-Sitzung mit einem Mann, der einige Tage zuvor operiert worden war. Es hieß, die Ärzte hätten nach einem Tumor gesucht. Der junge Homosexuelle war dann nicht mehr aus der Narkose erwacht. Er war normalgewichtig und in guter körperlicher Verfassung, von seiner Krankheit noch nicht gezeichnet. Es war mir ein Rätsel, warum er operiert worden war und weshalb er nun im Koma lag.

Als wir die Reiki-Behandlung durchführten, hatte ich die ganze Sitzung über meine Hände unter seinen Füßen, während einer meiner Freunde die Kopf- und

Herzposition und der andere die restlichen Positionen einnahm. Ich hatte das Gefühl, daß die beiden anderen mich als Anfängerin ignorierten. Auf einmal wurde mir klar, daß irgend etwas nicht stimmte, und ich platzte heraus: »Dieser Mann stirbt nicht an AIDS, er stirbt an einem Leberschaden. Ihm wurde eine zu starke Narkose gegeben.« Die Pflegerin, die uns hergebeten hatte, wurde daraufhin ziemlich ärgerlich und zerrte mich förmlich aus dem Krankenzimmer. »Wer hat Ihnen das gesagt?« wollte sie wissen. »Es steht auf dem Krankenblatt, aber niemand soll es wissen.« Ich hatte das Krankenblatt nie gesehen. Der Mann kam während der Reiki-Sitzung wieder zu sich. Wir kannten ihn aus der Zeit vor seinem Krankenhausaufenthalt, und er erinnerte sich an meinen Namen. Er starb noch in derselben Nacht, einige Stunden nach der Behandlung.

Bei einer anderen Gruppenheilung, die in einer Wohnung stattfand, war ich einer von sieben Heilern. Die Empfängerin der Behandlung war eine Frau, die sich bei einem Sturz den Ellbogen verletzt hatte. Sie litt unter starken Schmerzen und hatte für den nächsten Tag einen Röntgentermin. Als wir mit der Sitzung begannen, wußte ich noch nicht, weshalb sie darum gebeten hatte. Als Anfängerin wurde ich angewiesen, ihren Arm zu halten. Ich tat, wie mir befohlen, und verspürte bereits nach wenigen Minuten einen furchtbaren Schmerz in meiner Hand und in meinem Arm. Es war das einzige Mal, daß ich während einer Behandlung solche Schmerzen verspürt habe. Ich biß die Zähne zusammen und verharrte in der Position, obwohl es mir schwerfiel. Zum Glück ließ der Schmerz dann nach.

Nach der Sitzung fragte ich sie, ob sie Schmerzen in ihrem Arm hätte, woraufhin sie mir von ihrem Sturz erzählte. Ihr Ellbogen schmerzte nicht mehr, obwohl sie vermutet hatte, daß der Knochen angebrochen war. Nach der Reiki-Sitzung konnte sie ihn wieder bewegen, und auf den Röntgenaufnahmen war ebenfalls nichts zu sehen. Und mein Nacken, der vor der Sitzung sehr verspannt war und weh getan hatte, erschien plötzlich schmerzfrei. Die ganze Sitzung dauerte keine zehn Minuten, aber in dieser kurzen Zeit kann viel passieren. Gruppensitzungen mit vielen Heilern sind bei körperlichen Beschwerden hilfreicher als bei seelischen, da meist nur wenig Zeit für emotionales Loslassen bleibt.

Der Heiler am Kopfende des Empfängers ist Teamführer. Zu Beginn der Gruppenbehandlung hält jeder Heiler die Hände in seiner Position oder Anfangsposition über den Körper des Empfängers. Es wird vor der Sitzung festgelegt, wer welche Position(en) übernimmt. Ist jeder an seinem Platz, nickt der Gruppenleiter mit dem Kopf, und alle Heiler legen ihre Hände gleichzeitig auf den Empfänger. Die Mitglieder des Teams achten stets auf den Leiter, während dieser seine Positionen ausführt, und tragen gleichzeitig ihren eigenen Teil zur Behandlung bei.

Beendet der Leiter seine erste Position, so schaut er in die Runde, ob die anderen auch schon fertig sind. Erhält er von jedem ein stummes Kopfnicken, so fährt er mit der zweiten Position fort, und jeder Heiler, der sich zu einer anderen Stelle begeben muß, tut dies auch, bis alle Positionen ausgeführt sind. Gibt es keine weitere Position, bleibt der Heiler dort stehen, wo er sich gerade befindet. Hat der Leiter die Kopf- und Halspositionen beendet, blickt er wieder in die Runde. Sobald jeder seine Positionen ausgeführt und der Leiter ein Kopfnicken erhalten hat, nickt er zurück, und alle nehmen gleichzeitig die Hände hoch. Mit etwas Übung verlaufen die Sitzungen schnell und reibungslos.

Der Empfänger dreht sich nun um, damit die Behandlung auf der Rückseite fortgesetzt werden kann. Als Alternative zu den normalen Rückenpositionen oder auch zusätzlich gibt es Positionen, die sich speziell für eine Gruppenbehandlung anbieten und besonders gut bei Rückenbeschwerden helfen. In diesem

Zusammenhang möchte ich mich bei Diana Acuna bedanken, die mir diese Zusatzpositionen beigebracht hat. Sie nennt diesen Teil der Behandlung das »große H,« wobei »H« für Heilung steht. Um das »große H« auszuführen, bleibt der Gruppenleiter am Kopf stehen und legt seine Hände auf die Schultern des Empfängers. Die seitlich stehenden Heiler legen ihre Hände abwechselnd entlang der Wirbelsäule auf. Es sollten möglichst viele Hände an dieser Übung beteiligt sein. Ein Heiler kann an den Füßen des Empfängers verweilen. Sind nur wenige Heiler anwesend, kann der Leiter seine Kopfpositionen beenden und sich dann neben die anderen stellen.

Durch die Aneinanderreihung so vieler Hände am wichtigsten Energiekanal des Körpers kann sich ein gewaltiger Reiki-Strom die Wirbelsäule herunter bis zur Kundalini ergießen. Die Heiler können diesen wogenden Energiestrom bisweilen unter ihren Händen spüren. Manchmal hat man das Gefühl, als ob sich der Energiefluß auf und ab bewegt, und diese Empfindung kann minutenlang andauern. Zur Abwechslung können sich die Heiler auch nur am Kopf und den Füßen plazieren und Energie zwischen sich hin und her schicken. Hierbei ist zu beachten, daß die letzte Reiki-Woge die Füße erreicht.

Am Ende der Behandlung dauert es oft ein wenig länger, bis der Empfänger wieder richtig zu sich kommt. Kombiniert mit dem Entspannungspunkt wird das »große H« zu einer wohltuenden Sitzung für Leute mit Rückenschmerzen, Bandscheibenbeschwerden, Ischias, Arthritis der Wirbelsäule, Halsverletzungen oder Beinschmerzen.

Ein weiterer Aspekt der Gruppenheilung ist das gesellige Treffen. Es macht einfach viel Spaß, in einem Team Reiki-Behandlungen zu geben. Solche Gruppenbehandlungen, an denen Heiler aus dem Umkreis teilnehmen, können zu einer festen Einrichtung werden. Wer ein entsprechend großes Haus hat, lädt dazu sämtliche Reiki-Heiler, die er kennt, an einem

Gruppenbehandlung, »großes H«

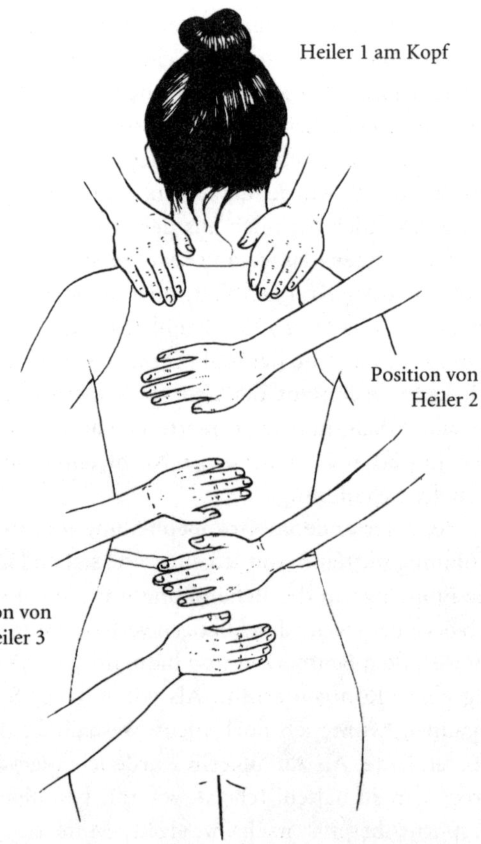

bestimmten Tag ein. Alle, die kommen, bringen etwas zu essen und zu trinken mit, eventuell auch Massagetische, und teilen sich dann in Gruppen auf. Jede Gruppe behandelt jedes einzelne ihrer Mitglieder, so daß jeder Geber auch zum Empfänger wird. Nachdem alle an der Reihe waren, wird gegessen und der Abend in fröhlicher Runde beschlossen.

Hier noch einige Tips für einen Reiki-Kreis. Zuerst muß eine Liste der interessierten Heiler zusammengestellt und ein Telefondienst organisiert werden.

Wenn einer alleine die Anrufe tätigen muß, wird es leicht zur Last. Gleich beim ersten Treffen sollte eine feste Zeit für die Folgetreffen vereinbart werden, z.B. der zweite Sonntag im Monat um vierzehn Uhr. Falls genügend Teilnehmer entsprechend große Wohnungen haben, kann das Treffen auch jeden Monat bei einem anderen stattfinden. Am besten legt man den nächsten Termin gleich zu Beginn oder am Ende des Treffens fest. Es empfiehlt sich, früh genug anzufangen, damit das Abendessen nicht zu spät eingenommen wird. Vielen Menschen bekommt es nicht, wenn sie spät abends noch essen, manche werden sogar krank, wenn sie zu lange warten müssen. Deshalb sollte der Zeitplan für die Reiki-Behandlungen möglichst eingehalten werden.

Für eine Gruppenbehandlung müssen alle Heiler mindestens in Reiki I ausgebildet sein. Wer die Einweihung noch nicht erhalten hat, kann nur Empfänger, aber nicht Geber sein. Ist ein Reiki-Meister anwesend, so ermutige ich ihn, alle Interessierten kostenlos in Reiki I einzuweihen. Das hilft besonders Menschen mit chronischen oder ernsthaften Krankheiten wie Krebs- und Aids-Patienten oder HIV-Positiven. Heiler mit dem ersten Reiki-Grad möchten vielleicht eine Einweihung in höhere Grade erhalten. Falls ein Gast sich an der Gruppenheilung beteiligen möchte, wird er durch die Einweihung dazu befähigt, und jede Gemeinde braucht für die energetische Arbeit so viele Heiler wie möglich. Das widerspricht zwar in jeder Hinsicht den traditionellen Reiki-Lehren, ist aber um der Menschheit und des Planeten willen wünschenswert. Ich bin auch dafür, Kindern die Einweihung zu geben, denn sie wachsen in einer sehr schwierigen Zeit auf. Viele von ihnen entpuppen sich als die geborenen Reiki-Heiler.

Mehr möchte ich zum ersten Reiki-Grad nicht sagen, obwohl die Behandlung an sich nur der Anfang ist. Reiki ist immer und überall von Nutzen. Sobald du es regelmäßig anwendest, bekommt es einen so hohen Stellenwert in deinem täglichen Leben, daß es schließlich *dein Leben ist.* Es gibt unendlich viele Anwendungsmöglichkeiten für Reiki: kleine und große Verletzungen, Streß und seelischer Schock, Kopfschmerzen, Menstruationsbeschwerden, chronische Krankheiten und plötzliche Krisen, die dich selbst, deine Familie und Freunde, Haustiere, Pflanzen, ja sogar Autos und Maschinen betreffen. Vergiß jedoch nie, von anderen Menschen die Erlaubnis für eine Behandlung einzuholen. Heute war ich auf einem Open-air-Konzert, und während ich mit Freunden im Gras saß, gab ich fast unentwegt Reiki, ohne dabei etwas von der Musik zu verpassen. Sobald die Leute von Reiki hören, wirst du oft gebeten, es »fließen zu lassen.«

Reiki ist ein göttliches Geschenk und ein wahres Wunder. Je mehr es praktiziert wird, desto stärker wird der Heiler und desto mehr hilft er sich selbst und anderen. Gib Reiki mit Bedacht, regelmäßig und gut, und sei dankbar dafür. Du kannst deine Dankbarkeit für Reiki am besten zum Ausdruck bringen, indem du die Energie täglich fließen läßt. Ich hoffe auch sehr, daß sich noch viele Menschen dazu entschließen, mit Reiki II und III weiterzumachen und daß dieses Buch und die folgenden Informationen ihnen dabei behilflich sind.

1 Barbara Brennan, *Licht-Heilung. Der Prozeß der Genesung auf allen Ebenen von Körper, Gefühl und Geist.*

2 Mantak und Maneewan Chia, *Awaken Healing Light of the Tao,* S. 22.

3 Duane Packer und Sanaya Roman, *Awakening Your Light Body,* Tonkassetten.

4 *Ebenda.*

5 Barbara Ann Brennan, *Licht-Heilung. Der Prozeß der Genesung auf allen Ebenen von Körper, Gefühl und Geist.*

6 Bodo Baginski und Shalila Sharamon, *Reiki, Universale Lebensenergie,* S. 101 und 104.

7 Ajit Mookerje, *Kundalini: The Arousal of the Inner Energy,* S. 29.

8 So nehme ich sie wahr. Andere Menschen nehmen unter Umständen unterschiedliche Farben wahr oder geben den Zentren andere Namen. Der Ausdruck Hara-Linie stammt von Barbara Ann Brennan.

9 Ich danke der Tierärztin Robin Cannizzaro für die Identifizierung der Punkte und der Masseurin Diana Grove für die Erklärung des Vorganges.

10 Bodo Baginski und Shalila Sharamon, *Reiki: Universale Lebensenergie,* S. 91.

REIKI II

DER ZWEITE GRAD

4. Kapitel

Die Reiki-Symbole

Viele Menschen, die wegen der Einweihung in den dritten Reiki-Grad zu mir kommen, verstehen nur wenig von Reiki II. Sie kennen zwar die Symbole, haben sie auswendig gelernt und sind auch eingeweiht worden, aber darüber hinaus haben sie keine weitere Ausbildung erhalten. Eine Frau erzählte mir, daß ihre Unterweisung in Reiki II eine halbe Stunde gedauert hätte, und meine Erfahrungen waren diesbezüglich ähnlich. Von Schülern des traditionellen Reiki weiß ich, daß ihnen die Schreibweise der drei Symbole tagelang eingedrillt wurde, sie aber kaum etwas über die Benutzung dieser Symbole und deren Wirkung wußten. Bis diese Menschen an mich geraten, um mit Reiki III weiterzumachen, haben viele vergessen, wie die Symbole korrekt gezeichnet werden, einige erinnern sich noch nicht einmal mehr an die Namen. Ich muß ihnen also erst Reiki II beibringen, bevor wir zu Reiki III übergehen können.

Im traditionellen Reiki dürfen Schüler des zweiten Grades keine Kopien der Symbole anfertigen, sondern müssen sie während des Kurses auswendig lernen. Sie müssen versprechen, daß sie keine Zeichnungen mit nach Hause nehmen, und am Ende des Wochenendkurses verbrennen sie in einem rituellen Akt ihre Übungshefte. Zu Hause angelangt, werden die Symbole schnell wieder vergessen. Unser Gedächtnis ist selten perfekt, und selbst bei denen, die die Symbole regelmäßig anwenden, stellen sich mit der Zeit leichte Abweichungen ein. Ich kenne mindestens vier Versionen des Hon-Sha-Ze-Sho-Nen, welches das komplizierteste Reiki-II-Symbol darstellt. Wenn du jemals *Stille Post* gespielt hast, dann weißt du, daß die Nachricht am Ende sich meist erheblich von der am Anfang unterscheidet. Werden die Symbole ausschließlich dem fehlbaren menschlichen Gedächtnis anvertraut, laufen sie Gefahr, irgendwann ganz verlorenzugehen.

Deshalb habe ich mich dazu entschlossen, die Reiki-Symbole in diesem Buch abzudrucken und sie eingehend zu erörtern. Geschieht dies nicht bald, werden sie für immer verlorengehen oder sich bis zur Unkenntlichkeit verändern. Obwohl die Informationen in diesem Buch nicht unumstößlich sind, werden sie zumindest so präsentiert, daß sie jeder versteht. Ich bin außerdem der Meinung, daß viele, wenn nicht sogar die meisten Reiki-II-Schüler nur die Hälfte dessen gelernt haben, was für den Gebrauch der Symbole erforderlich ist. Viel von dem ursprünglichen Wissen ist schon in Vergessenheit geraten.

Während einer Channeling-Sitzung mit Suzanne Wagner erfuhr ich, daß es früher einmal 300 Reiki-Symbole gab, von denen 22 ständig im Gebrauch waren. Heute sind es nur noch fünf in Reiki II und III, wenngleich diese fünf Symbole ein wunderbar vereinheitlichtes System darstellen. Die übrigen Symbole sind in einigen Bibliotheken entlegener Klöster in Tibet zu finden. Tibet wird jedoch vom kommunistischen China kontrolliert, und seine Spiritualität und Lehren werden systematisch vernichtet. Der Großteil von dem, was noch übrig ist, wurde von fliehenden Mönchen nach Indien geschmuggelt, aber viele uralte Schriften sind für immer verloren. Indem man das Wenige, was noch zugänglich ist, schriftlich festhält, bleibt wenigstens ein Teil davon erhalten.

John Blofeld beschreibt in seinem Buch *The Tantric Mysticism of Tibet*, wie die Tibeter heutzutage über ihre Geheimnisse denken:

> *Mehr als tausend Jahre lang wurden diese Lehren... vom Lehrer an den Schüler weitergegeben und sorgfältig vor Außenstehenden geschützt. Vor einigen Jahren wurde Tibet dann hart vom Schicksal getroffen, und die Menschen flüchteten zu Tausenden über die Grenzen. Seitdem sind die Lamas zu dem Schluß gekommen, daß das heilige Wissen schwindet und verlorengeht, falls sie ihre Heimat nicht innerhalb einer Generation zurückbekommen. Aus diesem Grunde sind sie bereit, alle ernsthaft interessierten Schüler zu unterrichten. In dieser Hinsicht ist das tragische Schicksal Tibets ein Gewinn für die Menschheit.*[1]

Reiki ist eines dieser gefährdeten Geheimnisse. Das liegt zum einen an den chinesischen Besatzern in Tibet und zum anderen an der im Westen verwässerten Methode der Reiki-Ausbildung.

Im traditionellen Reiki werden sogar die Namen der Symbole geheimgehalten. Es wird damit begründet, daß sie heilig sind. Tatsächlich sind sie dies auch, aber heilig und geheim sind heute nicht mehr gleichbedeutend. Damit Leute das Heilige erfahren können, muß es ihnen zugänglich gemacht werden. Uns fehlten die Zeit und die Muße, jahrelange Studien mit Gelehrten oder Gurus zu verbringen. Es gibt nur noch wenige Plätze auf der Welt, wo solche Lehrer ausgebildet werden können, und nur wenige Menschen sind in der Lage, ihr Leben dem spirituellen Weg zu widmen. Die Tradition der mündlichen Überlieferung existiert nicht mehr.

Die Menschen von heute sind überwiegend alleine. Sie beziehen ihr Wissen aus Massenmedien oder Büchern. Dort müssen die Informationen zu finden sein. Unser Planet und alle seine Bewohner stecken derzeit moralisch und physisch in einer tiefen Krise. Diese Situation zu verändern, ja zu überleben, erfordert Spiritualität und einen Zugang zum Heiligen, und die Menschen müssen dieses Gespür für das Heilige, wo immer es möglich ist, entwickeln.

Aus diesem Grunde veröffentliche ich das gesamte Reiki-System, wie ich es kenne und unterrichte. Meine Lehrmethoden sind moderner Art und bestehen aus einem integrierten Energiesystem, das optimal funktioniert. Ich mache Schluß mit der Geheimnistuerei, um das Heilige an diejenigen weiterzugeben, die es brauchen und wollen. Insofern ist dieses Buch mit den nun folgenden Informationen revolutionär. Nie zuvor wurden die Symbole, Mantras und Methoden des zweiten und dritten Reiki-Grades in gedruckter Form veröffentlicht, jedenfalls nicht seit uralten Sanskrit-Zeiten. Einige Reiki-Lehrer werden mein Vorgehen nicht billigen und versuchen, mich in Verruf zu bringen. Sie werden behaupten, daß meine Methoden nichts mit Reiki zu tun haben, obwohl das ganz und gar nicht stimmt. Ich kann diese Menschen nur bitten, Verständnis für mein Handeln aufzubringen. Wer ernsthaft in sich geht, wird die Notwendigkeit dafür erkennen. Meine geistigen Führer haben mich jahrelang gedrängt, dieses Buch zu schreiben, und es ist schneller fertiggeworden als alles, was ich je zuvor geschrieben habe. Die Wörter sprudelten nur so aus mir heraus, daß ich mit dem Tippen kaum nachkam, und wenn ich abends aufhörte, ging der Wortfluß weiter. Es ist an der Zeit, die Geheimnisse in gedruckter Form zu veröffentlichen und Reiki für alle zugänglich zu machen, so wie es ursprünglich vorgesehen war.

Ich selbst bin sowohl in traditionellen als auch in modernen Reiki-Methoden unterrichtet worden, und ich werde sämtliche Abweichungen von der traditionellen Lehre erklären. Wenn ich von der traditionellen Lehre abweiche, so liegt das daran, daß die unorthodoxe Methode gegenüber der traditionellen kraftvoller und einfacher ist. Einige Veränderungen passierten, weil ich durch Studien oder geistige Führung mehr Informationen darüber bekommen habe, weshalb etwas auf bestimmte Weise angewendet wurde. Beim Unterrichten und auch beim Schreiben dieses Buches wurde ich von meinen spirituellen Meistern immer wieder inspiriert, in der eingeschlagenen Richtung weiterzumachen. Diese neuen Wege haben sich nie als falsch erwiesen. Wir leben in einer Welt der Veränderung, und Reiki ist davon genauso betroffen.

Als Grund für die Geheimhaltung der Reiki-Symbole und der Lehren von Reiki II und III wird häufig angeführt, daß dieses Wissen in den falschen Händen Schaden anrichten könnte. Ich weiß jedoch nicht nur aus eigener Erfahrung, daß dieses Material nicht mißbraucht werden kann. Wie bereits eingangs erwähnt und auch von Mikao Usui bestätigt, aktiviert sich das Wissen nicht automatisch. Es bedarf der Einweihung in den jeweiligen Grad, um die Heilung in Gang zu setzen und das Wissen weiterzugeben. Die Einweihungen können nur von einem Reiki-Lehrer vollzogen werden, der selbst eingeweiht worden ist.

Reiki wurde mit Bedacht entwickelt. Die Führer und Lehrer, die Reiki vor langer Zeit zu uns brachten, wußten, was sie taten. Reiki ist ein perfektes Heilsystem. Wird es nicht im positiven Sinne eingesetzt, passiert gar nichts, und es kann auch kein Schaden damit angerichtet werden. Bedenke auch, daß Energie eine neutrale Kraft darstellt. Feuer kann eine Mahlzeit kochen oder eine ganze Stadt niederbrennen, und die Absicht der Energie kehrt zu dem zurück, der sie aussendet. Was du ausschickst, bekommst du zurück, komme, was will. Die Absicht, jemandem mit einem für die Heilung konzipierten System Schaden zuzufügen, wird unabhängig vom Gelingen zu einer zusätzlichen karmischen Belastung für die aussendende Person. In gleicher Weise setzt sich die Absicht, Gutes zu tun, in einem System, das helfen und heilen soll, über fehlende Informationen hinweg. Wenn du Reiki nach bestem Wissen und Gewissen anwendest, werden die Reiki-Führer alles, was fehlt, hinzufügen.

Die Reiki-Führer treten erstmals mit Reiki I in Erscheinung, werden aber von den meisten Leute erst ab dem zweiten Grad wahrgenommen. Diese Gruppe von körperlosen Heilern ist bei jeder Reiki-Behandlung anwesend. Der Reiki-I-Praktizierende ist sich ihrer wahrscheinlich nicht bewußt, aber mit Reiki II werden sie zunehmend aktiv, und bei Reiki III geht nichts mehr ohne sie! Obwohl nur wenige meiner Reiki-I-Schüler diese geistigen Führer wahrnehmen, arbeiten sie mit Reiki II bereits nach einigen Monaten bei einer Behandlung ganz bewußt mit ihnen zusammen. Für mich selber war dies die wichtigste und größte

Veränderung als Heilerin mit Reiki II, und die Arbeit bekam dadurch eine neue Dimension.

Die bewußte Arbeit mit spiritueller Führung läßt jede Behandlung zu einem schönen und wundervollen Erlebnis werden. Bis sich der Heiler dieser Führung bewußt ist, wird sie ihm vielleicht als verstärkte Intuition vorkommen. Er weiß nicht, wieso »es ihm in den Sinn kam«, wobei dieses »Es« die Schlüsselrolle bei der Heilung spielt. »Es« gibt ihm mitunter auch ein neues Handwerkszeug für zukünftige Sitzungen oder Selbstbehandlungen. Falls du dir nicht sicher bist, wie bei einer Behandlung vorzugehen ist, so bitte um Hilfe, und du erhältst eine Antwort. Folglich wirst du in Reiki II vor schwierigere Situationen gestellt als in Reiki I. Doch allein durch die gute Absicht, mit Reiki dein möglichstes zu geben, werden alle notwendigen Werkzeuge und Informationen bereitgestellt. Ist etwas falsch – wie zum Beispiel ein fehlerhaft gezeichnetes Symbol –, so wird es von den Reiki-Führern korrigiert. Diesen Vorgang kannst du häufig außersinnlich wahrnehmen.

Ich habe keine Angst, daß Reiki an Wert verliert oder mißbraucht wird, sei es durch falsche Anwendung oder in böser Absicht. Die Führer werden es einfach nicht zulassen. Ich habe die Reiki-Führer in vielen Sitzungen gefragt, ob ich diese Informationen veröffentlichen darf. Sie gaben mir ihre volle Zustimmung und halfen mir in jeder Hinsicht, die nötigen Informationen zu finden. Einige Symbole liegen bereits gedruckt vor[2] und sind buddhistischen Schülern zugänglich und auch bekannt (siehe Reiki III). Reiki gehörte einst allen. Die Reiki-Führer möchten, daß es wieder so wird. Die Tatsache, daß du dieses Buch liest, bedeutet, daß sie dir diese Informationen zukommen lassen möchten.

Reiki II, so wie ich es lehre, enthält Informationen über die drei Symbole und ihre Anwendung, über Karmabereinigung, Fernheilung, Anwendungen der Symbole, die nicht Heilzwecken dienen, und über Kontakt mit spirituellen Führern. Des weiteren gehören dazu die Kundalini/Hara-Übungen sowie Techniken, die mit meiner unorthodoxen Übertragungsmethode zusammenhängen, denn sie sind das Bindeglied zwischen Reiki II und III. Neben diesem Unterrichtsstoff gehört zu Reiki II auch eine Einweihung. Ich verteile in meinen Reiki-II-Kursen außerdem Informationsschriften mit Abbildungen der Symbole, die jeder Schüler mit nach Hause nehmen kann.

Die Symbole sind die Essenz und Formel des Reiki. Sie sind die Schlüssel zur Anwendung und Weitergabe dieses Systems. Alle tiefgreifenden und lebensbejahenden Dinge bestechen durch ihre Einfachheit, und Reiki ist eine extrem simple Methode, die im wesentlichen aus den Symbolen besteht, die Mikao Usui einst in den *Sutras* wiederentdeckte. Drei dieser Symbole werden in Reiki II weitergegeben, zwei weitere in Reiki III. Die Symbole sind im Buddhismus weit verbreitet und werden dort nicht verschwiegen oder geheimgehalten. Eine ausführliche Erläuterung der Symbole und des Pfades zur Erleuchtung befindet sich am Ende dieses Buches. Reiki II gibt eine kurze Einführung in den Gebrauch dieser drei wichtigen Schlüssel für die Energiearbeit. Weiterführende Informationen bleiben dem dritten Reiki-Grad vorbehalten.

Es ist mir schon des öfteren passiert, daß nach der Einweihung in den ersten Reiki-Grad ein oder mehrere Kursteilnehmer zu mir kommen und erklären, daß sie »eine seltsame Schrift« gesehen hätten. Wenn ich diese Leute bitte, mir das Gesehene aufzumalen, zeichnen sie meistens eins oder mehrere der Symbole. Obwohl einige davon recht kompliziert sind, kenne ich Schüler, die sie vollständig und korrekt gezeichnet haben. Diese Symbole werden während der Reiki-I-Einweihung in der Aura plaziert und sind somit bereits ein Teil des Reiki-Heilers. Schüler, die diese Symbole zeichnen, ohne sie jemals in schriftlicher Form gesehen zu haben, äußerten mir gegenüber, daß sie ihnen vertraut vorkämen. Sehen die Schüler die Symbole dann bei Reiki II zum ersten Mal, erinnern sich viele daran, sie vorher schon einmal gesehen zu haben. Manche hatten auch schon damit gearbeitet. Bevor du die Symbole mit eigenen Augen im Reiki-II-Kurs siehst, kannst du sie mit Hilfe der Reiki-Energie durch die Hände channeln.

Sobald du die Symbole bildlich vor dir hast, werden sie ein zusätzlicher Bestandteil der Reiki-Behandlungen an dir selbst und anderen sowie die Grundlage für Fernheilungen. Bei der direkten Heilung legst du die Hände bei dir selber oder bei einer anderen Person auf. Bei der Fernheilung braucht die Person oder das Tier nicht körperlich anwesend zu sein. Visualisiere die Symbole einfach (stell dir vor, sie wären da), um sie einer Reiki-Sitzung hinzuzufügen. Konzentriere dich auf sie, und sie werden sich aktivieren. Du kannst sie auch zu Beginn der Sitzung oder vor einer Position mit deiner Hand in die Luft, auf oder über dem Körper des Empfängers zeichnen oder sie mit deiner Zunge an den Gaumen malen. Benutze sie auf diese Weise für Direktbehandlungen. Mehr über die Fernbehandlung erfährst du im nächsten Kapitel.

Das erste der Symbole ist das Cho-Ku-Rei, es wird zur Verstärkung des Energieflusses benutzt. In Reiki ist es als »Lichtschalter« bekannt. Wie eingangs erwähnt, kann man Reiki mit Elektrizität gleichsetzen.[3] Das Licht wird eingeschaltet, sobald du deine Hände zum Heilen auflegst. Gibst du das Cho-Ku-Rei hinzu, so strahlt das Licht um ein Vielfaches heller: Aus einer 50-Watt-Birne wird plötzlich eine 500-Watt-Birne. Reiki II verstärkt deine Heilkraft. Entsprach sie vorher regulärem Haushaltsstrom, ist sie jetzt mit Kraftstrom zu vergleichen, und Reiki III transformiert sie schließlich von Wechselstrom zu Gleichstrom.

Durch die Visualisierung des Cho-Ku-Rei-Symbols bekommst du um ein Vielfaches schneller und besser Zugang zur Reiki-Energie, so daß du von nun

Symbole des zweiten Grades

Cho-Ku-Rei – mehr Kraft und Energie

Sei-He-Ki – emotional

Hon-Sha-Ze-Sho-Nen – für die Fernheilung

Zeichnen der Symbole

Die Pfeile zeigen, wie die Symbole zu zeichnen sind. Sie müssen exakt nach Anweisung gezeichnet und auswendig gelernt werden.

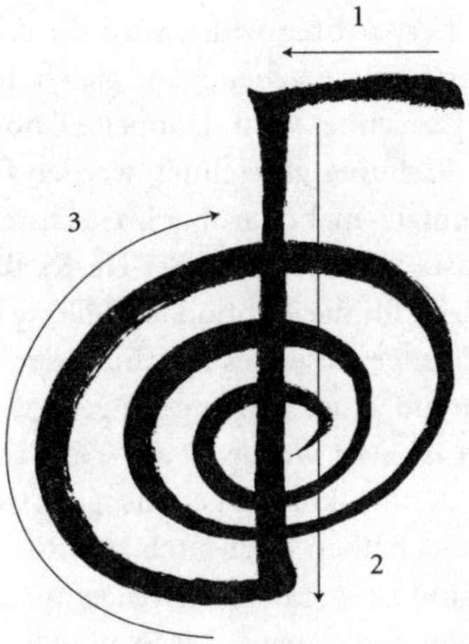

Cho-Ku-Rei
Verstärken des Energieflusses, »der Lichtschalter«
(im Uhrzeigersinn)

Sei-He-Ki
Emotionale Heilung, Reinigung, Schutz und Klärung

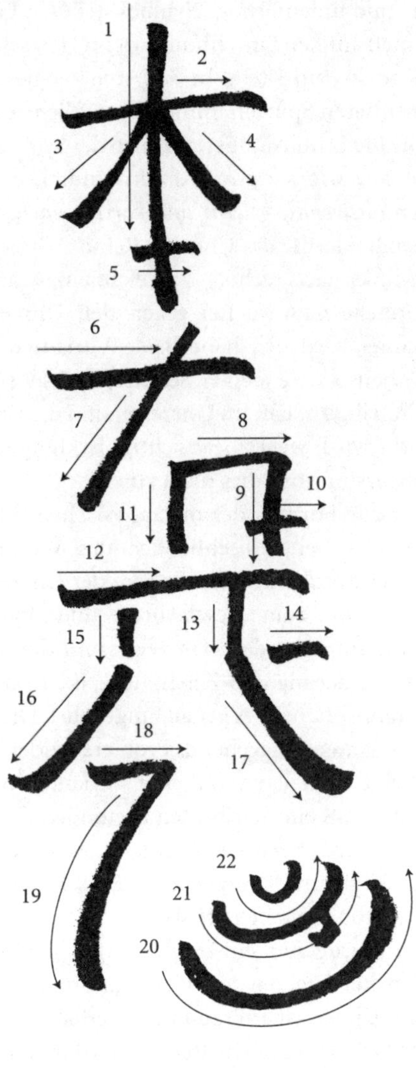

Hon-Sha-Ze-Sho-Nen
Fernheilung, Akasha-Chronik
Vergangenheit – Gegenwart – Zukunft

an vermutlich bei jeder Behandlung damit arbeiten wirst. Das Cho-Ku-Rei konzentriert die Reiki-Kraft auf einen Punkt, indem es die gesamte Energie des Universums für die Heilung zusammenzieht. Das spiral- und linienförmige Symbol stellt ein Labyrinth dar, einen antiken Einweihungsort im Herrscherpalast von Knossos auf Kreta. In der Archäologie der Erde repräsentieren Spiralen immer die göttliche Energie.

Die Pfeile und dünneren Linien der Symbolskizzen zeigen an, wie sie auszuführen sind. *Die Symbole müssen auswendig gelernt und korrekt nachgezeichnet werden.* Ich lernte das Cho-Ku-Rei im Uhrzeigersinn – von links nach rechts – zu zeichnen, während das traditionelle Cho-Ku-Rei gegen den Uhrzeigersinn gezeichnet wird. Ich habe beide Varianten ausprobiert, ebenso viele meiner Schüler, und sie stimmten mir einhellig zu, daß im Uhrzeigersinn die Energie so verstärkt wird, wie es beabsichtigt ist. Entgegen dem Uhrzeigersinn trifft dies nicht zu.

Für alle Formen der metaphysischen oder energetischen Arbeit, einschließlich des Wicca-Kultes, gilt in der nördlichen Hemisphäre der Uhrzeigersinn als Richtung zum Beschwören und Verstärken, während entgegen dem Uhrzeigersinn die Richtung für Verminderung und Zerstreuung ist. In der südlichen Hemisphäre ist es genau umgekehrt. Die Absicht ist hierbei ausschlaggebend. Probiere beides aus und entscheide dich dann für eine Variante. Wenn du feststellst, daß eine der beiden Methoden die Energie verstärkt, bleib bei dieser Methode, weil dieses Symbol für Kraft und Energie steht. Entscheide dich für eine Richtung und behalte sie bei.

Ich wurde nur ein einziges Mal inspiriert, das Cho-Ku-Rei entgegen dem Uhrzeigersinn zu benutzen. Damals gab ich einer Frau mit Unterleibskrebs Reiki. Obwohl ich das Cho-Ku-Rei wie gewöhnlich im Uhrzeigersinn anwendete, wurde ich über der Tumorgegend angewiesen, es in entgegengesetzter Richtung zu zeichnen. Da die nach links laufende Richtung mit Zerstreuung und Auflösung zu tun hat, erschien es mir einleuchtend. Es passiert nur selten, daß ich das Symbol »rückwärts« benutze. Beim Gebrauch der Symbole ist die Absicht sehr wichtig. Wenn du eine Verstärkung hervorrufen willst, wird dir das Symbol auch eine Verstärkung geben, ganz gleich, in welcher Richtung es gezeichnet wird. Doppelte Cho-Ku-Reis, eins in jeder Richtung gezeichnet, werden für Offenbarungen benutzt – mehr darüber im nächsten Kapitel.

Das nächste Symbol ist das Sei-He-Ki, das im traditionellen Reiki für die emotionale Heilung bestimmt ist. Ich wurde angewiesen, es nur anzuwenden, wenn jemand während einer Sitzung aufgeregt, aufgelöst oder verstört ist. Mir wurde es als »Gott und Mann sind eins« erklärt. Es könnte genausogut »Göttin und Frau sind eins« heißen oder auch »Göttlichkeit und Menschheit sind eins«. Eine weitere Definition könnte lauten »wie oben, so unten«. Das Symbol bringt Göttlichkeit in die menschlichen Energiefelder und gleicht die oberen Chakras aus.

Interessanterweise habe ich vom Sei-He-Ki weitaus weniger Varianten und Versionen kennengelernt als von den anderen Symbolen. Es gibt nur eine andere Möglichkeit, es zu zeichnen, und das ist die verlängerte Form. Trotzdem ist dieses Symbol vielfältig anwendbar. Traditionell wird es für Heilungen auf der mentalen und emotionalen Ebene empfohlen, was ich allerdings für falsch halte. Es ist das Hon-Sha-Ze-Sho-Nen, das gezielt auf der mentalen Ebene wirkt. Im weiteren Verlauf dieses Buches werde ich noch näher auf diese Symbole eingehen, um die Unterschiede deutlich zu machen.

Je mehr Behandlungen ich durchführe, desto klarer wird mir, daß praktisch alle körperlichen Leiden seelisch bedingt sind. Hierbei spielt es keine Rolle, ob der Gemütszustand oder ein früheres emotionales Trauma das Leiden bewirken, wie es von Louise Hay und Alice Steadman vorausgesetzt wird, oder ob das Leiden selbst den Gemütszustand hervorruft. Entscheidend ist der Zusammenhang zwischen körperlichen Leiden und seelischem Schmerz, und das bedeutet, daß die Gefühlsebene zusammen mit der körperlichen Ebene geheilt werden muß. Unser Leben ist voll von seelischem Schmerz sowie großen und kleinen Traumata, und die meisten Menschen haben gelernt, daß es nicht angebracht ist, ihre Gefühle zum Ausdruck zu bringen. Anstatt den Schmerz zuzulassen und sich davon zu befreien, blockieren sie ihre Gefühle im Innern und halten daran fest. Dort, wo der Schmerz dann festsitzt, entstehen körperliche Krankheiten.

Die Reiki-Energie fließt dorthin, wo Heilung benötigt wird, zu jeder Ebene des Körpers: der physischen, emotionalen, mentalen und geistigen. Durch die Anwendung des Sei-He-Ki wird speziell die Gefühlsebene angesprochen, und dies ist dann oft der Schlüssel zur Heilung. Schmerzhafte Gefühle oder Traumata, die innerlich festgehalten wurden, drängen an die Oberfläche. Der Empfänger der Behandlung verbindet sich erneut mit dem Schmerz, um ihn noch einmal zu durchleben und ihn dann loszulassen. Mit diesem gefühlsmäßigen Loslassen verschwinden oft auch die körperlichen Leiden. Wut, Frustration, Angst, Trauer und Einsamkeit sind weitaus häufiger die Ursache von körperlichen Leiden als irgendwelche Bakterien, Viren oder organische Fehlfunktionen. In diesem Sinne benutze ich das Sei-He-Ki bei den meisten Reiki-Behandlungen.

Wie beim Menschen sind auch bei Tieren körperliche Krankheiten ein Ausdruck von Gefühlen, die sie nicht auf andere Weise herauslassen können. Ihr Gefühlsleben gleicht dem der Menschen, aber es fehlt ihnen die menschliche Verstandes- und Kontrollebene. Deshalb leiden Tiere stärker unter Frustration und Angst. Hunde oder Katzen, die eine besonders enge Bindung zu ihrem Besitzer haben, übernehmen oft dessen Leiden oder seelischen Schmerz, um sich für ihn aufzuopfern. Haustiere kümmern sich auch darum, ihre Besitzer und deren Heim von störender Energie zu reinigen. Befindet sich eine Familie in einer Krise, gerät das Tier ebenfalls in eine Krise und ist oft nicht stark genug, sie umzuwandeln. Das Sei-He-Ki hilft Mensch und Tier gleichermaßen, emotionale Blockaden zu lösen und damit die körperliche Heilung in Gang zu setzen.

Das Sei-He-Ki hat aber noch andere Anwendungsmöglichkeiten. Es kann aktiviert werden zur Abwehr, zur Reinigung negativer Energie, zum Lösen spiritueller Verbindungen oder zum entsprechenden Schutz eines Zimmers. Von diesen Anwendungen wußte ich als Schülerin nichts, und ich bin ziemlich sicher, daß diese Informationen in der Regel nicht mehr weitergegeben werden. Damit laufen auch sie Gefahr, verlorenzugehen. Mehr über diese und andere Anwendungen des Sei-He-Ki im nächsten Kapitel. Ich beschränke mich hier auf die grundlegenden Anwendungen der Symbole beim Händeauflegen, wie es von Reiki I her bekannt ist. In diesem Zusammenhang benutze ich das Sei-He-Ki in fast allen Reiki-Sitzungen als Hilfsmittel, um seelische Ursachen einer körperlichen Krankheit aufzulösen.

Das Sei-He-Ki ist gerade zu Beginn des emotionalen Loslassens sehr wichtig. Versucht der Empfänger, seine Gefühle loszulassen, kann aber nicht sprechen oder weinen, so wird dieses Symbol behilflich sein. Benutze das Sei-He-Ki, indem du es visualisierst und im Geiste seinen Namen aussprichst. Zeichne es mit der Zunge an den Gaumen oder male es mit einer Hand in die Luft, über dem Körper des Empfängers. Wenn du gleich zu Beginn der Sitzung merkst, daß es überwiegend um die Klärung emotionaler Fragen geht, kannst du das Symbol auch über dem Kronen-Ckakra des Empfänger zeichnen.

Durch die Visualisierung des Sei-He-Ki konzentriert sich die Reiki-Energie auf den Emotionalkörper und verstärkt ihre Wirkung. Dadurch kann der Empfänger seine Gefühle gezielt angehen und sie so schnell und leicht wie möglich loslassen. Benutze das Symbol zu Beginn der Sitzung und/oder wenn es notwendig erscheint. Wartest du vergeblich auf eine Intuition, das Sei-He-Ki zu benutzen, dann gehe davon aus, daß es für diese Behandlung nicht gebraucht wird.

A.J. Mackenzie Clay war vermutlich der erste, der das Sei-He-Ki-Symbol in seinem Buch *The Challenge to Teach Reiki* abbildete. Seine Zeichnung entspricht der Darstellung, wie ich sie gelernt habe. Clay beschreibt das Sei-He-Ki als »Aktivierung der inneren Quelle«[4]. Er definiert es auch als Erwecken und Reinigen der Kundalini-Energie, Neuprogrammierung des Gehirns und Heilung der Geist-Körper-Verbindung durch das Unterbewußtsein. In seinem zweiten Reiki-Buch, *One Step Forward for Reiki*, zeigt Clay das Symbol in doppelter Ausführung: zwei sich gegenüberstehende und auf dem Kopf gezeichnete Sei-He-Ki-Symbole. Er ist der Auffassung, daß diese Anwendung des Symbols die rechte und linke Gehirnhälfte ausgleicht[5].

A.J. Mackenzie Clay hat in *The Challenge to Teach Reiki* auch eine Version des Hon-Sha-Ze-Sho-Nen veröffentlicht. Dies ist das Symbol mit den meisten Varianten und Ausführungen, vermutlich deshalb, weil es so schwer zu behalten und zu zeichnen ist. Wie die anderen Reiki-Symbole besteht es aus japanischen Schriftzeichen und soll ein Bild darstellen. Das Hon-Sha-Ze-Sho-Nen hat die Form einer hohen Pyramide und ähnelt dem menschlichen Körper. Es ist auch als *»Pagode«* bekannt, aber das ältere *»Stupa«* – eine aus dem tantrischen Buddhismus stammende Darstellung der Chakras oder der Fünf Elemente in Form einer Statue oder eines Gebäudes[6] – dürfte genauer sein. Ich erfuhr, daß das Symbol übersetzt bedeutet: »keine Vergangenheit, keine Gegenwart, keine Zukunft«.

Die meisten Heiler werden angewiesen, dieses Symbol nur für die Fernheilung zu benutzen. Das ist zwar richtig, doch damit fängt die Anwendung dieses kraftvollen Zeichens erst an. Das Hon-Sha-Ze-Sho-Nen ist die Energie, die die Reiki-Kraft über Entfernung,

Doppelte Symbole

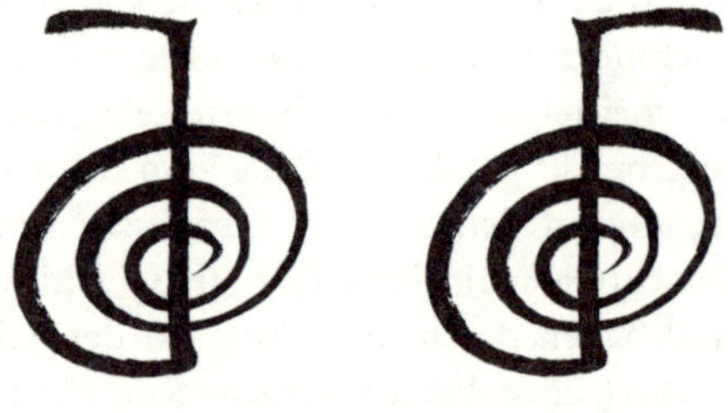

Cho-Ku-Rei
im Uhrzeigersinn

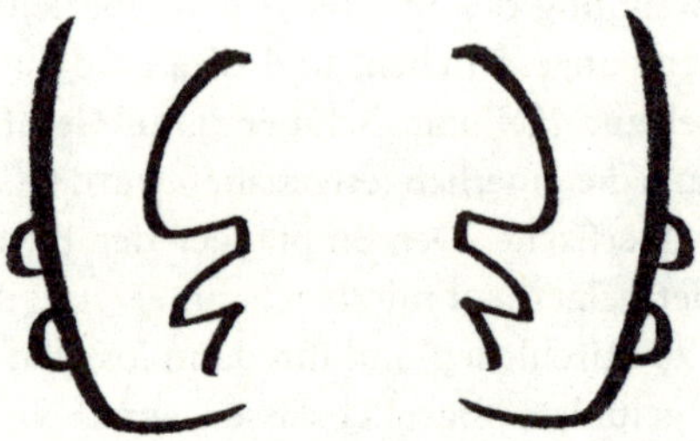

Sei-He-Ki[7]

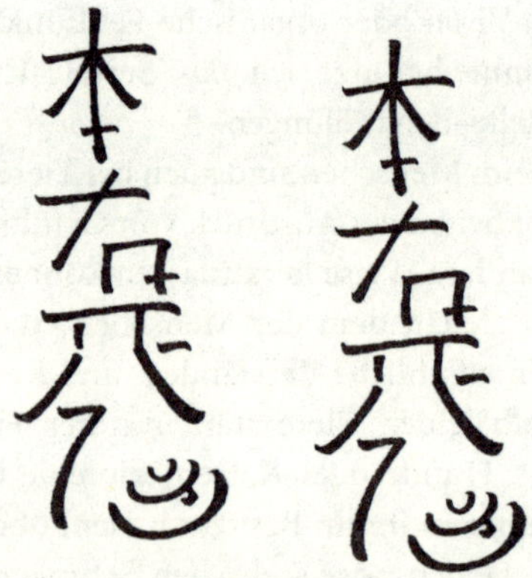

Hon-Sha-Ze-Sho-Nen
nebeneinander gezeichnet, eine Figur dicht hinter der anderen

Raum und Zeit überträgt. Es wird immer bei Fernheilungen und Abwesenheit des Empfängers angewendet, aber auch bei Heilungen durch direktes Händeauflegen bei sich selbst oder anderen. Am häufigsten kommt dieses Symbol bei Direktbehandlungen zum Einsatz, weil es der kraftvollste und komplexeste Energieschlüssel von Reiki II und vielleicht sogar das stärkste Symbol von Reiki III ist.

Das Hon-Sha-Ze-Sho-Nen bietet außerdem Zugang zur Akasha-Chronik, einem Astralgedächtnis, in dem alle Ereignisse, Gedanken und Gefühle seit Anbeginn der Welt bewahrt sind, und insofern kommt ihm größte Bedeutung bei der Karmabereinigung zu. Die Akasha-Chronik enthält die karmischen Ziele, Verpflichtungen, Verträge und Lebensaufgaben der gesamten Inkarnationen jeder Menschenseele. Durch den Gebrauch des Symbols bei der Reiki-Behandlung können Traumata des gegenwärtigen Lebens umprogrammiert werden, so daß sie tatsächlich die Zukunft ändern. Muster früherer Leben können aufgedeckt und aufgelöst und karmische Schulden beglichen werden. All dies geschieht beim direkten Händeauflegen, normalerweise im Rahmen mehrerer Sitzungen. Die Methode kann auch bei der Selbstbehandlung angewendet werden.

Hier noch einige Beispiele zum Gebrauch dieses Symbols in bezug auf karmisches Loslassen im gegenwärtigen Leben. Eine Frau, die regelmäßig Reiki-Sitzungen nimmt, wurde als Kind von ihrem Vater sexuell mißbraucht und ist jetzt dabei, den angerichteten Schaden zu heilen. Die Frau hat schon eine Menge aufgearbeitet, so daß sie ziemlich genau weiß, was damals mit ihr geschah, und das ist eine wichtige Voraussetzung für das Loslassen ihrer Vergangenheit. Das Hon-Sha-Ze-Sho-Nen arbeitet mit dem Bewußtsein, dem Mentalkörper, im Gegensatz zum Unterbewußtsein, auf den das Sei-He-Ki abzielt, und kommt insofern erst später dran. Nach der Gefühlswahrnehmung zeigt das Hon-Sha-Ze-Sho-Nen dem Menschen neue Möglichkeiten und Handlungsweisen auf. Wenn du jemandem Reiki gibst, der diese Zusammenhänge noch nicht versteht, benutze bei der Reiki-Behandlung weiterhin das Sei-He-Ki, bis er diesen Punkt erreicht hat.

Während der Sitzung spricht die Frau über das, was mit ihr geschah, und inwiefern der Inzest ihr Leben beeinflußt hat. Hierbei kann das Hon-Sha-Ze-Sho-Nen gezeichnet oder visualisiert zum Einsatz kommen, wobei du die Empfängerin bittest, sich als Kind zu beschreiben. Während du die Behandlung mit aufgelegten Händen fortsetzt, bittest du sie, zu ihrem inneren Kind zu gehen und es zu heilen. Fordere sie auf, die Reiki-Energie zu dem verletzten kleinen Mädchen zu tragen, und gib ihr zu verstehen, daß sie nicht mehr alleine ist. Visualisiere währenddessen weiterhin das Hon-Sha-Ze-Sho-Nen und eventuell noch das Sei-He-Ki. Das Kind kann seinem erwachsenen Selbst auch einige Fragen stellen. Ermutige die Frau, sich das zu geben, was sie braucht. Das hört sich zwar einfach an, kann aber eine sehr bewegende und tiefgreifende Heilung sein. Die Empfängerin wird wahrscheinlich ein paar Tage brauchen, um die Sitzung zu verarbeiten.

In der nächsten Sitzung führst du die Frau erneut zu ihrem kindlichen Selbst, diesmal jedoch zu dem Tag oder Abend, bevor es zum ersten Mal zum Mißbrauch kam. Bitte sie zu beschreiben, was das Kind tut, fühlt und denkt. Als nächstes bitte sie, sich vorzustellen, wie dieser Tag ausgesehen hätte, wäre der Übeltäter nicht in ihr Zimmer gekommen. Benutze ab diesem Zeitpunkt das Hon-Sha-Ze-Sho-Nen. Wie wäre der Abend ausgegangen, wenn man sie nicht mißbraucht hätte? Laß sie es beschreiben.

Führe die Frau weiter in ein neues Leben. Wie hätte der nächste Tag ohne den Inzest ausgesehen? Wie wäre ihr Leben sechs Monate später ohne Inzest gewesen? Wie hätte ihr Leben ein Jahr danach ausgesehen? Wie wäre es ihr nach fünf Jahren ergangen?

Nach zehn? Inwiefern wäre sie heute anders? Inwiefern wäre ihr Leben in fünf Jahren anders, wenn sie nie mißbraucht worden wäre? Ermutige die Empfängerin, sich ihr Leben ohne Inzest vorzustellen. Diese Methode kann auf alle traumatischen Erlebnisse angewendet werden.

Wenn du mit der Empfängerin in der Gegenwart angelangt bist, bitte sie, diese Veränderungen in ihr gegenwärtiges Leben und die Zukunft aufzunehmen. Sie sollen ein Teil ihres Lebens werden. Schicke ihr viele Hon-Sha-Ze-Sho-Nens. Sie wird sich vielleicht sträuben und sagen: »Aber es ist doch wirklich passiert. Ich kann doch nicht so tun, als wäre nichts gewesen.« Dies soll kein Versuch sein, die Realität zu leugnen, sondern den seelischen Schaden, den sie davongetragen hat, zu beheben. Am besten sagst du zu der Frau: »Natürlich ist es passiert, aber du hast dir soeben eine andere Realität geschaffen. Welche Realität würdest du für dein Leben vorziehen?« Wahrscheinlich wird sich die Frau für die visualisierte entscheiden. Bitte sie, diese in die Gegenwart zu integrieren und darauf ihre Zukunft aufzubauen. Benutze noch einmal das Symbol.

Erlaube der Frau, sich am Ende dieser Sitzung länger als gewöhnlich auszuruhen. Ihr gesamter Mentalkörper ist dabei, sich umzustellen, und dieser Prozeß wird etwa eine Woche dauern. Während dieser Zeit braucht sie viel Zeit für sich und Ruhe. Sie wird eventuell mehr Schlaf als sonst benötigen und sollte ihn sich auch gönnen, wenn ihr danach ist. In dieser Zeit werden vermutlich viele alte Bilder ihrer Inzesterfahrungen wie Szenen eines Films in ihr aufsteigen. Die beste Art, mit diesen Bildern umzugehen, besteht darin, sie einfach anzusehen und vorüberziehen zu lassen, ohne sie zu bekämpfen oder sich gegen sie zu wehren. Sollten mit diesen Bildern Emotionen aufkommen, so sind sie im allgemeinen flüchtig. Wenn wir sie passiv durchleben, werden sie schnell vorübergehen.

Diese Heilung verändert das ganze Leben. Durch das Loslassen der alten Emotionen (Emotionskörper, Sei-He-Ki) und die Schaffung neuer Bilder (Mentalkörper, Hon-Sha-Ze-Sho-Nen) macht die Frau nun große Fortschritte in ihrem Leben. Sie hat die Inzesterfahrung aus ihrer Akasha-Chronik gestrichen und das Karma bereinigt. Obwohl sich der Mißbrauch nicht ungeschehen machen läßt, hat die Behandlung doch ihr Denkmuster verändert und somit den erlittenen Schaden aufgehoben. Das Gehirn wird umprogrammiert. Die Auf- und Verarbeitung von Inzest dauert lange und ist oft schwierig. Diese Form der Behandlung kann den Heilungsprozeß um einige Jahre verkürzen. Und was noch wichtiger ist, er verhindert, daß das Trauma zum karmischen Muster wird, das sich in anderen Leben wiederholt.

Manchmal sind es Muster aus früheren Leben, die losgelassen und geheilt werden müssen. Einmal suchte mich eine Frau wegen starker chronischer Depressionen auf und meinte, sie wäre ihr ganzes Leben lang grundlos depressiv gewesen. Sie war ständig mit Psychopharmaka behandelt worden, die bei ihr aber nicht halfen und starke Nebenwirkungen hatten. Nun wollte sie ganzheitliche Methoden ausprobieren. Während einer Sitzung bat ich sie, zum Anfang ihrer Depression zu gehen, wobei ich dachte, vielleicht auf ein frühkindliches Trauma zu stoßen. Statt dessen beschrieb sie sich als einen gedemütigten und verschuldeten Mann, der im 3. Jahrhundert v. Chr. in Griechenland gelebt und sich aus lauter Verzweiflung von einem hohen Felsen ins Meer gestürzt hatte.

Da benutzte ich das Hon-Sha-Ze-Sho-Nen. Ich bat sie, zurückzugehen zu dem Tag vor dem Selbstmord und sich einen Ausweg aus der Situation vorzustellen. Sie meinte, sie hätte viel Geld gebraucht, konnte aber niemanden um Hilfe bitten. Ich machte ihr folgenden Vorschlag: »Stell dir vor, dein reicher Vater umarmte dich und gab dir das Geld.« Sie tat es und beschrieb, wie sie ihre Schulden bezahlte und mit ihrem wiederhergestellten Ruf einen ruhigen Abend verbrachte. Während ich weiter mit den Symbolen arbeitete, bat ich sie, sich ihr Leben ein Jahr später vorzustellen. Sie als Mann wurde Vater eines kleinen Jungen. Ich bat sie, fünf Jahre weiterzugehen, da wurde dieser Mann in die Stadtverwaltung gewählt.

Ich fragte sie: »Wie bist du damals gestorben? Schau dir deinen Tod emotionslos wie in einem Film an.« Sie beschrieb, wie sie im hohen Alter, umgeben von ihren Kindern und Enkelkindern, friedlich im Bett eingeschlafen war. Sie war mittlerweile einer der respektiertesten Männer der Stadt. Ich bat die Frau, die Heilung, die sie soeben in ihrem früheren Leben erfahren hatte, in ihr gegenwärtiges Leben einzubringen, und beendete die Reiki-Sitzung. Die Frau brauchte einige Tage oder eine Woche, um die Heilung zu integrieren, und litt danach nie mehr unter Depressionen.

In einer anderen Sitzung mit derselben Frau bat ich sie, sich noch einmal in dieses frühere Leben zu begeben und es zu beschreiben. Die Szene, welche sie nun beschrieb, war vollkommen anders als zuvor: Es gab keinen Selbstmord, keine Demütigung, keine Schulden und keine Depression. Ich fragte sie, ob sie sich an andere Leben erinnerte, in denen sie depressiv war oder Selbstmord beging. Sie führte mich in dieser Sitzung zu vier weiteren Leben, und wir änderten sehr schnell die jeweiligen Szenarios. Da die ursächliche Situation in Griechenland bereits geheilt war, dauerte es nicht lange, die sich wiederholenden Muster weiterer Leben zu heilen. Es folgte wieder eine Woche des Integrierens, in der Bilder und Emotionen auftauchten und von ihr losgelassen wurden. Sie gönnte sich mehr Schlaf als sonst und meinte, sie fühlte sich, »als ob sich ihre Moleküle umorganisieren würden«.

In unserer nächsten Sitzung brachte ich sie in die jeweiligen Leben der letzten Sitzungen zurück, und wieder waren die Bilder anders. Ich fragte sie, ob es weitere frühere Leben gäbe, in denen sie depressiv war oder Selbstmord begangen hatte, aber es kamen keine zum Vorschein. Die karmischen Muster waren geheilt. Eine Situation wiederholt sich so lange, bis sie irgendwann aus der Akasha-Chronik gestrichen wird. Buddhisten beschreiben jegliche Realität als »Tätigkeit des Geistes«, was ihnen auch als Definition des Karmas dient. Durch die bewußte Veränderung dieser Muster (im Mentalkörper) nach der Verarbeitung der Emotionen (die Frau spürte die Depression und wußte, daß es sich um ein Muster handelte) wurde das Karma der Situation aufgelöst und losgelassen. Das Leben dieser Frau verläuft seitdem ganz anders.

Dies ist eine der wichtigsten Anwendungen des Hon-Sha-Ze-Sho-Nen im direkten Heilungsprozeß. Mehr Informationen darüber werden in Reiki III gegeben. Die oben beschriebenen Sitzungen sind harte Arbeit und typisch für das, worauf der Heiler in Reiki II vorbereitet wird. Er wird solchen Situationen nicht eher begegnen, bis er in der Lage ist, jemanden durch den Prozeß hindurchzuführen. Bedenke, daß diese Methode auch für die Selbstbehandlung geeignet ist. Die Selbstheilung kann, wenn nötig, auch alleine durchgeführt werden, aber es ist besser, einen Führer dabeizuhaben. Derartige Heilungen stehen aber erst an, wenn du bereit dafür bist. Trage vorher so viele Informationen wie möglich über die jeweilige Situation zusammen. Die Emotionen müssen zunächst verarbeitet oder zumindest erkannt werden, bevor die Heilung auf der mentalen Ebene stattfinden kann. Eine Frau, die gerade erst erfahren hat, daß sie als Kind mißbraucht wurde, ist dazu noch nicht reif.

Indem du die Vergangenheit veränderst und diese Veränderung in die Gegenwart bringst, veränderst du auch die Zukunft. Jeder gegenwärtige Moment war die Zukunft, bis er das Jetzt erreichte, und wird dann zur Vergangenheit. Sobald wir etwas Vergangenes ändern, wirkt sich das auf die Gegenwart und Zukunft aus. Dadurch kommt es zu einem Domino-Effekt, der viel Gutes bewirken kann. Vergewissere dich bei der

Alternative Reiki-II-Symbole und ihre Schreibweise

Im traditionellen Reiki

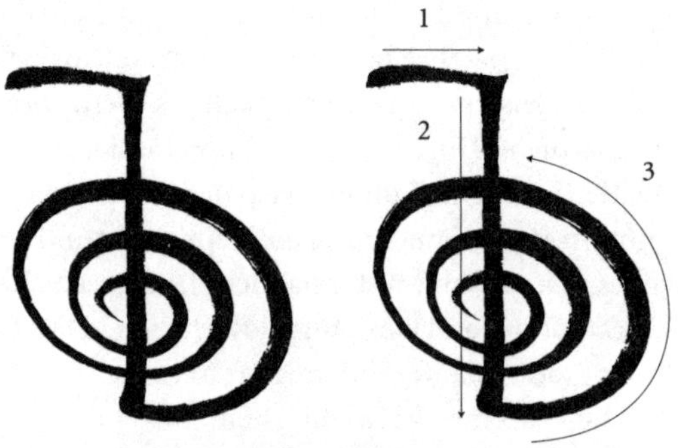

Cho-Ku-Rei
»Lege die Kraft hierher« oder »Gott ist hier«
(entgegen dem Uhrzeigersinn)

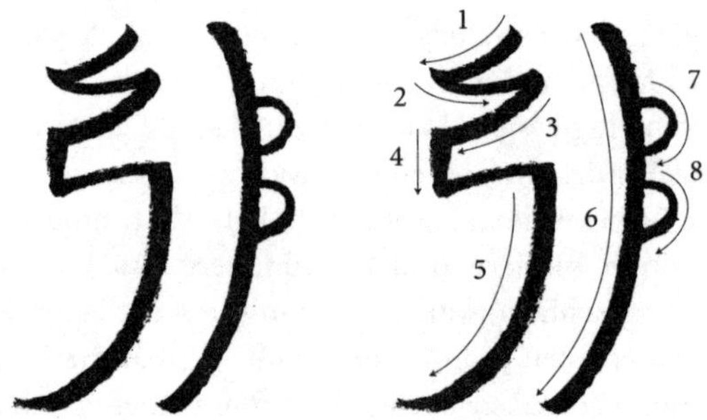

Sei-He-Ki
»Schlüssel zum Universum«
oder »Mensch und Gott werden eins«

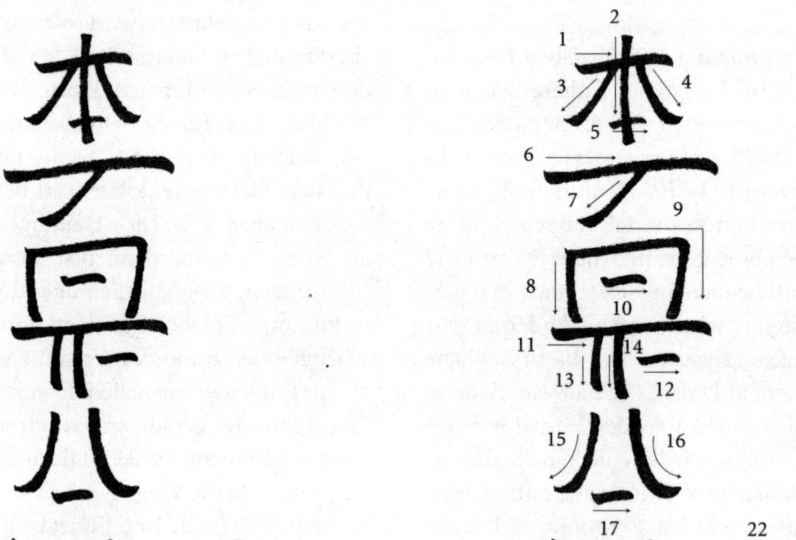

Hon-Sha-Ze-Sho-Nen
»Der Buddha in mir reicht dem Buddha in dir die Hand, um Erleuchtung und Frieden zu fördern«

Alternatives Hon-Sha-Ze-Sho-Nen[8]

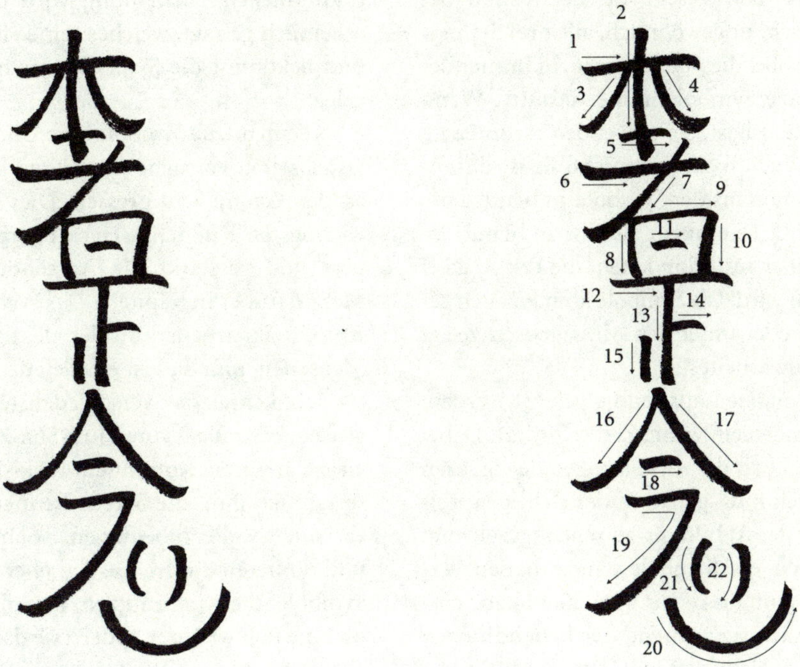

Visualisierung von Veränderungen im gegenwärtigen Leben oder von Traumata früherer Leben, daß es auch tatsächlich die sind, die du in deiner Gegenwart und Zukunft haben möchtest. Finde nur Lösungen im positiven Sinne und visualisiere nur positive Alternativen. Diejenigen, die direkt mit mentaler Heilung oder Fernheilung arbeiten, werden bald feststellen, daß »alle Zeit jetzt ist«.

Das Hon-Sha-Ze-Sho-Nen ist gleichzeitig der Mechanismus für die Übertragung der Energie bei Fernheilungen über Raum und weite Entfernungen hinweg (mehr darüber im nächsten Kapitel). Die Übersetzung des Begriffs Hon-Sha-Ze-Sho-Nen in »keine Vergangenheit, keine Gegenwart, keine Zukunft« gibt uns einen Schlüssel zu seinen vielfältigen Anwendungen. Als ich Reiki II lernte, wurde mir gesagt, daß es »auch öffne das Buch des Lebens und lies darin« bedeutet. Eine weitere Bedeutung ist die des buddhistischen Grußes Namaste: »Gott in mir erkennt Gott in dir oder die Göttin in mir grüßt die Göttin in dir.« Was auch immer es bedeutet, dieses Symbol heilt die Vergangenheit, die Gegenwart und die Zukunft dieses Lebens sowie früherer Leben. Wird das Symbol paarweise benutzt, also zwei Symbole nebeneinander, erhält es Zugang zur Zukunft und heilt sie. Beim Visualisieren erscheint dann eine Figur dicht hinter der anderen.

Dies sind die drei Symbole des zweiten Reiki-Grades, es folgen zwei weitere beim dritten Grad. Das Cho-Ku-Rei bezieht sich in der Heilung auf den physischen Körper, das Sei-He-Ki auf den Emotionskörper oder das Unterbewußtsein, und das Hon-Sha-

Ze-Sho-Nen richtet die Reiki-Energie auf den Mentalkörper oder das Bewußtsein. Bei der Kontaktbehandlung ist es nicht ungewöhnlich, alle drei Symbole anzuwenden, wobei dies allerdings nicht immer der Fall ist. Benutze die Symbole immer intuitiv. Wenn du nicht das Gefühl hast, sie anwenden zu müssen, dann werden sie auch nicht gebraucht. Es ist durchaus in Ordnung, nur eins der Symbole zu benutzen – es kann auch richtig sein, mehr als eins zu benutzen. Laß dich von deiner Intuition leiten, die mit Reiki II sehr stark und klar wird. Die Symbole können auch gezeichnet und auf oder unter den Massagetisch gelegt werden, an dem du arbeitest.

Die Symbole müssen auswendig gelernt werden, was unter Umständen ein wenig Zeit erfordert. Dabei mußt du dich exakt an die Anweisungen der Skizzen halten. Jeder Strich muß genau in der richtigen Reihenfolge, wie auf der Abbildung zu sehen, gezeichnet werden. Sobald dir die Symbole einigermaßen vertraut sind, auch wenn du sie dir noch nicht ganz eingeprägt hast, können sie während der Behandlungen »gesendet« werden. Nenne sie im Geiste beim Namen und visualisiere sie so klar wie möglich, und die Symbole werden mit jedem Strich an der richtigen Stelle auftauchen. Bei mir funktionierte das bereits innerhalb weniger Stunden, nachdem ich die Reiki-II-Ausbildung und die Einweihung erhalten hatte. Es dauerte allerdings ein paar Wochen, bis ich die Symbole aus dem Kopf nachzeichnen konnte.

Ich habe zwar gelernt, die Symbole nur in Violett zu visualisieren, finde aber, daß sich die Farben beim Heilen oft verändern. Egal, in welcher leuchtenden Farbe die Symbole auch erscheinen, sie ist richtig. Versuche die Symbole mit der Hand in die Luft zu malen, wobei du die ganze Hand und nicht nur den Zeigefinger benutzt. Die Chakras, aus denen die Energie fließt, befinden sich zum großen Teil in den Handflächen. Alle, die von mir oder einem meiner Schüler in Reiki II eingeweiht wurden, haben die Symbole in beide Hände gelegt bekommen. Bei einer traditionellen Einweihung wird der Schüler wahrscheinlich gefragt, welches seine »heilende Hand« ist, und bekommt die Symbole nur in eine Handfläche gelegt.

Wenn du die Symbole zum Üben oder zum Heilen visualisierst, versuche die Zunge hinter den Zähnen an den Gaumen zu pressen. Dies verbindet die zwei wichtigsten Kundalini/Hara-Energiekanäle des Körpers und verstärkt die Aussendung der Symbole. Mehr darüber in Kapitel 6 *Das Wecken der Kundalini-Kraft.* Reiki arbeitet mit der elektrischen Energie des Menschen, und dies ist ein Teil davon.

Ich kenne die verschiedensten Symbolschreibweisen, besonders vom Hon-Sha-Ze-Sho-Nen gibt es viele Varianten. Kommt ein Reiki-III-Schüler zu mir, so rate ich ihm, die bereits kennengelernte Symbolvariante weiterzubenutzen. Sämtliche Varianten funktionieren – oder was ich eher glaube, keines der Symbole, die wir benutzen, ist vollkommen korrekt, und die Reiki-Führer ändern sie dahingehend, daß sie alle funktionieren. Wichtig ist die Absicht bei der Anwendung der Symbole. Die Reiki-Führer möchten, daß diese Heilung in jeder nur möglichen Form auf der ganzen Welt manifest wird, und unterstützen sie nach Kräften. Solltest du ein Symbol aus Versehen falsch gezeichnet haben, so beginne nicht noch einmal von vorn, sie werden es korrigieren. Das soll aber nicht dazu animieren, die Symbole schluderig zu lernen. Die geistigen Führer tolerieren keine Faulheit, helfen aber gern jedem, der sich ernsthaft bemüht. Am besten lernst du die Symbole, indem du sie benutzt.

Im Umgang mit den Reiki-Symbolen ist Achtung und Ehrfurcht geboten. Es sind heilige Darstellungen uralter Energie und verkörpern diese auch. Im traditionellen Reiki wird den Schülern das Versprechen abgenommen, die Symbole niemandem zu zeigen, der nicht in Reiki II eingeweiht ist. Ich bin der Meinung, daß sie keinen Schaden anrichten und ohne die Einweihungen auch nicht aktiviert werden können. Trotzdem müssen sie mit Bedacht angewendet werden. Manchmal zeige ich sie Reiki-I-Schülern, die sie bei Einweihungen gesehen haben. Als Reiki-Anfängerin visualisierte ich Teile der Symbole und fragte daraufhin meine Lehrerin nach der Bedeutung; sie gab mir falsche Informationen. Lügen widerspricht dem Berufsethos eines Heilers und ist zudem überflüssig. Ich rate dazu, die Symbole zum richtigen Zeitpunkt und nur verantwortungsbewußten Menschen zu zeigen. Die Geheimnistuerei um die Symbole ist jedenfalls nicht notwendig.

Im nächsten Kapitel geht es weiter mit der Anwendung der Reiki-II-Symbole. Weitere Themen sind Fernheilung, anderweitige Nutzung der drei Symbolschlüssel sowie die Arbeit mit geistigen Führern. Aus dem Anfänger ist nun ein erfahrener Reiki-Praktiker geworden, auf den neue Aufgaben warten.

1 John Blofeld, *The Tantric Mysticism of Tibet*, S. 9.

2 A. J. Mackenzie Clay, *The Challenge to Teach Reiki*, S. 9-11, und One Step Forward for Reiki, S. 38-45.

3 Diese Metapher stammt von Sherwood H. K. Finley II, »Secrets of Reiki: Healing With Energy in an Ancient Tradition« in *Body Mind and Spirit*, März – April 1992, S. 41-43.

4 A. J. Mackenzie Clay, *The Challenge to Teach Reiki*, S. 11-12.

5 *Ebenda.*

6 Stupa-Fotos siehe Pierre Rambach, *The Secret Message of Tantric Buddhism*, S. 56-61.

7 A. J. Mackenzie Clay, *One Step Forward for Reiki*, S. 45.

8 Variante des Symbols für die Fernheilung, veröffentlicht von A. J. Mackenzie Clay in *The Challenge to Teach Reiki*, S. 8.

5. Kapitel

Fern-Reiki und Mehr

Neben einer Verstärkung des Energieflusses und der Heilung durch Händeauflegen ermöglichen die Reiki-II-Symbole auch die Fernheilung. Das heißt, jemandem Reiki zu geben, der nicht körperlich anwesend ist und dem du nicht direkt die Hände auflegen kannst. Diese Form der Behandlung, so einfach sie auch sein mag, eröffnet psychische Fähigkeiten, und psychisches Wachstum ist nur eine Auswirkung der Reiki-II-Ausbildung. Beim zweiten Reiki-Grad wird vorwiegend auf der emotionalen und mentalen Ebene gearbeitet, im Gegensatz zu Reiki I, das auf die Behandlung des physischen Körpers ausgerichtet ist. Die Fernbehandlung geschieht auf der Ebene des Mentalkörpers, des Bewußtseins, ebenso wie die Karmabereinigung im letzten Kapitel. Wenn der Ausspruch von Dion Fortune »Magie ist die Veränderung des Bewußtseins nach Belieben« stimmt, dann ist Reiki II ganz bestimmt Magie, und zwar eine Magie mit nachprüfbaren Ergebnissen.

Ein Heiler, der oft auf dieser Ebene arbeitet, nimmt auch die Realitäten außerhalb der Körperebene wahr. Dies entspricht der buddhistischen Vorstellung, daß der Geist sämtliche Realitäten aus der Leere erzeugt. Zu den geistigen Lehren des tantrischen Buddhismus gehören komplizierte Visualisierungen. Ganze Welten werden in der Meditation erschaffen und von Göttinnen und Dämonen bewohnt. Diese führen den Eingeweihten durch eine Welt, die jenseits seiner eigenen ist. Mit der Einweihung in Reiki II beginnt der Kontakt mit anderen Realitäten, und der Heiler lernt, sich Zugang zu anderen Welten zu verschaffen, um dort Informationen und Hilfe zu erhalten. Die Reiki-Führer sowie geistige Führer offenbaren sich auf dieser Ebene. Der Reiki-II-Heiler bewegt sich außerhalb seiner körperlichen Begrenzung.

Diese Ausweitung kann für den Heiler etwas ganz Neues darstellen. Nach der Einweihung in Reiki II erlebt er eine tiefgreifende Veränderung. Falls Reiki I sein Leben veränderte, was garantiert der Fall war, so wird Reiki II den Heiler in seiner Beziehung zu sich selbst und der Welt verändern. Diese Veränderungen sind zwar ausgesprochen positiv, können aber irritieren. In den sechs Monaten nach der Einweihung werden alle emotionalen und mentalen Muster, über die der Heiler hinausgewachsen ist, in Frage gestellt. Alles, was nicht mehr positiv ist, wird aus seinem Emotional- und Mentalkörper gestrichen. Er wird ein Mensch, der anders denkt und fühlt als vorher. Was diese Veränderungen bedeuten, ist individuell verschieden. Sie heilen, was auch immer auf dieser Ebene der Heilung bedarf, und der Reiki-II-Eingeweihte erfährt ein erweitertes Bewußtsein für neue Realitäten.

Dieser Prozeß der emotionalen und mentalen Klärung ist nicht immer einfach. Eine Frau beschließt vielleicht, daß ihre Beziehung ihr nicht mehr zusagt, und verläßt ihren Partner. Eine andere wird sich vielleicht mit ihren Erinnerungen an Mißbrauch oder Inzest auseinandersetzen, die sie jahrelang verdrängt hat. Wieder jemand anders wird vielleicht den Entschluß fassen, nicht länger für andere Leute zu arbeiten, und sich selbständig machen. Träume, die immer nur in der Fantasie existierten, werden auf einmal wahr, und das, was einem einst viel zu riskant vorkam, wird zu etwas, nach dem man regelmäßig greift. Jeder erfährt durch Reiki II eine Ausdehnung, jeder wächst. Nach etwa einem Jahr zieht der Heiler Bilanz. Er schaut sich an, wer er einst war und wer er jetzt ist, und stellt erstaunt fest, daß er stärker und vollkommener ist, obwohl ihm der Weg dorthin chaotisch erschien. Er ist zufrieden mit der Person, zu der er sich entwickelt hat.

Es empfiehlt sich, nach der Reiki-I-Ausbildung mit der Einweihung in den zweiten Grad eine Weile zu warten; drei Monate werden als optimal angesehen. Du solltest Reiki I gründlich lernen, dir selbst und anderen regelmäßig Sitzungen geben und deinem Körper Zeit lassen, sich an die energetisch-spirituellen Schwingungen zu gewöhnen, bevor du dich in Reiki II einweihen läßt. Wenn du allerdings nicht nach der traditionellen Methode ausgebildet wirst, bleibt dir dafür leider oft keine Zeit. Wenn ich auf Reisen bin, um Reiki zu lehren, biete ich meistens alle drei Grade während eines Wochenendes an. Der Großteil meiner Schüler hat keinen anderen Zugang zu der Ausbildung, und viele von ihnen erhalten während dieser Zeit zwei oder sogar alle drei Grade. Reiki I und II lassen sich gut kombinieren, solange der angehende Heiler die Geschwindigkeit der nachfolgenden Lebensveränderungen begreift und bereit ist, diese anzunehmen.

Hat der angehende Heiler vorher noch nie etwas über Metaphysik oder Energiearbeit gehört, ist es besser, das Training langsam in Angriff zu nehmen. Ungefähr drei Monate wird der neue Heiler wohl brauchen, um sich mit Reiki I vertraut zu machen und die Technik zu beherrschen. Jeder Mensch ist anders und hat andere Bedürfnisse. Da mit dem ersten Grad ein tiefgreifender Heilungs- und Reinigungsprozeß in Gang kommt, wird der Heiler diesen vielleicht erst abschließen wollen, bevor er sich Reiki II zuwendet. Im traditionellen Reiki gehen nur die sehr engagierten Heiler über Reiki I hinaus.

Wer durch eine entsprechende Vorbildung mit Energiearbeit bereits vertraut ist, an seinen psychischen Fähigkeiten gearbeitet hat und sich selbst als fortgeschrittenen Heiler betrachtet, für den oder die ist die Einweihung in zwei (oder sogar drei) Grade an einem Wochenende durchaus angemessen. Derjenige ist bereit dafür. Ob er bereit ist oder nicht, muß jeder selbst entscheiden, und so lasse ich meinem Schüler stets die Wahl. Die Reiki-Energie hat noch niemandem geschadet, obwohl sich einige davon regelrecht überwältigt fühlen.

Reiki II beschäftigt sich hauptsächlich mit der Fernheilung. Leidet deine Mutter in New York unter Ohrenschmerzen und du möchtest ihr von Florida aus helfen, so bietet sich Fern-Reiki an. Es gibt so viele Wege, Fernheilungen auszuführen, wie es Heiler gibt, und die Fernheilung ist keine Erfindung des Reiki. Was Fern-Reiki so einzigartig macht, ist die Anwendung der Reiki-Symbole sowie spezieller Reiki-Techniken. Bei der Reiki-II-Ausbildung gehe ich umher und bitte alle, die bereits Fernheilungen durchgeführt haben, zu beschreiben, was sie dabei tun. Wenn 8 von 15 Leuten diese Form der Heilung kennen, so erhalte ich 8 verschiedene Antworten. Alle ihre Methoden sind wirksam. Da nur etwa die Hälfte meiner Schüler Erfahrungen mit dieser Heilmethode hat, möchte ich sie kurz vorstellen.

Fernheilung ist im Grunde ein Visualisierungsprozeß im meditativen Zustand. Visualisierung bedeutet auch Vorstellung. Um zu visualisieren, erschaffst du im Geiste eine Darstellung von einer heilungsbedürftigen Person. Mit anderen Worten, du stellst dir diese Person vor. Im Westen sind bildliche Darstellungen üblich, doch es geht auch anders. Visualisieren bedeutet nämlich, sämtliche Sinne zu gebrauchen, und diese beinhalten Sehen, Hören, Fühlen und Riechen. Schmecken wird dagegen selten in der Heilung angewendet. Eine Visualisierungstechnik besteht darin, Rosen zu schaffen[1]. Stelle dir mit allen deinen Sinnen eine Rose vor und gib ihr den Namen einer dir bekannten Person. Sende dieser Rose Reiki und schau dir an, wie sie erblüht, dann laß sie sich auflösen. Dies ist das Wesen einer Fernbehandlung.

Wenn andere über die Fernbehandlung berichten, erinnern sich die Leute manchmal daran, daß sie bereits wissen, wie sie vor sich geht. »Ich sende ihnen Energie«, sagt einer vielleicht, »ist das Fernheilung?« Es ist. Das Senden von Energie, Liebe, Licht oder Farben, auch Beten, an jemanden denken oder die Vorstellung, daß es jemandem gut geht, das alles sind Techniken der Fernheilung. Nicht zu vergessen das Anzünden einer Kerze vor einem Foto eines Heilungsbedürftigen. Das Foto kann auch in die Hände einer Kuan-Yin- oder Marienstatue gelegt werden.

Die Mentalbehandlung beginnt in der Regel mit einer Darstellung der zu heilenden Person. Bist du nicht im Besitz eines Fotos, so benutze irgend etwas, was dich an die Person erinnert. Du kannst die Darstellung auch durch Visualisierung erschaffen, dies ist das Prinzip der Fernheilung. Es bedarf außerdem eines ruhigen, ungestörten Ortes, um dies zu vollbringen, und ein klein wenig Zeit. Dieser ruhige Ort heißt Meditation und ist die andere Hälfte der Fernheilungsmethode. Meditation im Rahmen der Fernheilung bedeutet keine tiefe Trance, sondern nur eine gewisse Konzentration. Sobald du Erfahrung im Visualisieren gesammelt hast, kannst du es überall tun, aber am Anfang ist ein meditativer Zustand Bedingung.

Dazu brauchst du ein ruhiges Zimmer für dich allein. Schließe die Tür, stelle das Telefon ab und dämpfe das Licht. Vielleicht zündest du auch eine Kerze an. Das Kerzenlicht erzeugt einen sanften Schein, und mit der Zeit assoziierst du mit dem Anzünden der Kerze einen meditativen Zustand. Setze dich still auf einen Stuhl – Arme und Beine sind nicht verschränkt – oder im vollen oder halben Lotussitz auf den Boden, falls dies bequem für dich ist. Atme ein paarmal tief durch, um zur Ruhe zu kommen, sieh in die Kerzenflamme und stelle dir die Person vor, die du heilen möchtest.

Diese Person wird nicht vollkommen klar erscheinen. Wahrscheinlich siehst du nur eine Silhouette oder einen groben Umriß der Person, Licht oder Farben. Jedwede Darstellung wird dir geben, was du brauchst. Das geistige Bild wird nicht die Schärfe eines Fotos besitzen. Gehört Sehen nicht zu deinen schärfsten Sinnen, so wird die Person vielleicht als Klang eines Cellos oder als Fliederduft erscheinen. Sie wird sich vielleicht durch das bekannte Gefühl ihrer Umarmung oder ihrer Hand auf deinem Arm offenbaren. Du wirst sie in jeder Form erkennen, und dieses Erkennen ist ausreichend.

Als nächstes mußt du die Erlaubnis einholen, Reiki zu senden; dies ist unbedingt notwendig. Für Reiki I galt, daß die Behandlung nur mit der Erlaubnis des Empfängers stattfinden darf, und dies gilt auch für Fern-Reiki. Hat deine Mutter mit ihren Ohrenschmerzen bereits telefonisch um eine Behandlung gebeten, so brauchst du nichts weiter tun. Hat sie dich nicht gebeten, und du hast das Gefühl, sie würde eine Behandlung ablehnen, frage sie »auf der Astralebene«, das heißt ihr höheres Selbst. Du wirst auf jeden Fall irgendeine Antwort erhalten. Es könnte ihre Stimme sein, die ja oder nein sagt, oder sie wird sich zu dir hin- (ja) oder von dir abwenden (nein). Du wirst es verstehen und bist moralisch verpflichtet, ihrem Wunsch zu entsprechen. Oft kommt es vor, daß jemand, der bei direkter Befragung ablehnt (oder von dem du eine Ablehnung erwartest), die Heilung bei dieser Art der Befragung gerne annimmt. Benutze diese Methode auch bei Menschen, die im Koma liegen. Erhältst du ihre Zustimmung, so setze die Behandlung fort. Erhältst du sie nicht, so ziehe dich freundlich zurück und beende die Sitzung.

Bist du dir nicht sicher, so sende die heilende Energie mit dem klaren Vorsatz, daß sie nur freiwillig angenommen werden soll. Füge hinzu, daß diese Energie, falls die betreffende Person eine Heilung ablehnt, der Erde oder jemandem, der sie braucht, geschickt wird. Ungewünschtes Reiki kann auf diese Weise recycelt werden, ohne irgendwelche Willensäußerungen zu verletzen. Jemandem eine Heilung aufzuzwingen, entspricht ganz und gar nicht dem Berufs-ethos des Heilers. Menschen und Tiere haben das Recht, sich gegen eine Heilung zu entscheiden und an ihrem Leiden festzuhalten.

Nachdem ich die Erlaubnis des Empfängers erhalten habe, sende ich ihm Licht. Ich wähle keine bestimmte Farbe aus, sondern erlaube dem Licht, die benötigte Farbe auszuwählen. Alle Farben sind positiv, solange sie hell und schön sind. Schwarz ist in der Heilung auch positiv, es ist das Samtschwarz des sternenübersäten Nachthimmels oder des fruchtbaren Bodens von Mutter Erde. Es gibt viele Gründe, warum jemand Schwarz brauchen könnte, und ein Schwarz, das mit Liebe und der Absicht zu heilen ausgesendet wird, ist niemals negativ. Im Gegenteil, es tröstet, schützt und erdet. Dagegen sollte Weiß (das eigentlich gar keine Farbe ist) möglichst wenig benutzt werden. Es ist weitaus wirkungsvoller, eine Farbe zu senden, die auf die Bedürfnisse des Empfängers abgestimmt ist, als alles mit Weiß abzudecken.

Nicht alle Farben, die bei der Fernheilung erscheinen, sind irdische Farben. Manche lassen sich mit Worten kaum beschreiben und haben, soweit ich weiß, auch keine Namen. Sie sind unwahrscheinlich schön. Dies sind die Astralfarben, die die grundlegenden (Chakra-) Farben der Erdoberfläche ergänzen. Sie erscheinen des öfteren bei der Anwendung von Fern-Reiki und sind der Hauptgrund, weshalb ich mich beim Aussenden des Lichts auf keine Farben festlege. Eine Festlegung auf bestimmte Farben käme einer Beschränkung gleich, die den vielfältigen Schattierungen nicht gerecht würde. Zudem würde sie die Erscheinung der astralen Komplementärfarben verhindern. Mir ist es auch lieber, wenn sich der Empfänger der Heilung oder dessen höheres Selbst oder geistige Helfer die Farbe(n) aussuchen, die für ihn am wirksamsten sind.

Warte, bis die Farben die Aura des Empfängers gefüllt haben, und sende ihm dann die Reiki-Symbole. Sende sie vollständig, indem du ihre Erscheinung durch Willenskraft erzwingst. Sie scheinen durch den Raum zu fliegen, um sich auf dem Körper des Empfängers niederzulassen. Bedenke, daß das Hon-Sha-Ze-Sho-Nen das Symbol ist, welches Reiki über Raum und Zeit hinaus sendet – benutze es bei jeder Fernheilung. Das Cho-Ku-Rei verstärkt die Heilungsenergie, und das Sei-He-Ki behandelt die emotionale Seite des Leidens. Ich schicke bei Fernbehandlungen meistens alle Symbole. Die Symbole nehmen auch Farbe an, was ich nicht zu verhindern suche, und die Farben werden zu dem, was der Empfänger benötigt.

Warte einen Moment, nachdem du die Symbole geschickt hast. Du wirst vielleicht von deinen Führern oder vom Empfänger der Energie eine Botschaft mit weiteren Anweisungen empfangen. Sie könnte zum Beispiel lauten: »Fülle die Aura mit Gold«. Geführte Botschaften sind immer positiv und lebensbejahend; lehne alles andere ab. Nach einer solchen Übermittlung visualisiere die Person als erholt und gesund. Bei deiner Mutter mit ihren Ohrenschmerzen könntest du dir vorstellen, daß sie sagt, ihre Schmerzen seien vorüber. Bei jemandem mit einem gebrochenen Bein stellst du dir vor, daß der Betroffene glücklich lächelnd und ohne Gips herumläuft. Ziehe dich danach aus der Meditation zurück (löse die Rose auf) und kehre zum Wachbewußtsein zurück. Das Ganze dauert nur Sekunden, weitaus weniger, als zur Beschreibung des Prozesses notwendig ist.

Jeder, der geistiges Heilen oder Fernheilungen vornimmt, hat seine eigene Methode, und dies ist meine. Keiner visualisiert auf die gleiche Weise wie ein anderer, und trotzdem sind alle Methoden richtig. Die Konzentration für das Visualisieren und Meditieren kommt anfangs nur langsam, entwickelt sich aber durch Übung stetig. Diese Fähigkeit ist mit dem Trainieren eines Muskels vergleichbar – je mehr du ihn beanspruchst, desto stärker wird er. Ich rate Anfängern in Reiki II, diese Heilungen jeden Abend durchzuführen. Am Ende kannst du dich überall mühelos in diesen meditativen Zustand versetzen, sogar im Bus. Je mehr du übst, desto tiefer gleitest du in diesen Zustand – aber nicht ausprobieren, wenn du selbst am Steuer sitzt.

Dieser einfache Vorgang des Visualisierens und Konzentrierens auf eine Person, bei dem du ihr Licht und Reiki-Symbole sendest, sie dir gesund und munter vorstellst und dann zum Hier und Jetzt zurückkehrst, hat eine tiefreichende Wirkung. Heilungen dieser Art können genauso wirksam sein wie Kontaktbehandlungen mit Händeauflegen, sie dauern jedoch nur wenige Sekunden anstatt über eine Stunde. Bedenke aber, daß eine auf der mentalen Ebene vorgenommene Behandlung stärker den Emotional- und Mentalkörper als den physischen Körper des Empfängers anspricht. Heilende Energie auf diesen Ebenen dringt zwar gefiltert bis zum physischen Körper vor, fließt aber nicht direkt dorthin. Es wird eine Weile dauern (normalerweise einige Minuten bis zu einigen Stunden), bis diese Art der Behandlung sich auf körperlichen Schmerz auswirkt. In der Zwischenzeit ist das direkte Auflegen der Hände trotzdem vonnöten, auch wenn die Fernheilung an die Wurzeln des Leidens gelangt.

Die Person, die Fern-Reiki geschickt bekommt, wird die Energie wahrscheinlich spüren. Ist sie besonders empfänglich für Energie und psychisch sehr bewußt, wird sie mitunter genau wissen, zu welcher Zeit du was gemacht hast. Sie ist sich dessen vielleicht nicht voll bewußt, aber sie denkt vielleicht an den Sender, während die Heilung geschieht. Sie wird vielleicht ganz ruhig, sieht eine Farbe oder fängt an, sich besser zu fühlen. Ihre Ohrenschmerzen werden eventuell zum Zeitpunkt der Fernbehandlung aufhören und vielleicht nie wieder zurückkehren. Wenn du anfängst, mit Fernheilung zu arbeiten, wirst du vielleicht denken, daß du »es dir bloß vorstellst« – so, als würdest du alles nur erfinden. Bestätigungen über eine eingetretene Heilung werden deine Bedenken schnell zerstreuen, so daß du fortan hohe Achtung vor dieser Technik hast.

Die Reiki-Symbole intensivieren den Heilungsprozeß und verstärken die Kräfte des geistigen Heilens ungemein. Welche Methode der Fernheilung du auch immer anwendest, sie ist richtig. Benutze sie also weiterhin. Integriere lediglich die Reiki-Symbole, und es wird Reiki daraus. Geistiges Heilen kann so einfach sein wie die Erschaffung von Rosen, aber auch weitaus komplizierter. Bitte darum, die Chakras zu sehen, und es kann eine Reinigung und ein Ausgleich der Chakras erfolgen. Ist ein Chakra am falschen Platz, so rücke es wieder zurecht. Ist es »schmutzig«, so wasche es, indem du einen Glasreiniger visualisierst. Ist es zerbrochen, benutze Sekundenkleber. Ist ein Energiezentrum blockiert oder verstopft, so entferne den Schmutz. Nimm die Reiki-Symbole zu Hilfe, insbesondere das Sei-He-Ki, und sieh zu, wie sie nacheinander jedes Chakra klären.

Auf ähnliche Weise »sehen« manche Heiler anatomisch und beheben irgendwelche Fehlfunktionen, indem sie Metaphern wie die oben beschriebenen gebrauchen. Hat der Empfänger eine Wunde, so stelle dir Nadel und Faden vor und nähe sie zu. Hat er einen Knochenbruch, so probiere »das göttliche Klebeband«. Metaphern funktionieren genausogut wie visualisierte Operationen – das Vorgestellte passiert auch. Achte darauf, nur im positiven Sinne zu visualisieren. Die Vorstellung eines vitalen und gesunden Menschen am Ende der Sitzung dient als Absicherung. Benutze die Reiki-Symbole wie zuvor bei der Kontaktbehandlung auf schmerzenden oder kranken Körperteilen, und sie werden die Heilkraft dort hinschicken.

Sei bei der Fernheilung offen gegenüber dem, was du siehst – manchmal ist eine Situation anders als erwartet. Bei der Behandlung von Kopfschmerzen beispielsweise fliegen die Reiki-Symbole unter Umständen direkt zum Unterleib der Frau. Die Energie weiß, wo sie benötigt wird, zügele sie also nicht. Gib Reiki stets der Person, und nicht ihrer Krankheit. Ausgangspunkt für die Behandlung sollte die Heilung von Jane sein, nicht ihre Kopfschmerzen. Dann kann sich die Energie frei entfalten und ungehindert fließen.

Sobald du eine Fernbehandlung beendet hast, kehre in die Gegenwart zurück und vergiß sie. Wenn du lange darüber nachdenkst, über das Ergebnis grübelst, verbleibt die Energie beim Heiler und kann nicht zum Empfänger fließen. Wie bei Kontaktbehandlungen entscheide je nach Ernst der Lage über die Häufigkeit der Fernbehandlungen. Für jemanden mit einfachen Kopf- oder Ohrenschmerzen genügt mitunter eine einzelne Sitzung. Bei ernsthaften Erkrankungen wiederhole die Fernheilung alle zwei Minuten, halte die heilende Energie zwischen den Sitzungen aber nicht fest. Für weniger schwerwiegende Leiden reichen normalerweise ein bis zwei Behandlungen täglich.

Mit dem Hon-Sha-Ze-Sho-Nen kannst du die Behandlung beliebig oft erfolgen lassen. Du kannst auch die Anweisung geben, sie zu bestimmten Zeiten zu wiederholen (einmal stündlich oder zweimal täglich um 12 und 24 Uhr). Dazu mußt du die Fernheilung aber mindestens einmal täglich auffrischen. Setze Reiki ein Limit, wenn du die Anweisung für eine Wiederholung der Fernheilung gibst. Die Behandlung soll nur so lange wiederholt werden, wie es der Empfänger braucht oder bis ein bestimmtes Ziel erreicht ist, ansonsten setzt sie sich endlos fort, ohne daß sie benötigt wird.

Sämtliche Fernheilungstechniken können auch bei einer anwesenden Person angewendet werden. Wann immer das direkte Handauflegen nicht angebracht ist oder nicht genügend Zeit für eine Ganzbehandlung zur Verfügung steht, gib Reiki im Sitzen in angemessener Entfernung vom Empfänger (am anderen Ende des Zimmers). Bediene dich der Fernheilung, wenn die direkte Berührung Schmerzen verursacht, wie es zum Beispiel bei Verbrennungen der Fall ist, oder wenn Ansteckungsgefahr für den Heiler oder Empfänger besteht. Gib Fern-Reiki schlafenden Haustieren, falls sie sich das Händeauflegen nicht gefallen lassen. Dies ist auch eine gute Methode für wildlebende Tiere oder Tiere auf dem Bauernhof. Die gleichen Techniken können auch für die Selbstheilung benutzt werden, indem du dich einfach selbst visualisierst.

Neben dem Hinzufügen der Reiki-Symbole bei individuellen Fernheilungsmethoden gibt es vier spezielle Reiki-Methoden. Hierbei handelt es sich auch um Methoden des Visualisierens und Fokussierens. Stell dir zunächst vor, bei dem Empfänger der Behandlung anwesend zu sein und ihm eine Kontaktbehandlung mit sämtlichen Grundpositionen zu geben. Das hört sich einfach an, ist aber sehr schwierig. Es dauert eine ganze Weile, alle Positionen auszuführen, und deshalb muß der Heiler diese Vorstellung lange aufrechterhalten. Eine Fernheilung dauert in der Regel nur einige Sekunden, eine derart ausgedehnte Visualisierung ist dagegen schwer durchzuführen, es sei denn, du bist sehr erfahren. Es hilft vielleicht, sich in der Vorstellung ein Paar Extraarme wachsen zu lassen, etwa so wie bei der Kuan-Yin- oder Tara-Statue. Dies verkürzt die Zeit erheblich, aber es kostet immer noch viel Mühe. Trotz allem waren die wenigen Male, wo ich auf diese Weise Reiki gab, sehr schöne und unvergeßliche Erfahrungen.

Eine zweite Methode des Fern-Reiki besteht darin, sich die Person, das Tier oder den Planeten kleingeschrumpft vorzustellen. Bewahre dieses Bild zwischen deinen locker zusammengelegten Händen. Fernheilung kann mit Tieren genauso wie bei Menschen angewendet werden, und die Erde braucht alles an Heilung, was wir ihr geben können. Als Alternative dazu kannst du auch einen kleinen Globus, wie er zum Beispiel als Schlüsselanhänger oder Murmel erhältlich ist, in den Händen halten und ihm Reiki geben. Die Reiki-Energie kann auch einem Foto geschickt werden. Mit dem Bild des Empfängers in deinen Händen, sendest du ihm die Symbole und die Reiki-Kraft zur Heilung. Dies dürfte die einfachste der vier Methoden sein.

Die nächsten zwei Methoden arbeiten mit einem Zielobjekt anstelle einer Visualisierung. Bei der ersten Methode setzt du dich auf einen Stuhl und stellst dir vor, daß dein Knie und dein Oberschenkel der Körper des Empfängers sind. Die Rundung deines Knies wird zum Kopf des Empfängers, der Oberschenkel ist der Leib, und deine Hüfte repräsentiert seine Beine und Füße. Führe die Behandlung aus, als ob sich deine Hände an seinem Körper befänden, und halte dir sein Bild vor Augen. Benutze dein linkes Knie als Vorderseite des Empfängers und dein rechtes Knie als Rückseite.

Die vierte Methode gefällt mir am besten. Benutze dafür einen Teddybären, eine Puppe, ein Kissen oder ein Foto der Person als Ersatz oder Fokus. Gib dem Bären Reiki und stell dir dann vor, wie du der Person, die Fern-Reiki bekommt, den geheilten Bären überreichst, etwa mit den Worten: »Nimm alles, was du von diesem Bären brauchen kannst«. Diese Methode eignet sich besonders gut für Situationen, in denen die Antwort auf der Bitte um Erlaubnis »Ich bin mir nicht sicher« oder »Was hast du vor?« lautete. Nimm die Heilung erst am Bären vor und behandle dann den Empfänger auf der Astralebene.

Ich tat dies einmal für eine Freundin, die sich am Rücken verletzt hatte, die aber mit dieser Art der Heilung nicht vertraut war. Sie war sich nicht sicher, ob sie die Heilung annehmen wollte, woraufhin ich sie erst an einem weichen Teddybären – den ich eigens für diesen Zweck besitze – demonstrierte. Ich stellte mir vor, wie ich ihr den Bären gab, und »sah«, wie sie ihn festhielt, bevor ich die Meditation beendete. Dies war die letzte Aktivität des Abends. Als ich am nächsten Tag lesend auf der Couch saß, empfing ich ein Bild, auf dem die Frau den Bären an den Armen hochhielt. Ich fragte sie »Was ist los?« und sie antwortete: »Ich nehme es von dem Bären«. Ich benutzte den Bären sehr oft bei ihrer Behandlung, bis sie sich dazu entschied, die heilende Energie direkt von mir anzunehmen.

Abschließend möchte ich noch einmal wiederholen, daß die Reiki-Symbole bei jeder Art von Fernheilung benutzt werden können. Fernheilung oder geistiges Heilen ist eine Visualisierungstechnik im meditativen Zustand, die nur wenige Augenblicke dauert. Es gibt vier Reiki-Methoden für die Fernheilung:

1. Stell dir vor, du bist bei der Person und gibst ihr eine Ganzbehandlung mit sämtlichen Grundpositionen.
2. Stell dir die Person kleingeschrumpft vor und halte sie für die Heilung in deinen Händen.
3. Benutze dein linkes Knie und den Oberschenkel als Vorderseite der zu heilenden Person und dein rechtes Knie und den Oberschenkel als deren Rückseite. Führe eine Ganzbehandlung durch.
4. Benutze einen Teddybären, ein Kissen, ein Puppe oder ein Foto als Ersatz für den Empfänger.

Dieser Fernheilungsprozeß wird durch fleißiges Üben zunehmend einfacher und gewinnt bei oftmaliger Anwendung an Kraft. Unterschätze niemals das Gute, zu dem die Fernheilung fähig ist. Vergiß nicht, die Reiki-Symbole in den Heilungsprozeß zu integrieren.

Mir wurde in diversen Channeling-Sitzungen gesagt, daß in den Anfängen von Reiki jeder sein eigenes Symbol besaß. Dieses persönliche Symbol offenbart sich manchmal Reiki-II-Praktizierenden, die die Energie oft fließen lassen, und häufig auch während der Einweihung. Das Zeichen erscheint immer wieder, um nicht übersehen zu werden. Meistens wirken sich diese persönlichen Symbole positiv auf die Selbstheilung aus. Manchmal haben sie auch andere Bedeutungen. Sollte eine solche Energie zu dir kommen, meditiere über sie und versuche, das Symbol zu senden. Du wirst sehr bald oder allmählich ein Gefühl dafür bekommen, was das Symbol bedeutet und wie es zu benutzen ist. Es kommt auch vor, daß es sich nicht um persönliche Symbole, sondern um Reiki-III-Symbole handelt.

Die Reiki-II-Symbole sind jedoch nicht nur für die Kontakt- und die Fernheilung bestimmt. Es gibt noch eine Vielzahl weiterer Anwendungsmöglichkeiten: Male das Cho-Ku-Rei auf Nahrungsmittel, um deren Nährwert zu erhöhen und für das Essen zu danken. Unter Umständen war dies die erste Form des Segnens von Mahlzeiten. Bist du dir über Qualität oder Frische des Essens nicht sicher, so zeichne ein Sei-He-Ki über dem Teller, um die Mahlzeit zu reinigen. Verlasse dich hierbei jedoch nicht völlig auf Reiki. Sieht etwas fragwürdig aus, so iß es lieber nicht. Bei der Anwendung von beiden Symbolen führst du zuerst die Reinigung durch (Sei-He-Ki), bevor du die Energie verstärkst (Cho-Ku-Rei).

Die kombinierte Verwendung von Cho-Ku-Rei und Sei-He-Ki reinigt auch Kristalle. Benutze zuerst das Sei-He-Ki für die Reinigung des Edelsteins oder Kristalls, indem du ihn in der Hand hältst und darüber das Symbol visualisierst. Laß das Symbol darin einsinken und wiederhole diesen Vorgang so lange, bis du weißt, daß es nicht mehr gebraucht wird. Sende danach das Cho-Ku-Rei auf dieselbe Weise, bis der Kristall erglüht. Währenddessen kannst du festlegen, wofür der Edelstein programmiert werden soll, zum Beispiel zum Schutz oder zur Heilung. Ein Kristall oder Halbedelstein kann auf diese Weise auch für die Heilung einer bestimmten Person programmiert werden. Reinige den Stein, bevor du ihn auflädst, und gib ihn dann der Person, für die er bestimmt ist. Auch andere Dinge können auf diese Weise energetisiert werden. Zu Heilungszwecken füge ich den Energien des Steins oder Gegenstandes noch gern das Hon-Sha-Ze-Sho-Nen hinzu.

Das Cho-Ku-Rei und das Sei-He-Ki können in ähnlicher Weise auch zusammen mit Medikamenten benutzt werden. Die Symbole erhöhen deren heilkräftige Eigenschaften und vermindern mögliche Nebenwirkungen. Wende das Sei-He-Ki wieder zuerst an, damit nur geklärte und positive Energie verstärkt

REIKI II – FERN-REIKI

Stell dir vor, bei dem Empfänger der Behandlung anwesend zu sein und ihm eine Kontaktbehandlung mit sämtlichen Grundpositionen zu geben. Es hilft vielleicht, sich in der Vorstellung ein Paar Extraarme wachsen zu lassen.

Stell dir die Person, das Tier oder den Planeten kleingeschrumpft vor.

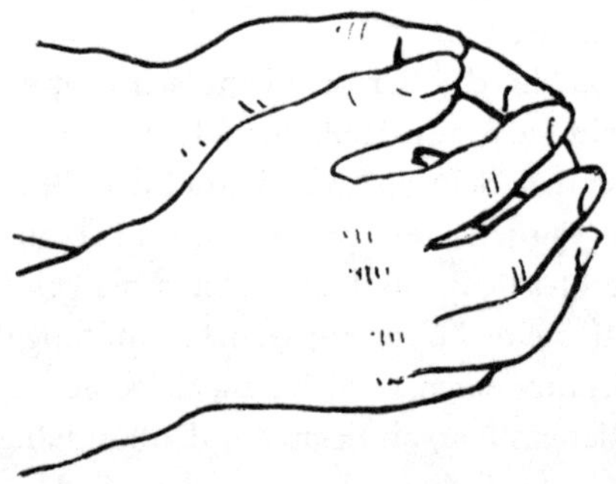

Stell dir vor, daß dein Knie und dein Oberschenkel der Körper des Empfängers sind. Führe die Behandlung aus, als ob sich deine Hände an seinem Körper befänden, und halte dir sein Bild vor Augen. Benutze dein linkes Knie als Vorderseite des Empfängers und dein rechtes Knie als Rückseite.

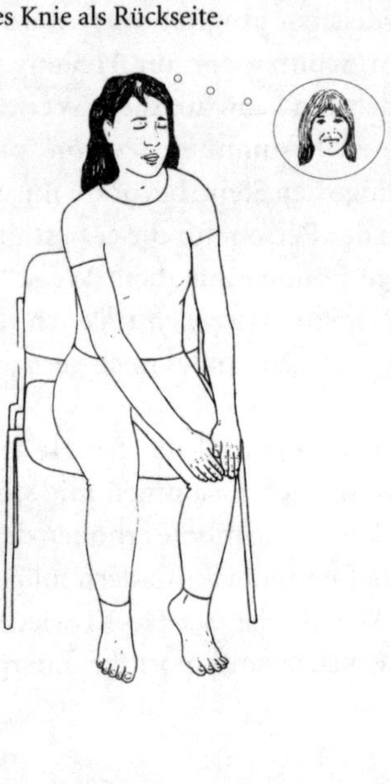

Benutze einen Teddybären, eine Puppe, ein Kissen oder ein Foto der Person als Ersatz oder Fokus. Gib dem Bären Reiki und stell dir dann vor, wie du der Person, die Fern-Reiki bekommt, den geheilten Bären überreichst, etwa mit den Worten: »Nimm alles, was du von diesem Bären brauchen kannst«.

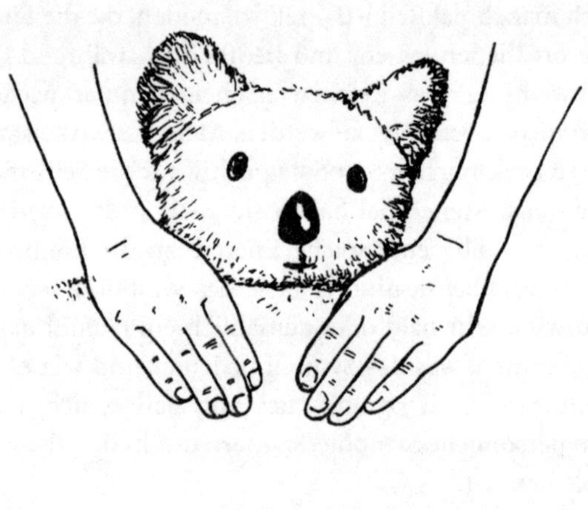

wird. Gebrauche bei homöopathischen Mitteln beide Symbole, um die Heilung zu verstärken und Verschlimmerungen zu verhindern. Kräuter- oder Blütenessenzen sind wirksamer, wenn du die Fläschchen samt Inhalt in den Händen hältst und ihnen das Cho-Ku-Rei schickst. Ich stelle meine eigenen Blütenessenzen und Edelsteinelixiere her und lasse während des Mischens und Abfüllens Reiki fließen.

Es gibt kein stärkeres Hilfsmittel, um Überfluß zu manifestieren, als das Cho-Ku-Rei. Achte bei seiner Anwendung darauf, daß du zu dem, worum du bittest, eine positive und moralisch einwandfreie Einstellung hast, und bitte nur um das, was du auch wirklich möchtest. Das Universum besteht aus Überfluß und hält alle guten Dinge bereit für diejenigen, die darum bitten und bereit sind, es anzunehmen. Mit dem Annehmen tun sich die meisten Menschen schwer, insbesondere Frauen. Man hat uns beigebracht, daß wir es nicht verdienen, Gutes zu besitzen oder darum zu bitten. Natürlich verdienen wir es. Obwohl Armut und Mangel oft karmisch – und patriarchalisch – bedingt sind, ist Manifestieren eine Fähigkeit, die wir lernen können.

Die Ethik des Manifestierens, besonders mit einem so kraftvollen Hilfsmittel wie Reiki, ist ganz einfach. Wenn du um etwas bitten mußt, indem es einem anderen entzogen wird, so ist es unmoralisch. Du kannst Geld oder alles andere, was du möchtest, auch besitzen, ohne es jemandem wegzunehmen. Wenn das, was du für dich als gut erachtest, jemand anderem in irgendeiner Weise schadet, ist dies unmoralisch. So ist es zum Beispiel falsch, um die Arbeit einer anderen Person zu bitten. Bitte statt dessen um die bestmögliche Arbeitsstelle für dich.

Die meisten Fragen des Manifestierens beziehen sich auf Liebesaffären. Du willst, daß dich jemand liebt, aber er/sie ist bereits anderweitig liiert. Zu bitten, daß diese Beziehung beendet wird, ist unmoralisch, ebenso der Versuch, die Person »dazu zu bringen«, daß sie dich liebt. Statt dessen solltest du um die bestmögliche Beziehung für dich bitten, ohne diese auf eine bestimmte Person festzulegen. Das ist der einzig richtige Weg. Es ist auch unmoralisch, um eine bestimmte Person zu bitten oder diese zu visualisieren, es sei denn, sie gibt ihre Zustimmung dazu. (Dann lassen sich diese Rituale wunderbar gemeinsam durchführen.) Sich über diese Regeln hinwegzusetzen, stellt eine Verletzung der Willensfreiheit dar und könnte karmische Konsequenzen sowie Konsequenzen für die Beziehung und das gegenwärtige Leben haben.

Eine Möglichkeit, eine Beziehung im positiven Sinne zu manifestieren, besteht darin, alle gewünschten Eigenschaften des Idealpartners aufzulisten und diese Liste als Fokus der Visualisierung zu benutzen. Erstelle die Liste im meditativen Zustand und bei der Fernheilung. Nimm die Liste dann in die Hand und gib ihr Reiki unter Zuhilfenahme des Cho-Ku-Rei. Folge deiner Intuition und nimm eventuell noch das Sei-He-Ki sowie das Hon-Sha-Ze-Sho-Nen hinzu. Lege die Liste zum Ende der Meditation unter eine brennende Kerze oder auf einen Altar, falls du einen solchen benutzt. Verwende diese Liste weiterhin. Werden die Zeremonien bei zunehmendem Mond, in der Zeit von Neumond bis Vollmond, durchgeführt, hat dies eine energieverstärkende Wirkung.

Eine weitere Möglichkeit der Manifestation besteht darin, sich selbst in einer fröhlichen, erfüllenden Beziehung zu visualisieren, ohne dem Bild des/der Geliebten einen Namen oder ein Gesicht zu geben. Fühle ihren Kuß oder halte ihre Hand. Halte das Bild im Geiste fest und schicke das Cho-Ku-Rei einzeln oder auch paarweise (doppeltes Cho-Ku-Rei). Sieh, wie das Symbol auf das Bild geschrieben wird. Das funktioniert auch mit anderen Dingen. Möchtest du eine neue Wohnung, so erstelle eine Liste mit dem, was du brauchst. Beschränke deine Wunschliste nicht auf das, was du dir leisten kannst, gehe aufs Ganze. Sieh dich bereits in deiner neuen Wohnung, mit einem

Mietvertrag oder Schlüssel als Beweis, daß sie deine ist. Sende diesem Vorstellungsbild Cho-Ku-Rei einzeln oder paarweise.

Dieser meditative Prozeß kann dazu benutzt werden, alles zu verwirklichen, was du brauchst. Visualisiere dich selber in diesen Bildern, andere Personen jedoch nur dann, wenn du dir sicher bist, daß sie nichts dagegen haben. Ein altes Wicca-Sprichwort sagt: »Überleg dir gut, was du dir wünschst, es könnte in Erfüllung gehen.« Formuliere deine Bitte klar und deutlich. Stell dir genau vor, was du haben willst und nicht das, was du glaubst, haben zu können. Die meisten Leute bekommen zuwenig, weil sie sich zu wenig wünschen. Bevor du einen Wunsch losschickst, male dir das Gewünschte genau aus und überlege dir, wie es dein Leben verändern wird.

Bei der Manifestierungsarbeit benutze ich gerne eine leicht abgewandelte Affirmation aus Marion Weinsteins Buch *Positive Magic*[2], dem einzigen momentan erhältlichen und sehr empfehlenswerten Buch über die Ethik des Wicca-Kults bzw. der Metaphysik. Die Affirmation kann beinahe jeder Situation angepaßt werden und hat bei mir folgenden Wortlaut: »Ich bitte aus freiem Willen um diese Dinge oder um etwas Vergleichbares oder Besseres, keinem zum Schaden und zum Wohle aller.« Durch diese Affirmation erhält jeder Manifestierungswunsch eine positive Absicht, und sämtliche moralischen Fehltritte werden wieder ausgebügelt. Sie ist zwar kein Ersatz für klare Moralvorstellungen, hilft aber trotzdem.

Auch das Sei-He-Ki besitzt viele Anwendungsmöglichkeiten, weitaus mehr als den meisten Reiki-Heilern beigebracht wird. Du kannst damit negative Verhaltensmuster und schlechte Angewohnheiten, wie Nägelkauen oder Rauchen, abändern. Wann immer dich das Verlangen überkommt, visualisierst du einfach dieses Symbol. Auch zur Klärung von Energieblockaden bietet es sich an, zum Beispiel bei einem trägen Chakra oder Organ. Das Symbol reinigt negative Energie, geistige Verkettungen inbegriffen. Benutze dort, wo die negative Energie oder negative Muster karmisch bedingt sein könnten, das Hon-Sha-Ze-Sho-Nen.

Projiziere das Sei-He-Ki in die Ecken und über die Fenster eines Hauses oder Zimmers, um sie energetisch zu reinigen. Segne ein Haus, indem du das Sei-He-Ki zuerst zum Reinigen der einzelnen Zimmer anwendest, und plaziere dann Cho-Ku-Rei im gesamten Haus, um die Qualitäten eines friedvollen Heims hineinzubringen und zu verstärken. Dazu gehören Liebe, Harmonie, Freundschaft, Wohlstand und Gesundheit. Reinige das Haus auch von außen und alles, was sich auf dem Grundstück befindet.

Ein älteres Haus speichert oft die Energie von früheren Bewohnern. Die Person ist zwar längst tot, aber ihre Energie und ihr Bild leben weiter. Ein solches Phänomen wird als körperloses Wesen oder umgangssprachlich als »Geist« bezeichnet. Es sind Seelen, die in der falschen Dimension gefangen sind und ohne fremde Hilfe nicht herauskommen. Obwohl sie selten wirklich böse oder gefährlich sind, können sie doch von Zeit zu Zeit boshaft werden. Oft wissen sie gar nicht, daß sie tot sind. Menschen mit geschärftem Bewußtsein sehen sie vielleicht oder spüren, daß irgend etwas nicht stimmt. Manchmal haben die Leute auch das Gefühl, daß sie nicht alleine im Zimmer sind oder daß sie beobachtet werden, obwohl niemand körperlich anwesend ist. Die Energie des Hauses fühlt sich einfach nicht richtig an.

In solchen Fällen räucherst du zuerst das gesamte Haus mit Salbei oder einer Kombination aus Salbei und Zeder aus. Warte, bis der Rauch alle Zimmer ausfüllt, und plaziere dann das Sei-He-Ki in alle Ecken sowie über Fenster und Türen. Sage zu dem Geist: »Ich bin hier, um dir weiterzuhelfen. Hier gehörst du nicht mehr hin.« Irgendwann wirst du seine Anwesenheit spüren. Sende ihm das Sei-He-Ki und bitte seine geistigen Helfer, ihn mit nach Hause zu nehmen.

Sei freundlich und höflich. Der Geist kann keinen Schaden anrichten, selbst wenn er tobt und sich weigert zu gehen. Um diesen Ort endgültig zu verlassen, muß der Geist vielleicht seine Mutter, seinen Lebenspartner oder eine von ihm angebetete religiöse Gestalt sehen. In Zweifelsfällen rufe ich die Gottesmutter Maria an, um das unkörperliche Wesen heimzuführen.

Manchmal kommt es vor, daß auf der Astralebene gefangene Geister in den Körper von Menschen oder Tieren schlüpfen und sich dort als Krankheit manifestieren. Diese werden geistige Verkettungen oder Anhängsel genannt. Mit zunehmender Erfahrung begegnet der Heiler diesen Verkettungen immer öfter. Um sie loszuwerden, geht er ähnlich vor wie bei der Vertreibung von Geistern. Doch im Gegensatz zu den körperlosen Wesen im Haus wissen diese Geister, daß sie etwas Böses tun, und fürchten sich mitunter, »nach Hause« zu gehen. Ich wende mich in solchen Fällen erneut an Maria und teile dem Geist mit: »Gehe zum Licht. Dein Auftrag ist erfüllt, du kannst nun nach Hause gehen. Du wirst nicht bestraft werden, du wirst willkommen sein und geheilt werden. Gehe zum Licht, die Mutter wartet auf dich.« Mache dabei regen Gebrauch vom Sei-He-Ki. Du wirst spüren, wie die Energie freigesetzt wird, und im Zuge dieser Heilung klären sich oft langwierige Gesundheits- oder Gefühlsprobleme.

Die Theorie über geistige Verkettungen lautet, daß sie tatsächlich eine Aufgabe vollendet haben, indem sie der Person, in der sie stecken, zu einer Erfahrung verholfen haben, der sie vor ihrer Inkarnation zugestimmt hat. Nun ist dieser Lernprozeß vollendet, und das Leiden oder der Schmerz wird nicht mehr benötigt. Wesen dieser Art bewohnen das untere Astralreich. Dort stecken sie fest und kommen nicht mehr weiter. Sie gehören aber nicht dorthin und müssen auch nicht dort verweilen. Indem sie in einen Körper eindringen und durch eine Heilung befreit werden, bekommen sie die Möglichkeit, dorthin zu gehen, wo sie hingehören. Die Person, die ihnen Unterschlupf gewährte, und der Heiler, der sie befreite, taten dem körperlosen Wesen damit einen Gefallen. Viele Wesen verlassen auf diese Weise das untere Astralreich. Man braucht sich vor ihnen nicht zu fürchten. Erscheinen sie während einer Behandlung, dann sind sie bereits auf dem Weg nach Hause.

Sobald ein Zimmer, ein Haus oder die Energie einer Person gereinigt ist, benutze das Sei-He-Ki als Schutz. Gebrauche es auch für dein Auto und für Haustiere. Es kann auch bei der Fernheilung eingesetzt werden. Das Symbol schützt den Raum oder die Aura der Person vor dem Eindringen jeglicher Negativität. Ist jemand frisch operiert worden oder leidet unter psychischen oder emotionalen Traumata, kann das Sei-He-Ki dazu benutzt werden, durch Betäubung, Schmerz oder Angst verursachte Risse in der Aura zu kitten. Beim Versiegeln der Aura nach der energetischen Reinigung und der Befreiung von Geistern fühle ich mich oft dazu berufen, das Hon-Sha-Ze-Sho-Nen zusammen mit dem Sei-He-Ki anzuwenden. Bei derartigen Wesen kann es sich um karmische Anhängsel handeln, welche die Symbole vollständig klären können.

Karmische Anhängsel sind Situationen, Leiden oder negative Energien aus früheren Leben, die jetzt geheilt werden sollen. Sie können emotionale Muster früherer Leben beinhalten, sind aber meistens negative Symptome, Gewohnheiten oder Krankheiten aus der Vergangenheit. Manchmal handelt es sich um Fixierungen auf bestimmte Menschen. Ein karmisches Anhängsel ist keine positive Beziehung, sondern bedarf der Klärung, damit die Person ein harmonisches Leben führen kann. Die Anwendung des Hon-Sha-Ze-Sho-Nen bei der Behandlung von Krankheiten mit anscheinend ungeklärter Ursache kann solche karmischen Belastungen auflösen und den Betroffenen damit von unerklärlicher Negativität und Schmerzen befreien.

Es ist nicht leicht, hierzu genaue Anweisungen zu geben; folge einfach deinem Gefühl und deiner inneren Führung. Die heilende Kraft des Reiki löst diese Dinge oft auf, ohne daß sich Heiler oder Empfänger dessen bewußt sind.

Bei soviel körperloser Aktivität in Reiki II ist ein wenig Hilfe von der anderen Seite angebracht. Wir sind nicht dazu bestimmt, alleine auf die Erde zu kommen. Jedem von uns sind diverse geistige Führer zum Helfen und Heilen zugeteilt worden. Bei der Energie der menschlichen Seele handelt es sich nicht um eine gerade Linie, sondern um ein mehrsträngiges Geflecht ähnlich dem DNS-Molekül. Wenn sich ein Mensch inkarniert, ist er nur ein Strang dieses Geflechts. Ein anderer Strang, der sich nicht verkörpert, ist eine eigene Wesenheit und fungiert oft als Lebensführer oder Schutzengel des Betreffenden. Jede Seele kann mehrere Wesen gleichzeitig verkörpern, obwohl diese nur selten zusammentreffen. Andere Geister aus der Seelengruppe der inkarnierten Person können ebenfalls als Führer fungieren. Doch dies erklärt nur teilweise den überaus komplizierten Prozeß.

Jeder von uns besitzt eine bestimmte Anzahl geistiger Führer. Jedem steht ein Lebensführer zur Seite, der für den gesamten Zeitraum der Inkarnation bei ihm bleibt. Dieser Führer hilft uns normalerweise, unser Lebenswerk zu vollbringen. Ein Musiker könnte zum Beispiel einen Führer haben, der einst Geiger war. Mein persönlicher Lebensführer war früher einmal ein Ojibwa-Schamane. Er hilft mir heute, meine Bücher zu schreiben. Eine Führerin von mir ist Theresia von Avila, die ich in einem früheren Leben war. Sie kümmert sich jetzt um meinen Körper und lehrt mich Heilmethoden. Eine weitere Führerin, die ich als Mutter bezeichne, ist die Göttin Isis.

Andere Führer kommen für eine bestimmte Aufgabe und gehen, wenn diese erfüllt ist. Einige bleiben lange mit mir in Verbindung, andere nur für einen Tag oder eine Woche. Manche Führer tauchen in Gruppen auf. Während der letzten Jahre habe ich mit einer Gruppe von Führern namens Bharamus gearbeitet. Sie sehen ihre Aufgabe darin, mich glücklich zu machen. Die Gruppe besteht aus mindestens sechs Wesen, männlichen wie weiblichen, die sich in ihrer Stimme und in ihrem Äußeren deutlich voneinander unterscheiden. Manche Archetypen sind keine ausdrücklichen Führer, fungieren aber trotzdem als solche. Kuan-Yin, Maria und Brede erscheinen alle zu verschiedenen Zeiten bei Reiki-Behandlungen und sind mir stets willkommen. Sie kommen jedem zu Hilfe, der sie ruft.

Bei geistigen Führern handelt es sich um vollkommen positive Wesen. Jedes Wesen, das dich dazu bringt, etwas gegen deinen Willen oder etwas offensichtlich Falsches zu tun, ist kein Führer. Führer sagen dir nicht, was du zu tun hast, sie geben dir nur einen Rat, wenn du darum bittest. Sie lassen dir deine Willensfreiheit, treffen keine Entscheidungen für dich und mischen sich auch nicht in Unterrichtsstunden oder Entscheidungen ein. Sie beaufsichtigen und leiten Lernprozesse, bieten Schutz, bringen Geschenke, helfen dir bei deiner Lebensaufgabe und der Arbeit, die du für andere tust. Ein Heiler hat immer seine Führer bei sich, die ihn beim Heilen unterstützen.

Jedem Heiler wird bei der ersten Einweihung ein geistiger Reiki-Führer zugeteilt. Die Reiki-Führer erscheinen, sobald die heilende Energie zu fließen beginnt. Werden sie in einer Sitzung benötigt, nehmen sie an ihr teil. Ab dem Zeitpunkt, an dem der Heiler Reiki II erhält, ist ihre Anwesenheit kaum zu übersehen. Aus einem Führer in Reiki I werden mehrere während des zweiten und dritten Grades. Ich habe schon öfters Behandlungen durchgeführt, bei denen ich das Gefühl hatte, das Zimmer wäre voller Leute. Manchmal sehe ich sie, und manchmal spüre ich nur ihre Anwesenheit. Es kommt vor, daß der Empfänger meint, meine Hände noch immer auf sich zu spüren, während ich die Behandlung tatsächlich schon lange beendet habe. Manchmal spürt er mehrere Händepaare, obwohl nur ich ihm die Hände aufgelegt habe.

Oftmals erhalte ich während einer Reiki-Behandlung Informationen, zu denen ich normalerweise keinen Zugang habe. Wenn es dazu kommt, sind sie für die Sitzung wichtig. Falschinformationen waren noch nie darunter, und wenn mir eine Nachricht seltsam vorkommt, wird sie vom Empfänger meist als richtig bestätigt. Den Großteil meiner außersinnlichen Informationen erhalte ich durch Hellhören (ich höre sie in Worten), und sie werden mir auf diese Weise vermittelt, weil dies meine beste Wahrnehmung ist. Es ist, als ob jemand neben mir steht, der viel mehr weiß als ich und mir sagt, was ich tun muß, um am wirkungsvollsten zu heilen. Er feuert mich und den Empfänger regelrecht an. Wann immer ich die Anwesenheit geistiger Führer spüre, weiß ich, daß es eine wichtige Heilung ist, in der es um emotionales Loslassen, Klärung einer Situation aus einem früheren Leben oder die Vertreibung von Wesenheiten geht.

Für jemand, der noch nie mit geistigen Helfern gearbeitet hat, wird das Kennenlernen von geistigen und Reiki-Führern zu einer Bewußtseinserweiterung. Es läßt sich kaum vermeiden, daß ein Reiki-II-Heiler mit geistigen Führern arbeitet. Wenn du während der Behandlung Stimmen hörst, die dir Dinge sagen wie »sende Gold« oder »sieh dir ihr Sakral-Chakra an«, dann handelt es sich immer um einen Führer. (Ich dachte einmal, die Stimme, die ich hörte, wäre mein schlechtes Gewissen, fand dann aber heraus, daß es sich um Theresia handelte!) Die geistigen Helfer lassen die Behandlung zu einem fröhlichen und wundervollen Ereignis werden. In ihrer Anwesenheit geschehen Wunder, sowohl beim Reiki als auch im täglichen Leben. Persönliche Geistführer zeigen eine neue Dimension des Lebens auf, die erst noch erfahren werden muß. Es war nie unsere Bestimmung, hilflos auf der Erde zu wandeln, und dank der Zusammenarbeit mit geistigen Führern sind wir nicht mehr isoliert und allein.

Um mit geistigen Führern zu arbeiten, müssen wir sie zuerst einmal wahrnehmen. Sei wachsam, wenn du ihre leise Stimme hörst. Wenn während einer Reiki-Behandlung zusätzliche Hände auftauchen, sei dankbar. Du kannst die Helfer zu Beginn einer Reiki-Sitzung auch einladen. Bitte einfach um »alle guten Heiler und Führer, die helfen möchten«. Sobald sie merken, daß du ihrer gewahr wirst und versuchst, mit ihnen in Kontakt zu treten, werden sie dir behilflich sein. Wenn du sie dann willkommen heißt und ihnen für ihr Erscheinen dankst, werden sie sich stärker bemerkbar machen. Bitte sie, dir zu zeigen, wie du am besten mit ihnen zusammenarbeiten kannst. Wenn du allein meditierst, frage sie nach ihrer Aufgabe, weshalb sie bei dir sind. Manche Menschen, so wie ich, hören Stimmen, andere spüren ihre Anwesenheit, und wieder andere erhalten visuelle Eindrücke. Sie sehen entweder die Führer, Farben oder Lichtformen im Raum. Manche Führer kommen mit dem Duft von Blumen oder Räucherstäbchen.

Stelle in der Meditation einen bewußten Kontakt mit den Führern her. Das ist ganz einfach und überaus lohnend. Dazu bedarf es eines Zustands, der von tieferer Entspannung und höherer Konzentration gekennzeichnet ist, als dies für geistiges Heilen notwendig ist. Wähle einen Zeitpunkt, zu dem du ungestört bist, und arbeite an einem sehr geschützten Ort. Zünde Kerzen und Räucherstäbchen an, sofern du dies möchtest. Der Duft von Süßgras zieht gute Geister an, und Kerzenlicht ist ideal zum Meditieren. Ziehe einen Kreis, falls du dem Wicca-Kult nahestehst, oder benutze eine Affirmation, die besagt, daß »nur positive Energie hereinkommen darf«. Entspanne nach und nach den ganzen Körper, indem du die einzelnen Muskeln von Kopf bis Fuß anspannst und wieder losläßt. Lege dich mit angezogenen Knien auf den Boden, so daß die Füße mit der Erde Kontakt haben.[3]

Sobald du vollkommen entspannt bist, sprich die folgende Affirmation: »Ich bin bereit, meinem Lebensführer bewußt gegenüberzutreten.« Bleibe ruhig liegen und sei offen für das, was kommt. Höre aufmerksam zu, da dein Führer von Anbeginn dir so vertraut sein kann, daß du ihn gar nicht bemerkst, wenn du nicht vollkommen offen bist. Bitte bei der Kontaktaufnahme, die über Töne, Bilder, Duft oder Berührung möglich ist, um Informationen. Hörst du deinen Führer und möchtest ihn sehen, so bitte darum. Frage nach seinem Namen, wer er ist, weshalb er in dein Leben getreten ist. Unter Umständen sind mehrere Führer anwesend. Bitte sie, einzeln vorzutreten, und nicht alle auf einmal. Es sind mitunter mehrere Sitzungen nötig, um alle kennenzulernen.

Als ich diese Meditationsübung aus dem Buch *Companions in Spirit* von Laeh Maggie Garfield und Jack Grant zum ersten Mal durchführte, war ich erstaunt, wie einfach es war, mit geistigen Führern in Kontakt zu treten. Drei von ihnen erschienen gleich am ersten Abend, und alle wollten unbedingt mit mir sprechen. Ich konnte sie im Geiste hören, und einen von ihnen sah ich ganz klar, die anderen zwei nur als helle Umrisse. Von da an nutzte ich meine allabendliche Meditation, um mich mit ihnen zu unterhalten und mehr über sie herauszufinden. Je mehr sie mir über ihre Aufgaben mitteilten, desto stärker integrierte ich sie in mein Leben. Zwei dieser anfänglichen Führer sind noch bei mir. Einer verließ mich, um sich zu reinkarnieren, der andere ist mittlerweile nur noch schwach wahrnehmbar. Der dritte ist der Großvater, der Schamane, der mich in meinem Leben begleitet und hauptsächlich beim Schreiben aktiv wird.

Einige Jahre später bat ich darum, meinen Reiki-Führern auf dieselbe Weise zu begegnen. Diese Gruppe von geistigen Helfern hat mich letztendlich bewogen, dieses Buch zu schreiben, und ich war mir ihrer Führung stets sicher. Sie haben mir nicht nur viele Fragen nach dem Ursprung von Reiki beantwortet, sondern auch alle meine Fragen zur Reiki-Ausbildung. Wenn ich Reiki lehre, habe ich das Gefühl, daß sie die eigentlichen Lehrer sind und die Einweihungen geben. An den Sitzungen nehmen sie aktiv teil. Ihre wichtigste Aufgabe besteht darin, Reiki zu schützen und zum Wohle aller anzuwenden. Sie möchten, daß Reiki wieder allen zugänglich wird, so wie es früher einmal war.

Als Neuling im Umgang mit geistigen Wesen empfiehlt es sich, zunächst einmal seine eigenen Führer kennenzulernen. Beginne mit deinem Lebensführer und versuche dann, anderen zu begegnen und sie kennenzulernen. Beginne den Dialog mit der Meditation zur Begegnung von Führern und fahre damit so lange fort, bis du begreifst, was Führer sind und wie sie dein Leben beeinflussen. Wenn dir das klar ist und du weißt, wie persönliche Führer arbeiten, wiederhole die Meditation und bitte darum, deinen Reiki-Führern zu begegnen. Frage sie, wie du beim Heilen am besten mit ihnen zusammenarbeiten kannst und was dich sonst noch so interessiert. Lade die Führer ein, an Behandlungen teilzunehmen, und sei flexibel, was eure Zusammenarbeit betrifft. Dein Leben und deine Energiearbeit werden von diesem Kontakt profitieren. Diese Bereicherung solltest du dir nicht entgehen lassen, sie gehört ganz wesentlich zu Reiki und zur Funktion des Heilers.

In diesem Teil über Reiki II möchte ich noch ein letztes Thema ansprechen, und das ist die Anwendung von Reiki zur Heilung der Erde. Mutter Erde braucht uns gerade jetzt wie nie zuvor. Nimm dir die Zeit, um der Erde Reiki zu senden. Eine Möglichkeit, dies zu tun, besteht darin, die Hände auf irgendeine Darstellung der Erde aufzulegen, zum Beispiel auf einen Globus oder eine dieser Miniaturerdkugeln, die als Schlüsselanhänger angeboten werden. Ich besitze ein Jo-Jo in der Form der Meere und Kontinente, und es gibt auch aufblasbare Strandbälle und weiche Stoffplaneten. Lenke deine Aufmerksamkeit nicht auf das

Spielzeug, sondern auf die Heilung der Mutter Erde. Lege deine Hände auf den Boden und schicke Energie und Liebe direkt zur Erde.

Eine andere Möglichkeit ist die Fernheilung. Visualisiere die Erde vom Weltall aus und sende auf diese Weise die Reiki-Energie und die Symbole. Visualisiere ein bestimmtes Land, einen Unruheherd, eine Gruppe von Menschen, gefährdete Wälder oder Tiere, und sende die Energie dorthin. Visualisiere Erdbeben- und Überschwemmungsgebiete, Wirbelstürme und Giftkatastrophen und sende die heilende Energie zur Beruhigung und Klärung. Es gibt unendlich viele Menschen, Tiere, Pflanzen und Orte, die Schutz, Reinigung, Energetisierung, Erlösung oder Karmabereinigung brauchen. Suche dir eine Erdgöttin oder einen planetarischen Beschützer aus und sende ihnen Energie und Liebe. Sende diese Energie auch zu den Menschen, die für den Frieden arbeiten und planetarische Veränderungen und Wiederaufbau vorantreiben.

Als Reiki-II-Praktizierender bist du an der Heilung von Menschen und unserer Erde beteiligt. Mit der Verantwortung wächst die Fähigkeit. In Reiki I wurden dir die Fähigkeiten zur Selbstheilung vermittelt, diese steht an erster Stelle. Mit Reiki II beginnt ein Prozeß der emotionalen und mentalen Klärung und der Loslösung, verbunden mit einer größeren Fähigkeit, anderen zu helfen. Der nächste Schritt ist die Heilung des Planeten – jeder von uns verkörpert die Erde. Ich bitte alle meine Reiki-II-Schüler, ernsthaft darüber nachzudenken, was sie mit ihrer Reiki-II-Heilungsarbeit für die Erde tun können.

Das nächste Kapitel befaßt sich mit der Öffnung des elektrischen Systems im menschlichen Körper und ist gewissermaßen das Bindeglied zwischen Reiki II und III. Für alle, die nicht vorhaben, in den dritten Reiki-Grad eingeweiht zu werden, reicht das bisher Geschriebene vermutlich aus, um effektiv damit zu arbeiten. Für alle, die weitermachen möchten, sind die folgenden Kapitel eine Grundvoraussetzung für Reiki III, so wie ich es lehre. Ich hoffe, daß sich mehr und mehr Reiki-II-Praktizierende zu Reiki-Meistern ausbilden lassen. Die Weitergabe von Reiki ist nämlich auch eine Art des Heilens von Menschen und der Erde.

1 Amy Wallace und Bill Henkin, *Anleitung zum Geistigen Heilen.*

2 Marion Weinstein, *Positive Magic: Occult Self-Help.* Siehe Kapitel VIII, »Words of Power, The Work of Self-Transformation«, S. 199-254.

3 Der nachfolgend beschriebene Verlauf einer Kontaktaufnahme mit geistigen Führern ist dem Buch von Laeh Maggie Garfield und Jack Grant entnommen: *Companions in Spirit,* Berkeley, S. 38-43.

6. Kapitel

Das Wecken der Kundalini-Kraft

Ab hier haben meine Reiki-Lehrmethoden nichts mehr mit der traditionellen Lehre gemein, jetzt werden sie modern, obwohl sie im Grunde genommen nicht neuartig sind. Die folgenden Übungen und Informationen werden nicht in der traditionellen Reiki-Lehre benutzt, ermöglichen aber den unorthodoxen Zugang zu Reiki III. Ich biete diesen Stoff im Rahmen der Reiki-II-Ausbildung an, weil er einerseits ein Bindeglied zwischen den Energien des zweiten und dritten Grades darstellt, und weil der Schüler andererseits eine Weile damit arbeiten sollte, bevor er ernsthaft mit Reiki III beginnt. Die Informationen und Übungen sind auch sehr wichtig, um zu verstehen, wie Reiki funktioniert, und obwohl dieses Verständnis erst mit Reiki II Bedeutung erlangt, wird es um so wichtiger nach der Einweihung in den dritten Reiki-Grad.

Der Stoff dieses Kapitels ist uralt, er geht auf die Lehren des Sanskrit und des tantrischen Buddhismus zurück. Diese Lehren waren schon zu Lebzeiten Jesu alt, und einige davon wurden auch dem frühen Christentum zuteil. Fast zweitausend Jahre waren sie dem Westen nicht zugänglich und werden nun, da einige unserer ältesten Zivilisationen und Kenntnisse vom Aussterben und Untergang bedroht sind, wieder eingeführt. Es handelt sich dabei um Methoden, die im Osten unter verschiedenen Namen bekannt sind. Ich weiß nicht, wann oder wie diese Übungen Eingang in die fortgeschrittene Reiki-Lehre gefunden haben. Genausowenig weiß ich, wer die von mir benutzte Einweihung, bei der diese Methoden zum Tragen kommen, entwickelte. Es könnte durchaus sein, daß dieses Material ein Teil der ursprünglichen Reiki-Ausbildung war, da Mikao Usui im Buddhismus anscheinend sehr bewandert war und von den *Sutras* wußte.

Wenn der Heiler um die Energiekanäle des Körpers weiß, versteht er auch, wie Reiki in den Körper gelangt und in ihm fließt. Indem er versucht, diese Reiki-Kanäle zu erweitern, verstärkt er seine Fähigkeiten als Heiler. Schafft er es, den Energiefluß unter Kontrolle zu bringen, wird er zu einem Reiki-Meister, der die Energie weitergeben kann. Diese Weitergabe ist die Einweihung in Reiki, und die Energieübungen dieses Kapitels bereiten deinen Körper darauf vor. Worum es bei den Einweihungen geht und was einen Reiki-Meister ausmacht, ist die Fähigkeit, größere Mengen an Ki zu bewahren und zu übertragen, und die verschiedenen Techniken, diese Energie zu nutzen. Die Übungen dieses Kapitels sollen darauf vorbereiten.

Die Natur dieser Energie und wie sie sich durch den Körper bewegt, ist die Natur des Lebens an sich. Die Channeling-Expertin Barbara Marciniak nennt die universelle Lebenskraft in ihrem bewußtseinserweiternden Buch *Bringers of the Dawn* »Licht« (was in Japan Ki genannt wird) und bezeichnet sie als »Information«. Sie behauptet, daß die menschliche DNS der Träger des »Lichts«, von Ki oder der Information einmal zwölfstrangig war, während sie heute nur noch die Konfiguration einer Doppelhelix hat. In der heutigen Natur der menschlichen Entwicklung lernen wir, zu der verschlüsselten Information/Ki Zugang zu erhalten und uns mit dem Verlorengegangenen wieder zu verbinden. In diesem Zusammenhang sei an die Seele als mehrsträngiges Geflecht erinnert (siehe 5. Kapitel). Ich glaube, daß Reiki in diesem Prozeß der Rückverbindung eine wichtige Rolle spielt.

Barbara Marciniac drückt es folgendermaßen aus:

> *Es ist an der Zeit, daß du dich den Herausforderungen stellst und die Geschichte deines Körpers ergründest, indem du den mit Licht verschlüsselten Fasern ermöglichst, sich wieder zu vereinigen, neue Helices zu bilden, und dir erlaubst, gegenüber dieser neuen Information der DNS aufgeschlossen zu sein…*
>
> *Die mit Licht verschlüsselten Fasern sind ein Werkzeug des Lichts, ein Teil des Lichts und ein Ausdruck des Lichts. Die mit Licht verschlüsselten Fasern existieren millionenfach als feine, fadenähnliche Strukturen in deinen Zellen, während als Gegenstück dazu andere mit Licht verschlüsselte Fasern außerhalb deines Körpers existieren. Die mit Licht verschlüsselten Fasern übertragen die Sprache der Lichtgeometrie und die wiederum die Geschichten über dich …*
>
> *Sobald die DNS anfängt, neue Stränge zu formen, werden diese neuen Stränge im Körper durch ein Nervensystem wandern, das gerade entwickelt wird, und eine Flut von Erinnerungen wird in deinem Bewußtsein aufsteigen. Du mußt helfen, dieses Nervensystem weiterzuentwickeln, damit mehr Licht in deinen Körper einströmt…*[1]

Diese Energiearbeit der Rückverbindung findet im Augenblick statt, und ganz besonders bei Menschen, die sich der Existenz von Ki (oder Licht) bewußt sind und es anzuwenden wissen. Die Methoden, das Ki zu öffnen und zu kanalisieren, sind uralt und werden in der heutigen Zeit wiederentdeckt, da die Notwendigkeit dafür erkannt wird. Sanaya Roman und Duane Parker widmen sich dieser Energiearbeit in ihrem Kassettenprogramm *Awaken Your Light Body.* Mit der Öffnung des Licht- oder Ki-Kanals und dem Wissen um die Funktionsweise der Lebenskraft werden uns auch neue Informationen zuteil. Diese neuen Kenntnisse sind das größte Potential für menschliches Wachstum, seitdem der tantrische Gott/Göttin Shiva Reiki auf diesen Planeten brachte.

Die Lebenskraft (Ki) wird mit alten Methoden auf neuen Wegen zugänglich gemacht, und das Vehikel für die Transformation der Menschheit ist unter anderem Reiki. Die Redensart »Es gibt nichts Neues unter der Sonne« ist sicher allen geläufig. Wir kehren auf unserem Weg der Modernisierung zu uralten Methoden zurück. Die Wiedervereinigung der menschlichen DNS sowie die Rückgewinnung unseres Erbes als Lichtwesen (Licht in der Definition von Ki oder Information) ist vergleichbar mit Reiki. Die Weitergabe von Reiki an alle Erdenbewohner, die bereit sind, sich dieser Energie zu öffnen und sie zu nutzen, ist die Rückgabe der zwölfstrangigen DNS zusammen mit Ki/Licht/Information, die uns verlorenging.

Erst jetzt wird im Westen offen über einige alte esoterische Systeme berichtet, wie der Kanalisierung von Energie. Die Geheimhaltung und Mystifizierung werden endlich außer acht gelassen, da immer offensichtlicher wird, wie dringend die Menschen und unser Planet der Heilung bedürfen. Das Wissen des Wicca-Kultes, die hinduistischen und buddhistischen Lehren, die Schriftrollen vom Toten Meer, die Methoden der Kundalini- und tantrischen Meditation sowie des asiatischen Qi-Gong sind heute allen wieder in schriftlicher Form zugänglich. Da die mündliche Überlieferung in unserer modernen Welt mit Büchern und Fernsehen kaum noch funktioniert und die Zerstörung der kulturellen Wurzeln rasch fortschreitet, ist eine derartige Öffnung für die Überlieferung der Lehren notwendig. Es wird außerdem eine neue Spiritualität für die Erdenmenschen vonnöten sein, um ihrem Leben Wert und Sinn zu geben. Diese neue spirituelle Öffnung bedeutet die Rettung der Erde, die Wiedervereinigung der DNS und das Kennenlernen unserer eigenen Identität.

Reiki spielt in diesem Prozeß eine wichtige Rolle. Es verbindet die Menschen wieder mit ihrem irdischen und himmlischen Ki (ihrer Verbindung zur Erde und zu den Sternen) und erschließt jahrhundertelang in Vergessenheit geratene Fähigkeiten. Über die Natur dieser Fähigkeiten zu lernen, was sie sind und wie und weshalb sie aufkommen, bedeutet über die Natur der Lebenskraft zu lernen. Das Wiedererlernen dieser alten Energiemethoden in einem neuen Zeitalter ist der Schlüssel zu Reiki, und Reiki ist wiederum der Schlüssel, diese Fähigkeit universell weiterzugeben. Keine andere Methode der Energiearbeit am menschlichen Körper ist so einfach und bedarf so wenig Aufwand. Andere Methoden erfordern jahrelange Studien und Übung, Reiki bedarf nur einer Einweihung.

Vor hundert Jahren war es vielleicht nicht so wichtig, zu wissen, was die Reiki-Einweihung und die Reiki-Kraft im Körper bewirkte, heute müssen wir aber unbedingt darüber Bescheid wissen. Indem wir die Ki-Energiekanäle benutzen und diese entwickeln, verbinden wir die fehlenden DNS-Stränge und damit auch unseren Körper, Geist und Seele. Wenn wir das Wie und Warum kennen, bereiten wir den Weg, mehr zu lernen. Auch wenn der Zauber des Reiki zum Teil in seiner Einfachheit liegt, muß die Information (Ki/Licht) jedem zugänglich sein, der an ihr interessiert ist. In diesem Kapitel werde ich mein möglichstes tun, um die Information – so wie ich sie verstehe – zu präsentieren.

Das erste Konzept besteht aus der Zirkulation des Ki durch den Körper. Ki ist die Lebenskraft, die in Indien auch Prana und in China Qi genannt wird. Im Kundalini-Yoga (Indien) bedeutet Prana einerseits »Atem«, andererseits wird damit »ein Energiekörper zur Übermittlung von Bewußtsein«[2] beschrieben. Bewußtsein ist die belebende Kraft des Daseins, ohne die kein Leben möglich ist. Im Yoga wird Prana immer durch die Muttergottheit Shakti-Kundalini verkörpert, die weibliche Entsprechung des schöpferischen Prinzips, das dem Bewußtsein Form verleiht. Die Lehre von der Bewegung der Shakti-Kundalini durch den Körper wird Kundalini-Yoga genannt, und die Atemtechnik zur Zügelung der Lebenskraft heißt Pranayama-Yoga. Tantra, eine Art des Kundalini-Yoga, ist eine andere Methode der Energiearbeit mit den Prana/Ki-Energiekanälen.

Shakti-Kundalini ist in Asien das Yin-Prinzip, verkörpert durch das irdische Qi. In Japan und China besteht die Vorstellung, daß Ki im Körper mittels

Die Kundalini-Kanäle und die Chakras[15]

»Bei ihrem Aufstieg aus der Steißbein-Region winden sich Ida und Pingala um den senkrecht verlaufenden Zentralkanal Sushumna, wobei sie sich an den Punkten zwischen den Chakras überschneiden... Die gleiche spiralförmige Anordnung ist in der Konfiguration der Doppelhelix des DNS-Moleküls zu sehen...«

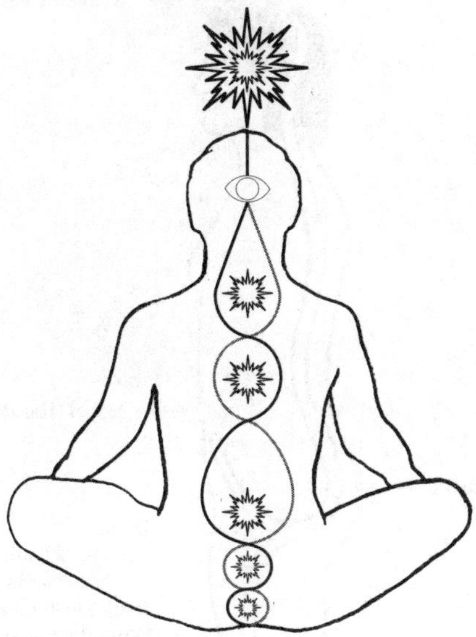

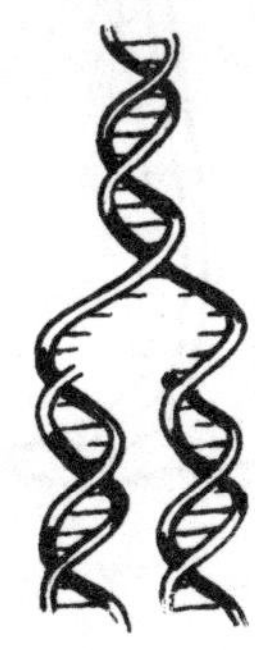

Die Doppelhelix-Konfiguration des DNS-Moleküls als Träger der genetischen Information.

Gedankenkraft reguliert und bewegt werden kann. Nach der buddhistischen Lehre entsteht jede Wirklichkeit aus der Handlung/Absicht des Geistes auf die Leere. Das Ki beim Reiki ist die Göttin des Bewußtseins, die universelle Lebenskraft sowie das Bindeglied zwischen dem physischen, dem energetischen und dem geistigen Körper. Die Absicht, Ki zu bewegen, drückt sich darin aus, daß ein Reiki-Heiler seine Hände auflegt, um zu heilen – und schon beginnt die Energie zu fließen. Für die Weitergabe von Einweihungen ist allerdings eine bewußtere Absicht erforderlich.

Ki ist himmlischen und irdischen Ursprungs und die belebende Kraft des Daseins. Zum kosmischen und Erd-Ki gesellt sich das ursprüngliche Ki, mit dem alle Menschen geboren werden, die wahre Schöpfungs- und Lebenskraft, die uns bei der Zeugung eingehaucht wird. Während das Erd-Ki und das kosmische Ki von außen in den Körper gelangen, ist das ursprüngliche Ki im Innern lokalisiert: zwischen Nabel und Sakral-Chakra, vor den Nieren (Tor des Lebens). Die japanische Bezeichnung für diesen Ort ist Hara. In China wird er Dreifacher Erwärmer genannt, bei den Indern heißt er Sakral-Zentrum.

Die Energiekanäle, durch welche Ki (oder Prana oder Qi) eintritt und durch den Körper zirkuliert, werden sowohl im Fernen Osten als auch in Indien eingehend beschrieben. Beide Systeme nennen einen Hauptkanal mit zwei seitlich davon gelegenen Kanälen, die die Energie in entgegengesetzter Richtung transportieren. Diese Kanäle folgen der Linie der Wirbelsäule vertikal durch den Körper. Sie verzweigen sich und werden zu den sogenannten Energieleitbahnen (Nadis) des Körpers. Für die Inder sind die Chakras im wichtigsten ätherischen Hauptkanal Sushumna verwurzelt, und die Energie dieser Leitbahn wiederholt sich auf den Ebenen außerhalb des ätherischen Doppels. Auf jeder dieser Ebenen – auf dem Ätherkörper, dem Emotionskörper und dem niederen und höheren Mentalkörper – befindet sich jeweils ein Chakra-System.

In China werden die paarweise angeordneten Kanäle als Akupunktur-Meridiane betrachtet. Von diesen Hauptkanälen gehen alle großen und kleinen Akupunktur-Linien ab, die in Indien als Nadis bezeichnet werden. Dies sind die Nervenkanäle des ätherischen Körpers, die bis zur physischen Ebene hinabreichen. Eine weitere Abzweigung von den Nadis ist das physische Zentralnervensystem, das autonome System des Körpers. Die Meridiane oder Nervensystem-Kanäle enden im Seketsu (japanisches Wort), den Reflexpunkten an Händen und Füßen. Dieses weitverzweigte Netz der Energieleitbahnen ist die Verbindung zwischen dem ätherischen Doppel und dem physischen Körper sowie zwischen dem ätherischen Doppel und den höher schwingenden Körpern. Stelle es dir als weitverzweigten Baum vor, und du hast das in vielen Kulturen bekannte und vieldeutige Symbol des Lebensbaumes.

Die drei Hauptkanäle heißen bei den Indern Kundalini und sind nach allgemeiner Auffassung auf dem ätherischen Doppel (Ätherleib) lokalisiert. Der große, vertikal entlang der Wirbelsäule vom Kronen- bis zum Wurzel-Chakra verlaufende Zentralkanal wird Sushumna genannt. Sushumna verbindet die Energie der Erde mit der des Universums und ist mit neutraler Energie geladen. Auf der physischen Ebene entspricht dieser Kanal dem Rückenmark und dem Zentralnervensystem. Auf dem ätherischen Doppel befinden sich die Chakras entlang der Sushumna-Linie. Das Paar der in entgegengesetzter Richtung fließenden Kanäle ist in Indien als Ida und Pingala, manchmal auch als Shakti und Shiva bekannt. Diese verlaufen in einer gewundenen Anordnung links und rechts vom Zentralkanal Sushumna, wobei sich die Energien an den Punkten zwischen den Chakras überschneiden. Ida ist weiblich und bewegt sich an der Körpervorderseite abwärts, Pingala ist männlich und steigt entlang der Wirbelsäule nach oben.

Die Hara-Linie[6]

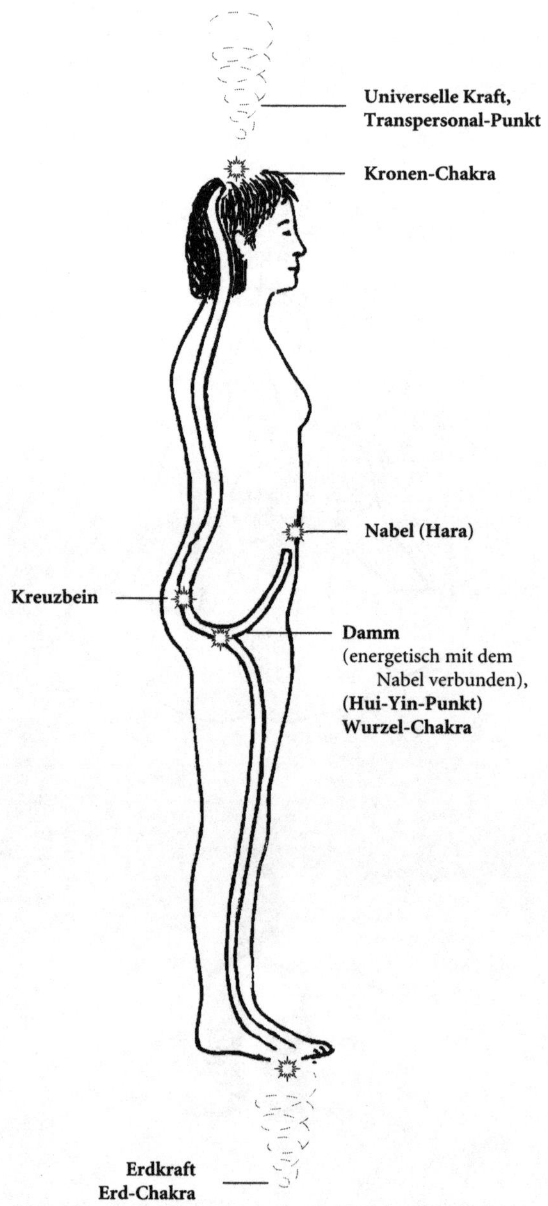

Ki-Kreislauf im Körper[17]

Der mikrokosmische Kreislauf – Kleiner himmlischer Kreislauf

Vorderansicht des Kleinen himmlischen Kreislaufes

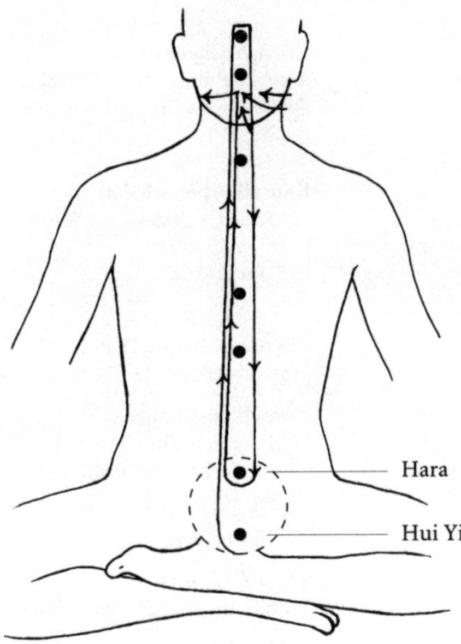

Seitenansicht des Kleinen himmlischen Kreislaufes

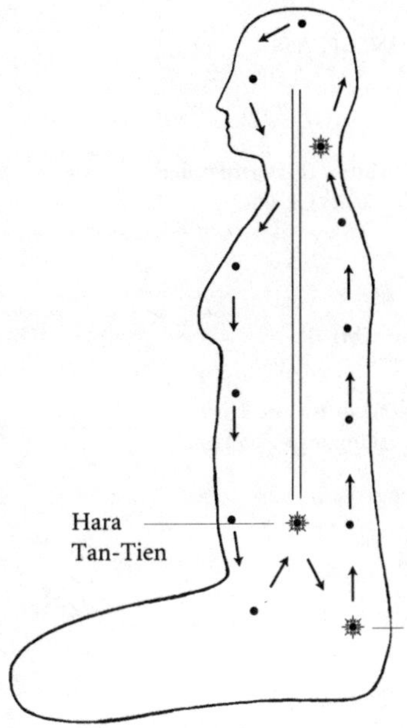

In China, Japan und anderen Ländern Asiens heißen diese drei Kanäle jeweils anders, bezeichnen aber ein und dasselbe. Der Zentralkanal, mit dem Hauptaugenmerk auf seine Position außerhalb der physischen Ebene und der des ätherischen Doppels, ist in Japan die Hara-Linie. Das rechts und links von diesem Kanal verlaufende Paar Energielinien wird Konzeptionsgefäß und Lenkergefäß genannt. Bei diesen handelt es sich um die Hauptkanäle, die in Indien Ida und Pingala heißen. Das Konzeptionsgefäß ist weiblich (Yin) und mit negativer Energie geladen. Es verläuft vom Damm oder Hui-Yin-Punkt (mehr darüber später) entlang der Körpermitte (vor der Wirbelsäule) über das Kinn zur Unterlippe. Das Lenkergefäß ist männlich (Yang) und positiv geladen. Es beginnt ebenfalls am Damm (zwischen Genitalien und After) und verläuft entlang der Wirbelsäule über den Kopf und über das Gesicht zur Oberlippe.

Während die Energiepunkte entlang dem Zentralkanal bei den Indern Chakras (ätherisches Doppel) heißen, liegen für die Chinesen die bedeutenden Akupunkturpunkte entlang den zwei wichtigsten Energieleitbahnen (Meridiane). Die Chakras sind eher nebensächlich, sie werden als unwesentliche Energiezentren betrachtet. Das hängt meines Erachtens damit zusammen, daß mehr Gewicht auf die tiefer liegende Hara-Linie gelegt wird und nicht auf das ätherische Doppel, wo sich die Chakras befinden. Die wichtigsten

KI-KREISLAUF IM KÖRPER[18] (FORTSETZUNG)

Der mikrokosmische Kreislauf (Der Große himmlische Kreislauf)

Die Zunge berührt die Gaumendecke, um den Kreislauf zu vervollständigen.

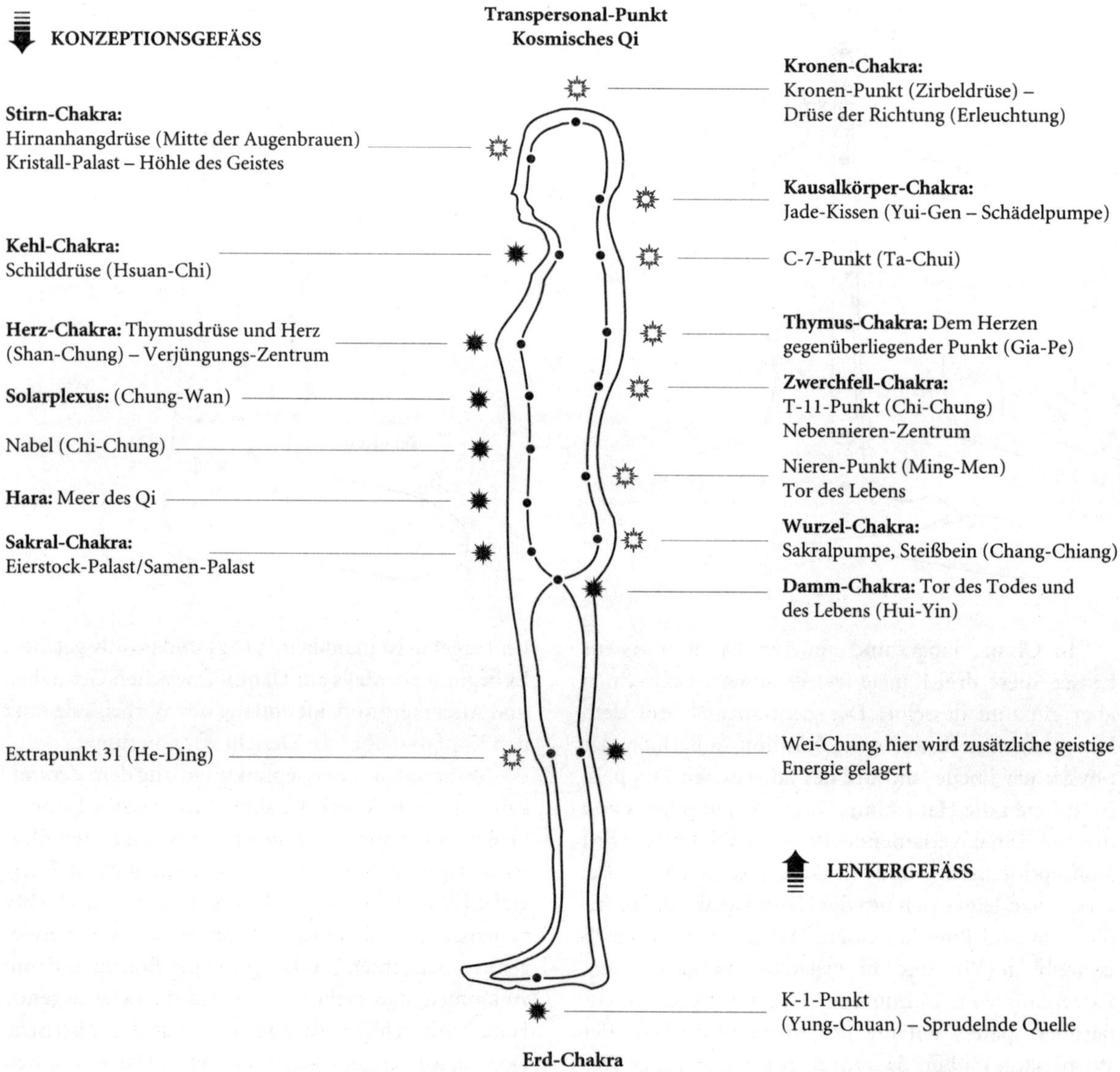

Energiefluß entlang der Hara-Linie

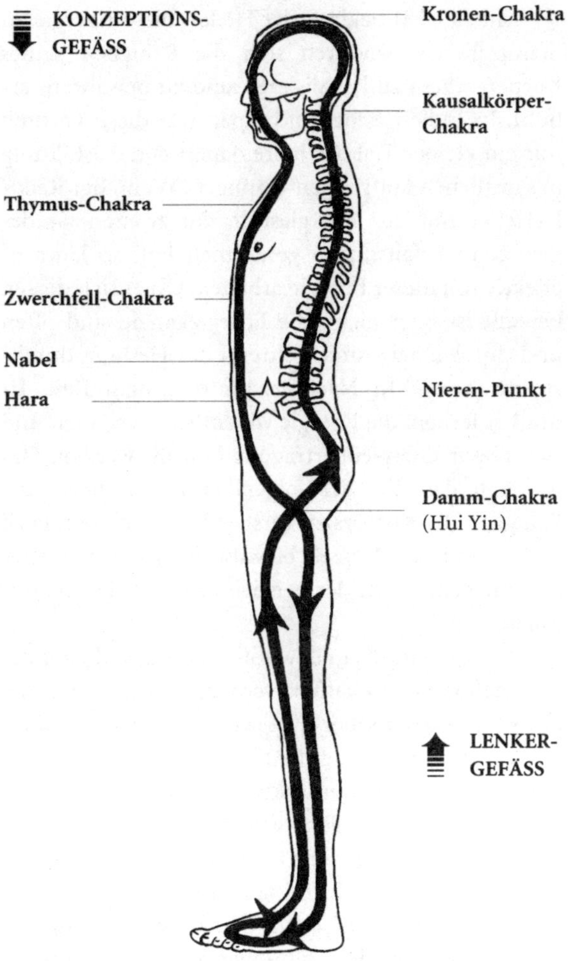

asiatischen Akupunkturpunkte stimmen mit den Stellen zwischen den Chakras überein, dort, wo das Konzeptionsgefäß und das Lenkergefäß (Ida und Pingala) in ihrer zirkulierenden Ki-Bewegung aufeinandertreffen. Bei diesen Punkten handelt es sich um die eingangs beschriebenen »neuen« Chakras, die zusammen mit dem Zentralkanal (Sushumna auf der Hara-Ebene) die Hara-Linie bilden. Die Zirkulation des Ki oder des Prana durch diese Energiekanäle wird als spiralförmig beschrieben, was der spiralförmigen Anordnung der DNS-Moleküle entspricht.

Die Technik, das Ki oder Prana durch diese Energiekanäle zu lenken, wird in Indien als das Wecken der Kundalini oder Schlangenkraft bezeichnet. Es gibt dafür in Indien und Tibet aber auch noch andere Bezeichnungen. In den asiatischen Ländern wird diese Disziplin auch Qi-Gong genannt. Es bestehen diverse Unterschiede in der Art und Weise der Energiezirkulation. Die Auffüllung der Lebenskraft ist in Asien das wichtigste Ziel der Übung, in Indien und Tibet ist es das spirituelle Wachstum und die Transzendenz des Körpers. In Indien besteht dieser Prozeß darin, die Prana-Energie vom Wurzel- bis zum Kronen-Chakra aufsteigen zu lassen. Sobald Shakti und Shiva am höchsten Chakra zusammentreffen, wird die Energie über dem Kronen-Chakra freigesetzt oder kehrt auf demselben Weg, auf dem sie hochgestiegen ist, wieder zurück. In Asien wird der Abwärtsbewegung genausoviel Aufmerksamkeit geschenkt wie der Aufwärtsbewegung. Dies hat zur Folge, daß beim Rückfluß der Energie weniger negative Symptome auftreten, obwohl es mengenmäßig mehr Energie ist, als der Körper verarbeiten kann.

Nicht geweckte Kundalini ruht am Grund der Wirbelsäule, spiralförmig aufgerollt wie eine Schlange. Sie verkörpert die Kundalini-Shakti – das Bewußtsein der Kräfte. Erwacht sie, so steigt sie durch alle Chakras die Sushumna hinauf, um sich über dem Kronen-Chakra mit Shiva zu vereinigen – das reine Bewußtsein.

Diese Vereinigung wird als Glückseligkeit beschrieben und stellt die Transzendenz des Körpers sowie die Verschmelzung der Erde mit dem Universum dar. Für Tantra-Anhänger ist dies die Vereinigung mit der Göttin und das Einssein mit allem Lebendigen. Die Dualität der irdischen Ebene wird in der Seligkeit der Vereinigung und des Einsseins aufgehoben: »Wie oben, so unten«.[3]

Im Qi-Gong, wo die Energie kreisförmig anstatt nur aufwärts gelenkt wird, geht es darum, die Lebenskraft nutzbringend für die Gesundheit und ein langes Leben anzuwenden. Spirituelles Erwachen kommt erst später. Die tägliche Aktivierung der Energiezirkulation soll angeblich eine Heilung fast aller Leiden bewirken, da Energieblockaden und Schwächen im gesamten Körper behoben und sämtliche Organe mit Ki versorgt werden. Qi-Gong arbeitet mit dem Konzeptions- und dem Lenkergefäß (Ida und Pingala) anstatt mit der Sushumna, dem Hauptkanal, der in Indien von größter Bedeutung ist. Die kreisförmige Bewegung bewirkt zum Ende der Sitzung eine Erdung anstatt einer Überflutung der oberen Chakras mit Ki. Dies verhindert eine »Überhitzung des Gehirns«, emotionale Probleme sowie Halluzinationen und ist somit eine Art Sicherheitsventil, das der Sushumna fehlt. Wird Energie durch zwei Kanäle in unterschiedliche Richtungen geleitet, so wird sämtliche überschüssige Energie sicher geerdet oder freigesetzt.[4]

Was bedeutet das für Reiki? Auch Reiki bringt die feinstoffliche Energie Ki/Qi/Prana im Körper zum Fließen. Der Energiestrom fließt durch die Hauptkanäle (Hara-Linie, Konzeptions- und Lenkergefäß) und über die abzweigenden Energiekanäle in die Hände. Bei der Reiki-Einweihung werden die drei Hauptkanäle sowie die Chakras geöffnet und gereinigt, wobei Reiki den Energiefluß lenkt und verstärkt. Es klärt und öffnet die Energie auf der Ebene des ätherischen Doppels und auf der Hara-Ebene. Jede Einweihung, die auf Reiki I folgt, bewirkt eine Erweiterung der Kanäle, so daß sie Ki besser halten und senden können – zunächst bei Reiki-Behandlungen, später bei der Weitergabe von Einweihungen. Die Manipulation des Ki erfolgt im Konzeptions- und im Lenkergefäß, bis sich im Körper des Meisters genügend Energie befindet, um Reiki-Einweihungen geben zu können. Reiki ist somit eine Kundalini-Technik.

Mit Reiki II beginnt der Heiler, diese Energie zu manipulieren, wodurch sich die Fähigkeit seines Körpers, diese zu kanalisieren und zu bewahren, erhöht. In Indien, Tibet und Japan war diese Technik nur ein kleiner Teil der Jahre dauernden Ausbildung in sämtlichen tantrischen Übungen. Wenn der Reiki-II-Heiler mit der Energiestufe des zweiten Grades genügend Erfahrungen gesammelt hat, so kann er effektiv mit dieser Energie arbeiten. Ob er sich dessen bewußt ist oder nicht, die Energiekanäle sind offen und durchgängig, und während der Heilung durchströmt ihn viel Ki. Nach der Einweihung in Reiki III muß er lernen, die Energie willentlich zu senden und sich dieser Energieübertragung bewußt werden. Das ist auch das Ziel der folgenden Ki-Übungen: die Fähigkeit des Körpers zu verstärken, diese Energie zu halten und den Prozeß bewußt zu machen. Später kommt dann noch der geistige Akt und die Absicht hinzu.

Als erstes muß ein Bewußtsein für das Muster des Energieflusses geschaffen werden, was im Qi-Gong als »mikrokosmischer Kreislauf« bezeichnet wird. Dieser ist im Qi-Gong die Basis für sämtliche Energiearbeit, und ich werde kurz darauf eingehen. Ich habe mich für Übungen aus dem Qi-Gong entschieden, weil sie im Gegensatz zum Kundalini-Yoga einen vollständigen Energiekreislauf enthalten, wodurch Probleme der elektrischen Überlastung vermieden werden, und weil diese Übungen auch ohne Aufsicht gefahrlos durchzuführen sind. Es kann damit ohne irgendwelche Beschwerden oder Gefahren auf die Schnelle viel Energie erzeugt werden. Die tantrischen

Kundalini-Methoden sind den hier vorgestellten Übungen nachempfunden.

Wer ernsthaft mit dem mikrokosmischen Kreislauf arbeiten möchte, dem empfehle ich zwei Bücher von Mantak Chia: *Awakening Healing Energy Through the Tao* sowie *Awaken Healing Light of the Tao* (Mantak und Maneewan Chia). Meine Informationen über Qi-Gong stammen größtenteils aus diesen Quellen. Der mikrokosmische Kreislauf verbindet das Konzeptionsgefäß mit dem Lenkergefäß und stellt dadurch einen geschlossenen Energiekreislauf im Körper her. Dies kommt durch zwei Bewegungen zustande, die beide für Reiki III unbedingt notwendig sind. Die erste besteht in der Verbindung der sich unten am Körper befindenden Kanäle (Wurzel-Chakra) durch die Huy-Yin-Position (vereinigtes Yin), der Kontraktion des Dammes. Die zweite Bewegung verbindet die sich oben am Körper befindende Kanäle, und dies geschieht, indem die Zunge hinter den Zähnen an den Gaumen gedrückt wird. Diese Bewegungen werden noch ausführlich besprochen.

Der Weg des Energieflusses beim mikrokosmischen Kreislauf ist der Beginn und die Basis der Reiki-Übungen. Diese werden ähnlich wie bei der Fernheilung in der Meditation ausgeführt, aber mit nach innen gerichteter Energie. Beginne, indem du deine Aufmerksamkeit auf den Nabel oder das Hara richtest.[5] Sobald sich am Hara Wärme (Ki) zu stauen beginnt, lenke diese Wärme mittels geistiger Vorstellungskraft zum Damm (Hui-Yin, Wurzel-Chakra), hinter die Genitalien und dann hinauf ins Rückenmark. Verharre einen Moment am Nieren-Punkt (Ming-Men oder Tor des Lebens), laß dann die Energie/Ki langsam die Wirbelsäule aufsteigen, bis sie den Scheitelpunkt des Kopfes (Zirbeldrüse, Kronen-Chakra) erreicht. Folge dem Energiefluß, forciere ihn nicht. Halte diese Energie bis zu zehn Minuten am Kronen-Chakra, dann lenke sie nach unten zur Stirn bzw. zu den Augenbrauen (Hirnanhangdrüse, Drittes Auge). Laß die Energie die Körpervorderseite hinunterfließen, bis sie wieder am Hara/Nabel angelangt ist. Halte sie am Hara, bis sich die Wärme ansammelt, dann beginne den Kreislauf von neuem, wobei du dich als nächstes zum Wurzel-Chakra bewegst. Wiederhole diesen Kreislauf einige Male. Steigere dich im Laufe der Zeit bis auf 36 Kreisläufe pro Sitzung.

Sobald du die oben beschriebene Übung beherrschst, kannst du die Beine und die Erdverbindung miteinbeziehen.[6] Dazu lenkst du den Energiefluß vom Nabel zum Hui-Yin (Wurzel-Chakra), verteilst ihn auf zwei Kanäle und sendest Ki auf der Rückseite der Oberschenkel bis an die Kniekehlen. Von hier aus fließt es zu den Waden und Fußsohlen. Der K-1-Akupunkturpunkt (Yung-Chuan) an beiden Fußsohlen ist der Sitz der Fuß-Chakras. Der Punkt heißt auch *Sprudelnde Quelle* und ist die Kontaktstelle des Körpers mit der Erdenergie. Sobald sich die Wärme in den Fußsohlen staut, lenke die Energie in die großen Zehen, dann über die Vorderseite der Füße hinauf zu den Knien, wobei du durch die Fußsohlen Energie aus der Erde anziehst. Lenke den Energiestrom an der Innenseite der Oberschenkel entlang, bis du wieder den Damm erreichst.

Lenke den Energiefluß wieder die Wirbelsäule entlang und teile ihn für die Arme an einem Punkt zwischen den Schulterblättern. Sende Ki an den Innenseiten beider Arme zu den Handflächen, aus denen während der Behandlung die heilende Reiki-Kraft fließt. Konzentriere dich auf diese Empfindung und folge dem Energiefluß am Mittelfinger und der Außenseite der Arme entlang. Wenn die Energie die Schultern erreicht, fließt sie zurück in den Hauptkreislauf, die Wirbelsäule hinauf zum Nacken bis zum Kronen-Chakra. Laß die Energie wieder den Zentralkanal bis zum Hara hinabsteigen.

Sobald du mit der Energiezirkulation fertig bist, beendest du den mikrokosmischen Kreislauf, indem du die Energie erdest. Dies ist äußerst wichtig und muß am Ende jeder Sitzung erfolgen, ganz gleich ob du nur einen oder viele Energiekreisläufe durchgeführt hast. Sobald die Energie sich am Ausgangs- bzw. Endpunkt befindet, lege deine zur Faust geschlossene Hand auf den Nabelbereich und reibe ihn spiralförmig auf einer Fläche von höchstens fünfzehn Zentimeter Durchmesser. Frauen lassen die Faust erst 36mal gegen den Uhrzeigersinn kreisen, dann 24mal im Uhrzeigersinn. Männer führen die kreisende Bewegung zuerst 36mal im Uhrzeigersinn, dann 24mal gegen den Uhrzeigersinn aus. Dadurch sammelt sich die Energie und wird geerdet, und das schützt vor elektrischer Überladung und körperlichen Beschwerden.[7]

Die zwei folgenden Ki-Übungen basieren auf dem oben beschriebenen mikrokosmischen Kreislauf. Ich habe sie 1989 im Rahmen meiner Reiki-II-Ausbildung gelernt. Zu der Zeit wußte ich nichts über ihre Herkunft, geschweige denn über den mikrokosmischen Kreislauf und war deshalb sehr froh, sie bei den Recherchen zu diesem Buch gedruckt vorzufinden. Diese Ki-Übungen sind im Kundalini-Yoga und im Qi-Gong bekannt und gelten dort als wichtige Praktiken. Wahrscheinlich gelangten sie von Indien und Tibet aus nach China und Asien.

Sinn und Zweck dieser Übungen ist es, mehr Ki aufzunehmen und zu kanalisieren. Die Weitergabe von Reiki-Einweihungen erfordert nämlich eine weitaus höhere Kapazität, und darauf bereiten die Übungen vor. Falls du nicht vorhast, dich in Reiki III ausbilden zu lassen, brauchst du diese Übungen nicht zu machen. Ich hoffe jedoch sehr, daß möglichst viele Reiki-Schüler den Schritt zu Reiki III unternehmen. Die Übungen sind auch im Hinblick auf die spirituelle Entwicklung und die Gesunderhaltung des Körpers interessant.

Bevor wir nun mit den Übungen anfangen, noch ein Hinweis auf die Heiligkeit des Körpers. Obwohl es in vielen metaphysischen Übungen darum geht, das Physische zu transzendieren, sollte trotzdem nicht vergessen werden, daß der Körper magisch und heilig ist. Buddhisten glauben, daß karmische Belastungen nur während der Inkarnation aufgelöst werden können, und Reiki wird im Körper gegeben. In dieser Zeit des Zusammenbruchs gibt es zu viele Dinge auf der Erde, die Körper, Geist und Seele vergiften und schädigen. Viele davon sind unvermeidlich – wir müssen unreine Luft atmen, belastetes Wasser trinken und vergiftetes Essen essen, da uns nichts anderes zur Verfügung steht.

Auf andere Dinge können wir jedoch Einfluß nehmen. Viele Heiler sind wie ich der Meinung, daß jemand, der raucht, ab und zu Drogen nimmt oder viel Alkohol trinkt, nie ein reiner Reiki-Kanal sein kann. Deshalb solltest du nie eine Behandlung oder Einweihung unter dem Einfluß von Alkohol oder Drogen geben. Diese Zustände ziehen jederzeit negative Wesenheiten und geistige Verkettungen an, die beim Heilen nichts zu suchen haben. Sie sind für den Heiler absolut negativ. Gib auch nie eine Behandlung oder Einweihung, wenn du wütend oder ernsthaft krank bist. Falls du das Rauchen, den Alkohol- oder Drogenkonsum aufgeben willst, so bieten sich dir mit Reiki und der mikrokosmischen Umkreisung effektive Möglichkeiten zur Selbstheilung. Bedenke, daß du als Reiki-Praktizierender zum heiligen Kanal für die universelle Lebenskraft wirst.

Übung 1

Die Übung wird am besten unbekleidet durchgeführt. Versetze dich in einen meditativen Zustand und beginne mit dem mikrokosmischen Kreislauf. Fühle oder visualisiere Ki als Feuerenergie (Raku) und lenke es vom Hara (Nabel) zum Hui-Yin (Damm), dann die Wirbelsäule hoch zum Kronen-Chakra. Laß die Energie an der Körpervorderseite wieder zum Hara hinabsteigen. Ab hier folgen unterschiedliche Anweisungen für Frauen und Männer. Visualisiere während dieser Übung keine Reiki-Symbole.

Für Frauen

Beginne mit der Schließung des Wurzel-Chakras, der Hui-Yin-Position, die in der nächsten Übung ausführlich beschrieben wird. Um sie für diese Übung anzuwenden, setzt du dich auf den Boden, wobei die Ferse eines Fußes gegen Vagina und Klitoris drückt. Übe mit der Ferse einen festen, beständigen Druck aus. Ein kleines Kissen, ein Tennisball oder auch ein größerer Kristall zwischen den Beinen erfüllt den gleichen Zweck.[8] Halte deine Zunge hinter den Zähnen am Gaumen. Dies ist die Ausgangsposition für den Großteil der Kundalini-, Yoga- und Qi-Gong-Arbeit, einschließlich des mikrokosmischen Kreislaufes. Die Verwendung des Kissens stammt aus dem Zen (japanischer Zweig des Buddhismus). Eventuell löst der Druck Wärmegefühle oder einen Orgasmus aus.

Als nächstes verstärke die Energie in deinen Händen, indem du sie aneinanderreibst oder die Reiki-Kraft zum Fließen bringst, bis sie warm sind.[9]

Lege die angewärmten Innenflächen der Hände auf deine Brüste und massiere sie vorsichtig und mit sanftem Druck (im Grunde genommen ist es ein sanftes Ausstreichen) 18mal von unten nach oben und von innen nach außen, ohne die Brustwarzen zu stimulieren. Sei dir dabei bewußt, wie das Ki zur Vagina und zur Zirbel- und Hirnanhangdrüse (Wurzel-, Kronen-Chakra und Drittes Auge) fließt. Das Ausstreichen nach oben dient der Verteilung.

Beende die Übung mit einer leichten Berührung der Brustwarzen und laß die Energie von den Brüsten, der Vagina, dem Kronen-Chakra und dem Dritten Auge ins Herz-Chakra fließen. Wiederhole die 18 kreisenden Bewegungen zwei- bis viermal, wobei du nach jeder Streichmassage das Ki zum Herz-Chakra fließen läßt.

Im Anschluß daran führst du die Streichmassage in der entgegengesetzten Richtung aus, streichst also von oben nach unten und von außen nach innen. Sammle die Energie in den Brustwarzen und lenke sie zur Wirbelsäule hinter den Brüsten. Als nächstes lenke sie zum Nieren-Punkt. Wiederhole die 18 kreisenden Bewegungen zwei- bis viermal. Das Ausstreichen nach innen wird Inversion genannt.

Laß deine Hände von den Brüsten zum Nieren-Punkt gleiten, der sich an der Körperrückseite, hinter den unteren Rippen, befindet. Dieser Bereich wird nun etwa 9- bis 18mal massiert und sanft gerüttelt. Nach einer kurzen Pause wiederholst du diese Bewegungsfolge zwei- bis viermal, wobei du dich am Ende jedesmal etwas ausruhst. Spüre die Wärme in der Nierengegend.

Lege deine Hände anschließend auf den Unterleib, um die Leistengegend und die Eierstöcke zu stimulieren. Massiere den Bereich der Leber und der Gallenblase auf der rechten Seite unter den Rippen sowie die Milz auf der linken Seite, zuerst mit nach außen, dann mit nach innen gerichteten Bewegungen, jeweils 36mal. Als nächstes massierst du den Vaginalbereich, um die Energie zu sammeln. Ruhe dich aus und spüre, wie sich das Ki ausdehnt.

Lege dann die rechte Hand an deine Vagina und die linke auf dein Herzzentrum und integriere das Gefühl grenzenloser Liebe in dein Herz. Laß Erdenergie in dir aufsteigen und setze den mikrokosmischen Kreislauf fort. Beende die Sitzung, indem du die Energie im Hara sammelst.

Damit ist die erste Übung für Frauen abgeschlossen.

Diese Übung hat außer der Erweiterung der Kundalini-Kanäle noch mehr zu bieten. Die meisten spirituellen Praktiken zielen darauf ab, sexuelle Energie ins höchste Chakra zu leiten. Sexuelle Energie ist Ursprungs-Ki, und ein Verlust dieser Energie mindert die Lebenskraft, verkürzt das Leben und schwächt die Gesundheit. Diese Energie geht bei der Menstruation, beim Eisprung oder Geschlechtsverkehr verloren. Die oben beschriebene Übung recycelt diese Energie und vermehrt somit das ursprüngliche Ki zum Nutzen

KI-ÜBUNGEN FÜR FRAUEN[19]

Übung 1

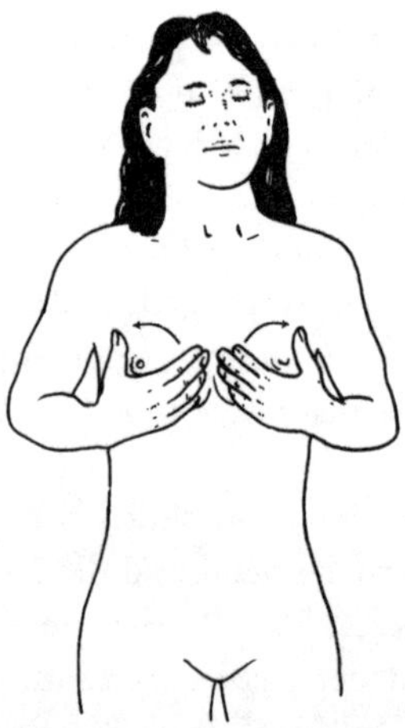

Mit den Handinnenflächen um die Brüste nach oben und nach außen streichen.

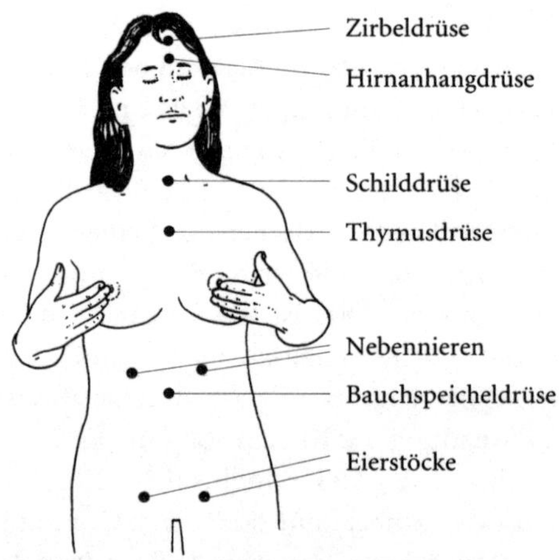

Berühre deine Brustwarzen und lenke die Energie ins Herz.

KI-ÜBUNGEN FÜR FRAUEN[20]

Übung 1 (Fortsetzung)

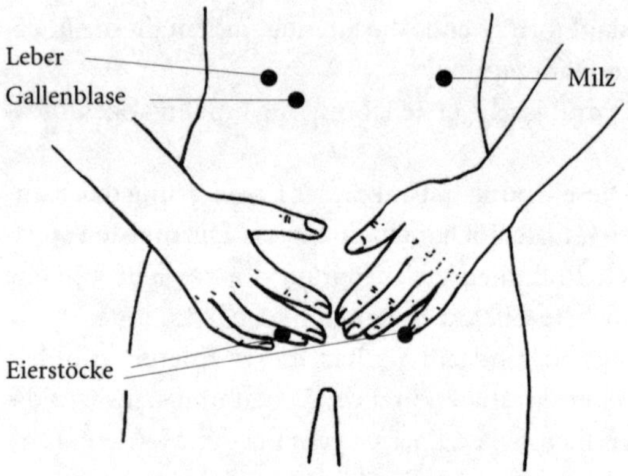

Massiere die Leisten- und Taillengegend.

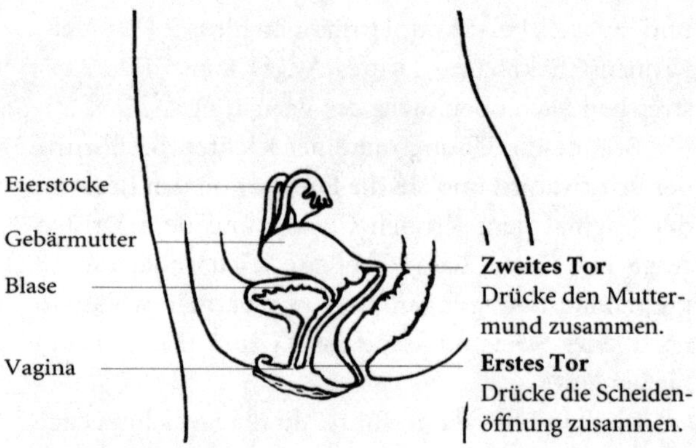

Die Hui-Yin-Position – Tor des Lebens und des Todes für Frauen.

von Körper, Geist und Seele. Die Vereinigung von sexueller Energie mit Herzenergie erzeugt Mitgefühl und bringt Frieden, Wohlergehen und Freude.

Die Brustmassage wirkt ausgleichend auf den weiblichen Hormonhaushalt, manchmal mit dramatischen Folgen. Die nach außen gerichteten Bewegungen können Symptome der Menopause aufheben, was mit einer »Rückkehr des Blutes« erklärt wird. Frauen mit Zysten in der Brust stellen fest, daß durch die Verteilungsbewegung Knoten verkleinert oder beseitigt werden. Unter Umständen können sich bei alleiniger Anwendung auch die Brüste verkleinern. Zur Brustvergrößerung empfiehlt sich daher die Umkehrbewegung, sie ist jedoch zu vermeiden bei Knoten in der Brust oder bei Beschwerden in den Wechseljahren. Bei den meisten Frauen wirken die beiden Streichmassagen (in gleicher Anzahl je Richtung ausgeführt) ausgleichend auf die Hormone, ohne die Brustgröße zu verändern.

Die tägliche Durchführung dieser Übungen kann auch eine »Umkehr des Blutes« zur Folge haben. Bei manchen Frauen sinkt der Östrogenspiegel derart, daß die Monatsblutung ausbleibt. In der esoterischen Philosophie wird dies als positiv betrachtet, denn es bedeutet, daß sexuelles Ki wiederaufbereitet und zum Kronen-Chakra geleitet wird. Trotzdem ist dies für die meisten Frauen keine wirklich sichere Form der Verhütung. Bei ausbleibender Menstruation und bestehendem Kinderwunsch solltest du die Übung einstellen oder reduzieren (weniger als hundert Rotationen pro Tag). *Es sind keinerlei schädliche Nebenwirkungen von diesen Übungen bekannt.* Sie stoppen lediglich die biologische Uhr und steigern die Kreativität und das mentale Bewußtsein.

Die Übung kann zweimal täglich durchgeführt werden, morgens und abends. Es sollten dabei nicht weniger als 36 und nicht mehr als 360 kreisende Bewegungen pro Sitzung durchgeführt werden. Beginne mit einer kleineren Anzahl und steigere dich langsam.

Für Männer

Beginne mit dem mikrokosmischen Kreislauf. Visualisiere während der Übung nicht die Reiki-Symbole oder das Raku (Feuerenergie). Dies würde eine Überreizung und Unbehagen mit sich bringen. Sollte dies passieren, laß die überschüssige Energie zur Erde zurückfließen und benutze die spiralförmigen Bewegungen zum Ende des mikrokosmischen Kreislaufes, um das Ki im Hara zu sammeln. Die Hui-Yin-Position und die Verbindung des Konzeptions- und des Lenkergefäßes für die Durchführung des Kreislaufes werden später in diesem Kapitel beschrieben. Lies auch Übung 1 für Frauen, bevor du anfängst.

Laß zuerst die Energie in deine Hände aufsteigen. Reibe sie zu diesem Zweck rasch aneinander oder laß die Reiki-Energie fließen.[10]

Sobald deine Hände warm sind, massiere und schüttele sanft die Nieren 9- bis 18mal. Halte inne und spüre die Wärme. Konzentriere dich und atme in die Nieren hinein, dann atme das Ki in den Nieren-Punkt aus. Wiederhole dies 2- bis 4mal. Werde dir der Energieverbindung zwischen den Nieren und den Genitalien bewußt.

Laß erneut Energie in deine Hände fließen. Umfasse sanft die Hoden, ohne sie zu drücken, wobei du sie mit deiner rechten Hand bedeckst. Massiere die Hoden 18- bis 36mal. Halte inne und fühle, wie sich das Ki in den Hoden sammelt.

Nimm nun die Hoden in deine linke Hand. Lege deine rechte Handinnenfläche auf das Hara und streiche nun mit sanftem Druck im Uhrzeigersinn 36- bis 81mal um den Nabel.

Wiederhole die Übung mit der anderen Hand, nachdem du erneut Energie in deine Hände hast fließen lassen. Massiere das Hara diesmal entgegen dem Uhrzeigersinn, 36- bis 81mal. Die rechte Hand umfaßt die Hoden.

Bedecke mit beiden Handflächen die Genitalien. Spüre die Stimulation in den Organen und ziehe die

KI-ÜBUNGEN FÜR MÄNNER[21]

Übung 1

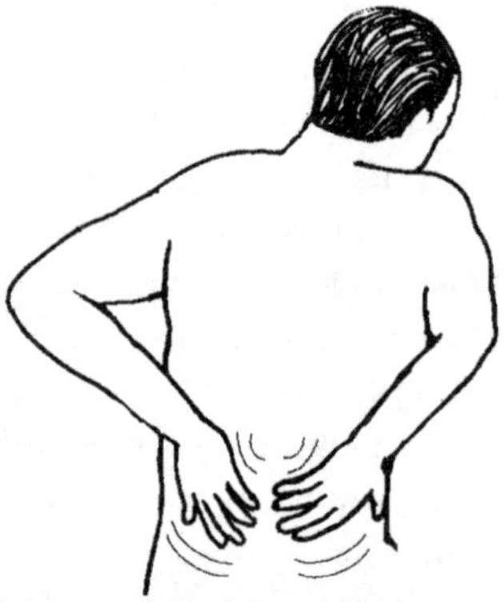

Massiere und klopfe behutsam die Nieren.

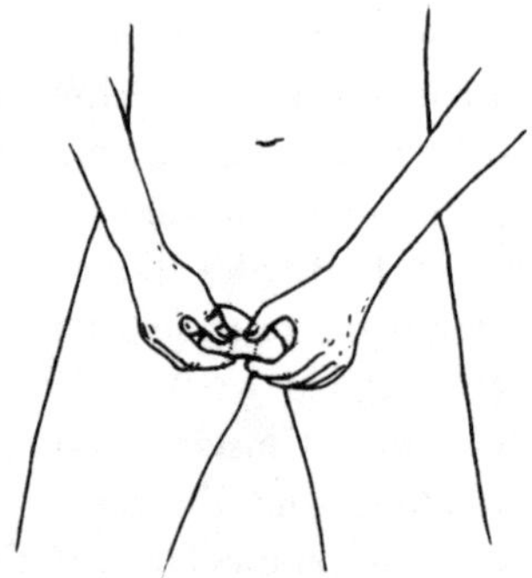

Massiere die Hoden.

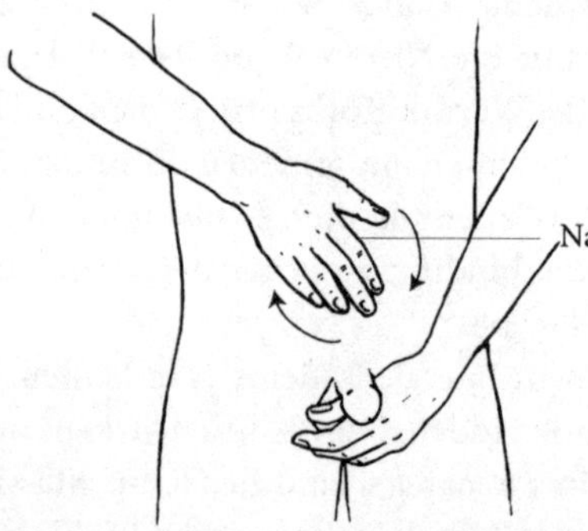

Die linke Hand hält die Hoden. Die rechte Hand massiert den Unterleib im Uhrzeigersinn.

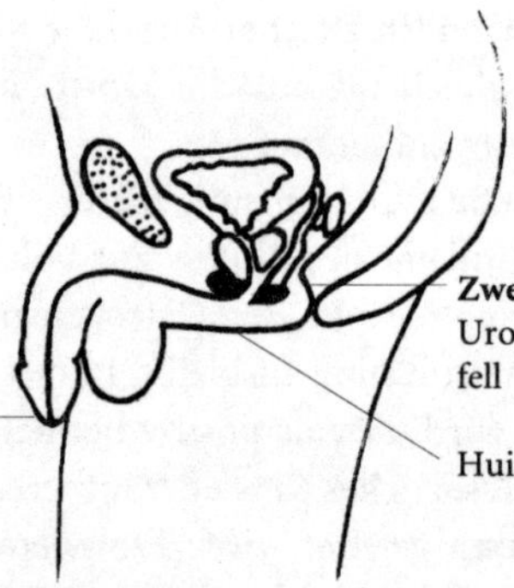

Lage der Hui-Yin-Position beim Mann.

Muskeln zusammen, um die Energie zu sammeln. Halte inne und spüre, wie sich die Energie ausdehnt.

Lege deine linke Hand auf das Herzzentrum, während sich deine rechte Hand weiterhin an den Hoden befindet. Laß universelle Lebensenergie in dein Herz strömen.

Setze den mikrokosmischen Kreislauf fort, wobei du die Energie zum Hara zurückleitest, und beende die Übung.

Es gibt verschiedene Gründe, diese Übung durchzuführen. Zum einen wird durch die Verbindung des Herzens mit den Sexualorganen mehr Mitgefühl erzeugt. Zum zweiten beschert die Aufbereitung der sexuellen Energie bzw. des ursprünglichen Ki ein längeres Leben und optimale Gesundheit. Die Sexualorgane an sich werden gestärkt. Prostataleiden, frühzeitige Ejakulation oder andere sexuelle Funktionsstörungen werden behoben. Die Energiezirkulation des mikrokosmischen Kreislaufes heilt sämtliche Organe und löst Energieblockaden im ganzen Körper. Das spirituelle Bewußtsein wächst, und Körper, Geist und Seele sind vereint. Die Übung hilft auch, ein Gefühl des inneren Friedens, der Sicherheit und des Wohlbehagens zu entwickeln, und sie fördert ungemein die Kreativität, mentales Bewußtsein und spirituelles Wachstum.

Übung 2: Die Hui-Yin-Position

Die Hui-Yin-Position verbindet das Konzeptions- und das Lenkergefäß oben und unten am Körper. Ohne diese Position fließt das Ki als geradliniger Strom in entgegengesetzter Richtung durch die Kanäle, hinein und wieder hinaus. Die Anspannung des Hui-Yin macht es möglich, daß Ki den Körper vollständig durchkreist und dient auch als treibende Kraft für die Energiezirkulation des mikrokosmischen Kreislaufes. Ohne diese Kontraktion kann der Kreislauf nicht geschlossen oder Ki aktiviert werden. In der von mir benutzten Einweihungsmethode bewegt sich Ki auf diese Weise auch durch den Körper des Reiki-Meisters, während dieser Einweihungen vornimmt. Im traditionellen Reiki-Einweihungsritual werden diese Ki-Übungen nicht angewendet.

Bei der Weitergabe der Einweihungen stellt die Hui-Yin-Position einen der größten Unterschiede zwischen modernem und traditionellem Reiki dar. Bei traditionellen Einweihungen müssen jedem Schüler vier Einstimmungen für den ersten Reiki-Grad sowie eine weitere für den zweiten Reiki-Grad gegeben werden. Unter Einbeziehung des Hui-Yin, wobei die Hara-Linie aktiviert wird, genügt eine einzelne kombinierte Einstimmung pro Grad. Reiki III erfordert bei beiden Methoden nur eine Einstimmung.

Obwohl beide Methoden funktionieren, bin ich der Meinung, daß die Aktivierung der Hara-Linie zur Weitergabe von Einweihungen die stärkere ist. Viele meiner Schüler, die nach beiden Methoden eingeweiht wurden, haben mir dies bestätigt. Bei vier Einstimmungen wird außerdem die Schülerzahl pro Kurs drastisch gesenkt und die Kursdauer erheblich verlängert. Um möglichst vielen Menschen die Reiki-Kraft zugänglich zu machen und um auf Frauen-Festivals große Gruppen unterrichten zu können, ist es besser, wenn die Zahl der Einstimmungen möglichst gering ist.

Der dritte Grund für die neuere Methode liegt in ihrer Einfachheit. Bei der traditionellen Reiki-I-Einweihung sind vier verschiedene Einstimmungen zu erlernen, eine weitere für Reiki II und noch eine weitere für Reiki III. Bei der von mir benutzten Methode wird nur eine kombinierte Einstimmung pro Grad benötigt, welche für alle drei Grade gleich ausgeführt wird. Jeder Reiki-III-Schüler sollte die Notwendigkeit erkennen, die Hui-Yin-Position zu lernen. Ich weiß nicht, von wem die von mir benutzte Einweihungsmethode entwickelt wurde oder von wem die Qi-Gong-Übungen stammen. Bis jetzt ist Reiki immer mündlich überliefert worden.

Die Hui-Yin-Position ist ein weiteres Beispiel für die Umwandlung von sexueller Energie in Spiritualität und die Aktivierung und Auffüllung des ursprünglichen Ki. Sie ist ein Grundelement des Kundalini-Yoga, des Pranayama-Yoga und des Qi-Gong, auf das in zahlreichen Büchern eingegangen wird. Durch Anspannung oder Kontraktion des Dammes werden das Konzeptionsgefäß und das Lenkergefäß an der Körperunterseite miteinander verbunden. Dies bewirkt eine vorübergehende Schließung des Wurzel-Chakras oder dessen Gegenstück auf der Hara-Linie. Anstatt daß Ki den Körper durch die Füße verläßt, steigt es aufwärts und die sexuelle Energie wird in die Krone abgeleitet.

In Kundalini-Yoga ist diese Position als Wurzelschleuse bekannt. Wird, wie in der ersten Ki-Übung beschrieben, Druck auf die Vagina ausgeübt, kommt die Siddhasana-Position, der perfekte Sitz, zustande. Diese gilt als die optimale Meditationshaltung für spirituelles Wachstum.[11] Der Druck wird ausgeübt, indem die Ferse (oder ein Kissen oder anderer Gegenstand) an die Vagina, den After oder den dazwischenliegenden Damm gelegt wird. Die Schließung des Hui-Yin (Damm-Punkt) läßt Erd-Ki in das Hara hinauffließen, wobei zur gleichen Zeit kosmisches Ki zum Hara hinabgezogen wird. Dort, wo die beiden Energien aufeinandertreffen, wird Wärme erzeugt, die zum Steißbein (Wurzel-Chakra) ausstrahlt, wodurch Kundalini-Energie freigesetzt wird.[12]

Die zweite Übung lehrt den Schüler, die Verbindung mit dem Hui-Yin ohne äußeren Druck herzustellen, wobei der Damm durch Muskelanspannung geschlossen wird. Dies ist notwendig für die Weitergabe von Einweihungen, weil der Meister/Lehrer dabei stehen und beweglich sein muß. Die Position ist für die Übertragung von Einweihungen nach der von mir praktizierten unorthodoxen Methode absolut notwendig. Bei Schülern, die damit Schwierigkeiten haben, greifen die Reiki-Führer allerdings ein, so daß die Einstimmungen trotzdem korrekt weitergegeben werden.

Finde zunächst die Muskeln, die für die Wurzelschleuse betätigt werden müssen. Diese befinden sich für Frauen und Männer gleichermaßen zwischen den Genitalien und dem After und stellen auch den als KG 1 (Konzeptionsgefäß) bekannten Akupunkturpunkt dar. An dieser Stelle wird auch der sogenannte Damm-Schnitt zur Vermeidung eines Dammrisses bei der Entbindung durchgeführt, und auch die *Kegel-Übungen* der Frau sind hier lokalisiert. (Das Anspannen des Hui-Yin ist eine *Kegel-Übung.)* Auf den Tonkassetten von Duane Packer und Sanaya Roman *(Awakening Your Light Body)* wird dieser sich auf der Hara-Linie befindende Punkt N'ua genannt. Im Qi-Gong ist er als Tor des Lebens und des Todes bekannt.

Der zweite Teil der Position besteht darin, die Zunge gleich hinter den Zähnen gegen den Gaumen zu drücken. Dabei verbindet sich das Konzeptionsgefäß mit dem Lenkergefäß oben am Körper wie unten am Damm durch die Muskelanspannung. Es befinden sich hierfür drei verschiedene Stellen am Gaumen, von denen sich die einfachste am weitesten vorne befindet und Wind-Position genannt wird. Es wird nur ein leichter Druck benötigt. Berühre einfach nur den Gaumen mit der Zunge und halte sie dort während der Übung. Dies muß auch bei der Weitergabe von Reiki-Einweihungen geschehen.

Beginne die Arbeit mit diesen Energien in einer sitzenden Position. Die Anweisungen sind wieder für Frauen und Männer verschieden. Visualisiere während der Übungen nicht die Reiki-Symbole, warte damit auf den Einweihungsprozeß in Reiki III.

Für Frauen

Setze dich auf einen Stuhl oder den Fußboden und spanne die Muskeln der Vagina und den Schließmuskel des Afters an.[13] Wahrscheinlich ist es am einfachsten, zuerst den Schließmuskel zusammenzudrücken und dann die Vaginalmuskeln folgen zu lassen. Drücke den Schließmuskel des Afters stark zusammen, als ob du das Rektum in den Körper zu ziehen versuchst. Spanne die Vaginalmuskeln an, als ob du einem starken Harndrang entgegenwirken willst. Falls du jemals nach der Geburt eines Kindes die Kegel-Übungen gegen Harninkontinenz oder zur Orgasmusstimulation durchgeführt hast, wird dir diese Übung bekannt sein. Anatomisch gesehen geschieht diese Muskelanspannung in dem Muskel, der vom Schambein zum Steißbein zieht. Sind beide Öffnungen richtig angespannt, fühlt es sich an, als ob durch das Rektum Luft in den Körper strömen würde. Halte diese Position, solange es angenehm ist, und lasse dann los. Wiederhole diese Übung mehrmals.

Dies wird anfangs vielen Frauen schwerfallen. Die Kontrolle über die Muskeln kommt mit dem Üben,

Lage der Hui-Yin-Position[22]

Muskeln des Dammes (bei der Frau)

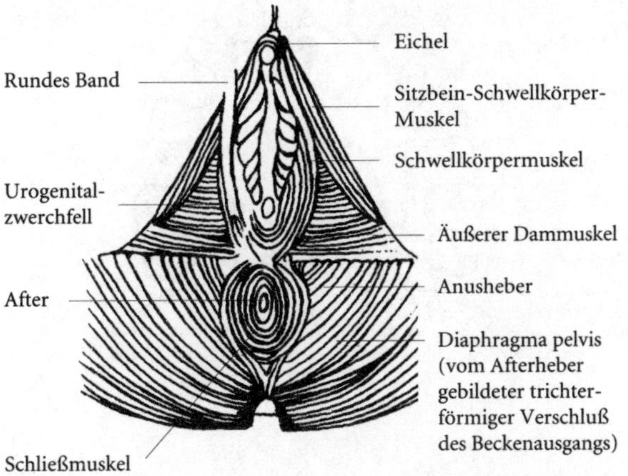

Das Tor des Lebens und des Todes für Frauen

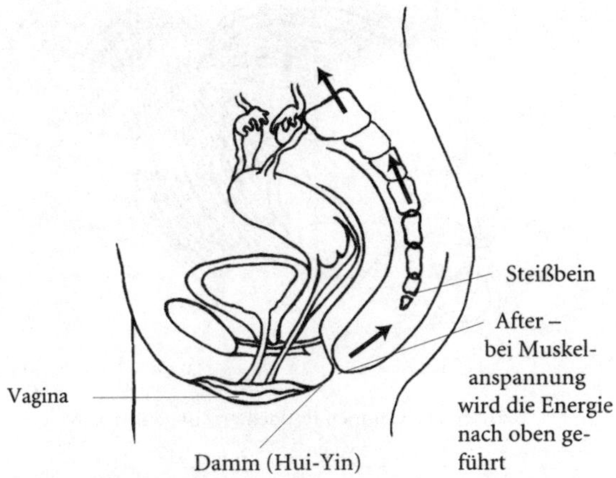

und je öfter du die Übung durchführst, desto stärker werden die Muskeln. Du wirst die Muskeln immer länger anspannen können. Zum Schluß bist du in der Lage, die Muskelanspannung automatisch durchzuführen. Bedenke jedoch, daß du dabei dein Wurzel-Chakra auf der Hara-Linie schließt. Öffne also die Schleuse von Zeit zu Zeit wieder.

Für die Übertragung der Reiki-Kraft mußt du das Hui-Yin, deine Zunge am Gaumen sowie deinen Atem zwei bis drei Minuten halten können. Das ist das Ziel der Übung, die Entwicklung der notwendigen Muskelkontrolle. Beginne die Übung anfänglich mit angehaltenem Atem. Wenn deine Vagina vollkommen angespannt ist, wirst du merken, wie sich auch der Gebärmutterhals zusammenzieht, wodurch ein weiteres Energietor geschlossen wird. Ki beginnt sofort im Körper an der Hara-Linie aufzusteigen, und es kann keine Energie mehr hinabsteigen und den Körper durch die Füße und inneren Organe verlassen. Es wird eine Verbindung mit der Erdenergie hergestellt, die ins Hara geführt wird.

Zusammenziehen des Hui-Yin[23]

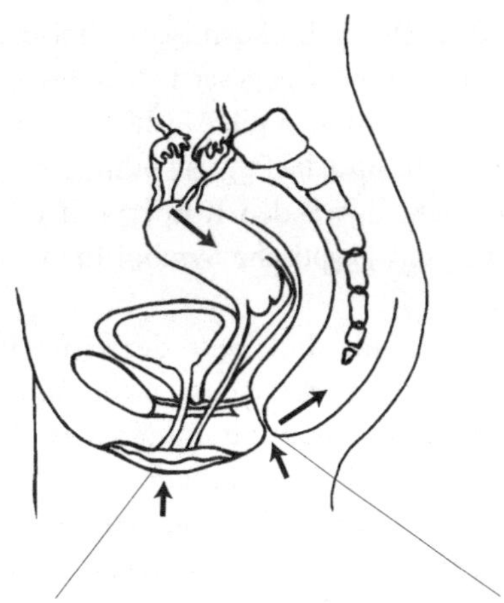

1. Spanne die Vaginalmuskeln an.
2. Drücke den Schließmuskel des Afters zusammen.
3. Halte die Anspannung und drücke das gesamte Becken zusammen.
4. Spüre, wie die Energie zum Steißbein strömt und das Rückgrat emporfließt.

Hui-Yin-Zungenposition[24]

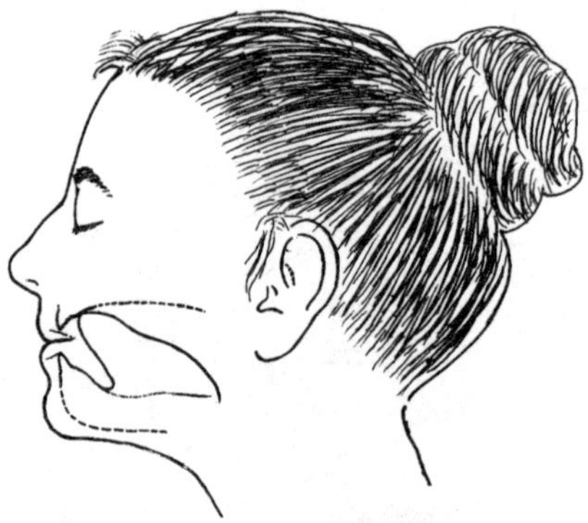

Berühre den Gaumen mit deiner Zungenspitze.

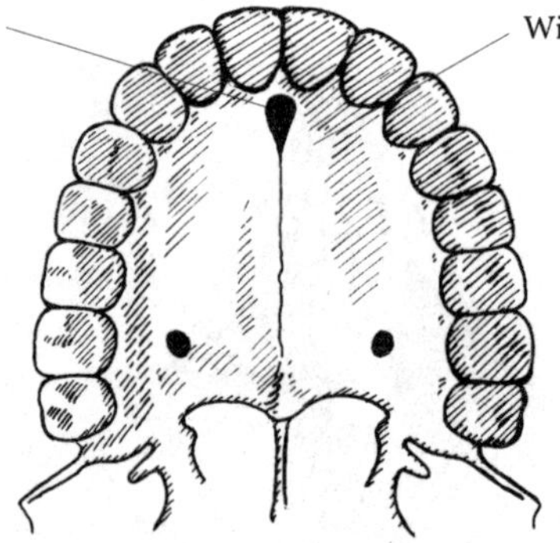

Während du die Hui-Yin-Position an der Körperbasis beibehältst, führst du deine Zunge an den Gaumen, in die Furche hinter den Zähnen. Jetzt ist der Energiekreislauf geschlossen, und das Konzeptionsgefäß und das Lenkergefäß sind an beiden Enden verbunden. Der mikrokosmische Kreislauf wird fast augenblicklich in Gang gesetzt. Nun fließt Ki von der Krone abwärts und von der Erde aufwärts. Das Hara wird aktiviert, und die Energie fühlt sich an, als ob sie in einer Acht durch den Körper kreist. Diese Figur stellt auch das ägyptische Symbol für Unendlichkeit dar.

Trainiere alle drei Teile der Hui-Yin-Position, bis du die Übung beherrschst. Ziehe die Muskeln der Vagina und des Afters zusammen, lege deine Zunge an den Gaumen, hole tief Luft und halte den Atem an. Verharre in dieser Position, solange du kannst. Am Ende solltest du sie auch stehend beherrschen. Praktiziere den mikrokosmischen Kreislauf, ohne die Luft anzuhalten, während du die beiden Enden des Konzeptions- und des Lenkergefäßes zu einem Energiekreis verbindest. Diese Position ermöglicht den mikrokosmischen Kreislauf.

Für Männer

Die oben beschriebene Übung kann von Männern genauso ausgeführt werden, mit dem einzigen Unterschied, daß nur der Schließmuskel des Afters zusammengedrückt wird.[14] Drücke die Muskeln zusammen, als ob du sie in den Körper hineinziehst. Die zwei Tore des Mannes befinden sich am Penis, und zwar am Harnröhrenmund sowie am Schaft. An den Stellen geht sexuelles Ki dem Körper sonst verloren.

Lies zunächst die Anweisungen für Frauen und führe dann die Übungen auf dieselbe Weise aus.

Männer wie Frauen sollten die Übungen zweimal täglich ausführen, gleich nach dem Aufstehen und unmittelbar vor dem Schlafengehen. Je öfter der mikrokosmische Kreislauf praktiziert wird, desto besser. Nach längerem Üben stellt sich ein Gefühl des absoluten Wohlbefindens im täglichen Leben ein, und viele körperliche und emotionale Probleme werden sich klären. Die Übungen setzen im Gehirn Endorphine frei, die ein Hochgefühl erzeugen. Die zweite Übung ist für die Weitergabe von Reiki-Einweihungen notwendig, die erste löst Energieblockaden, hebt das spirituelle Bewußtsein und stärkt die Einheit von Körper,

Geist und Seele. Dies trifft besonders auf Männer zu. Frauen wie Männer profitieren von der ersten Ki-Übung. Sie kann unter Umständen einen gestörten Hormonhaushalt ausgleichen und bei Problemen mit der Fortpflanzung helfen.

Ich grüße besonders die Männer, die sich in dieser Zeit des Umbruchs spirituell entwickeln. Bewußtsein, das mit Selbstheilung beginnt, gehört ebenso zur Heilung aller Menschen wie der Versuch, die Erde zu einem besseren Lebensraum für alle Lebewesen zu machen.

Damit ist die Reiki-II-Ausbildung abgeschlossen, es folgt nur noch der Lehrer/Meister-Grad des dritten Grades. Die Ki-Übungen sind gewissermaßen das Bindeglied zwischen dem zweiten und dem dritten Grad. Bevor ein Reiki-Schüler mit der Reiki-III-Energie arbeiten kann, muß er sich mit den Symbolen auskennen, er muß in der Lage sein, sie korrekt in der richtigen Abfolge und Anzahl der verwendeten Striche und Bögen zu zeichnen. Des weiteren muß der Schüler Fernheilungen durchführen und die Reiki-II-Symbole bei Kontaktbehandlungen und zu anderen Zwecken anwenden können. Sobald er den mikrokosmischen Kreislauf und die zwei Ki-Übungen beherrscht, ist er bereit für Reiki III.

1 Barbara Marciniak und Tera Thomas, Hrsg., *Bringers of the Dawn: Teachings from the Pleiadians,* S. 62-63.

2 Earlyne Chaney und William L. Messick, *Kundalini and the Third Eye,* S. 23.

3 Ajit Mookerjee, Kundalini: *The Arousal of the Inner Energy,* S. 10-12.

4 Mantak Chia, *Awakening Healing Energy Through the Tao,* S. 6-7.

5 Der folgende Prozeß stammt aus Mantak Chias Buch *Awakening Healing Energy Through the Tao,* S. 73-74. Siehe auch Dr. Stephen T. Chang, *The Tao of Sexology, The Book of Infinite Wisdom,* S. 181-186.

6 Mantak und Maneewan Chia, *Awaken Healing Light of the Tao,* S. 60-61.

7 Ebenda, S. 59.

8 Diese Position ist im folgenden Buch beschrieben: Earlyne Chaney und William L. Messick, *Kundalini and the Third Eye,* S. 32-35.

9 Der Rest dieser Übung stammt von Mantak und Maneewan Chia, *Awaken Healing Light of the Tao,* S. 382-389, siehe auch Dr. Stephen T. Chang, *The Tao of Sexology,* S. 103-107. Ich lernte die Übung 1989 während meiner Reiki-II-Ausbildung.

10 Mantak und Maneewan Chia, *Awaken Healing Light of the Tao,* S. 385-389, und Dr. Stephen T. Chang, *The Tao of Sexology,* S. 72-76.

11 Ajit Mookerjee, Kundalini: *The Arousal of the Inner Energy,* S. 20.

12 Earlyne Chaney und William L. Messick, *Kundalini and the Third Eye,* S. 32-33.

13 Dr. Stephen T. Chang, *The Tao of Sexology, The Book of Infinite Wisdom,* S. 105-106.

14 Ebenda, S. 73-76.

15 Ajit Mookerjee, *Kundalini: The Arousal of the Inner Energy,* S. 21.

16 Mantak und Maneewan Chia, *Awaken Healing Light of the Tao,* S. 114.

17 Dr. Stephen T. Chang, *The Tao of Sexology, The Book of Infinite Wisdom,* S. 182-183.

18 Mantak Chia, *Awakening Healing Energy Through the Tao,* S. 170.

19 Mantak und Maneewan Chia, *Awaken Healing Light of the Tao,* S. 383-384. Anmerkung: Ich lernte diese Übungen wärend meiner Reiki II Ausbildung im Jahre 1989.

20 *Ebenda,* S. 385.

21 *Ebenda,* S. 386-388.

22 *Ebenda,* S. 113-117.

23 *Ebenda,* S. 195, 289 und 291.

24 *Ebenda,* S. 147-227.

Reiki III

Der Dritte Grad

7. Kapitel

Die Symbole des dritten Reiki-Grades

Der dritte Reiki-Grad ist der aufregendste Teil dieser unglaublichen Heilmethode. Es handelt sich um die Befähigung zur Weitergabe von Reiki. Manche Lehrer unterteilen diesen Grad in zwei Stufen: in den praktischen Teil von Reiki III und den Meister-/Lehrergrad. Die praktische Ausbildung beinhaltet die Ki-Übungen des vorangegangenen Kapitels sowie den Gebrauch der Reiki-III-Symbole bei der Behandlung. Einige Lehrer bezeichnen dies auch als fortgeschrittenes Reiki II. (Traditionelle Lehrer wenden die Ki-Übungen überhaupt nicht an.) Die Meister-/Lehrer-Ausbildung enthält Informationen über die Weitergabe von Einweihungen und die Ausbildung im Reiki-System. Meine Lehrmethode beinhaltet sowohl die Heil- als auch die Lehrinformationen.

In traditionellen wie in modernen Reiki-Kreisen wird viel darüber diskutiert, wer den Grad erhalten sollte. Nach traditioneller Ansicht sollte er nur Menschen verliehen werden, die bereit und in der Lage sind, ihr Leben voll und ganz in den Dienst von Reiki zu stellen. Der Anwärter wird über einen längeren Zeitraum sorgfältig beobachtet, und es müssen einige Jahre zwischen den Reiki-II- und Reiki-III-Ausbildungen liegen. Der Schüler darf nicht um die Reiki-III-Ausbildung bitten, sie muß ihm von einem Eingeweihten und lehrenden Meister angeboten werden. Nur sehr wenige Schüler werden für diese Ausbildung angenommen. Sogenannte freie Reiki-Lehrer arbeiten kostengünstiger und unterrichten den dritten Grad meist mit geringeren Einschränkungen.

Die Gebühr für die traditionelle Reiki-Meisterausbildung beträgt in den USA 10 000 Dollar und in Kanada und England 15 000 Dollar. Es werden keine Stipendien oder Preisnachlässe für Reiki III oder die anderen Grade gegeben. Der Schüler muß bei seinem Lehrer für mindestens ein Jahr in die Lehre gehen. Wenn er selbst soweit ist, Unterricht zu geben, muß dieser für eine bestimmte Zeit in Anwesenheit des Meisters stattfinden, der auch die Kursgebühren erhält.

Anfangs darf man nur Reiki I unterrichten, später auch Reiki II. Es kann einige Jahre dauern, bis der neue Lehrer selbständig ist.

Einige Zeit vor und nach Hawayo Takatas Tod glaubte man, nur die Großmeisterin selbst könne jemanden in Reiki III einweihen. Ihre Schüler durften, obwohl sie selber den dritten Reiki-Grad besaßen, nur Reiki I und II unterrichten. Ich weiß von traditionellen Reiki-Praktizierenden, daß die Lehrer gar nicht wußten, daß sie Meister einweihen konnten. Als die Lehrer entdeckten, daß sie tatsächlich dazu in der Lage waren, ließen sich mehr Leute in Reiki III ausbilden. Hawayo Takata weihte in den letzten zehn Jahren ihres Lebens (1970-1980) 22 Reiki-III-Praktizierende ein. Vor einigen Jahren gab es in den Vereinigten Staaten 250 Reiki-Meister, die nach der traditionellen Usui-Methode ausgebildet waren, und weltweit etwa 750. Mittlerweile dürften es wesentlich mehr sein.

Einige traditionell ausgebildete Reiki-Meister haben angefangen, das feste Preisgefüge und die Exklusivität in Frage zu stellen, und manch einer hat die Preise für seine Seminare deutlich gesenkt. Einige sind dabei, ihre Lehrmethoden zu überarbeiten und zeitgemäßer zu gestalten. Das Resultat von all dem ist, daß es immer mehr Reiki-Meister gibt und sich die Reiki-Methoden weiterentwickeln. Diese Meister stellen fest, daß Reiki sich bei einem niedrigeren Preisniveau genauso günstig auswirkt und daß es gut ist, mehr Reiki-Lehrer zu haben. Ein Dialog zwischen den traditionellen Organisationen und Zusammenschlüssen und den modernen Reiki-Meistern/Lehrern findet leider selten statt.

In einem Interview, das William Rand mit Phyllis Furomoto führte, gab diese an, daß Mikao Usui Reiki in einer sehr lockeren Form unterrichtete, ohne es in Grade aufzuteilen. Die traditionellen Lehrmethoden wurden von Chujiro Hayashi entwickelt, während Hawayo Takata für das mehr oder weniger kartellartige System der Preisabsprache verantwortlich ist. Die Reiki-Organisation Alliance führte nach dem Tod der Großmeisterin noch mehr Regeln ein.[1] Phyllis Furumoto, Takatas Enkelin, wurde von der Alliance zur Großmeisterin ernannt. Sie betonte, daß »der Titel Großmeisterin nur ein Titel sei, der nicht mit besonderen Fähigkeiten in bezug auf Reiki verbunden ist«.[2] Sie sagte weiterhin:

> *Ich beobachte immer wieder, daß viele Reiki-Lehrer und Reiki-Praktizierende ein zu großes Gewicht auf Einweihungslinien, Zertifikate und die Mitgliedschaft in der »richtigen« Organisation legen. Die einzig wichtige Frage ist aber, ob man selbst fühlt, daß man eine innere Verbindung zu Reiki hat. Wenn das zutrifft, ist alles andere ohne Bedeutung.*[3]

Auch die Reiki-Symbole kamen in diesem Interview zur Sprache, und Phyllis Furumoto ging auf die verschiedenen Schreibweisen der Reiki-Symbole ein. Sie meinte, daß die Symbole nicht von jedem Lehrer oder Praktizierenden gleich gezeichnet werden müßten; sie müßten nur erkennbar sein. Wichtig für den Gebrauch der Reiki-Symbole ist ihre Absicht. Sie verglich die einzelnen Varianten mit der Verschiedenartigkeit von Handschriften. Kein Mensch schreibt wie ein anderer. Beinahe jeder kann jedoch die Schrift eines anderen lesen, ganz gleich, wie verschieden sie ist.

Wenn in meinem Unterricht Schüler mit andersartigen Symbolen zu mir kommen, zeige ich ihnen meine und gebe ihnen den Rat, diejenigen zu benutzen, mit denen sie am besten zurechtkommen. Ich habe bereits vier verschiedene Versionen des Hon-Sha-Ze-Sho-Nen sowie einige Schreibweisen für das Reiki-Meistersymbol gesehen. All diese Varianten funktionieren gut und sind richtig. Das gleiche gilt für die verschiedenen Methoden, die sich im Reiki-Unterricht entwickelt haben. Das traditionelle System verdient Anerkennung, daß es Reiki in den Westen brachte und seine ursprüngliche Form weitestgehend bewahrte.

Aber auch moderne Lehrmethoden haben ihre Berechtigung. Sie fördern die Integration von Reiki in einer Zeit und Kultur, die sich deutlich von früheren Epochen unterscheidet. Bedenke, daß dieses System des Heilens wahrscheinlich in Indien und Tibet entstand, mit dem Buddhismus nach ganz Asien gelangte und dann über Japan die Vereinigten Staaten erreichte. Die schriftliche Anleitung dazu stammt aus der Zeit vor Jesus, die mindestens dreitausend Jahre zurückliegt. Es ist auch möglich, daß das System von anderen Planeten zur Erde gebracht wurde. Reiki hat sich im Laufe der Jahrtausende immer wieder angepaßt und verändert.

Einige (aber nicht alle) traditionell ausgebildete Lehrer und Praktizierende weigern sich, Methoden anzuerkennen, die sich von ihren eigenen unterscheiden. Sie erkennen die moderne Reiki-I-Ausbildung nicht an, wenn Schüler für eine weitere Ausbildung zu ihnen kommen. Manche schließen sogar modern ausgebildete Heiler von ihren Reiki-Kreisen aus. Einige meiner Reiki-III-Schüler, die selbst unterrichten, wurden von diesen Leuten belästigt, wenn sie für ihre Kurse warben. Nichttraditionellen Schülern wird gesagt, daß sie »nicht wirklich Reiki haben« oder daß sie »falsch ausgebildet wurden«. Wenn moderne Symbolschreibweisen nicht mit denen eines traditionellen Lehrers übereinstimmen, bekommen die Schüler oft zu hören, daß »dies keine Reiki-Symbole seien und sie nicht funktionieren würden«. Nichts davon ist wahr. Eine solche Einstellung widerspricht dem Berufsethos des Heilers und hat mit Reiki nichts gemein.

Tatsache ist, daß die Reiki-Einweihung aus einem Anfänger einen qualifizierten Heiler machen kann, und das innerhalb eines Nachmittags. Heiler werden dringend benötigt, und je mehr Heiler dem Planeten zur Verfügung stehen, desto besser. Jeder hat heutzutage Schmerzen, und auch die Erde selbst leidet. Um Reiki wie einst wieder allen zugänglich zu machen, brauchen wir dringend mehr Heiler in allen Reiki-Methoden. Es ist heutzutage moralisch nicht vertretbar, eine Methode des Heilens nur bestimmten Menschen vorzubehalten, wobei keine Methode »besser« oder »mehr Reiki« ist als andere.

Meiner Meinung nach darf sich die Reiki-Lehrerausbildung nicht nur auf diejenigen beschränken, die ihr Leben ganz dem Reiki widmen. So funktioniert das heute nicht mehr. Nur sehr wenige Menschen können jahrelang in die Lehre gehen oder 10 000 Dollar für eine Ausbildung bezahlen. Darauf zu spekulieren, mit Reiki seinen Lebensunterhalt zu verdienen, kommt nicht für jeden in Frage. Ich biete die Unterweisung in Reiki III in der Regel allen redlichen Menschen an, die die Ausbildung wünschen und die ersten zwei Grade absolviert haben. Bei jemandem mit wirklicher Hingabe oder mit außergewöhnlichen Heilungsfähigkeiten verzichte ich oft auf meine ohnehin schon niedrigen Gebühren. Ich unterrichte etwa die Hälfte meiner Schüler gratis. Dies trifft auf alle drei Grade zu.

Bei meiner Methode, Reiki zu unterrichten, ist an jeden der drei Grade eine moralische Verpflichtung geknüpft. Für Reiki I und II gilt der Grundsatz, nur diejenigen mit Reiki zu behandeln, die darum bitten, und ihre Willensfreiheit zu respektieren. In Reiki III spielen finanzielle Gesichtspunkte eine Rolle. Reiki bringt allen Wohlstand, ein langes Leben und Wohlergehen. Das sind keine Werte, die man kaufen oder verkaufen kann. Obwohl ein Lehrer oder Heiler das Recht hat, von seiner Arbeit zu leben, trägt er gleichzeitig die Verantwortung, die Behandlung für alle erschwinglich zu machen. Ich verlange in meinen Kursen zur Zeit 75 Dollar für Reiki I, 100 Dollar für Reiki II und 300 Dollar für Reiki III. Für Wochenendseminare verlange ich einen Einheitstarif, der weit unter dem Betrag für private Einzelsitzungen liegt. Ich selbst verlange kein Geld für Behandlungen, bin aber durchaus der Meinung, daß Heiler das Recht haben, von ihrer Arbeit zu leben. Ich lege meinen Schülern eine flexible Preisgestaltung ans Herz, dazu sollte auch gehören, daß sie Stipendien gewähren.

Zu Beginn meiner Lehrtätigkeit hatte ich eine etwa dreiwöchige Phase, in der ich Reiki nicht teilen mochte, damit Geld verdienen wollte und mir wünschte, daß der Meisterstatus mehr bedeutete als nur die Verantwortung zu lehren. Ich war entsetzt, daß ich so dachte, aber die Gedanken waren einfach da. Ich hatte Reiki III angestrebt, um möglichst viele Menschen preiswert oder gar kostenlos darin zu unterrichten. Doch nach der Einweihung fehlte mir die Perspektive, diesen Weg weiterzugehen. Nach einigen Wochen der inneren Suche verschwand diese Einstellung. Ich weiß aber von anderen modernen Lehrern, die ihre ursprünglich positive Absicht ebenfalls nach Beginn ihrer Lehrtätigkeit verloren haben. Heute warne ich meine Schüler davor, auf diesen Egotrip zu gehen. Hüte dich davor und erinnere dich daran, weshalb du Reiki-Lehrer wurdest.

Wie bei Reiki II biete ich meinen Schülern das gesamte Informationsmaterial an (vieles davon als Broschüren), so daß sie es nach der Reiki-III-Ausbildung mit nach Hause nehmen können. Ich erwarte von ernsthaften Schülern, daß sie arbeiten, und bin der Meinung, daß sie, obwohl ich sie unterrichte, selber lernen müssen. Ich biete Reiki III in Wochenendseminaren an und lehne nur selten Schüler ab. Nicht alle meiner Reiki-III-Schüler entwickeln sich zu ernsthaften Lehrern, doch die meisten sind ernsthafte Heiler. Sie sind in der Lage, das Wissen weiterzugeben. Ich bitte meine Reiki-III-Schüler, die Möglichkeit des Lehrens ernsthaft in Erwägung zu ziehen, und selbst diejenigen, die anfangs kein Bedürfnis danach haben, unterrichten am Ende doch. Sie veranstalten nicht unbedingt Kurse, sondern geben Reiki an ihre Familie oder andere Menschen weiter, die die Energie brauchen. Zwar unterscheidet sich dies von der traditionellen Methode, einen Reiki-III-Schüler auszusuchen, doch bin ich der Meinung, daß dieses Vorgehen in der heutigen Zeit durchaus angemessen ist.

Wenn ich Reiki II unterrichte, sage ich meinen Schülern, wie sehr ich mir wünsche, daß sie mit Reiki III weitermachen. Ich sage ihnen aber auch, daß sie es nur tun sollen, wenn sie sich verpflichtet fühlen, sich selbst, andere (auch Tiere) und/oder den Planeten zu heilen. Was die Gruppenstärke betrifft, nehme ich nur so viele Schüler pro Kurs, wie ich tatsächlich einweihen kann. Der Schüler erfüllt seine Verpflichtung, indem er am Kurs teilnimmt, insofern nehme ich an, daß er/sie es sich gut überlegt hat. Es kommt manchmal vor, daß Schüler mit mir über ihre Entscheidung sprechen. Bei mir muß zwischen den Graden keine bestimmte Wartezeit eingehalten werden.

Wenn ich Wochenendseminare gebe, biete ich während dieser drei Tage Reiki I, II und III an, was für alle Beteiligten, mich eingeschlossen, sehr anstrengend ist. Bei Reiki I bitte ich die Schüler, selbst zu entscheiden, ob sie am nächsten Tag noch weiter aufnahmebereit sind. Wenn der Energieschub tiefgreifende Veränderungen bewirkt hat oder sie sich von der Information völlig überwältigt fühlen (was bei Reiki I nicht oft vorkommt), ist es am besten, mit der Einweihung in den zweiten Grad noch eine Weile zu warten. Fühlen sich die Schüler jedoch bereit, können sie gerne weitermachen. Nach der Einweihung in Reiki II warne ich meine Schüler eindringlich vor dem sechsmonatigen emotionalen Klärungsprozeß. Leute mit fortbestehenden seelischen Traumata sollten lieber warten.

Einem Schüler, der außer der gerade erfolgten Einweihung in Reiki I und II keine weitere Erfahrung im Heilen hat, rate ich ebenfalls zu warten und die Einweihung in Reiki III auf einen späteren Zeitpunkt zu verlegen. War ein Schüler bereits vor der Reiki-Ausbildung ein erfahrener Heiler oder ein Medium oder hatte er Reiki I schon vor dem besagten Wochenende, so überlasse ich ihm die Entscheidung. Die meisten Leute sind sich ihrer Grenzen deutlich bewußt. Es ist allemal besser, zwischen den Graden ein paar Monate verstreichen zu lassen, aber mangels Lehrer ist dies nicht immer möglich. Der Schüler wird selbst wissen, ob er bereit ist oder nicht, und ich respektiere seine Entscheidung. Wenn ich nach einem solchen Reiki-Wochenende eine Stadt verlasse, werden einige Monate später zumindest einige Leute soweit sein, daß sie selbst unterrichten.

Reiki III beginnt mit der Einführung von zwei weiteren Symbolen. Beide werden während der Einweihungszeremonie benutzt, aber nur eins davon findet beim Heilen Verwendung. In Reiki III dreht sich alles um die Weitergabe von Einweihungen, und die Symbole sind ein Teil dieses Prozesses. Die Symbole des dritten Grades sind das Dai-Ko-Myo und das Raku. Das Dai-Ko-Myo wird zum Heilen benutzt und überträgt bei der Einweihung die Reiki-Kraft. Das Raku wird nur bei der Einweihung benutzt. Hawaya Takata benutzte es nicht. Das Dai-Ko-Myo nimmt eine Sonderstellung ein, da es zwei verschiedene Schreibweisen gibt. Die eine wird im traditionellen Reiki benutzt, die andere nicht. Ich habe mich für die moderne Variante des Symbols entschieden, obwohl ich keine Ahnung habe, woher sie stammt.

Dai-Ko-Myo
Traditionelle Version

Dai-Ko-Myo
Traditionelle Version mit Pfeilen für die Symbolschreibweise

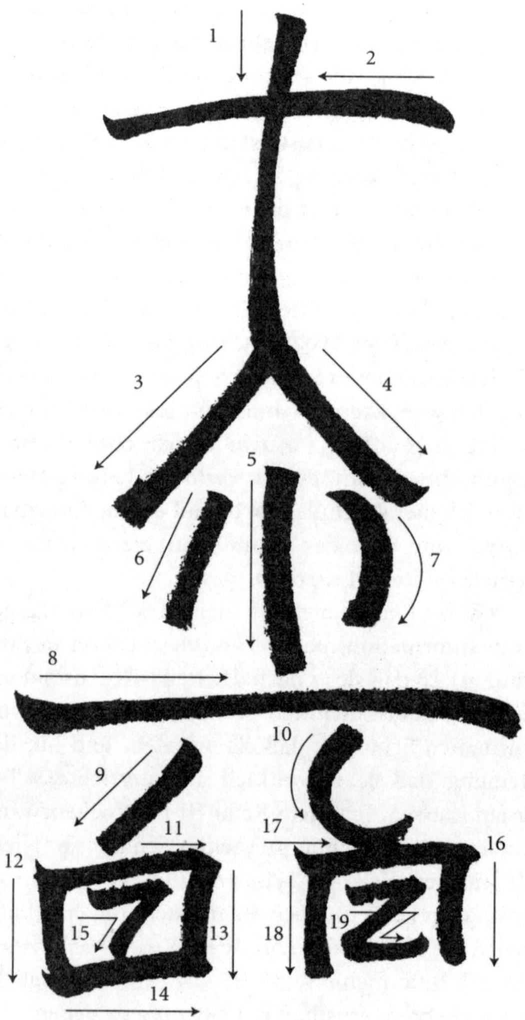

Auf meiner Suche nach Reiki III schickte mir eine Bekannte das traditionelle Dai-Ko-Myo mit der Post, und ich benutzte es im ersten Jahr meines Reiki-Unterrichts. Ich habe dieses Symbol schon in vielen

Dai-Ko-Myo
Varianten

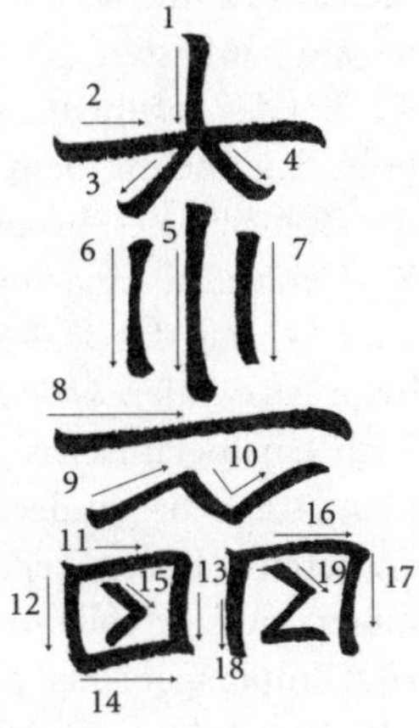

Tibetanisches Meistersymbol

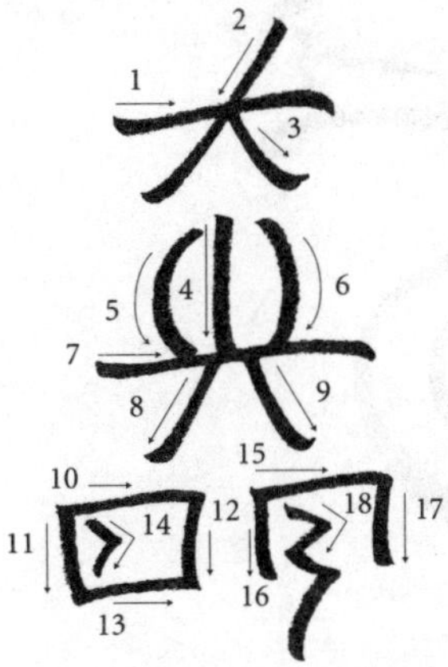

Sunyata-Reiki-Meistersymbol

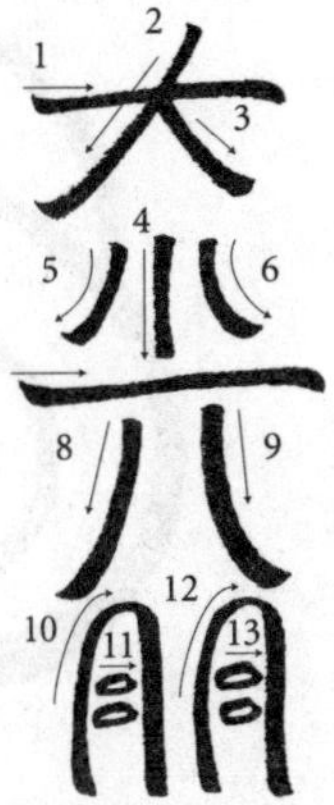

Dai-Ko-Myo-Variante[9]

Variationen gesehen, aber die Grundform war immer dieselbe. A. J. Mackenzie Clay zeigt eine Version in seinem Buch *One Step Forward for Reiki.* Nachdem ich eine Zeitlang unterrichtet hatte, fragte mich meine Reiki-II-Lehrerin, der ich den Großteil meines Unterrichtsstoffes verdanke, welches Dai-Ko-Myo ich benutze. Ich schickte ihr eine Kopie meines Symbols, worauf sie mich bat, eine modernere Version auszuprobieren. Anfangs hatte ich Bedenken, da das bis dahin von mir benutzte Symbol gut funktionierte. Ich versprach aber, es auszuprobieren. Einmal angewendet, blieb ich dabei. Das traditionelle Symbol habe ich seitdem nie mehr gebraucht.

Das neue Symbol kam mir sehr vertraut vor und erforderte kein Auswendiglernen. Als ich es sah, war mein erster Gedanke: »Das ist die Spirale der Göttin.« Bei den Einweihungen fand ich dieses Symbol sehr viel kraftvoller und fließender als das ursprüngliche Dai-Ko-Myo. Als ich beide Varianten benutzte und die Schüler bat, sie zu vergleichen, gefiel allen das neuere Symbol besser. Wie ich empfanden sie es klarer, einfacher und stärker. Nachdem ich eine Zeitlang damit gearbeitet hatte, zwischendurch immer mal wieder wechselte, entschied ich mich letztendlich für das moderne Dai-Ko-Myo.

In einer Channeling-Sitzung mit Suzanne Wagner fragte ein Schüler nach der neuen Symbolform. Ich war bei dieser Sitzung nicht dabei, hörte aber anschließend das Band ab. Die beim Channeling anwesenden Reiki-Führer sagten, das moderne Dai-Ko-Myo würde den Schwingungen der heutigen Reiki-Schulung am ehesten entsprechen. Das ältere Symbol paßt besser zur Energie einer früheren Zeit. Sie sagten weiterhin, daß es möglicherweise Menschen gäbe, an denen ich das traditionelle Symbol anwenden sollte, und daß ich dabei meiner Intuition folgen möge. Sie rieten jedoch zum Gebrauch des neuen Symbols. In diesem Kapitel werden beide Versionen des Dai-Ko-Myo vorgestellt. Ich empfehle meinen Schülern, sie beide auszuprobieren und das ihrer Energie und ihren Bedürfnissen besser entsprechende Symbol zu verwenden.

Modernes Dai-Ko-Myo

Sobald du das Dai-Ko-Myo kennst, solltest du es bei allen Heilungen anwenden. Vom Behandler über Zeit und Raum hinweg gesendet, erreicht es sehr schnell das Herz-Chakra des Empfängers. Oft ist es das einzige Symbol, das während einer Behandlung benötigt wird. Bei Fernheilungen sollte außerdem immer noch das Hon-Sha-Ze-Sho-Nen zum Einsatz kommen. Umgekehrt benutzt, zieht es negative Energie aus dem Körper. Das Dai-Ko-Myo konzentriert sich auf die Heilung der Seele. Jedes der Reiki-Symbole zielt auf einen der Schwingungskörper. Das Cho-Ku-Rei schwingt am stärksten mit dem physischen Körper, das Sei-He-Ki mit dem Emotionskörper und das Hon-Sha-Ze-Sho-Nen mit dem Mentalkörper. Das Dai-Ko-Myo wirkt auf der spirituellen Körperebene.

Dies bietet eine sehr kraftvolle Heilung. Leiden werden von höchster Ebene aus geheilt. Die spirituellen Körperebenen enthalten den Plan, auf den der physische Körper zurückgeht. Heilung auf dieser Ebene bewirkt tiefreichende Veränderungen, die landläufig als »Wunder« bezeichnet werden. Reiki-Heiler erleben bei jeder Sitzung »Wunder«, und oft ist das Dai-Ko-Myo daran beteiligt. Hier werden lebensverändernde Prozesse in Gang gesetzt. Wie die anderen Symbole sende auch das Dai-Ko-Myo bei Kontaktbehandlungen immer dann, wenn deine innere Stimme dich dazu auffordert. Ich benutze es von allen Symbolen am häufigsten.

Bei der Fernheilung benutze ich oft alle vier Symbole. Beginne mit dem Dai-Ko-Myo und sende dann das Hon-Sha-Ze-Sho-Nen. Als nächstes füge das Cho-Ku-Rei hinzu, danach das Sei-He-Ki und wiederhole zum Schluß das Dai-Ko-Myo. Das Symbol nimmt beim Aussenden oft ein astrales Rosa an, manchmal auch ein metallisches Gold. Es ist beim Aussenden nicht statisch, sondern bewegt sich rotierend und vibrierend. Ich spüre, daß es die universelle Energie direkt und kraftvoll durch den Reiki-Kanal des Heilers zum Empfänger leitet. Damit bekommt der Empfänger alles, was er braucht. Dies ist die allerstärkste und bestimmt auch positivste Heilenergie, die uns auf der Erde zur Verfügung steht.

Gebrauche das Dai-Ko-Myo bei der Selbstbehandlung in gleicher Weise, wie du es für andere benutzt. Zeichne es über deinem Herz-Chakra und visualisiere es mit den anderen Symbolen. Es gibt auch eine Qi-Gong-Übung, die dieses Symbol zur Selbstheilung und zur Verstärkung des Ki-Flusses im Körper einsetzt. Sie aktiviert das Thymus-Chakra auf der Hara-Linie und stärkt das Immunsystem des Körpers. Diese Übung sollte zweimal täglich in aufrechter Position durchgeführt werden.

Zuerst gilt es, den Punkt (siehe Abbildung) ausfindig zu machen. Er befindet sich an den Schulterblättern in der knochigen Mulde am Rücken. Laß Reiki-Energie in deine Hände strömen oder reibe die Hände aneinander, bis sie warm sind. Beginne den Punkt an der linken Schulter mit den Fingerspitzen der rechten Hand zu massieren. Gehe dabei im Uhrzeigersinn vor. Massiere den Punkt etwa eine Minute und visualisiere dann das Dai-Ko-Myo. Massiere die Stelle mit bis zu 300 kreisenden Bewegungen. Massiere danach den Punkt an der anderen Schulter.

Modernes Dai-Ko-Myo
Schreibweise

Wiederhole die Übung dreimal an beiden Schultern. Dann schließt du die rechte Hand locker zur Faust und klopfst dir mit der geschlossenen Hand 25mal leicht auf die Thymusdrüse, die sich in der Mitte der Brust, genau hinter dem oberen Teil des Brustbeines befindet, wobei du gleichzeitig das Dai-Ko-Myo visualisierst. Wiederhole die gesamte Übung zweimal täglich. Ich weiß nicht, woher diese Übung stammt, aber das Klopfen des Thymus hat sich als anregend und kräftigend erwiesen. Wer mehr über die Stärkung der Thymusdrüse erfahren möchte, dem empfehle ich das Buch *Der Körper lügt nicht* von John Diamonds, in dem weitere Übungen beschrieben werden.[4]

Es gibt für das Dai-Ko-Myo aber noch andere Anwendungen. Visualisiere die vier Symbole, um Kristalle zu reinigen, aufzuladen, zu programmieren oder um sie zur Selbstreinigung zu veranlassen. Halte hierzu den Kristall oder Edelstein zwischen deinen Handflächen und sende ihm Reiki-Energie. Visualisiere als erstes das Dai-Ko-Myo, dann das Sei-He-Ki, um den Stein von jeglicher Negativität und von Schmerzen zu befreien. Sende als nächstes das Cho-Ku-Rei, mit dem du den Kristall für eine bestimmte Aufgabe programmierst. Soll der Stein zur Selbstheilung oder zur Heilung anderer benutzt werden, füge außerdem noch das Hon-Sha-Ze-Sho-Nen hinzu. Zuletzt visualisiere erneut das Dai-Ko-Myo, wobei du bittest, daß der Stein sich von nun an selbst reinigt. Trotzdem solltest du ihn so oft wie möglich selber reinigen. (Die Häufigkeit pendelst du am besten aus.)

Bei der Herstellung von Blüten- oder Edelstein-Elixieren füge ich das Dai-Ko-Myo sowie das Cho-Ku-Rei dem Wasser und den Blüten (oder Steinen) hinzu, während sie in der Sonne ziehen. Ich bekomme oft zu hören, daß meine Elixiere sehr kraftvoll seien, und bin mir sicher, daß der Grund dafür im Dai-Ko-Myo liegt. Benutze es, um Medizin, Kräuterzubereitungen, homöopathische Mittel usw. aufzuladen. Oft

Dai-Ko-Myo zur Immun-Energetisierung[10]

ist es das einzige Symbol, das benötigt wird. Ich benutze das Dai-Ko-Myo fast immer, wenn ich Reiki gebe, meistens zu Beginn und am Ende jeder Symbolsequenz oder Sitzung. Der Energiestrom ist stark und tiefreichend. Das Dai-Ko-Myo ist das Symbol, das der Lehrer bei der Weitergabe von Reiki-Einweihungen benutzt. Mehr darüber später.

Wie die anderen Symbole, muß auch das Dai-Ko-Myo auswendig gelernt werden. Der Schüler soll in der Lage sein, es in der richtigen Reihenfolge präzise zu zeichnen. Dies ist beim spiralförmigen Dai-Ko-Myo viel einfacher als beim älteren Symbol. Ich brauchte einige Wochen, um das ältere Dai-Ko-Myo auswendig zu lernen. Daran erkannte ich, daß es nicht mit meiner Energie übereinstimmte. Das moderne Dai-Ko-Myo gehörte vom ersten Moment an zu mir. Ich brauchte es nicht zu lernen, ich kannte es schon. Alle mir bekannten Varianten des Symbols findest du in diesem Kapitel. Benutze das Symbol, das dir am meisten zusagt. Sämtliche Versionen funktionieren.

Interessant ist in diesem Zusammenhang die Qi-Gong-Definition der Spirale, die ein Symbol der göttlichen Energie darstellt. Eine sich im Uhrzeigersinn von der Mitte aus drehende Spirale hat die Eigenschaft, Ki im Kern der Figur zu verdichten. Das moderne Dai-Ko-Myo wird auf diese Weise gezeichnet: von der Mitte aus im Uhrzeigersinn nach außen. Wird die Spirale entgegen dem Uhrzeigersinn gezeichnet, dehnt sich das innere Ki aus, um sich mit dem Ki außerhalb des Körpers zu verbinden. Ist diese Ausdehnung abgeschlossen, wirkt sie in die entgegengesetzte Richtung, und Ki wird wieder ins Innere befördert. Spiralen erzeugen Energiewirbel, die andere Energien anziehen und in sich aufnehmen. Die Natur bewegt sich spiralförmig, angefangen von kleinen Kräuselwellen in einer Pfütze bis hin zu Wirbelstürmen, und im Qi-Gong werden sie zur Ansammlung und Verdichtung von Ki gebraucht, das zur Heilung und Gesunderhaltung dient.[5]

Die Spirale im Wicca-Kult stellt das Labyrinth der Einweihung dar. Sie ist der Übergang des Jahresrades sowie der Ort der Erscheinung und Wiedergeburt. Spiralen im Uhrzeigersinn beschwören Ursprungsenergie, die sich entgegen dem Uhrzeigersinn drehenden Spiralen Zerstreuung und Abwicklung. In dem Buch *The Spiral Dance* vergleicht Starhawk die doppelte Spirale mit einem Irrgarten oder Labyrinth, das zum Ursprung aller Dinge, zur buddhistischen Leere führt:

> *Während du dich durch die Spirale hindurchbewegst, lösen sich die Welt und ihre Formen auf, bis du dich in der Mitte der Spirale befindest, in der Geburt und Tod eins sind. Die Mitte der Spirale leuchtet, sie ist der Nordstern, und die Arme der Spirale sind die Milchstraße, unzählige Sterne, die sich langsam um das stille Zentrum drehen … Du befindest dich im Mutterleib der Göttin, frei schwebend. Fühle nun, wie du geschoben und gedrückt wirst, dich aus der Spirale herausbewegst, die nun zum Beckenkanal der Wiedergeburt wird. Bewege dich im Uhrzeigersinn durch die doppelte Spirale deiner DNS*[6].

Das moderne Dai-Ko-Myo ist eine doppelte Spirale.

Das andere Reiki-III-Symbol ist das Raku. Hawayo Takata benutzte dieses Sanskrit-Symbol nicht, doch wird es heute von den meisten, wenn nicht sogar von allen amerikanischen Reiki-Meistern verwendet. Viele Meister scheinen kaum etwas über dieses Zeichen zu wissen und sind sich über dessen Bedeutung nicht im klaren. Es wird nur bei der Weitergabe von Einweihungen benutzt, jedoch nie bei Behandlungen. Das Symbol sieht aus wie ein Blitz und es wurde mir als »Dämmung des Feuers« erklärt. Das Raku wird am Ende der Einweihung benutzt, um den Empfänger der Reiki-Energie zu erden. Das ist alles, was die Reiki-

Raku

Der Blitz, Dämmung des Feuers
(nur für die Weitergabe von Einweihungen)

Meister über dieses Symbol wissen, aber Tatsache ist, daß es viel mehr bewirkt. Es aktiviert die Hara-Linie, womit es dem Schüler hilft, die Reiki-Energie durch seine Ki-Kanäle zu lenken, und es erdet das Hara-Zentrum (Tan-Tien oder Nabel).

Während des Einweihungsrituals verschmilzt die Aura des Schülers mit der des Meisters, und dabei geschieht noch etwas anderes. Innerhalb dieser wenigen Augenblicke benutzen die Reiki-Führer die Energie, um schlechtes Karma beim Empfänger abzubauen. Der Meister, der die Einweihung vornimmt, nimmt die aufgelösten karmischen Belastungen in seine eigene Aura auf und erdet sie. Normalerweise ist er sich dessen nicht einmal bewußt. Am Ende der Einweihung werden die Auren wieder durch das Raku getrennt. Meister wie Schüler gehen aus diesem Einweihungsprozeß gestärkt hervor, beide besitzen nun viel mehr Ursprungs-Ki als vorher. Diese Karmabereinigung während des Einweihungsprozesses erklärt die körperliche und emotionale Klärung, die oft im Anschluß an die Übertragung folgt.

Bei der Vielzahl der existierenden Symbolschreibweisen ist es interessant festzustellen, daß es nur eine Variante des Raku gibt. Sie dient zur Besänftigung der gezackten Linie des Blitzes, wodurch sich dieser zu einer Wellenlinie wandelt und zur schlangen-

Raku, schlangenförmige Version

förmigen Kundalini-Kraft wird. Da der Blitz jedoch auch das Vajra im Vajrayana-Buddhismus darstellt (das Symbol des Diamant-Fahrzeuges im tibetischen Mahayana-Buddhismus) scheint die gezackte Form der Zeichnung richtiger zu sein. Das Raku ist die kleine Form in der Öffnung zwischen den Enden der Dai-Ko-Myo-Doppelspirale.

Moderne Reiki-III-Praktizierende schleppen oft »neue« Reiki-Symbole an. Sie behaupten, daß es einige der verlorengegangenen sind. Bei vielen von diesen Symbolen handelt es sich um buddhistische oder Sanskrit-Energien, die zwar an sich positiv sind, jedoch keine Reiki-Symbole darstellen. Bei den Channeling-Sitzungen mit Laurel Steinhice wurde uns mitgeteilt, daß weitere Symbole zur Erde zurückkehren würden. Das erste wäre ein Symbol zum Aktivieren der Energiezentren in den Augen, wodurch Reiki als Laser benutzt werden könnte. Viele Heiler lernen dies im Rahmen ihrer psychischen Entwicklung ohne ein bewußtes Symbol. Das moderne Dai-Ko-Myo scheint die einzige nichttraditionelle Form zu sein, die tatsächlich ein Reiki-Symbol darstellt, doch sollten einige andere Symbole hier trotzdem vorgestellt werden.

Symbole, die nicht dem Reiki entstammen

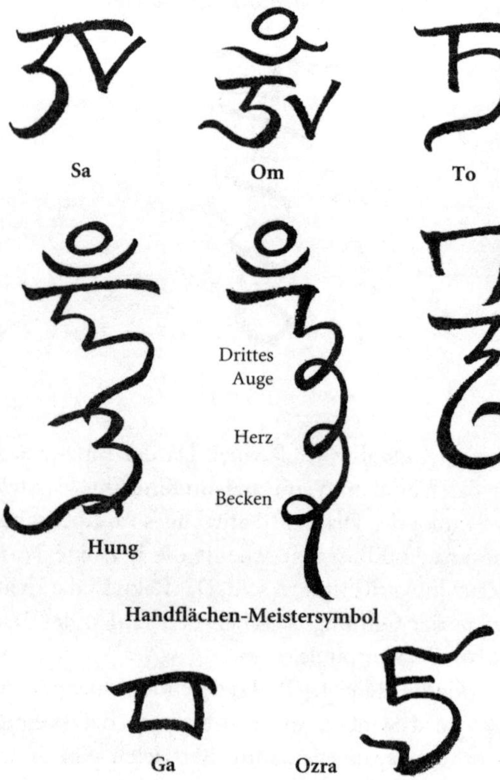

Obwohl ich sie nicht als Reiki-Symbole ansehe, sind sie durchaus erwähnenswert. Om ist ein Sanskrit-Symbol, ein Mantra, ein heiliger Laut, der die Essenz des gesamten Universums symbolisiert. Die anderen hier abgebildeten Sanskrit-Symbole beinhalten allesamt Heilenergie. Das Handflächen-Meistersymbol repräsentiert den Energiefluß durch die Chakras und Sushumna und kann zu Einweihungszwecken verwendet werden. Statuen des tantrischen Buddhismus zeigen eine Vielzahl ähnlicher Symbole, eingeritzt in die Handflächen der Buddhas. Eine Symbolreihe wird Mutterleibmuster genannt, die Symbole selber heißen Bijas (Saatklänge). Sie werden für die Sprache des Absoluten gehalten. Die wahre Bedeutung der Bijas, die eine wichtige Rolle in den Ritualen des tantrischen Buddhismus spielen, wird nur Eingeweihten vermittelt. Die Bijas, die auf Stupas zu sehen sind, können auch zur Darstellung der fünf Elemente verwendet werden. Stupas sind Statuen oder Kultbauten, Vorläufer der kunstvollen Pagoden, die die Elemente in ihren eigentlichen Formen zeigen.[7] Das Hon-Sha-Ze-Sho-Nen sieht einem Stupa sehr ähnlich.

Eine weitere Symbolreihe, die das Harth, Zonar, Halu und Yod beinhaltet, wurde mir in Kalifornien vermittelt. Sie sollte zusammen mit den Reiki-Symbolen benutzt werden. Obwohl ihre Absicht eindeutig positiv ist, habe ich mit einem dieser Symbole einmal eine schlechte Erfahrung gemacht. Als ich einer Frau diese Symbole zeigte, wählte sie Harth und fing an, es negativ zu benutzen, indem sie mittels Gedankenkraft schwarze Pyramiden baute, angeblich zu ihrem Schutz. Diese plazierte sie über meiner Aura, meinem Haus und anderen Leuten. Dies war alles andere als positiv. Die Pyramiden schlossen alles ein, was sie beschützen sollten, und erstickten, was sich in der Pyramide befand. Keinerlei psychische Energie konnte diese Konstruktion verlassen, wodurch der Energiefluß unterbrochen wurde. Selbst wenn negative Energie im Innern geklärt worden war, zerstreute sie sich nicht, sondern kehrte immer wieder zurück, da ihr das Symbol zur Falle wurde.

Mir war das Symbol von Anfang an unangenehm, und ich bat die Frau, es nicht zu benutzen,

Symbole, die nicht dem Reiki entstammen (Fortsetzung)

Johre
Weißes Licht

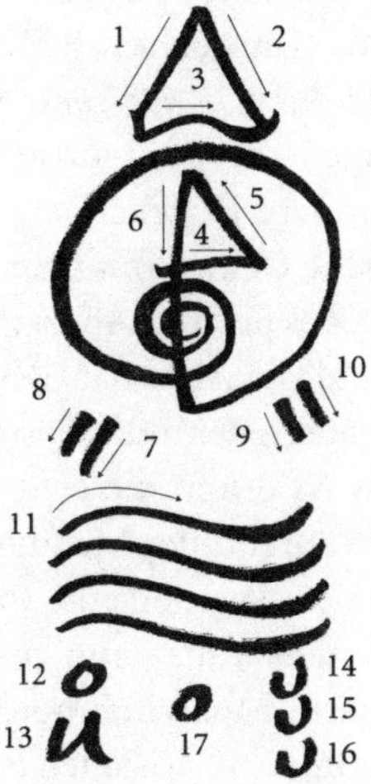

Lon Say
Infektion, Negativität

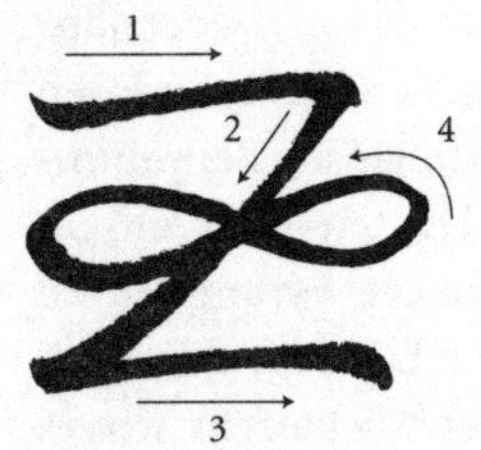

Zonar
Unendlichkeit, Zeitlosigkeit, Ewigkeit. Funktioniert gut in bezug auf frühere Leben und bei karmischen und interdimensionalen Fragen.

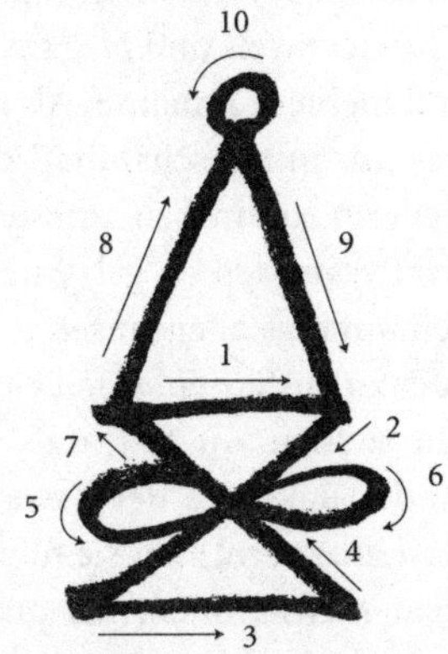

Halu
Liebe, Wahrheit, Schönheit, Harmonie, Ausgeglichenheit und ein tiefreichender Heilungsstrahl. Halu ist ein Zonar mit verstärkten Kräften. Die hohe Pyramide an seiner Oberseite steht für hohe mentale Energie.

Len So My
Reine Liebe

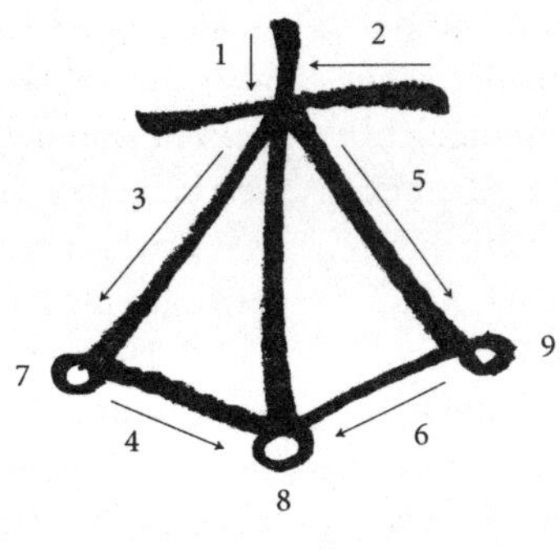

Harth
Liebe, Wahrheit, Schönheit, Harmonie, Ausgeglichenheit. Dies ist das Symbol für das Herz, aus dem Heilung und Liebe kommt. Es ist eine dreidimensionale Pyramide.

Yod
Zeichne bei diesem Symbol einfach die große schwungvolle Linie, die die göttlichen Hände verkörpert (in welchen die Bundeslade gleitet). Diese Energie gehört uns nicht; wir sind nur Hüter der Herzenergie.

aber sie bestand darauf. Die Pyramiden stellten einen massiven psychischen Angriff dar und bescherten mir sehr viel Streß und Negativität in meinen Emotionen und meinem Zuhause. Als mir endlich bewußt wurde, was mit mir geschah, tat ich mich mit einer anderen Heilerin zusammen, um sie zu beseitigen. Die schwarzen Pyramiden (es gab eine Menge davon) widerstanden anfangs allen unseren Versuchen, sie aufzulösen oder zu entfernen. Nach vielen erfolglosen Bemühungen stellten wir fest, daß vom Dritten Auge ausgesandte Rakus in der Lage waren, die Pyramiden zu zerschmettern, aber sie fügten sich fast augenblicklich wieder zusammen. Zu guter Letzt schafften wir es aber doch. Mit verstärkter Konzentration auf das Raku gelang es uns, sie zu zerstören, und wir unterlegten sie mit Lichtschleiern, um sie vom Planeten fortzutragen. Es dauerte einige Monate, bis mein Haus und ich selbst vollständig von dieser Energie befreit waren.

Ich vermute, daß das Symbol zu einer Negativität verzerrt wurde, die es eigentlich nicht haben sollte. Seit jener Erfahrung experimentiere ich nicht mehr mit »neuen« Symbolen, bis ich sie richtig verstehe. Ich sage meinen Schülern nicht, daß sie diese unbekannten Energien meiden sollen, rate ihnen aber, sehr vorsichtig zu sein. Echte Reiki-Symbole können nicht negativ benutzt werden. Sie besitzen einen eingebauten Schutzmechanismus. Mir wurde in einer Channeling-Sitzung mitgeteilt, daß es ursprünglich 300 Reiki-Symbole gab, von denen 22 derzeit im Gebrauch sind. Diese sind in Tibet und Indien archiviert. Wenn es für den Westen und Reiki an der Zeit ist, sie zurückzuerhalten, werden wir auf eine Weise in ihren Besitz gelangen, die sie zweifellos als echte Reiki-Formen zu erkennen gibt. Und wir werden lernen, diese Symbole anzuwenden. Der einzige Hinweis darauf scheinen die persönlichen Symbole zu sein, die einem psychisch und innerlich gegeben werden. Diese können gefahrlos benutzt oder zumindest erforscht werden.

Auch das Antahkarana kann als zusätzliches Reiki-Symbol benutzt werden. Dieses Meditations- und Heilungssymbol aus Tibet wird laut Alice Bailey und anderen Autoren seit Jahrtausenden in Ritualen verwendet. Liegt es während der Behandlung unter dem Massagetisch, konzentriert und verstärkt es Reiki oder andere Heilenergien. Es heißt auch, daß es das physische Gehirn mit dem Kronen-Chakra verbindet und daß es positive Auswirkungen auf sämtliche Chakras und die Aura hat. Beim Meditieren damit wird automatisch der mikrokosmische Kreislauf eingeleitet, so daß Ki durch die zentralen Energiekanäle zirkuliert. Während der Meditation scheint sich das Symbol zu bewegen und eine andere Gestalt anzunehmen. Das Antahkarana kann zur Auflösung von negativer Energie in Menschen oder Gegenständen sowie zur Reinigung von Kristallen benutzt werden.[8]

Ich habe bereits holografische Darstellungen des Antahkarana, eingelegt in rechteckige hölzerne Platten, gesehen. Wie es scheint, wird es größtenteils im Mittleren Westen benutzt, da die verschiedenen Leute, die mir dieses Symbol zeigten, alle aus diesem Teil der USA stammen. Das Zeichen fühlt sich positiv und heilig an. Es ist kein verlorengegangenes Reiki-Symbol, aber auf seine Weise positiv. Angeblich kann damit kein Mißbrauch getrieben werden. Seine Energie wird seit langem von vielen Heilern bestätigt.

Erwähnenswert ist noch eine Symbolreihe für geistiges Heilen. Hierbei handelt es sich um die von Frank Homan entwickelte Reihe von elf Symbolen in seinem Buch *Kofutu Touch Healing.* Diese sehr modern anmutenden Symbole werden zusammen mit einer Reihe von Handhaltungen (den Reiki-Grundpositionen) vorgestellt. Die Symbole entstammen zwar nicht dem Reiki, sind aber trotzdem gültige Heilungssymbole, die auf jeden Fall funktionieren. Ihre Anzahl und Komplexität erschwert ein wenig das Lernen. Meiner Ansicht nach sind sie nicht so stark und konzentriert wie Reiki-Symbole. Manch einer ist

Das Antahkarana

vielleicht daran interessiert, mit ihnen zu arbeiten. Sie sind auf jeden Fall positiv.

Damit kommen wir zum Ende des Kapitels, in dem es in erster Linie um die Reiki-III-Symbole ging. Der Schüler muß sich nun zwischen den modernen und traditionellen Varianten des Dai-Ko-Myo entscheiden. Das Raku wurde ebenfalls vorgestellt, und es wird im weiteren Verlauf des Buches noch öfter von diesen beiden Symbolen die Rede sein. Zudem habe ich eine Auswahl anderer Symbole vorgestellt, die nichts mit Reiki zu tun haben. Ich hatte dabei folgendes im Sinn: Falls ein neuer Reiki-Meister mit neuen Symbolen überschwemmt wird, wie es mir geschah, braucht er eine Art Straßenkarte für den Umgang mit diesen Symbolen. Aber ich möchte nicht weiter auf sie eingehen. Sobald dir die Reiki-III-Symbole und ihre Anwendungsmöglichkeiten vertraut sind, ist es an der Zeit, sie zu benutzen und Einweihungen weiterzugeben. Die Einweihungen oder Einstimmungen sind das größte »Wunder« des Reiki-Systems der natürlichen Heilung.

1 William L. Rand, »A Meeting with Phyllis Furomoto«, in *Reiki News*, Frühjahr 1992, S. 2.

2 *Ebenda*, S. 1.

3 *Ebenda*.

4 John Diamond, *Der Körper lügt nicht*, S. 29-36.

5 Mantak und Maneewan Chia, *Awaken Healing Light of Tao*, S. 119-121.

6 Starhawk, *The Spiral Dance: A Rebirth of the Ancient Religion of the Great Goddess*, S. 82.

7 Pierre Rambach, *The Secret Message of Tantric Buddhism*, S. 60-67.

8 1991 erhielt ich eine Fotokopie der ersten Ausgabe oder eines Manuskriptes von William L. Rands *Reiki: The Healing Touch, First and Second Degree Manual.* Diese Kopie enthielt einen Anhang, der in der neuesten Ausgabe des Buches, die ich nun auch besitze, nicht veröffentlicht wurde. Die Informationen über das Antahkarana, einschließlich der Zeichnung, sind den S. 8-13 dieses Anhangs entnommen.

9 Eine andere Symbolvariante des dritten Grades, veröffentlicht in *One Step Forward for Reiki*, S. 38.

8. Kapitel

Die Weitergabe von Einweihungen

Zu Beginn des Reiki-Unterrichts werde ich oft gefragt, was eine Einweihung ist. Ich kann dies nur als Wunder beschreiben und bin gern bereit, eine andere Definition zu akzeptieren. Bis jetzt hat noch niemand, der die Einweihung erhielt oder weiterreichte, eine bessere Beschreibung geliefert. Die Einweihung muß man selbst erleben. Sie läßt sich nicht logisch – nach Art des Linkshirns – beschreiben. Niemand weiß, wie oder weshalb Reiki-Einweihungen funktionieren, weshalb die Kombination aus Handbewegungen, Atem und Kundalini-Kontrolle diesen eindeutigen Effekt hat. Jeder, der die Reiki-Einweihung erhalten hat, weiß, daß sie das ganze Leben verändert. Sie ist für viele Menschen ein Höhepunkt im Leben, und wir, die sie weiterreichen, stehen ihr mit Ehrfurcht gegenüber.

Die Einweihung bildet den Unterschied zwischen Reiki und anderen Heilmethoden durch Händeauflegen. Andere Methoden benutzen zwar häufig Handhaltungen über den Chakras und arbeiten mit Ki-Energie, aber nur Reiki besitzt den außerordentlichen Vorteil des Einweihungsprozesses. In der traditionellen Reiki-Ausbildung gibt es vier Einstimmungen für Reiki I und je eine zusätzliche Einstimmung für Reiki II und III. Jede einzelne der Reiki-I-Einstimmungen ist unterschiedlich. Moderne Methoden arbeiten mit der gleichen Einstimmung für alle drei Grade. Diese eine Einweihung ist so stark, daß sie mehrere Einweihungsrituale ersetzen kann. Beide Methoden funktionieren wunderbar. Durch die Einweihung wird man zum Heiler.

Bei den Reiki-Einweihungen werden energetische Bahnen (Hara-Linie) geöffnet und erweitert, so daß die universelle Lebensenergie (Ki) ungehindert hindurchfließen kann. Einweihungen bewirken eine Klärung und einen Ausgleich der Chakras auf der Hara-Linie und der Chakras auf dem ätherischen Doppel. Während der Einweihung fließt kosmische Ki-Energie als Träger der fünf Reiki-Symbole vom

Kronen- zum Herz-Chakra des Empfängers. Durch die Beine und die tiefergelegenen Zentren des Hara wird gleichzeitig irdisches Ki zum Herzen gelenkt. Ursprungs-Ki im Hara-Zentrum wird wieder aufgefüllt und sämtliche Energieblockaden werden beseitigt. All dies geschieht in weniger als fünf Minuten.

Die Einweihung ist eine Art karmischer Rückzahlung. Während des Prozesses wird dem Empfänger schlechtes Karma abgenommen, sozusagen als Belohnung dafür, Heiler zu werden. Dazu kommt es, weil das hohe Energiepotential des Meisters während der Übertragung die Ki-Menge des Empfängers erhöht. Dies passiert automatisch, ohne daß der Meister karmische Konsequenzen befürchten muß. Es passiert durch ihn und nicht, weil er es will. Das Ego spielt dabei keine Rolle. Der Meister führt einfach ein bestimmtes Ritual durch, alles Weitere folgt von selbst.

Bei dem Einweihungsprozeß handelt es sich wahrscheinlich um das heiligste Geschehen auf Erden. Wenn die einfachen Handbewegungen eingeleitet werden, wird ein neuer Heiler geboren oder besser gesagt *erweckt*. Die Fähigkeit, Reiki zu geben, ist ein Teil des genetischen Codes in unserer DNS. Mit der Einweihung wird gewissermaßen das Licht in einem dunklen Haus eingeschaltet, wobei Fähigkeiten geweckt werden, die einst allen zugänglich waren, heute aber zum großen Teil verlorengegangen sind. Reiki ist eine wichtige Kraft bei der Entfaltung der Menschen auf diesem Planeten. Die Einweihungen heilen unsere beschädigte DNS, verbinden uns wieder mit dem »Licht« der Information, die uns Menschen verlorenging.

Jeder, der die Reiki-Einweihung erhält, empfindet etwas anderes dabei. Der eine sieht vielleicht Farben, hat bestimmte Sinneswahrnehmungen, sieht Bilder von sich in einem früheren Leben, verbündet sich mit geistigen Führern oder ist erfüllt von höchstem Glück und Lebensfreude. Manche Leute brechen in Tränen aus oder fangen an zu kichern. Andere meinen nichts zu spüren, stehen aber mit hochrotem Gesicht und einem erfüllten Lächeln da. Die Öffnung ist eindeutig sichtbar. Die meisten Leute bekommen sofort die heißen Hände des Reiki-Heilers, einige brauchen dafür bis zum Kursende. Dies kann auch erst später eintreten, wenn sie die Hände zum ersten Mal für eine Heilung auflegen. Ich habe dieses Phänomen sogar schon bei der Einweihung von Säuglingen beobachtet, und selbst dann, wenn die Symbole nicht direkt in den Händen des Säuglings plaziert wurden. Beim Signieren von Büchern kam einmal eine Frau auf mich zu, schüttelte meine Hand und sagte: »Du hast Reiki.« Ich fragte sie, woher sie das wüßte, da ich zu dem Zeitpunkt noch nicht unterrichtete. »Deine Hände sind heiß«, sagte sie, »ich kann es fühlen. Du hast mindestens Reiki II.« Sie hatte recht.

Die Person, die die Einweihung durchführt, empfindet jedes Mal etwas anderes, doch das überwiegende Gefühl ist eine intensive Lebensfreude. Der Prozeß verwandelt den Körper in einen Leiter für die Ki-Energie, die sich durch den Meister/Lehrer bewegt, bevor sie auf den Schüler übertragen wird. Es ist ein körperlich sehr anstrengender Prozeß, der die Atemkontrolle sowie die Einhaltung der Hui-Yin-Position über längere Zeit erfordert. Es bleibt während der Übertragung keine Zeit zum Nachdenken. Neben den körperlichen Bewegungen muß nichts weiter berücksichtigt werden. Die Energie achtet auf sich selbst.

Die Weitergabe von Einweihungen ist eine Kundalini-Erfahrung, die gleichzeitig die ätherische und die Hara-Ebene beeinflußt. Ajit Mookerjee beschreibt den Aufstieg der Kundalini in *Kundalini, The Arousal of the Inner Energie* als eine »Explosion starker Wärme, die wie ein Strom durch den Sushumna-Kanal fließt«.[1] Einige der Empfindungen, die damit verbunden sind, werden beschrieben:

Innere Klänge werden laut, die einem Wasserfall, summenden Bienen, dem Klang einer

Wie die Übertragung stattfindet

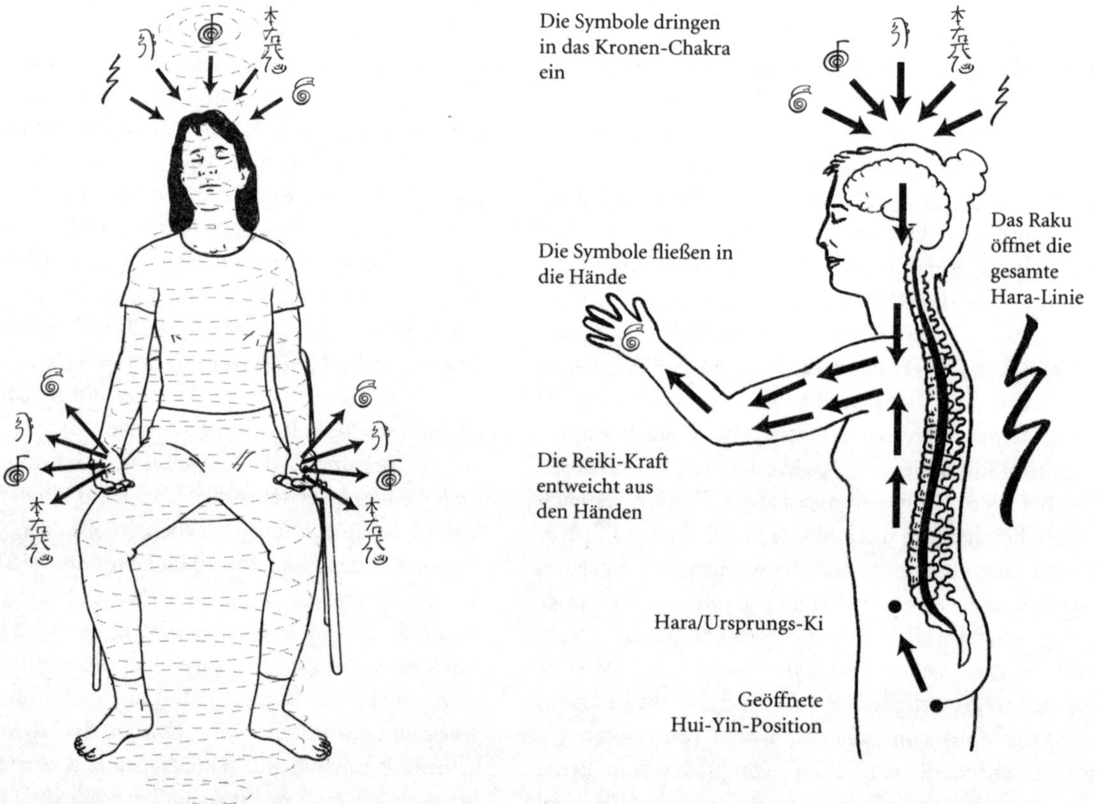

Glocke oder Flöte oder dem Klingen von Ornamenten ähnlich sind. Es wird einem schwindlig im Kopf, und der Mund füllt sich mit Speichel, aber der Yogi geht weiter, bis er/sie den innersten, feinsten… Klang hört… Der Yogi visualisiert eine Vielfalt von Formen, wie zum Beispiel Lichtpunkte, Flammen oder geometrische Formen, welche sich im letzten Stadium der Erleuchtung in eine innere Strahlung aus strahlend hellem, purem Licht auflösen.[2]

Dies entspricht den Eindrücken und Empfindungen bei der Weitergabe von Reiki-Einweihungen.

Die Hui-Yin-Position mit der Zunge am Gaumen bewirkt den Aufstieg des Ki entlang der zentralen Hara-Linie. Kosmisches Ki dringt durch das Kronen-Chakra und irdisches Ki durch die Fuß-Chakras in den Körper des Meisters ein. Ist die Hui-Yin-Position im Wurzelzentrum geschlossen, wird irdisches Ki in das Hara- oder Tan-Tien-Chakra hochgezogen. Der aufwärtsfließende Kanal (Lenkergefäß am Rücken) ist durch die Zunge am Gaumen geschlossen, so daß

Wie die Einweihung weitergegeben wird

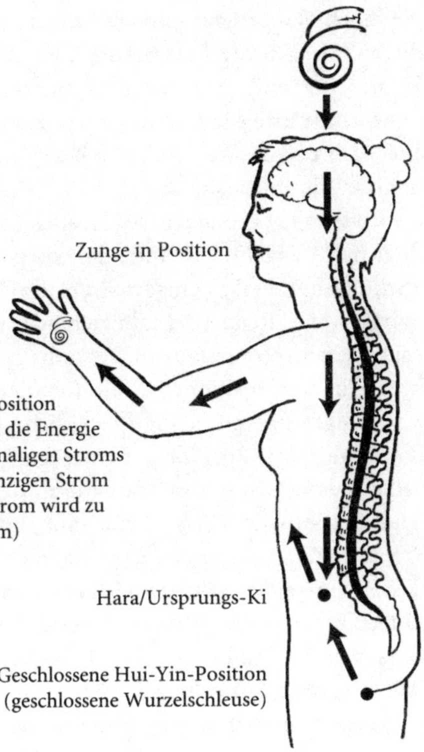

der Energiefluß den Körper nicht durch das Kronen-Chakra verlassen kann. Auch das sich abwärts bewegende kosmische Ki (Konzeptionsgefäß an der Körpervorderseite) wird am Hara angehalten und kann sich nicht am geschlossenen Hui-Yin vorbeibewegen, um an den Füßen herauszutreten. Also verläßt das verstärkte Ki den Körper durch die Hände, wobei die Symbole in die Aura des Empfängers gesandt werden.

Das hat zur Folge, daß Ki aus den beiden Energiekanälen des Meisters (Auf- und Abwärtsbewegung, Konzeptions- und Lenkergefäß) in den einzelnen Kanal der Hara-Linie befördert wird. Es ist mit der Umwandlung von Wechselstrom in Gleichstrom zu vergleichen. Der Reiki-Meister hält diesen Energiefluß aufrecht, der sich in seinem Körper wie die kreisende Acht des ägyptischen Unendlichkeitssymbols anfühlt. Die Energie mit dem Blitz des Raku darin ist heiß und lebendig. Die Ki-Übungen in Reiki II sind so ausgerichtet, daß sie den Körper des Meisters auf diese enorme Ki-Menge vorbereiten, trotzdem muß er sich erst daran gewöhnen. Je mehr Energie er kanalisieren kann, desto kraftvoller werden seine Einweihungen sein.

Bei mir machen sich die Reiki-Führer bei der Weitergabe von Einweihungen am stärksten bemerkbar. Sie stehen dann hinter mir und regeln den gesamten Ablauf. Ich nehme an, daß sie dies bei jedem Reiki-Meister tun. Wenn ich Einweihungen vornehme, spüre ich ihre Anwesenheit die ganze Zeit über deutlich. Manchmal kann ich sie sogar sehen. Zeichne ich eine Linie der Symbole falsch, zeichnen sie sie neu und ermuntern mich, weiterzumachen. Mache ich einen Fehler, sagen sie »Wir bringen das in Ordnung« und tun dies auch wirklich. Ich kann im Geiste sehen, wie sich die Energieformen der Symbole verändern. Beim Unterrichten von Reiki sowie beim Schreiben dieses Buches spüre ich, wie sie mir die Botschaften channeln. Jeder Kontakt mit Reiki wird zu einem wunderschönen Ritual. Sooft ich es auch wiederhole, es ist immer wieder neu und voller Wunder.

Suzanne Wagner behauptet auf ihrer Channeling-Kassette, daß sämtliche Hon-Sha-Ze-Sho-Nen-Varianten falsch seien. Die Reiki-Führer hätten auf die Frage, wo sich das richtige Symbol befindet, nur geantwortet, daß es hierauf nicht ankommt. Das richtige Symbol befindet sich in einer Bibliothek in Tibet oder Indien. Auf die Frage, was zu tun sei, bekam sie zur Antwort: »Suche dir eins aus, wir werden es korrigieren.« Während der Einweihung bewegen sich die Symbole zu schnell, um sie eindeutig zu bestimmen.

Doch die Symbole verwandeln sich in etwas anderes, wenn auch der Unterschied nur gering ist. Sie sind nicht statisch oder zweidimensional wie auf dem Papier, sondern erscheinen dreidimensional und beweglich. Die Symbole bekommen Tiefe, Farben, Bewegung und Weite. Die Reiki-Führer »ergänzen« das von uns benutzte Symbol, so daß es funktioniert. Sie tun dies für uns, weil sie möchten, daß Reiki zu den Menschen auf der Erde zurückkehrt.

Jeder, der den innigen Wunsch hat, Reiki an andere weiterzureichen, bekommt alle nur erdenkliche Hilfe. Ich habe sogar schon Frauen unterrichtet, die nicht in der Lage waren, die Hui-Yin-Position durchzuführen. Eine hatte ihren Mastdarm und Mastdarmmuskeln durch eine Krebsoperation verloren, eine andere war als Kind sexuell mißbraucht worden, und ihre Scheiden- und Mastdarmmuskeln waren schwer geschädigt. Beide benutzten, was ihnen zur Verfügung stand, und lernten, die Einweihungen mühelos weiterzugeben. Das Inzestopfer beschrieb den Lernprozeß als die größte Heilung ihres Lebens. Eine Kursteilnehmerin war an einen Respirator angeschlossen und konnte ihren Atem nicht selbsttätig für den Einweihungsprozeß kontrollieren. Die Reiki-Führer brachten ihr bei, wie sie die Einweihung auf ihre Weise weiterreichen konnte. Eine Frau, die wegen eines Herzleidens nicht lange genug in den Körperhaltungen verharren konnte, gab die Einweihung ebenfalls wirksam weiter. Mit der ernsthaften Absicht, Reiki zu unterrichten, wird einem jede mögliche Hilfe zuteil. Tue dein möglichstes mit dem, was dir zur Verfügung steht.

Eine meiner Reiki-III-Schülerinnen ist vom Nacken abwärts gelähmt und somit an einen Rollstuhl gefesselt. Sie benutzt Reiki-II-Heilmethoden und ist eine erfolgreiche Fern- und Mentalheilerin. Ihr Lehrer in Reiki I und II verweigerte ihr Reiki III mit der Begründung, daß sie es nicht anwenden könnte. Als die Frau in einen meiner Kurse kam, hieß ich sie herzlich willkommen. Ich nahm an, daß sie Einweihungen auf die gleiche Weise weiterreichen konnte, wie sie Fern-Reiki gab. Nachdem ich sie in den dritten Reiki-Grad eingeweiht hatte, unterbreitete ich ihr diesen Vorschlag, und sie fing an zu experimentieren. Sie gab die Einweihung auf diese Weise sofort an eine andere Kursteilnehmerin, und die Empfängerin spürte die Energie so stark, daß sie die Symbole während des Aussendens sehen konnte. Eines Abends rief sie mich an, da sie aber heftig weinte, konnte ich sie nicht verstehen. Nachdem sie sich etwas beruhigt hatte, erzählte sie mir, daß sie gerade ihre erste Schülerin in Reiki I eingeweiht hätte.

Sobald eine Reiki-III-Praktizierende mit dem Einweihungsprozeß vertraut ist, verändert sich etwas an ihrer Hui-Yin-Position. Da die für die Übertragung benötigte Energie keine körperliche Kraft ist, wird es möglich, die Position auf einer feinstofflichen Ebene zu halten. Mit etwas Übung lernt der Lehrer, das Hui-Yin auf der Hara-Ebene und im Wurzel-Chakra zu halten. Bei mir passierte dies nicht mit Absicht, es ereignete sich, nachdem ich etwa ein Jahr unterrichtet hatte. Mir wurde bewußt, daß ich unwahrscheinlich kraftvolle Einweihungen gab, ohne daß die Wurzelschleuse funktionierte. Ich hätte auf diese Weise eigentlich keine Einweihungen geben können. Als dies weiterhin gelang, fragte ich meine Reiki-Führer, und diese erklärten mir, was los war. Dieses Phänomen kann auch beabsichtigt auftreten, doch das Wesentliche ist, vorab die Kontrolle auf der physischen Ebene zu erlangen. Schülern mit einer Behinderung schlage ich vor, es auszuprobieren, und meistens funktioniert es auch.

Ich habe auch damit experimentiert, die Reiki-Einweihungen bei einer Fernbehandlung auf der Astralebene zu senden. Die Frau, bei der ich dies versuchte, war auf dieser Ebene so stark mit mir verbunden, daß sie mich sehen und spüren konnte. Ich fragte sie, ob sie es wollte, und spürte, wie sie sich vor mich setzte. Ich gab ihr dann die Einweihung, als ob sie körperlich anwesend wäre, obwohl sie wahrscheinlich 3000 Meilen entfernt war. Das Resultat war wirklich unglaublich. Ich sah förmlich, wie die Symbole in ihr Kronen-Chakra eindrangen und durch ihre Aura wanderten. Alle Farben ihrer Aura verwandelten sich in ein wunderschönes Violett. Sie war umhüllt von strahlender goldener Energie, die so weit strahlte, daß der Raum davon hell erleuchtet wurde. Als ich an den nächsten Abenden auf der Astralebene mit ihr in Verbindung trat, leuchteten ihre Farben noch immer so. Wenn ich ihr irgendwann Reiki auf der körperlichen Ebene geben kann, wird ihr die Energie bereits sehr vertraut sein.

Die folgende Einweihungsmethode gibt jeden Reiki-Grad mit einer einzigen Einstimmung weiter. Es ist die gleiche Einstimmung für alle drei Reiki-Grade. Ich weiß nicht, wer diese Methode entwickelte. Sie wurde mündlich überliefert, und ich habe sie geringfügig abgeändert. Es handelt sich also nicht um die traditionelle Übertragung. Bei der Auswahl einer Methode wurde mir klar, daß sie rasch vonstatten gehen mußte, da ich viele Menschen auf einmal unterrichten würde. In traditionellen Reiki-Kursen erhalten nur wenige Teilnehmer die Einweihung gleichzeitig. Der Einweihungsprozeß ist sehr kompliziert gestaltet. Traditionelle Kurse umfassen außerdem je ein Wochenende für Reiki I und II sowie eine Woche oder länger für Reiki III. Meine Kurse komprimieren den Unterricht auf vier oder fünf Stunden pro Grad. Ich erwarte von den Schülern, daß sie den Lernstoff größtenteils zu Hause durcharbeiten, und gebe ihnen schriftliche Unterlagen mit. Nur so ist es möglich, die Einweihungen schnell und einfach zu geben.

Es ist stets dieselbe Einweihung, die aus einem Schüler einen Heiler in Reiki I, II oder III macht. Das ist zum Teil Absicht, liegt aber auch in der Kapazität des Empfängers begründet, Ki zu halten. Beim Weiterreichen des ersten Reiki-Grades fließt nur Energie, die die Aura öffnet, da bisher noch keine andere Erweiterung stattgefunden hat. Der Schüler, der in den ersten Grad eingeweiht wird, ist zum Zeitpunkt der Einweihung nicht vollständig geöffnet. Da sich seine Energiekörper erweitern und dem verstärkten Ki-Strom anpassen, wird er nunmehr in die Lage versetzt, mit mehr Energie umzugehen und sich weiter zu öffnen. Die vollständige Öffnung dauert bei einem Reiki-I-Schüler drei bis vier Wochen, da die Energie drei bis vier Tage braucht, um jedes Chakra zu durchlaufen.

Das gleiche geschieht, wenn die Einweihung in den zweiten Reiki-Grad vollzogen wird. Der Reiki-I-Heiler erreicht eine Ebene, bei der die Energiestärke mathematisch ins Quadrat erhoben wird. Dann folgt wieder eine Zeit der Reinigung und Läuterung. Bei Reiki III geht die Energie vom momentanen Energiepotential des Empfängers aus und erweitert es um ein Vielfaches der Reiki-II-Energie. Es ist der gleiche Prozeß wie in Reiki I und II, nur kann der Empfänger mit mehr Energie umgehen.

Nach der Einweihung in einen Reiki-Grad treten in der Zeit der Anpassung bei manchen Entgiftungserscheinungen auf. Blockaden in den Chakras, auf der Hara-Linie oder bei der Fähigkeit, Ki zu kanalisieren, werden von der Einweihungsenergie aufgelöst. Werden die Blockaden auf der ätherischen Körperebene entfernt, so kommt es zu körperlichen Reaktionen: Durchfall, eine laufende Nase, das Bedürfnis, für einige Tage zu fasten, oder Kopfschmerzen. Am häufigsten ist damit bei Reiki I zu rechnen. Werden die Blockaden auf der emotionalen oder mentalen Ebene entfernt, so tritt die Entgiftung auch auf der entsprechenden Ebene auf. Hier finden die eigentlichen Reinigungsprozesse statt, verbunden mit geistig-seelischem Wachstum und vielen Veränderungen im Leben. Die Entgiftungsphase in Reiki II kann mehrere Monate dauern.

Mit dem dritten Reiki-Grad kommt es zu Veränderungen des spirituellen Körpers. Die meisten manifestieren sich nicht als Entgiftungprozesse, sondern als wachsende Selbsterkenntnis und als Gefühl des Einsseins mit dem Universum. Die meisten Schüler reagieren auf die Reiki-III-Einweihung mit reiner Lebensfreude. Die Reinigung ist zu dem Zeitpunkt bereits abgeschlossen. Manchmal braucht der neue Reiki-III-Praktizierende in den nächsten Tagen mehr Schlaf, da sich seine Energieebene und seine Schwingungskörper erst an die Ausdehnung anpassen müssen.

Normalerweise legen die modernen Reiki-Lehrer das Dai-Ko-Myo erst bei der Einweihung in den dritten Grad dem Schüler in die Hände. Es wird zwar bei allen drei Graden auf das Kronen-Chakra gezeichnet, aber bei Reiki I und II nicht in die Hände gelegt. Ich gebe bei meinen Einweihungen das Dai-Ko-Myo immer in die Hände, sogar bei Reiki I. Üblicherweise werden auch die anderen Reiki-Symbole in das Kronen-Chakra eingebracht, in Reiki II jedoch nur in eine Hand. Der Schüler wird dabei nach seiner »heilenden Hand« gefragt. Dies führt zu einer energetischen Unausgewogenheit, die, wie ich mir habe sagen lassen, ziemlich unangenehm ist. Ich gebe bei jedem Grad stets alle vier Symbole in beide Hände. Ich war mir gar nicht bewußt, daß andere Lehrer dies unterschiedlich handhaben, bis mir Schüler sagten, wie gut es sich anfühlte, sie in beide Hände zu bekommen. Es kommt oft vor, daß Schüler, die nach der traditionellen Methode in Reiki I oder II eingeweiht wurden, ihre weitere Reiki-Ausbildung bei mir absolvieren.

Mir wurde gesagt, daß Hawayo Takata bei der Weitergabe von Einweihungen weder die Atemkontrolle noch die Hui-Yin-Position oder das Raku benutzte. Die vier Reiki-I-Einstimmungen wurden in keiner bestimmten Reihenfolge vollzogen, solange alle vier bis zum Ende des Kurses durchgeführt wurden. Sie gebrauchte das Cho-Ku-Rei immer entgegen dem Uhrzeigersinn am Kronen- und Kehl-Chakra, am Dritten Auge und am Herzen, und alle vier Symbole wurden in das Kronen-Chakra gelegt. Die Symbole wurden visualisiert und an ihren Platz geblasen. Bei Reiki I wurden überhaupt keine Symbole in die Hände gelegt. Bei Reiki II blies sie das Sei-He-Ki, das Hon-Sha-Ze-Sho-Nen und das Cho-Ku-Rei in die geöffnete Hand, wobei sie den Empfänger zuerst darum bat, seine »heilende Hand« zu benennen. Bei Reiki III plazierte sie das Dai-Ko-Myo über dem Kronen-Chakra und das Hon-Sha-Ze-Sho-Nen und das Cho-Ku-Rei am Rückgrat. Alle vier Symbole wurden nur bei Reiki III in beiden Händen plaziert.

Wenn du anfängst, Einweihungen weiterzugeben, ist es besser, dies in Einzelsitzungen als mit einem ganzen Kurs zu tun. Es braucht Zeit und Erfahrung, um die erforderliche Muskel- und Atemkontrolle zu entwickeln. Dies dauert oft mehrere Monate, fange also langsam an. Plane deinen ersten Reiki-Kurs nicht eher ein, bis du gelernt hast, die Einweihungen richtig weiterzureichen, und in der Lage bist, mehrere Einweihungen pro Sitzung durchzuführen. Begrenze die Teilnehmerzahl in den ersten Kursen. Maximal fünf Leute sind ein guter Anfang. Nach einigen Jahres des Unterrichtens kann ich sagen, daß 20 Teilnehmer für mich die ideale Kursstärke sind. Ich habe schon bis zu 75 Einweihungen pro Tag vorgenommen und es später bereut. So viele auf einmal bedeuten einen starken Energieverlust, der erst später spürbar wird. Während der eigentlichen Einweihung verspürst du nur ein außergewöhnliches Hochgefühl. Dir ist zu diesem Zeitpunkt nicht klar, daß du dir zuviel zumutest. Du merkst es erst, wenn es zu spät ist. Horche also in dich hinein, bevor du dich verausgabst.

Ich gebe auch gern Einweihungen an Sterbende, Schwerkranke oder Menschen, die sich gerade in einer Lebenskrise befinden. Die Einweihung ist an sich schon eine große Heilung, und wenn der Betreffende in der Lage ist, Reiki I für die Selbstheilung anzuwenden, um so besser. Es spielt keine Rolle, daß diese Leute nicht zu Heilern werden und die Energie an andere weitergeben, obwohl sie es vielleicht eines Tages doch noch tun. Wichtig ist nur, daß sie durch die Einweihung Heilung und Lebensfreude erfahren, wenn sie dringend benötigt wird. Ich mache dies auch mit Neugeborenen und Tieren. Es ist unwahrscheinlich, wie sich die Hände eines Babys erhitzen. Ich habe auch meiner Hündin Kali, die von ihrem Vorbesitzer gequält wurde und infolgedessen sehr aggressiv war, eine Einweihung gegeben. Es hat ihr sehr gut getan und ihren Heilungsprozeß gewaltig beschleunigt. Auch ihr Verhalten besserte sich zusehends.

Oft kommen ehemalige Kursteilnehmer zu mir, um noch einmal eingeweiht zu werden. Zwar ist dies unnötig, da die Einweihungen für das ganze Leben erhalten bleiben, aber es ist einfach ein überwältigendes Erlebnis, und ich halte sie nicht davon ab. Es ist auch völlig in Ordnung, wenn neue Reiki-III-Absolventen die Weitergabe von Einweihungen üben, ja, ich begrüße es sogar. Reiki kann keinen Schaden anrichten, und das Einweihungsritual erst recht nicht. Wenn ich den dritten Reiki-Grad unterrichte, bitte ich meine Kursteilnehmer, sich zusammenzutun und gegenseitig an sich oder ihren Freunden und Familienmitgliedern zu üben. Die Gefahr der Energieüberladung durch zu viele Einweihungen an einer Person ist nicht gegeben. Der Betreffende öffnet sich nur so weit, wie es seine Hara-Linie verkraften kann. Es ist eine echte Freude festzustellen, daß jemand, den du eingeweiht hast, sich der Energie öffnet, besonders am Anfang. Eine meiner Schülerinnen hat während der Übungsphase ihre Katze derart oft eingeweiht, daß es mich nicht wundern würde, wenn Spooky demnächst anfängt zu fliegen! Die Einweihungen bringen jedem Heilung, ob Mensch oder Tier, und es schadet nicht, sie zu wiederholen.

Anfangs solltest du nur Einweihungen in Reiki I geben. Nachdem du einige Kurse beendet und dich mit dem Einweihungsprozeß des ersten Grades vertraut gemacht hast, versuche dich in Reiki II. Mache nur dann weiter, wenn du das Gefühl hast, mit allen Abläufen des ersten Grades umgehen zu können. Der Reiki-Unterricht wird zum Klassenzimmer des Reiki-Meisters, beginne immer wieder von vorne und arbeite dich zu den höheren Graden hoch. Die beste Vorbereitung auf den Reiki-Unterricht besteht in einer intensiven Heilungsarbeit, sowohl durch Kontakt- und Fernbehandlungen als auch durch die Weitergabe von Einweihungen. Indem du Reiki durch und durch beherrschst, lernst du genug, um andere zu unterweisen. Im nächsten Kapitel werde ich näher auf den Reiki-Unterricht eingehen.

Fast jeder fragt mich: »Woher weißt du, daß sich jemand geöffnet hat, wenn du die Einweihung vollzogen hast?« Anfangs machte mir diese Frage angst. Ich wußte kaum etwas über Reiki III und mußte selber noch eine Menge lernen. Ich hatte keine Ahnung, ob sich Schüler öffneten oder nicht, und ich zweifelte an meinen Fähigkeiten. Bei meinen ersten Kursen war mir angst und bange, und ich fragte mich, ob ich es wirklich konnte. Ich wußte, daß ich beim Zeichnen der Symbole Fehler machte, und wenn dies vorkam, hörte ich eine Stimme neben mir sagen: »Mach weiter, wir werden es schon richten.« Ich war ob meiner Fähigkeiten derart verunsichert, daß ich die Schüler nicht ansah. Schau ihnen nach der Einweihung ins Gesicht, und du wirst es wissen!

Eine einfache Möglichkeit besteht darin, zu fragen. Sie bietet sich vor allem für neue Meister an. Nachdem du die Einweihung an jedem in der Gruppe vollzogen hast, erkundige dich, was sie gesehen oder gespürt haben. Falls jemand nicht darüber sprechen möchte, so dränge ihn nicht. Sobald sich ein oder zwei Teilnehmer äußern, folgen meistens andere. Sag ihnen, daß sie auf feine Wahrnehmungen achten sollen und nicht auf dramatische Veränderungen. Wenn sie feststellen, daß *etwas* passiert ist, werden sie sich vielleicht doch zu Wort melden. An bestimmten Äußerungen kannst du erkennen, daß sie sich der Energie geöffnet haben. Gerade in Reiki I gibt es eine faszinierende Vielfalt von persönlichen Eindrücken und Empfindungen. Als nächstes könntest du die Frage stellen: »Ist unter euch jemand, der nichts gespürt hat?«

Hin und wieder sagt jemand, vielleicht einer von 25 oder 30 Schülern, daß er nichts gespürt hat. Bitte zunächst darum, seine Hände fühlen zu dürfen. Sind diese heiß, so hat er sich garantiert der Energie geöffnet, ob er sich dessen bewußt ist oder nicht. Frage ihn dann, was er während der Einweihung gesehen oder gefühlt hat. Manche Schüler erwarten vielleicht eher ein überwältigendes Geschehnis anstatt der leisen und sanften Empfindungen. Die meisten Probleme werden auf diese Weise gelöst. Sind die Hände kalt und hat der Schüler tatsächlich nichts während der Einweihung gespürt, frage ihn, ob er irgendwelche Vorbehalte gegenüber Energie oder Heilung hat. Schüler mit einer fundamentalistischen Erziehung haben, obwohl sie diese meist ablehnen, oft Schwierigkeiten mit dem Begriff der geistigen Heilung und verbinden damit Ängste.

Sollte dies der Fall sein, frage den Schüler, ob er sich der Energie öffnen will, und versichere ihm, daß es seine eigene Entscheidung ist. Falls er möchte, kann er auch einem anderen eine Behandlung geben. Nachdem die Einweihungen ausgeführt sind, tun wir das im Kurs gemeinsam. Bitte ihn, darauf zu achten, was dann passiert. Sag ihm auch, daß er jetzt oder später meditieren und um die Energie bitten sollte, falls er sich doch dafür entscheidet. Entscheidet er sich dagegen, werden die Symbole noch einige Wochen in seiner Aura verbleiben und sich dann auflösen, wenn er sie bis dahin nicht angenommen hat. Falls er sich zu einem späteren Zeitpunkt dafür entscheidet, die Energie anzunehmen, braucht er nur zu meditieren und nach ihr zu fragen – er wird sich ihr öffnen.

Ich hatte noch nie einen Schüler, der die Energie vollkommen ablehnte, obwohl sich einige anfangs unsicher waren. Immerhin hatten sie beschlossen, am Kurs teilzunehmen. Bis auf eine Ausnahme öffneten sich alle meine Problemfälle am Ende des Reiki-I-Kurses doch noch der Energie, und dieser eine, der sich erst dagegen entschied, folgte noch am selben Abend. Für den unerfahrenen Reiki-Meister ist dies wahrscheinlich eine äußerst vertrackte Situation. Da ich den Umgang damit auf die harte Tour lernte, versuche ich meinen Schülern Lösungen anzubieten und sage ihnen, womit sie rechnen müssen. Bedenke, daß die freiwillige Entscheidung über allem steht. Wenn jemand Reiki ablehnt, ist dies sein gutes Recht. Dieses Problem stellt sich nur in Reiki I. Bei den nachfolgenden Graden habe ich es noch nie erlebt.

Ich hatte mal eine Schülerin des ersten Grades, die sich derart vor der Einweihung fürchtete, daß ich schon glaubte, sie würde sie nie erhalten. Ich sagte ihr, daß es ihre eigene Entscheidung sei. Sie schaute zuerst den anderen zu und setzte sich dann für ihre Einweihung auf den Stuhl. Als ich sie fragte: »Bist du dir sicher?« antwortete sie mit »Ja«, wobei ihr Tränen über das Gesicht kullerten. Ich gab ihr die Einweihung und sah, wie sie unter Tränen lächelte. Sie ließ sich am nächsten Tag auch noch in Reiki II einweihen und teilte mir mit, daß sie das Gefühl hätte, Reiki sei wie ein Heimkommen. Sie war sich ziemlich sicher, daß Reiki ihr Leben verändern würde. Heute ist sie eine anerkannte Reiki-Meisterin.

Bevor ich den Einweihungsprozeß beschreibe, möchte ich noch etwas näher auf diesen Vorgang eingehen. »Einweihung« oder Initiation bedeutet im Sanskrit auch »Ermächtigung oder Befähigung«[3]. Reiki befähigt also jeden Eingeweihten, der die Reiki-Kraft weitergibt. Ein Reiki-Lehrer wird »Meister« genannt, aber der Begriff beinhaltet weder Übermacht noch Hierarchie. Ein Meister ist ganz einfach ein Lehrer. Wird diesem Titel Ehre beigemessen, so gilt diese Ehre Reiki. Mit der Weitergabe der Einweihung und der Lehre durch einen Meister erhält der Schüler den dritten Reiki-Grad. Mit viel Engagement und harter Arbeit kann dieser Schüler zum Meister werden. Kein

Lehrer kann ihn dazu machen – der Schüler kann nur durch die erfolgreiche Weitergabe von Reiki-Einweihungen und der Reiki-I-Lehre zum Meister werden.

In Indien und Tibet wird ein Guru des Vajrayana (ein Meister/Lehrer des Tantra-Buddhismus) geehrt, weil er zur Linie der Eingeweihten gehört, die sich bis zu Gautama Buddha zurückverfolgen läßt. Ein indischer Guru nimmt diese Verantwortung sehr ernst, ohne daß sein Ego sich ihm in den Weg stellt oder das Vertrauen zwischen Schüler und Lehrer verletzt wird. Auch der heutige Reiki-Meister gehört zu einer Einweihunglinie, die über Hawayo Takata, Jesus, Sakyamuni Buddha und vor diesen zu Shiva und den Sternen zurückverfolgt werden kann.

Traditionelle Reiki-Schüler und Meister bleiben ihrer Lehre treu. Der Schüler identifiziert sich über seinen Lehrer sowie dessen Lehrer, bis er bei Takata ankommt. Der Schüler wurde von Meister A ausgebildet, der von Meister B ausgebildet wurde, der wiederum von Meister C ausgebildet wurde – den ganzen Weg zurück bis zu Frau Takata, die von Chujiro Hayashi eingeweiht wurde, und der wiederum erhielt Reiki von Mikao Usui. Das ist die sogenannte Einweihungslinie des Schülers. Modernes Reiki legt weniger Wert auf diese Herkunft als traditionelles Reiki. Im modernen Reiki zählt allein, daß der Schüler oder Meister die Einweihung erhalten hat; es kommt nicht darauf an, von wem. Ein Meister einer bestimmten Einweihungslinie trägt in erster Linie die Verantwortung für Reiki und für seine Schüler.

Im tantrischen Buddhismus gibt es viele Ebenen der Einweihung. Im Sanskrit lautet das Wort hierfür »abhiseka« und im Tibetischen ist es »wong«. In Indien spricht man von »shaktipat-diksha« (eine yogische Initiation, bei der der Guru spirituelle Energie auf seinen Chela überträgt). Der Einweihungsprozeß ist ein Sakrament, und ich vermute, daß die buddhistischen oder Reiki-Einweihungen den Ursprung unserer christlichen Sakramente, ja sogar aller Übergangsriten bilden. Durch den Erhalt von *abhiseka* – einer Einstimmung, Ermächtigung oder Einweihung – wird eine heilige Kraft in den Körper übertragen und verbleibt dort für immer. Im Vajrayana (Tantra-Buddhismus) gehen Einweihungen immer dem Beginn einer neuen Ebene des Lehrens voraus. Die vier Ebenen der buddhistischen Befähigung sind den drei Reiki-Graden erstaunlich ähnlich.

Die ersten drei buddhistischen Einweihungen beseitigen karmische Hindernisse, die vierte heilt das Bewußtsein. Alle vier bewirken die Erweiterungen des Ki: Auflösung von Energieblockaden, Verstärkung der Kraft, Zugang zu neuen Anweisungen und Befähigung des Schülers zur Durchführung bestimmter Prozesse oder Rituale.[4] Das alles bietet auch die Reiki-Einweihung, wobei jeder weitere Grad zu einer neuen, komplexeren Ebene hinführt. Die vier buddhistischen Initiationen lauten wie folgt:

1. Die Gefäß-Ermächtigung reinigt die feinstofflichen Kanäle sowie die physische Körperebene von karmischen Blockaden. Es ist dem Schüler erlaubt, bestimmte Gottheiten zu visualisieren. Weitere Nutzen werden geheimgehalten.

2. Die mystische Ermächtigung öffnet den Fluß des Ki sowie die Kraft der Sprache. Sie verleiht Mantras ihre Effektivität. Auch hier wird über weitere Folgen geschwiegen.

3. Die Ermächtigung des göttlichen Wissens klärt den mentalen Körper und erlaubt die Ausübung des Hatha-Yoga und anderer Dinge.

4. Die absolute Ermächtigung führt zur Erkenntnis des wahren spirituellen Seins sowie zur unmittelbaren Erfahrung von vormals symbolischem Verständnis. Diese Ermächtigung erlaubt das Studium des Atiyoga und »hat tiefreichende mystische Auswirkungen«.[5]

Ich bringe die erste buddhistische Ermächtigung mit der Reiki-I-Einweihung in Zusammenhang: Sie öffnet die Hara-Kanäle und hat auf der physischen

Körperebene eine reinigende Funktion. Die mystischen und göttlichen Ermächtigungen entsprechen Reiki II-Symbolen. Sie können mit der Kraft der Sprache gleichgesetzt werden, da es sich bei Bijas um geschriebene Symbolformen für Klänge handelt. Der Emotions- und der Mentalkörper werden energetisiert und geklärt. Bei den Übungen des Hatha-Yoga handelt es sich um die Ki-Übungen. Die absolute Ermächtigung entspricht dem dritten Reiki-Grad. Er führt direkt zur spirituellen Essenz, dem Seelen-Körper, bietet Einsichten in die Zusammenhänge von innerem Sein und äußerem Geschehen. »Tiefgreifende mystische Auswirkungen« sind eine gute Beschreibung für das, was nach der Einweihung in Reiki III geschieht. Der zum Reiki-Meister werdende Schüler erfährt tiefe Veränderungen in seinem Leben.

Wie alles andere in Reiki ist auch das Weitergeben der Einweihungen einfach. Es beinhaltet eine Reihe von Körperbewegungen, die Auswirkungen auf das gesamte Leben haben. Der Meister/Lehrer braucht sich keine Gedanken darüber zu machen, was dabei geschieht. Er muß nur die Reihenfolge beachten. Zwar passieren bei der Reiki-Einweihung einige höchst komplizierte Dinge, aber der Meister braucht noch nicht einmal zu wissen, welcher Art sie sind. Er führt die Einweihung nur aus. Die Reiki-Führer sowie die Reiki-Kraft übernehmen alles weitere.

Für die Übertragung der nach Graden gestaffelten Reiki-Kraft muß der Meister in der Lage sein, die Hui-Yin-Position – mit seiner Zunge am Gaumen – die ganze Zeit über beizubehalten. Wenn der Lehrer nicht ausbläst, hält er ständig den Atem an. Beim Blasen verharrt die Zunge in ihrer Position, blase um sie herum. Atme tief ein, sobald du fertig bist, und halte die Luft von neuem an. Beim Ausblasen wird Ki übertragen, und die erste Definition von Ki ist »Atem des Lebens«. Werden mehrere Einweihungen gleichzeitig vorgenommen, ist es erlaubt, zwischen den einzelnen Schülern zu atmen und die Hui-Yin-Position zu verlassen. Es ist jedoch unter Umständen einfacher, die Position gleich zu Beginn einzunehmen und während der Einweihungen darin zu verharren. Vergiß nicht, die Wurzelschleuse am Ende wieder zu öffnen und dich zu erden. Verbinde dich wieder mit der Erde und laß das Ki im mikrokosmischen Kreislauf zirkulieren, um den normalen Energiefluß des Körpers wieder in Gang zu setzen.

Der Schüler, der eingeweiht werden soll, sitzt auf einem Stuhl mit gerader Lehne, wobei seine Fußsohlen den Boden berühren. Er kann dazu auch seine Schuhe ausziehen. Die Energie einiger Reiki-Meister ist so stark, daß während der Einweihung Armbanduhren zerbersten. Falls du dazugehörst, bitte deinen Schüler, seine Uhr abzunehmen, und entledige dich auch deiner. Ich selbst hatte eine Zeitlang die Angewohnheit, daß der Empfänger während der Einweihung Kristalle in den Händen hält. Ein auf diese Weise aufgeladener Kristall bleibt stark geladen und braucht nur selten eine Reinigung. Er sollte ihn aber nicht fallenlassen. Am besten gibst du die Einweihung über dem Stein. Laß den Schüler dann die Hände auf Brusthöhe falten und sage ihm, daß du seine Hände im weiteren Verlauf berühren wirst. Muß der Meister nämlich während des Einweihungsrituals nach den Händen des Schülers suchen, wird es für ihn schwierig, gleichzeitig die Hui-Yin-Position und den Atem zu halten.

Einweihungen können einzeln oder in der Gruppe durchgeführt werden. Gib eine nach der anderen und nimm erst dann gruppenweise Einweihungen vor, wenn du reichlich Erfahrung und Kraft gesammelt hast. Reihe zwei bis fünf Stühle mit geraden Lehnen auf und laß die Schüler darauf Platz nehmen. Mir sind fünf Schüler angenehm. Vier sind zu wenig, und der Energiefluß wird angehalten. Bei sechs fange ich an zu hyperventilieren, und sieben sind unmöglich. Finde heraus, was am besten funktioniert. Bedenke, daß du danach erschöpft sein wirst, das Hochgefühl endet etwa nach einer Stunde. Haushalte mit deiner

DIE WEITERGABE VON EINWEIHUNGEN

Verharre in der Hui-Yin-Position mit der Zunge am Gaumen. Halte den Atem an, es sei denn du bläst, hole dann wieder tief Luft und halte sie an. Der Reiki-Meister steht während der Einweihung, die Schüler sitzen auf Stühlen mit geraden Lehnen, wobei sie ihre Hände auf Brusthöhe falten.

1. Von hinten:
Öffne das Kronen-Chakra, entweder mit einer Visualisierung oder durch eine entsprechende Handbewegung. Zeichne das Dai-Ko-Myo über dem Kronen-Chakra. Beuge dich vor, um die Hände des Schülers zu nehmen, und blase in das Kronen-Chakra. Hole tief Luft und halte sie an. Zeichne die anderen Symbole über dem Kronen-Chakra: das Cho-Ku-Rei, das Sei-He-Ki und das Hon-Sha-Ze-Sho-Nen. Nimm die Hände hoch und blase in das Kronen-Chakra. Hole wieder tief Luft und halte den Atem an.

2. Geh nach vorn:
Öffne die Hände des Schülers wie ein Buch. Zeichne das Cho-Ku-Rei über beide Handflächen. Klopfe dreimal. Zeichne das Sei-He-Ki über beide Handflächen. Klopfe dreimal. Zeichne das Hon-Sha-Ze-Sho-Nen über beide Handflächen. Klopfe dreimal. Zeichne das Dai-Ko-Myo über beide Handflächen. Klopfe dreimal. Falte die Hände des Schülers und halte sie in einer Hand. Blase vom Wurzel-Chakra zum Herzen. Hole tief Luft und halte den Atem an.

3. Geh nach hinten:
Schließe die Aura mit den sich darin befindenden Symbolen. (Schließe nicht das Kronen-Chakra.) Zeichne das Raku von oben nach unten entlang der Wirbelsäule. Löse die Muskelanspannung und atme aus.

Kraft. Mit etwas Übung kannst du in kurzer Zeit viele Einweihungen durchführen und mußt nicht lange warten, bis die Stuhlreihen wieder besetzt sind.

Ich erlaube meinen Schülern, bei der Weitergabe von Einweihungen zuzuschauen, solange sie sich still verhalten. Im traditionellen Reiki ist dies nicht möglich. Du kannst während des Rituals leise Musik laufen lassen, ansonsten sollte es im Raum still sein. Ein Raum, in dem oft Einweihungen gegeben werden, lädt sich mit der Energie auf und ist auch hinterher angenehm. Die Zimmertemperatur wird während der Einweihungen erheblich ansteigen. In einem Raum mit Klimaanlage, in dem ich 26 Einweihungen gab, stieg die Temperatur von anfangs 22 Grad auf über 30 Grad. Hinterher erzählten mir die Leute in dem benachbarten Laden, daß sie stets wissen, wenn ich Einweihungen gebe, da sich ihr Verkaufsraum auch immer erwärmt. Dem Meister kann es ziemlich warm werden. Trage also lockere Kleidung oder eine Jacke, die du ausziehen kannst. Gehe vorher zur Toilette – mit einer vollen Blase kannst du unmöglich das Hui-Yin halten.

Während die Einweihungen stattfinden, brauchen die wartenden Reiki-I-Schüler etwas, um sich zu beschäftigen. Nachdem eine Gruppe eingeweiht worden ist, sollte jeder aus dieser Gruppe einem anderen für einige Minuten seine Hände auflegen, am besten auf den Rücken oder eine Schulter. Dies läßt die Reiki-Energie durch die Hara-Linie des Empfängers fließen. Auch verhindert es Kopfschmerzen oder Benommenheitsgefühle. Ich erkenne diejenigen, die nach ihrer Einweihung niemanden berührten, sogleich an ihren Klagen. Ich warne alle vorher und habe kein Mitleid mit denen, die nicht zuhören. Nach dieser kurzen Berührung sollte jeder frisch Eingeweihte eine Selbstheilung durchführen.

Der genaue Ablauf zur Weitergabe von Einweihungen ist umseitig beschrieben. Beginne hinter dem Stuhl des Empfängers. Zentriere dich und lade die Reiki- Führer ein. Hol einige Male tief Luft und nimm die Hui-Yin-Position mit deiner Zunge am Gaumen ein. Hol noch einmal tief Luft und halte dann den Atem an. Die Öffnung des Kronen-Chakras ist im wesentlichen eine Visualisierungsübung. Ich mache beidhändig eine Bewegung des Öffnens und Auseinanderschiebens, wobei sich meine Hände einige Zentimeter über dem Kopf des Empfängers befinden. Du wirst spüren und vielleicht sogar sehen, wie sich die Aura erweitert. Die Symbole werden mit der ganzen Hand gemalt, wobei die Handfläche zur Krone des Empfängers zeigt. Es geschieht zu schnell, um eine Farbe visualisieren zu können, aber genaugenommen sollten die Symbole violett erscheinen, während sie in das Kronen-Chakra übergehen. Beginne mit dem Dai-Ko-Myo.

Beuge dich vor, um die Hände des Schülers zu erreichen, die wie beim Beten auf der Brust gefaltet sind. Bestehe darauf, daß die Hände hochgehalten werden. Nach ihnen suchen zu müssen, erschwert außerordentlich die Hui-Yin-Position und das Anhalten des Atems. Blase um deine Zunge herum, die in ihrer Position verharrt, und hole wieder tief Luft. Zeichne die anderen drei Symbole: das Cho-Ku-Rei, das Sei-He-Ki und das Hon-Sha-Ze-Sho-Nen. Visualisiere, wie die Symbole in das Kronen-Chakra einfließen. Blase noch einmal und hole wieder tief Luft.

Stelle dich nun vor den sitzenden Schüler. Ziehe seine gefalteten Hände zu dir hin und öffne sie wie ein Buch über seinem Schoß. Zeichne das Cho-Ku-Rei über den Händen, dann schlage dreimal ganz leicht mit der Innenseite deiner Hände auf die Handflächen des Schülers. Visualisiere dabei, wie die Symbole in die Hände eindringen. Zeichne das Sei-He-Ki und schlage sodann wieder dreimal leicht auf die Hände. Wiederhole das gleiche mit dem Hon-Sha-Ze-Sho-Nen, zeichne das Symbol und schlage auf die Hände. Das Dai-Ko-Myo kommt als letztes an die Reihe, klopfe es ein, nachdem du es gezeichnet hast.

Beuge dich nach vorn, um die Hände wieder zu schließen, und halte sie etwas abseits in einer Hand. Beuge dich weiter vor und puste, wobei du den Luftzug vom Wurzel-Zentrum zum Herzen lenkst. Männer erschrecken bei dieser Geste leicht und springen unter Umständen auf. Manche Schüler zucken zusammen, wenn du das erste Mal auf ihre Hände schlägst – sei also sanft. Hole nach dem Pusten wieder tief Luft und halte den Atem an.

Begib dich wieder an die Rückseite der Stühle. Man kann darüber streiten, ob das Luftanhalten weiterhin nötig ist, aber die Hui-Yin-Position wird auf alle Fälle noch gebraucht. Ich halte normalerweise sowohl den Atem als auch das Hui-Yin und die Zungenposition. Schließe sodann die Aura, wobei du im Innern die Symbole visualisierst. Dies kann durch das einfache Zusammenführen der Hände oder durch eine Visualisierung erfolgen. Schließe hierbei auf keinen Fall das Kronen-Chakra. Es steht zu diesem Zeitpunkt weit offen und wird durch die geschlossene Aura bedeckt und geschützt. Zeichne das Raku entlang der Wirbelsäule des Empfänger, von seinem Kopf bis zum Boden. Du wirst dabei spüren, wie sich deine Energie und die deines Schülers verändert. Atme aus und löse die Muskelanspannung.

Damit ist die Einweihung abgeschlossen. Sie dauert insgesamt etwa drei Minuten. Du solltest lernen, die Symbole schnell zu zeichnen, damit du nicht solange den Atem anhalten und in der Hui-Yin-Position verharren mußt. Mit etwas Übung und Erfahrung und unter der Voraussetzung, daß du gut im Visualisieren bist, kannst du dir die Symbole auch bildlich vorstellen statt sie zu zeichnen. Sende sie in Violett vom Dritten Auge aus. Bei einer Gruppeneinweihung schreite die Reihe zuerst hinten und dann vorne ab und beende die Einweihungen hinter den Schülern stehend. Bei einer großen Gruppe geht dies viel schneller als bei einer Einzeleinweihung. Einweihungen in den dritten Reiki-Grad gebe ich jedoch lieber einzeln – ein so bedeutungsvoller Vorgang sollte keine Massenabfertigung sein.

Achte darauf, daß die Atmosphäre der Stille gewahrt bleibt. Der Einweihungsprozeß erfordert ein hohes Maß an Konzentration, und dafür braucht der Meister Ruhe. Auch für den Empfänger ist die Reiki-Einweihung ein einschneidendes Erlebnis, und er hat das Recht auf einen ungestörten Ablauf. Ich habe selten, wenn überhaupt, in dieser Hinsicht Probleme mit Kursteilnehmern. Schüler, die vor lauter Aufregung nicht stillsitzen können, verlassen am besten den Raum. Nur bei Reiki I ist es erforderlich, daß der Schüler nach seiner Einweihung einem anderen kurzzeitig die Hände auflegt.

Schon vor dem Einweihungsprozeß spürt der Meister, wie seine Aura allmählich »aufleuchtet«. Mir passiert das regelmäßig, wenn ich Kurse gebe, und es kam auch schon mal vor, als ich gar nicht vorhatte, Einweihungen durchzuführen. Ich war bei einer Freundin zu Besuch, und jemand fragte mich nach Reiki. Obwohl ich nicht darauf eingestellt war, gab ich ihm schließlich doch eine Einweihung. Meine Freundin erzählte mir später, daß meine Aura schon etwa 20 Minuten vorher erleuchtet war. Der Entschluß kam jedoch ganz spontan; zu dem Zeitpunkt hatte ich mich noch gar nicht dafür entschieden. Die Reiki-Führer wußten es jedoch im voraus und bereiteten meine Aura darauf vor. Wenn dieses Phänomen beim Unterricht auftritt und dir unangenehm wird (die Energie kann recht fordernd sein, und manchmal bist du einfach noch nicht bereit), so bitte die Führer, sich noch eine Weile zu gedulden. Sage ihnen: »Ich bin noch nicht soweit, wartet bitte«. Manchmal werden sie unruhig oder ungeduldig. Sie haben bereits lange gewartet, um uns Reiki zurückzubringen.

Unterläuft dir während der Einweihung ein Fehler, besprich dich mit den Führern. Meine raten mir in einem solchen Fall nicht, noch einmal von vorne anzufangen. Sie sagen: »Wir richten es.« Vollziehe die

Einweihung, so gut du kannst. Präge dir den Ablauf gründlich ein und übe fleißig, solltest du jedoch einen Fehler machen oder etwas vergessen, ist es nicht schlimm. Beim Weglassen ganzer Symbole mußt du eventuell zurückgehen und sie noch einmal zeichnen, vielleicht aber auch nicht – frage die Führer. Mit der positiven Absicht, Reiki zu unterrichten, und etwas Verständnis für den Prozeß wird dir jede Hilfe zuteil.

Nimm dir zwischen den Einweihungen, ob einzeln oder in Gruppen, ein wenig Zeit, um tief Luft zu holen. Hyperventilieren ist keine Freude. Bitte die Führer am Ende der Einweihungen um die nötige Erdung. Benutze dazu heilende Steine, entweder einen Obsidian oder einen Hämatit, führe einige mikrokosmische Kreisläufe aus oder geh nach draußen und umarme einen Baum. Lege jeweils einen Daumen auf einen kleinen Finger – diese Handhaltung stoppt den Energiefluß, wenn auch etwas abrupt. Auch einige Blütenextrakte funktionieren sehr gut. Eine gute Mahlzeit nach dem Kurs fördert gleichfalls die Erdung, hilfreich ist auch eine Gruppenbehandlung durch die frischgebackenen Reiki-I-Heiler. Alles funktioniert. Es dauert unter Umständen ein paar Stunden, bis du wieder auf dem Boden der Realität bist. Bereite dich darauf vor, daß du hinterher müde bist.

Es besteht die Möglichkeit, Einweihungen auch ohne die Hui-Yin-Position weiterzugeben, und zwar unter Verwendung eines Kristallnetzes. Diese Methode wurde Laurel Steinhice und mir in einer ihrer Channeling-Sitzungen übermittelt, und sie funktioniert. Um sie durchzuführen, benötigst du mindestens acht große Generator-Quarzkristalle von mehr als 15 Zentimeter Länge. Diese müssen vor Beginn gründlich gereinigt werden. Es kann mit dieser Methode jeweils nur eine Einweihung gegeben werden. Der Schüler sollte auf einem Stuhl mit gerader Lehne sitzen. Zwei Kristalle werden direkt hinter den Stuhl gelegt, ein weiterer wird vor den Füßen plaziert. Alle Kristalle zeigen zum Empfänger hin. Stuhl und Meister sind von einem Kreis oder Netz aus mindestens fünf großen Quarzkristallen umgeben, wobei wieder alle zum Empfänger zeigen. Es können in diesem Netz noch mehr Kristalle benutzt werden, allerdings muß es sich um eine ungerade Zahl handeln.

Der Meister beginnt das Einweihungsritual an der Rückseite des Stuhles: Er steht barfuß auf den zwei Kristallen, die direkt hinter dem Stuhl liegen. Wenn er nach vorne geht, befindet sich der dritte Kristall genau zwischen seinen Füßen. Führe nun die Einweihung durch. Meiner Meinung nach bedarf es sehr kraftvoller Kristalle, um die Intensität der oben beschriebenen Einweihungsmethode zu erreichen. Die hierbei benutzten Kristalle laden sich sehr stark auf und halten diese Energie aufrecht. Dieses Netz aus Kristallen kann auch während der Reiki-Sitzungen um und unter den Massagetisch ausgelegt werden.

Eine andere Variante der Hui-Yin-Position wurde von meiner Schülerin Anastasia Marie entwickelt. Sie besteht darin, einen kleinen eiförmigen Kristall in die Vagina einzuführen und einen weiteren unter die Zunge zu legen. Dies erleichtert nicht nur die Hui-Yin-Position, sie wird dadurch auch verstärkt, und somit haben Einweihungen dieser Art einen durchschlagenden Erfolg. Anatomisch bedingt, funktioniert diese Methode nur bei Frauen. Männer werden weiter experimentieren müssen. Benutze für ein solches Reiki-Netz nur die besten und klarsten Kristalle und vergiß nie, sie ordnungsgemäß zu reinigen.

Die Reiki-Einweihung kann als wunderbares Ritual gestaltet werden oder – wie bei mir – zügig und eher nüchtern vonstatten gehen. Da ich in der Regel große Gruppen an den verschiedensten Orten unterrichte und oft zeitliche Begrenzungen habe, überlasse ich die Rituale den anderen. Im traditionellen Reiki werden Einweihungen einzeln anstatt gruppenweise durchgeführt. Der Empfänger wird in einen Extraraum geführt, in dem die Einweihung liebevoll und stilvoll vorgenommen wird. Wie auch immer dies gehandhabt wird, eine Einweihung ist etwas Heiliges.

Die Ritualisierung dieses Vorgangs – und ich bin mir sicher, daß die Einweihungen im tantrischen Buddhismus ritualisiert wurden – erzeugt eine Atmosphäre von besonderer Heiligkeit, die sämtliche Sinne anspricht. Du brauchst zunächst einen sanft erleuchteten Raum, den du hinter dir abschließt, um jegliche Störung zu vermeiden. Stelle auch das Telefon und die Klingel ab. Entzünde Kerzen und plaziere sie so, daß sie Meister und Schüler nicht im Wege stehen. Entzünde auch Räucherstäbchen, erkundige dich aber vorher, ob jemand allergisch dagegen ist. Süßgras, Amber oder Rose sind für diesen Zweck besonders geeignet. Laß ruhige Hintergrundmusik laufen, die auf veränderte Bewußtseinszustände zugeschnitten ist, zum Beispiel Enya, Kitaro oder Kay Gardner. Manchmal lege ich auch eine Kassette mit Harfenmusik von Gail Baudino ein. Gehören Meisterin/Lehrerin und Schülerin dem Wicca-Kult an, so schmücke einen Altar mit Kerzen, Blumen, Räucherstäbchen, Gegenständen der vier Himmelsrichtungen sowie Darstellungen der Göttin. Du kannst auch einen einfachen Meditationsaltar vorbereiten, der mit keiner Religion in Verbindung steht. Bedenke, daß Reiki zwar heilig, aber keine Religion ist und auch nicht dazu gemacht werden sollte.

Beginne den Einweihungsprozeß mit einer Meditation. Entspanne zunächst jeden Muskel deines Körpers und konzentriere dich in diesem meditativen Zustand, die Chakras oder die Schüler für den Empfang der Reiki-Energie zu öffnen. Führe sie in ein früheres Leben, in dem sie schon einmal Reiki benutzten, bring sie mit ihren geistigen Führern zusammen oder lenke einfach nur die Ki-Energie durch alle ihre Chakras, indem du ihre Farben der Reihe nach visualisierst. Führe die Gruppe zu einem Planeten, wo alle Reiki haben, und erlebe dort den Alltag. Führe sie danach zur Erde der Zukunft, wo jeder ein Heiler ist, und sieh zu, wie die Erde geheilt wird. Die Möglichkeiten für eine solche Meditation sind unbegrenzt. Konzentriere dich jedoch in erster Linie auf die Öffnung und den Empfang der Energie, eventuell auch darauf, daß sie diese Energie verdienen.

Sobald die Schüler einen veränderten Bewußtseinszustand erreicht haben, beginne mit den Einweihungen. Der Meister könnte zum Beispiel einen Tropfen Mandel-, Rosen-, Lavendel- oder Pfefferminzöl unter seine Zunge geben. Benutze nur reine Aromaöle und vergewissere dich, daß sie auch für die innerliche Anwendung geeignet sind. Das leichte Brennen, das der Lehrer nach dem Auftragen verspürt, erinnert ihn daran, seine Zunge am Gaumen zu belassen. Andererseits verbreitet das Öl auch eine Duftwolke, wenn er die Symbole in die Auras der Empfänger bläst. Führe nun die Einweihungen durch. Beende das Ritual mit einer weiteren Meditation sowie einer Erdung oder einem Segen. Die Buddhisten des Vajrayana, von denen Reiki entwickelt wurde, setzen in ihren Praktiken Rituale, Symbole und Mystik ein. Das alles läßt sich auf jedes Glaubenssystem übertragen.

Soviel also zur modernen Reiki-Einweihungsmethode. Ich habe versucht, den Ablauf möglichst klar und einfach zu beschreiben und auf die häufigsten Probleme und Fragen eines frischgebackenen Reiki-III-Heilers einzugehen. Die Weitergabe von Einweihungen läßt sich wahrscheinlich nur durch beständiges Üben und durch die praktische Anwendung erlernen. Übung macht den Meister. Sobald der Reiki-III-Schüler gelernt hat, Einweihungen weiterzugeben, ist er bereit für den Reiki-Unterricht. Durch das Unterrichten wird er zum Meister. Im nächsten Kapitel geht es darum, wie das Wissen der einzelnen Reiki-Grade vermittelt wird.

1 Ajit Mookerjee, *Kundalini: The Arousal of the Inner Energie*, S. 71.

2 *Ebenda.*
3 John Blofield, *The Tantric Mysticism of Tibet,* S. 139.
4 *Ebenda.*
5 *Ebenda,* S. 143-144.

9. KAPITEL

DER REIKI-UNTERRICHT

Der Schüler, der Reiki I, II und III im Schnelldurchgang erhalten hat (zum Beispiel in einem meiner Intensiv-Wochenendseminare) ist von dem Geschehen vermutlich überwältigt. Bevor er nun selbst unterrichtet (oder in Panik ausbricht), muß er etwas über die Integration des Prozesses und der Energie wissen. Ein Schüler, der am Freitag Reiki I und II und am Sonntag darauf Reiki III erhält, ist noch nicht in der Lage, selbst Unterricht zu geben. Er muß Reiki zuerst an sich selbst praktizieren, bevor er es an andere weitergeben kann. Ich denke, daß es nach der Reiki-III-Einweihung einige Wochen dauern wird, bis der Schüler selber eine Übertragung vornehmen kann. Dies hängt natürlich vom einzelnen ab, es kann auch einige Monate dauern. Ein Schüler, der sich bereits mit Reiki I und II beschäftigt hatte, bevor er in den dritten Grad eingeweiht wurde, ist vermutlich eher bereit. Es geht hier nicht um richtig oder falsch, es zählen allein die Bedürfnisse des einzelnen.

Falls du alle drei Grade in relativ kurzen Abständen erhalten hast, ist es am besten, zuerst Reiki I gründlich zu praktizieren. Behandle dich täglich selbst durch Händeauflegen und führe möglichst viele Kontaktbehandlungen an anderen aus. Ich empfehle meinen Schülern im ersten Monat nach Reiki I eine Selbstbehandlung täglich und drei Ganzbehandlungen wöchentlich an anderen. Denke während dieser Zeit vorerst nicht an Reiki II und III. Wenn du mit Reiki I gut zurechtkommst und einige Erfahrungen mit der Kontaktbehandlung gesammelt hast, kannst du dich in Reiki II versuchen. Auch hier ist der zeitliche Rahmen abhängig vom einzelnen. Mache nur dann weiter, wenn du bereit bist.

Führe in dieser Zeit allabendlich Fernheilungen in einem meditativen Zustand durch. Beschäftige dich zunächst theoretisch mit dem Ablauf von Fernheilungen und beziehe dann die Reiki-Symbole sowohl in die Kontakt- als auch in die Fernbehandlungen ein. Die Zeichnungen mit den Symbolen solltest du anfangs immer in Reichweite haben. Nimm dir die Zeit, um sie auswendig zu lernen. Ich habe sie mir damals über den Eßtisch gehängt und sie während der Mahlzeiten studiert. Sende die Symbole zunächst als Ganzes bei der Fernheilung aus und stell dir dann vor, wie du sie zeichnest. Versuche sie zum Schluß auf Papier zu malen, ohne die Aufzeichnungen zu Hilfe zu nehmen. Die Abfolge der Striche muß stimmen.

Widme dich als nächstes den Ki-Übungen, etwa eine halbe Stunde pro Sitzung. Experimentiere mindestens ein paar Wochen mit dem mikrokosmischen Kreislauf und der ersten Ki-Übung. Dies sind an sich schon wichtige Praktiken. Versuche dann, die Hui-Yin-Position einzunehmen, und versuche sie über einen immer längeren Zeitraum zu halten. Es dauert ein paar Wochen, bis du diese Position soweit beherrschst, um Einweihungen geben zu können. Achte auf die Empfindungen, während Ki durch deinen Körper zirkuliert, und auch auf die Veränderungen, die diesbezüglich bei den einzelnen Übungen auftreten.

Erst wenn du mit alledem vertraut bist und dich dabei wohl fühlst, kannst du Reiki III hinzunehmen. Beginne mit den Symbolen des dritten Grades, das heißt, entscheide dich für eine Variante des Dai-Ko-Myo. Die Wahl fällt dir wahrscheinlich leichter, wenn du sie zunächst beide bei der Fernbehandlung einsetzt. Ignoriere sämtliche Symbole, die nicht zu Reiki gehören; sie sind im Moment unwichtig. Heb dir auch die persönlichen Symbole für später auf. Setze das Dai-Ko-Myo bei der Kontakt- und bei der Fernbehandlung ein und übe dich darin eine Weile. Wenn du die Kontakt- und Fernheilung, die fünf Reiki-Symbole sowie die Ki-Übungen beherrschst, dann ist es an der Zeit, sich dem Lehrerstatus zu widmen.

Studiere dazu die Einweihungen und führe die Übertragung zu jeder sich bietenden Gelegenheit aus. Falls du Reiki in einer Gruppe erlernt hast, empfiehlt sich gemeinsames Üben und gegenseitiges Behandeln. Sogenannte Reiki-Kreise sind eine wunderbare Einrichtung für die Heilarbeit und können ohne weiteres auch zum Üben von Einweihungen genutzt werden. Der gewaltige Energieschub, der bei der ersten Übertragung auftrat, wird jedoch bei wiederholten Einweihungen ausbleiben. Der Energiefluß ist aber trotzdem spürbar, insbesondere dann, wenn du dich intensiv mit den Ki-Übungen beschäftigt hast. Eventuell siehst du die Symbole auch, während sie ausgesendet werden.

Wenn du mit allen drei Reiki-Stufen absolut vertraut bist und auch Einweihungen erfolgreich durchführen kannst, bist du bereit für die Unterweisung in Reiki. Beginne mit einer Einzelperson – normalerweise wird dies ein Familienmitglied sein – und gib ihr Reiki I. Arbeite zunächst in Gruppen von weniger als fünf Leuten, bevor du ernsthaft darüber nachdenkst, ganze Kurse anzubieten. Du findest im weiteren Verlauf dieses Kapitels Informationen über den Lehrstoff der nach Graden gestaffelten Kurse. Wenn du bereit bist, gruppenweise Einweihungen vorzunehmen, und den Lehrstoff für Reiki I sicher vermitteln kannst, versuche dich in Reiki II. Beginne erneut, eine Einzelperson oder eine kleine Gruppe von Freunden in Reiki zu unterweisen, bevor du einen offiziellen Kurs anbietest. Mache dich mit dem Lehrerstatus jedes einzelnen Grades vertraut, bevor du eine weitere Stufe emporsteigst.

Ich lege allen Lehrern ans Herz, zunächst einmal einige Kurse in Reiki I zu geben, bevor sie mit Reiki II anfangen, und mindestens ein paar Reiki-II-Kurse zu unterrichten, bevor Reiki III in Angriff genommen wird. Der Unterricht ist gewissermaßen Training zum Lehrer/Meister, aber er bildet sich auch durch die Energiearbeit in den unterschiedlichen Graden weiter. Auch für Reiki III gilt zunächst Einzel- statt Gruppenunterricht. Außerdem solltest du deinen Schülern die Gelegenheit geben, dir in deinen Kursen des ersten und zweiten Grades zuzusehen, falls sie dies möchten. Es bedarf einiger Erfahrung in der Unterweisung von Reiki I und II, um sich auf den Unterricht des dritten

Grades vorzubereiten. Überstürze nichts. Warte, bis du dich sicher fühlst.

Jeder neue Reiki-III-Praktizierende entwickelt seine eigenen Lehrmethoden. Im traditionellen Reiki ist dies verpönt. Jeder Grad ist dort klar definiert. In traditionellen Reiki-Kursen werden auch keinerlei mentale Fähigkeiten weitergegeben. Die Schüler erhalten, wenn überhaupt, nur wenige Erklärungen, wie und warum das System des natürlichen Heilens funktioniert. Es wird weder etwas über geistige Führer und Reiki-Führer erzählt, noch wird auf frühere Leben und die Heilung von traumatischen Situationen im jetzigen Leben eingegangen. Es gibt keine alternativen Symbole und auch keine Entspannungspunkte zur Ausrichtung der Wirbelsäule. Obwohl der traditionelle Einweihungsprozeß weitaus komplizierter ist als der hier beschriebene, bezieht er weder die Ki-Übungen noch die Hui-Yin-Position mit ein.

Alles was sich außerhalb dieses überaus traditionellen Rahmens befindet, wird als »nicht zu Reiki gehörig« definiert und mißbilligt. Als ich zum zweiten Mal Reiki I in einem Kurs erhielt, war ich entsetzt, als sich der Lehrer/Meister weigerte, über emotionales Loslassen zu sprechen. »Das ist nicht Reiki«, meinte er, verstimmt darüber, daß ich dieses Thema aufgebracht hatte. Natürlich ist es ein Teil von Reiki, und Reiki-Heiler müssen darüber Bescheid wissen und entsprechende Maßnahmen ergreifen, wenn es zu solchen Gefühlsausbrüchen kommt. Modernen Reiki-Meistern stehen sehr viel mehr Möglichkeiten und Informationen zur Verfügung. Wir können daraus lernen und damit arbeiten. Ich versuche in meinem Unterricht immer klarzustellen, was traditionelles Reiki ist und was nicht.

Nicht alle meine Schüler unterrichten nach meiner Methode, und das ist gut so. Solange sie erfolgreich Einweihungen weitergeben und die Handhaltungen, die Fernbehandlung und die Symbole richtig erklären, unterrichten sie Reiki. Wenn Schüler allerdings in ihren Methoden zu weit vom Reiki-System abschweifen, dann mißbillige ich ihre Aktivitäten keineswegs. Eine Reiki-Lehrerin läßt ihre Schüler zum Beispiel eigene Symbole entwerfen, anstatt die Reiki-Symbole zu verwenden, und bietet den dritten Grad nur für Leute an, die therapeutisch tätig sind. Aber sie nennt ihr System nicht Reiki, und das beruhigt mich ein wenig. Sobald ein Schüler ausgebildet und selbständig ist, entwickelt er seine eigene Unterrichtsmethode. Ich habe nicht das Recht, mich einzumischen, der Schüler kann schließlich frei entscheiden. Die meisten meiner Reiki-III-Schüler unterrichten Reiki in einer Weise, auf die ich stolz sein kann, aber nur sehr wenige lehren es genauso wie ich.

Im Reiki-Unterricht gilt es zunächst einmal zu lernen, auf seine eigenen Bedürfnisse zu achten. Reiki-Meister zu sein ist sehr anstrengend. Das merkst du erst, wenn du es ausprobiert hast. Du wirst wahrscheinlich regelmäßig Reiki-Sitzungen geben und unter Umständen auch noch einem anderen Beruf nachgehen. Unterricht außer Haus oder auf Tagungen und Festivals bedeutet in der Regel, daß du wenig Einfluß auf die äußeren Bedingungen hast. Werde dir zunächst darüber klar, wie viele Einweihungen du pro Tag vornehmen kannst und wie lange du zu unterrichten vermagst, bevor du dich total verausgabt hast. Zu oft zuviel kann mit völliger Erschöpfung enden. Finde heraus, was dir angenehm ist, und überschreite nicht deine Grenzen. Nimm nur so viele Schüler, wie du verkraften kannst.

Im vergangenen Jahr unterrichtete ich Reiki beim *Womongathering,* einem Frauenfestival in den Pocono-Bergen. Ich hatte Reiki I auf dem Programm, und es kamen etwa 50 Frauen zu meinem Kurs. Obwohl mir zwei meiner Schülerinnen halfen, war dies eine große Anzahl. Erschwerend kam hinzu, daß mich einige um Reiki II und III baten. Ich verweigere nur ungern jemandem den Unterricht, und ganz besonders nicht meinen Reiki-I- und II-Schülern vom Vorjahr, die die weiteren Grade nirgendwo anders bekommen können. Der Reiki-I-Kurs fand am Samstag statt, und ich war damit einverstanden, mich Sonntag nach dem Mittagessen mit denen, die Reiki II wollten, draußen unter einem besonders schönen Baum zu treffen.

Nach dem Reiki-II-Kurs gab ich noch etwa 20 anderen Frauen Reiki III. Das war eigentlich nicht vorgesehen, denn ich hatte noch am selben Abend einen weiteren Kurs auf dem Programm. Als ich um neun Uhr abends endlich fertig war, fühlte ich mich richtig krank. Ich hatte zu viele Einweihungen gegeben (beinahe 100 in 24 Stunden), zuviel Sonne abbekommen und war vollkommen erschöpft. Die karmischen Belastungen, die bei jeder Einweihung aufgelöst werden, passieren stets die Aura des Meisters, und es gibt einfach Grenzen für das Ki, das pro Tag von einer Person kanalisiert werden kann. Vielleicht war es mir eine Lehre. Die nächsten drei Monate war ich fast ständig krank und erschöpft. Meinen Schülern versuche ich immer beizubringen, daß sie auf sich aufpassen sollen, dabei habe ich es selbst auch nötig.

Begrenze also die Teilnehmerzahl in deinen Kursen und laß dich auf keine Kompromisse ein. Die genaue Zahl hängt von jedem einzelnen ab. Vermeide es, zu oft Kurse oder Einzelsitzungen zu geben, einmal in der Woche ist völlig ausreichend. Wenn ich einen dreitägigen Reiki-Intensivkurs gebe, lasse ich mir danach mindestens einen Monat Zeit bis zum nächsten. Optimal ist eine zweimonatige Pause. Wenn du viel unterrichtest oder mit großen Gruppen arbeitest, ruhe dich im nachhinein gut aus und gönne dir unter Umständen mehr Schlaf. Falls du nachmittags unterrichtest, nimm dir den Morgen frei und schlafe aus oder mach dir einen gemütlichen Tag, bis der Kurs anfängt. Vergiß nicht, vor dem Unterricht gut zu essen und hinterher eine volle Mahlzeit einzunehmen – essen hilft dir, dich zu erden. Reiki-Behandlungen unterliegen weniger strengen Anforderungen, da die Reiki-Energie den Empfänger wie den Heiler energetisiert. Aber auch beim Heilen ist es wichtig, seine Grenzen zu kennen.

Jeder Meister hat unterschiedliche Bedürfnisse. Finde heraus, welche Bedingungen du brauchst und richte dich danach. Der Unterricht ist immer wieder interessant und neu, ganz gleich, wie oft du die Kurse wiederholst. Wenn du auf dich achtgibst, kannst du mehr unterrichten und dabei auch viel Freude haben. Reiki zu lehren, ist ein Segen und eine lebenslange Verpflichtung. Es gibt keinen Grund, sich dabei zu überstürzen oder zu verausgaben.

Trage bequeme Kleidung. Dir wird während der Einweihungen sehr warm, und dieses Wärmegefühl wird auch danach noch eine Weile anhalten. Insofern ist es praktisch, Jacken oder Pullover zu tragen, die leicht aus- und wieder anzuziehen sind. Alles was deine Hand- und Armbewegungen einschränkt, wird während der Weitergabe von Einweihungen lästig. Armreifen können störend sein. Ich habe eine enge Bluse, die ich gern während der Seminare trage, schon öfter eingerissen. Trage stets Kleidung, die sich gut waschen läßt, du wirst nämlich ordentlich schwitzen. Pack auch eine Jacke für später ein, selbst wenn es draußen warm ist. Wenn sich nach dem Kurs die erhöhte Ki-Konzentration verändert, frierst du unter Umständen leichter als die Leute um dich herum. Am Abend nach dem Kurs ist dir wahrscheinlich nicht nach einer wilden Party zumute.

Suche dir einen möglichst komfortablen Unterrichtsraum. Mir ist ein Wohnzimmer am liebsten. Ich gebe meine Kurse gern in einer ungezwungenen Umgebung. In Reiki I, wo sich jeder für eine Heilung auf den Boden legt, leistet ein weicher Teppich gute Dienste. Sollte der Raum keinen Bodenbelag haben, bitte die Schüler, Kissen und Decken mitzubringen. Das vermerkst du am besten gleich auf den Handzetteln, mit denen du für deinen Kurs wirbst. Ein Unterrichtsraum mit Stuhlreihen ist nie sehr bequem, aber falls es keine andere Möglichkeit gibt, können die

Stühle in einem Kreis aufgestellt werden. Stelle die Stühle bei Reiki-Behandlungen an die Wand oder entferne sie ganz aus dem Raum und führe die Heilungen auf dem mit Decken bedeckten Boden oder auf einem stabilen Tisch aus.

Auf Festivals oder Konferenzen sind die Bedingungen oft nicht optimal. Einmal unterrichtete ich in einer Cafeteria: Wir legten Decken auf die Tische und benutzten sie als Massagetische. Falls du im Freien unterrichtest, such dir ein schattiges Plätzchen. Weiches Frühlingsgras ist ein angenehmer Untergrund für Heilungen. Denke an Sonnenschirm und Wasserflaschen. Du solltest auf alle Fälle immer ein Glas mit Wasser oder Fruchtsaft griffbereit haben. Das viele Sprechen und Unterrichten trocknet dich aus. Plane während des Kurses Pausen ein. Der Lehrer hat sie genauso nötig wie die Schüler.

Für die Weitergabe der Einweihungen werden fünf (oder entsprechend mehr oder weniger) gerade Stühle gebraucht. Es kann auch eine lange Bank benutzt werden. Es ist sehr schwer, in der Hui-Yin-Position zu verharren, wenn die Empfänger auf dem Boden sitzen. Unter Umständen kannst du die Position und die Energie nicht lange genug halten. Befinden sich keine Stühle im Gruppenraum, bitte deine Schüler, woanders welche zu besorgen. Um Verzögerungen zu vermeiden, solltest du dies gleich beim ersten Treffen klarstellen. Die Toilette sollte nicht zu weit entfernt sein – es ist sehr schwierig, die Hui-Yin-Position mit voller Blase zu halten. Die Schüler sollten sich vor den Heilungen die Hände waschen, schließlich legen sie sich selber und anderen die Hände aufs Gesicht.

Kinder sind in meinen Reiki-I-Kursen stets willkommen, wenn sie alt genug sind, um nicht zu stören. Wird einem Kind Reiki beigebracht, muß seine Mutter oder jemand, der dem Kind nahesteht, selbst in Reiki ausgebildet sein, damit er versteht, was das Kind tut, und um eventuell helfen zu können. Ich wundere mich immer wieder, wie aufnahmefähig kleine Kinder sind. Eine meiner ersten jungen Reiki-I-Schüler war Callie, die Enkelin meiner Freundin Carolyn. Callie erhielt zusammen mit ihrer Mutter und Carolyn Reiki I. Da sie erst sechseinhalb Jahre alt war, wußte ich nicht genau, was ich zu erwarten hatte. Am Ende des Kurses zeigte Callie mir jedoch, wie man Reiki unterrichtet. Ihre Bemerkungen über »Socken und nicht Fausthandschuhe« für die Handhaltungen und »erst hoch, dann runter und dann kannst du weitermachen« sind mittlerweile Bestandteil meines Reiki-I-Unterrichts.

Kinder lernen zwar die Reiki-Positionen, verwenden auf jede einzelne aber nur wenig Zeit. Callie erzählte mir, daß sie genau wüßte, wann sie weitergehen muß, und sie verbrachte eher 30 Sekunden anstatt der üblichen fünf Minuten an jeder Stelle. Die kindliche Energie ist wie ein klarer Fluß. Reiki kann durch Kinder sehr schnell hindurchfließen. Als ich später Kayla unterrichtete, die bereits im Alter von vier Jahren an den Reiki-Kreisen teilnahm, beobachtete ich das gleiche. Kayla ging gern in einen Raum, wo gerade eine Sitzung stattfand, legte irgendeinem kurz die Hände auf und verschwand sogleich wieder. Sie lief hin und her, ging von Tisch zu Tisch und gab einigen anwesenden Leuten Reiki. Ihre Positionen waren immer korrekt, sie suchte sich auch stets die richtigen Leute aus und wußte genau, wo sie gebraucht wurde, ohne ein Wort darüber zu verlieren. Sie war an jeder Heilung maßgeblich beteiligt.

Kayla erhielt ihre Einweihung in Reiki I, als sie dreieinhalb war. Ihr Vater brachte sie mit in den Kurs, weil er keinen Babysitter finden konnte. Das kleine Mädchen war ruhig und störte nicht, und als es Zeit für die Einweihungen war, bot ich ihr eine an. Ihr Vater hatte nichts dagegen, und sie war auch nicht abgeneigt. Also setzte sie sich auf seinen Schoß, um die Einweihung zu erhalten. Danach schlief sie ein, und ich dachte kaum noch an sie. Von einem dreieinhalbjährigen Kind erwartete ich keine Heilung. Einige

Monate später rief mich ihr Vater an. »Du wirst es nicht glauben, was Kayla gemacht hat«, meinte er. Er hatte sich wegen heftiger Kopfschmerzen ins Bett gelegt und dem Kind gesagt, daß es leise spielen sollte. Statt dessen kroch sie zu ihm ins Bett, legte ihre Hände auf seine Stirn und sagte »Ich bringe das für dich in Ordnung, Daddy«. Was sie denn auch wirklich tat. Später nahm sie dann regelmäßig an den Reiki-Kreisen teil.

Meine jüngste Reiki-II-Schülerin war acht. Das Ganze war mal wieder nicht geplant. Molly erschien mit ihrer Mutter zu meinen Seminaren und kam mit ihren acht Jahren erstaunlich gut mit Reiki I zurecht. Als ihre Mutter am nächsten Tag wegen Reiki II kam, brachte sie Molly wieder mit. Ich hatte nichts dagegen, aber sie sollte sich besser etwas zum Spielen holen, falls es ihr zu langweilig würde. Ich sagte ihr auch, daß sie den Raum jederzeit verlassen könnte. Molly blieb jedoch im Kurs und erhielt ihre Reiki-II-Einweihung. Als ich anfing, die Ki-Übungen zu demonstrieren, verließ sie den Raum und kam erst am Ende der Stunde mit einigen Bögen perfekt gezeichneter Reiki-Symbole zurück. »Du hast sie abgezeichnet, nicht wahr«, meinte ich. »Nein«, sagte Molly, »ich kenne sie jetzt auswendig«. Sie war bereits mit acht Jahren eine kompetente Fernheilerin und nahm auch an den Reiki-Kreisen teil – meistens als Babysitter für Kayla.

Einmal kam ein junges Mädchen, das ich auf etwa 15 schätzte, um Reiki I und II zu lernen. Als sie mit ihrer Mutter Reiki III machen wollte, sagte ihre Mutter nein. Sie klärte mich auf, daß Addy erst elf Jahre alt war. »Wenn du deine Muskeln anspannen kannst, werde ich es dir selber beibringen«, meinte die Mutter. Addy wird vermutlich schon in jungen Jahren eine wunderbare Reiki-Meisterin sein. Der dritte Grad ist jedoch nichts für Kinder. Er erfordert viel Lernen und viel Verantwortung. Ich freue mich immer, wenn Kinder in meine Reiki-I-Kurse kommen, und ich unterstütze dies auch. Einige meiner Schüler geben Reiki-I-Kurse speziell für Kinder. Hierbei ist zu beachten, daß die Gruppen möglichst klein sind.

Mein bisher jüngster Teilnehmer an Reiki I ist sechs Monate alt. Seine Familie befindet sich in einer Krise, und um ihnen zu helfen, gab ich allen die Einweihung. Ich hatte dabei nicht im Sinn, das Baby zum Heiler zu machen. Die Einweihung war vielmehr als Heilung gedacht. Bradley war viel zu klein, um ihm die Symbole in die Hände zu legen, und er zappelte auch zu arg, so daß ich sie vorne an seinem kleinen Körper aussandte. Zu meinem Erstaunen fühlten sich seine Hände direkt nach der Einweihung ganz warm an. Der Säugling wurde herumgereicht, damit sich alle davon überzeugen konnten. Hinterher weinte er viel; es ist möglich, daß dieses Weinen ein Reinigungsvorgang war. Einen Monat später waren seine Hände nach Aussagen der Mutter noch immer heiß.

Ich lasse so gut wie jeden an meinen Reiki-I-Kursen teilnehmen, wenn es der- oder diejenige wirklich möchte. Die Energie kann nicht mißbräuchlich verwendet werden, und die Einweihung heilt jeden, der sie erhält. Möchte jemand am Kurs teilnehmen, kann es sich aber finanziell nicht leisten, finde ich immer eine Lösung. Es gab bisher nur einen Fall, wo ich einer Frau die Teilnahme verweigert habe, und da hatte ich ganz einfach das Gefühl, sie sollte kein Reiki II haben. Normalerweise gehe ich davon aus, daß jemand, der zu mir kommt, an meinen Kursen teilnehmen soll. Im besagten Fall kam die Frau so spät in den Reiki-I-Kurs, daß sie die Einweihungen sowie die erste Hälfte des Unterrichts verpaßte. Normalerweise hätte ich ihr einfach die Einweihung gegeben und sie eine Heilung durchführen lassen. Die anderen Kursteilnehmer hätten ihr die Positionen zeigen können. Irgend etwas hielt mich aber davon ab.

Die Frau wollte unbedingt die Reiki-I-Einweihung, um am nächsten Tag in die Reiki-II-Gruppe aufgenommen zu werden. Ich teilte ihr mit, daß sie zu spät dran sei und daß ich ihr die Einweihung ein andermal geben würde. Anschließend führte ich mit den anderen Frauen im Kurs eine Reiki-Behandlung an ihr aus. Dabei stellte sich heraus, weshalb sie kein Reiki II haben sollte. Während der Heilung stießen wir auf eines ihrer früheren Leben, in dem sie andere Menschen ritualmäßig geopfert hatte. Dieses frühere Leben stand in direkter Verbindung mit den Fragen, an denen sie gegenwärtig arbeitete. Sie war sich dieser Vergangenheit nicht bewußt, aber drei der Heilerinnen nahmen es mental wahr, und wir unterhielten uns später darüber. Wir wurden alle angewiesen, während der Sitzung nicht darüber zu sprechen. Die Frau war dabei, eine starke karmische Belastung mit blockiertem Bewußtsein aufzuarbeiten. Reiki II hätte wahrscheinlich die Erinnerungen daran hervorgeholt, bevor sie für diese bereit gewesen wäre, und das hätte sie unter Umständen nicht verkraftet.

Außer dieser Frau habe ich niemand für den Kurs in Reiki II abgelehnt. Falls du jedoch von einem Schüler weißt, daß er andere zu beeinflussen versucht oder psychische Energie mißbraucht, ist er womöglich noch nicht bereit für Reiki II. Die Symbole können nicht mißbraucht werden und richten auch keinen Schaden an, ganz gleich, mit welcher Absicht sie geschickt werden. Reiki wurde zum Heilen konzipiert, nicht um Schaden anzurichten. Es wäre jedoch ein schlechtes Karma, Reiki zu mißbrauchen, und wenn jemand so etwas im Sinn hat, sollte er besser nicht eingeweiht werden. Gibt es diesbezüglich irgendwelche Zweifel, vertraue deiner Intuition und stelle Kontakt mit deinen geistigen Führern oder mit den Reiki-Führern her. Paß auf, daß nicht dein Ego oder eine vorschnelle Beurteilung die Entscheidung beeinflußt. Manchmal wirst du über die Antwort der Führer staunen, mir ist es auch schon so ergangen.

Reiki III habe ich erst einer Person verweigert, und zwar in einem Seminar außerhalb meines Heimatortes. Zwei Frauen aus der Gruppe kamen zu mir, um mir mitzuteilen, daß sie nicht mitmachen würden, falls Beth (Name geändert) am Kurs teilnimmt. Eine dieser Frauen kannte ich so gut, um zu begreifen, daß es ihr wirklich ernst war. Sie erzählten mir, daß Beth im Laufe der Zeit mindestens die Hälfte der Kursteilnehmer betrogen hätte und daß sie bereits Reiki-Kurse anböte, obwohl sie nur Reiki I und II von mir am selben Tag erhalten hatte. Es war mir klar, daß eine der Frauen persönliche Differenzen mit Beth hatte, und ich wußte nicht, was zu tun sei. Ich war mir nicht sicher, ob es sich um einen Konflikt zwischen zwei Personen handelte oder ob Beth tatsächlich log und betrog.

Ich hatte noch keinen psychischen Eindruck von dieser Frau erhalten, was ungewöhnlich ist, und bat eine andere Kursteilnehmerin, mir Beth zu zeigen. Neue Eindrücke konnte ich trotzdem nicht gewinnen. Also versteckte ich mich mit meinem Pendel auf der Toilette, um mit meinen Führern zu reden. Dies ist auf Seminarreisen oft der einzige Ort, wo man ungestört ist. Ich erhielt die Botschaft, daß ich sie ablehnen sollte, und da ich noch nie jemanden abgelehnt hatte, bereitete mir dies große Probleme. Daraufhin ging ich zu dieser Frau und sagte ihr, daß ich sie nicht beurteilen könnte, weil ich sie kaum kannte, daß aber einige der Teilnehmerinnen sie nicht im Kurs haben wollten und ich deren Entscheidung respektieren müsse. Beth fing an zu weinen, und mir war furchtbar zumute.

An jenem Wochenende war auch eine langjährige Freundin und Schülerin von mir anwesend, und ich fragte sie, wie diese Frau auf sie wirken würde. Den Grund dafür nannte ich ihr nicht. Meine Freundin, die sie nie zuvor gesehen hatte und sie auch nicht kannte, meinte nur: »Sie hat eine schleimige braune Aura und irgend etwas stimmt da nicht.« Dadurch war mir etwas wohler bei meiner Entscheidung. Später teilte ich den beiden Veranstalterinnen des Kurses mit, was geschehen war, und daß ich die Verantwortung dafür tragen würde. Daraufhin meinten beide, sie hätten ebenfalls schon überlegt, mich darauf anzusprechen, da auch sie nicht Reiki III mit dieser Frau teilen wollten. Sie bestätigten alles, was mir die anderen Frauen erzählt hatten. Als ich am nächsten Morgen mit der Gruppe ein Ritual vollzog, wurde es von besagter Beth ständig gestört. Mehr Bestätigungen brauchte ich nicht.

In einem anderen Fall hatte ich eine Abneigung gegen eine Frau, die zu Reiki I und II kam. Während beider Kurse erwies sie sich als streitsüchtig und aggressiv. Sie war ein richtiger Störenfried und sehr negativ – sie konnte nichts annehmen, ohne zu widersprechen. Ich hoffte, sie würde nicht zur Reiki-III-Ausbildung kommen, aber als ich meine Führer fragte, ob ich sie daran hindern sollte, gaben sie mir keine Erlaubnis. Der Sonntag, an dem Reiki III angesagt war, kam, und sie saß tatsächlich im Kurs. Ich fragte meine Führer noch einmal um Rat, und sie sagten, ich sollte sie unterrichten. Später wollte ich wissen, warum ich dieser Person den dritten Reiki-Grad geben sollte, sie hatte auf gar keinen Fall das Zeug zur Reiki-Meisterin. Die Führer antworteten, sie würde die Energie zwar nie benutzen oder Unterricht geben und könnte insofern auch keinen Schaden anrichten, sie selber würde aber von der Energie geheilt.

Ich akzeptiere in der Regel jeden, der zu mir kommt, um unterrichtet zu werden, es sei denn, es gibt wichtige Gründe, weshalb ich dies nicht tun sollte. Wenn ich Gruppen unterrichte, ist Geldmangel für mich kein Grund, einen Teilnehmer abzulehnen. Ich glaube, daß jeder, der kommt, um an einem Kurs teilzunehmen, auch hierher gehört, und daß Reiki selbst oder die Führer die falschen Leute erst gar nicht zu mir bringen. Ist jemand noch nicht bereit, mehr als Reiki I zu absolvieren, so weiß er es entweder selbst oder muß am nächsten Tag arbeiten. Soll jemand nicht am Reiki-III-Kurs teilnehmen, hat er unter Umständen eine Reifenpanne oder muß in letzter Minute dringend etwas erledigen. Die meisten Leute wissen, wieviel Reiki-Energie sie aufnehmen können, und finden sich damit ab. Ich weiß tief in meinem Innersten, daß jemand, der noch nicht bereit ist, in einen weiteren Grad eingeweiht zu werden, aber trotzdem darauf beharrt, die Energie nicht eher benutzen wird, bis er damit umgehen kann.

Wenn ich Reiki III in öffentlichen Kursen unterrichte, habe ich wenig Einfluß auf die Teilnehmer. Sollte ich wirklich das Gefühl haben, daß jemand dort nichts zu suchen hat, spreche ich mit dieser Person; es ist bisher nur das eine Mal vorgekommen. Ich bin mir sicher, daß einige meiner Schüler, die noch nicht bereit oder nicht genügend qualifiziert waren, nur deshalb kamen, weil es *in* ist, an einem New-Age-Kurs teilgenommen zu haben. Sie werden Reiki nie unterrichten und wahrscheinlich auch nicht den Lernstoff durcharbeiten, um die Heilmethoden anwenden zu können. Ich finde, daß dies ihre Entscheidung ist und sie Reiki damit nicht schaden. Sie können die Energie nicht mißbräuchlich anwenden, und vielleicht werden sie eines Tages von ihr geheilt oder sie wenden sie nutzbringend zur Heilung eines anderen Menschen an. Ich habe bereits Schüler in meinen Kursen gehabt, von denen ich dachte, daß sie noch nicht genügend vorbereitet waren, und die bei meinem nächsten Besuch in der Stadt erneut kamen, um den Kurs zu wiederholen. Beim zweiten Mal waren sie dann bereit für die Energie, und ihre emotionalen Veränderungen waren offensichtlich. Das letzte Wort haben immer die Reiki-Führer. Wenn es irgend etwas gibt, was ich wissen sollte, lassen sie es mich wissen.

Ein weiterer Punkt beim Reiki-Unterricht ist die Frage nach einer finanziellen Unterstützung bzw. einem Erlaß des Seminarpreises. Solltest du jemanden unterrichten, der den Kurs nicht bezahlen kann? Wie viele Stipendien sollte es geben? Werden die Leute, die nicht für Reiki bezahlen, es benutzen und zu schätzen wissen? Im traditionellen Reiki gibt es keine Stipendien und keine flexible Preisgestaltung. Ich kenne keinen traditionellen Reiki-Meister, der sich zum Beispiel auf einen Tauschhandel einlassen würde. Im traditionellen Reiki geht man davon aus, daß Reiki von den Leuten nicht benutzt oder respektiert wird, es sei denn, sie bezahlen viel Geld dafür. Ich sehe das etwas anders: Es muß für jeden Kurs Stipendien geben, und obwohl einige Leute (ob sie bezahlen oder nicht) die Energie nicht benutzen, gibt es wahrscheinlich genauso viele (zahlende oder nicht zahlende Teilnehmer), die die Energie ablehnen.

Wenn du sechs Leute unterrichtest, macht es nur unwesentlich mehr Arbeit, wenn du einen siebten dazunimmst. Wer wirklich ernsthaft an Reiki interessiert ist, fragt nach einem Stipendium und bekommt es normalerweise auch. Er kann am laufenden Kurs oder am nächsten teilnehmen. Bietet er etwas zum Tausch an, nehme ich es. Wenn ich auf Reisen bin, weiß ich oft nicht, wer bezahlt hat und wer nicht, und es ist mir im Grunde auch egal. Auf Festivals unterrichte ich kostenlos sämtliche Grade bis einschließlich Reiki III. Ich habe auf diese Weise viele Reiki-III-Praktizierende ausgebildet, die nun selber lehren, und sie wissen es bestimmt zu schätzen. Als Gegenleistung für eine kostenlose Reiki-Ausbildung verlange ich von den Schülern, daß sie die heilende Reiki-Energie und/oder Lehre sich und anderen zum Segen benutzen. Sind sie dazu bereit, was bei den meisten der Fall ist, so schulden sie mir nichts.

Hin und wieder treffe ich Menschen mit außerordentlichen Heilungsfähigkeiten, die aber erst lernen müssen, ihre besondere Gabe anzuwenden. Diesen Menschen liefert Reiki den Rahmen und die Grundlage für weitere Heilungsfähigkeiten. Ich habe auch schon einige Geistheiler in Reiki ausgebildet, um ihre Fähigkeiten zu verstärken und diese besser einsetzen zu können. Auf diese Weise bin ich an drei »geistige Töchter« geraten. Sie alle waren mittellos. Zwei von ihnen gingen aufs College, als ich sie traf. Da sie kein Geld für Reiki-Kurse aufbringen konnten, brauchten sie auch nichts zu bezahlen. Diese Frauen hatten Reiki wirklich bitter nötig, und heute sind sie alle gestandene Reiki-Lehrerinnen und -Heilerinnen. Als ich meine erste Einweihung erhielt, war ich in einer ähnlichen Situation, wenn auch nicht mehr ganz so jung. Ich hatte damals kein Geld für die Ausbildung, trotzdem benutze ich Reiki heute und schätze es in jeder erdenklichen Weise.

Selbst wenn jemand das, was er gelernt hat, nicht anwendet, gibt ihm Reiki Heilung und etwas, das er zu einem bestimmten Zeitpunkt dringend benötigte. Die Einweihungen stellen eine lebenslange Heilung dar. Ich bedaure keine Einweihung, die ich gegeben habe. Es gab immer einen Grund, die Reiki-Lehre weiterzugeben. Geld spielt dabei keine Rolle. Heilen muß allen zugänglich sein, und es hat keinen Preis. Was der Schüler nachher mit seiner Ausbildung macht, ist seine Sache. Wendet er sie nutzbringend an, wird er reichlich belohnt. Wendet er sie nicht an, so hat sie trotzdem Gutes bewirkt, denn er hat etwas bekommen, was er brauchte. Reiki verändert das Leben aller. Es kommt selten vor, daß es jemand nicht zu schätzen weiß oder nicht benutzt.

Traditionelle Reiki-I-Kurse dauern ein ganzes Wochenende und beinhalten vier Einweihungen. Als ich Reiki I absolvierte, hörten wir am Freitagabend erst einen Vortrag über die Geschichte des Reiki, dann führte der Meister eine Einweihung durch. Am Samstag gab es eine Einführung in die Selbstheilung. Es wurden alle Positionen geübt und zwei weitere Einstimmungen überreicht. Den Sonntag verbrachten wir damit, uns gegenseitig zu behandeln, und erhielten zum Schluß die letzte der vier Einweihungen. Es dauerte alles furchtbar lange, und das in einem Raum mit hartem Boden und ohne Stühle. Ich unterrichte Reiki I heute in drei bis vier Stunden mit nur einer Einweihung.

Auch ein traditioneller Reiki-II-Kurs geht über ein ganzes Wochenende, und die meiste Zeit verbringen die Schüler mit dem Einpauken der Symbole und einer Einweihung. Die Schüler müssen die Symbole noch im Kurs auswendig lernen. Sie dürfen keinerlei Zeichnungen mit nach Hause nehmen oder diese kopieren. Am Ende des Kurses verbrennen die Teilnehmer in einem Ritual alle ihre Zeichnungen. Ich unterrichte Reiki II in zwei bis drei Stunden und überlasse meinen Schülern Zeichnungen mit den Symbolen, damit sie diese zu Hause in Ruhe lernen können. Nichttraditionelles Reiki bedarf nur einer Einweihung pro Grad.

Traditionelles Reiki III umfaßt eine Woche Unterricht und ein Jahr oder länger praktische Ausbildung als Assistent eines Reiki-Meisters; es gibt nur eine Einweihung in den dritten Grad. Während der Ausbildung darf der Schüler nur in Anwesenheit des Meisters unterrichten, und die Einnahmen des Kurses gehen an den Meister. Ich unterrichte Reiki III in etwa fünf Stunden und verlange von meinen Schülern Zusammenarbeit, um den Einweihungsprozeß sowie die Unterrichtsmethoden zu lernen. Schüler aus derselben Stadt sind immer herzlich eingeladen, mir beim Unterricht zuzuschauen. Ich gebe ihnen zwar kein Geld, aber sie müssen auch nichts bezahlen. Reiki-III-Schüler (oder Lehrer) sind mir auf Festivals stets willkommen, denn sie helfen mir bei den Einweihungen, und dafür bin ich ihnen sehr dankbar. Ich biete meinen Schülern telefonische Hilfe an, sofern sie darum bitten, und helfe, wo immer es mir möglich ist.

Für die Grade stelle ich normalerweise keine Bescheinigungen oder Diplome aus, außer für Reiki III, sonst nur auf ausdrücklichen Wunsch. Manchmal haben die Veranstalter von Wochenendkursen für alle Teilnehmer Abschlußzertifikate vorbereitet, die ich dann unterschreibe. Ich habe etwas gegen diese Art von Diplomen, das Papier macht noch keinen Reiki-Meister. Meister wird man erst durch das Heilen und das Lehren. Das gleiche gilt für Reiki I und II. Es ist das Heilen, das den Schüler zum Heiler macht. Manche traditionellen Lehrer erkennen meine Zertifikate an und manche nicht. Da mehr und mehr Schüler von mir selber Lehrer bzw. Meister werden, wird es bald überall Kurse für alle drei Grade geben. Bis dahin biete ich sie unterwegs und auf Festivals so oft wie möglich an. Ich lege meinen Reiki-III-Schülern die Lehrtätigkeit ans Herz, und viele entscheiden sich auch dafür.

In traditionellen Kreisen sind die Bescheinigungen und Einweihungslinien regelrecht zu Statussymbolen geworden. Nicht das Heilen steht an erster Stelle, sondern die Bescheinigung. Ich nahm einmal an einem traditionellen Reiki-Kreis teil. Einige der Anwesenden waren sehr reich, und die meisten hatten Reiki I, einige wenige auch Reiki II. Wer bereits in den zweiten Reiki-Grad eingeweiht worden war, genoß eindeutig ein höheres Ansehen als die Heiler des ersten Grades und verhielt sich dementsprechend. Sie gaben sich gegenseitig Heilungen im Rahmen eines geselligen Beisammenseins, aber als ich anfing, über unsere Aids-Arbeit zu sprechen, nahmen sie alle Abstand und ließen mich alleine auf der Couch zurück. Eine Bescheinigung macht niemanden zum Heiler. Ein Heiler ist jemand, der tatsächlich Heilung gibt.

Trotzdem sind Bescheinigungen in dieser statusbewußten Welt für viele Menschen von großer Bedeutung. Auf Wunsch stelle ich diese Bescheinigungen gerne aus. Manchmal sind sie sogar hilfreich, denn sie veranlassen Zweifler und Zauderer tatsächlich, zu Reiki-Sitzungen zu gehen. Mit einer Bescheinigung verbinden viele Leute eine gewisse Autorität, der sie vertrauen können. Traditionelle Reiki-Meister fragen nach einem Reiki-I-Diplom, bevor sie einen Schüler für Reiki II aufnehmen, aber das Diplom allein ist noch keine Garantie, daß die Person tatsächlich den Stoff gelernt hat.

Die meisten freien Reiki-Lehrer geben irgendeine Art von Bescheinigung für die Reiki-Grade, und dagegen ist nichts einzuwenden. Ein Tip für alle, die ebenso verfahren möchten: Kauft die Vordrucke nicht einzeln im Bürobedarf (in den USA kosten sie dort etwa ein Dollar pro Stück), sondern erstellt sie über einen Computer. Sie können dann sehr viel preiswerter auf schönes Papier fotokopiert werden. Diesen Job erledigen die meisten Kopierläden oder Druckereien, falls du es nicht selber am eigenen Computer machen kannst. Das Original kostete mich etwa 30 Dollar, aber wenn du viel unterrichtest, sparst du auf die Dauer eine Menge Geld.

Die folgenden Seiten geben eine genaue Aufstellung von dem Lehrstoff in den einzelnen Reiki-Kursen. Zu jedem Grad gehört eine Einweihung, und der Lehrer benötigt für jeden Schüler pro Grad einige Broschüren (Kopierläden verdienen ganz gut an Reiki-Meistern). Ich erlaube meinen Schülern, meine Unterlagen für ihre eigenen Kurse zu kopieren, solange sie die Quellen angeben (siehe Anhang). Sobald die frischgebackenen Meister erste Erfahrungen gesammelt haben, stellen sie in der Regel ihre eigenen Unterrichtsmaterialien zusammen. Im folgenden gebe ich eine grobe Übersicht, im Grunde genommen ist das ganze Buch ein Lehrbuch. Um zu wissen, welches Wissen in jedem einzelnen Grad vermittelt werden muß, ist es gut, sich an das zu erinnern, was man einst selbst lernte und was davon am besten funktionierte.

Reiki I

Ich beginne damit, daß ich jeden Teilnehmer der Gruppe nach seinem Namen und seinen bisherigen Erfahrungen im Heilen frage. Diese Befragung sollte nicht zu lange dauern. Manchen wirst du vielleicht stoppen müssen, bevor er seine ganze Lebensgeschichte erzählt. Der Meister kann sich dadurch ein Bild machen, auf welchem Niveau sich die Gruppe befindet. Für jemanden, der noch keine Erfahrung mit Heilen oder Energiearbeit hat, ist Reiki ein guter Anfang. Für jemanden, der bereits andere Methoden anwendet, wie zum Beispiel Massage, ist Reiki eine wunderbare Ergänzung. Als nächstes stelle ich mich vor und erkläre kurz, weshalb ich Reiki und nicht eine andere Heilmethode unterrichte. Ich teile der Gruppe mit, daß sie am Ende des Nachmittags kompetente Heiler sein werden und keinen Reiki-I-Lehrer mehr benötigen.

Danach gebe ich eine kurze Einführung in Reiki: Was es ist, was es bewirkt, und erzähle die Geschichte des Reiki. Dies dauert etwa 20 Minuten. Dann beschreibe ich die drei Grade. Falls jemand wissen will, was eine Einweihung ist, erkläre ich es so gut ich kann. Meistens sage ich, daß man es selbst erfahren muß und es schlecht erklärt werden kann. Jeder, der Erfahrungen mit Reiki gesammelt hat, weiß irgend etwas darüber zu berichten. Erzähle ein paar von deinen Geschichten, meistens steuert die Gruppe dann auch welche bei. Falls jemand in der Gruppe bereits eine Reiki-Behandlung hatte oder Reiki I schon einmal gemacht hat, bitte ihn, davon zu erzählen. Hat diese Person weitere Reiki-Grade, möge sie berichten, inwieweit Reiki ihr Leben verändert hat. Erwähne auch die Reiki-Lebensweisheiten. Sie sollten eventuell in einer deiner Broschüren enthalten sein.

Verteile Zettel mit Abbildungen der Reiki-I-Handhaltungen für die Selbstbehandlung. Demonstriere die einzelnen Positionen und bitte die Schüler, die momentane Energie in ihren Händen zu spüren, um sie später mit der Energie nach der Einweihung zu vergleichen. Beschreibe den Energiezyklus, wie lange die Hände in den einzelnen Positionen verweilen, sobald sie ihre Reiki-I-Einweihung erhalten haben. Dann ist Zeit für eine Pause, in der du die Stühle für die Einweihungen aufstellst. Vor oder nach der Pause erzählst du, was als nächstes an die Reihe kommt. Die Gruppe sollte während der Pause möglichst in der Nähe bleiben. Setze ein Zeitlimit und rufe die Teilnehmer herein, wenn du fertig bist. Ohne eine zeitliche Begrenzung können sich Pausen über den gesamten Nachmittag hinziehen.

Gib nach der Pause die Einweihungen. Teile den Schülern mit, daß sie bitte still sein mögen und daß du in Fünfer-Gruppen (bzw. mehr oder weniger) arbeiten wirst. Zeige ihnen, wie sie ihre Hände zu halten haben, und sage ihnen, daß die nächsten fünf schnell nachrücken sollen, sobald eine Gruppe fertig ist. Die Weitergabe von Einweihungen an eine Gruppe mit 25 Teilnehmern dauert mindestens eine Dreiviertelstunde, selbst wenn du sehr schnell arbeitest. Arbeite zügig und halte die Stühle besetzt. Teile jeder Gruppe am Ende mit, daß du fertig bist und sie aufstehen können.

Sobald sie ihre Einweihung empfangen und sich von den Stühlen erhoben haben, sollen sie sich gegenseitig für einige Minuten die Hände auflegen. Sie werden wissen, ob die Energie durch sie hindurchgeflossen ist, wenn sich ihre Handflächen erhitzen. Die Hände können an Schulter oder Rücken aufgelegt werden oder an jeder x-beliebigen Stelle, die der Empfänger angibt. Sobald die Schüler damit fertig sind, beginnen sie mit einer Selbstheilung. Diese wird sie eine Weile beschäftigen. In der Zwischenzeit kannst du die restlichen Einweihungen vornehmen.

Nachdem alle ihre Einweihung erhalten haben, frage nach, ob jemand etwas dazu sagen möchte. Verwende hierauf nicht allzuviel Zeit, aber warte ein paar Reaktionen ab. Erkundige dich, ob jemand dabei ist, der nichts gespürt hat. Falls sich jemand meldet, so fühle die Hände dieser Person. Sind sie heiß, ist alles okay. Braucht diejenige weitere Hilfe, warte, bis sich die anderen der Selbstbehandlung widmen, und sprich dann unter vier Augen mit ihr. Manche Leute reagieren sehr heftig auf eine Einweihung, und das beunruhigt sie. Sie fühlen sich »abgehoben« oder unausgeglichen, spüren unangenehme Empfindungen oder Energien aufsteigen oder es wird ihnen unerträglich heiß. Solche Leute mußt du unverzüglich dazu bringen, jemand anders zu behandeln. Das ermöglicht am leichtesten einen Energieausgleich. Ich unterstütze diesen Vorgang mit Blütenessenzen, zum Beispiel mit den Bach-Blüten-Essenzen Rescue (Notfalltropfen) oder Clematis oder mit *Perelandra's Grus,* einer speziellen Rosentinktur. Die Empfindungen lassen innerhalb weniger Minuten nach, sobald der Schüler die Energie durch seine Hände fließen läßt.

Verteile als nächstes Zettel mit den Grundpositionen zur Behandlung anderer. Stelle gegebenenfalls einen Massagetisch auf oder arbeite auf dem Fußboden, um der Gruppe diese Positionen zu zeigen. Es gibt immer jemanden, der sich hierfür zur Verfügung stellt. Du solltest darauf achten, daß diese Person die Positionen später an anderen sieht. Führe keine Ganzbehandlung durch, sondern demonstriere die Positionen nur kurz. Nutze diese Zeit, um Dinge anzusprechen wie die Verweildauer der Hände an den einzelnen Positionen, den Energiezyklus, emotionales Loslassen. Sprich auch über den ethischen Grundsatz von Reiki I: Eine Heilung darf nur mit Erlaubnis durchgeführt werden.

Nachdem du die vorderen sowie die hinteren Positionen vorgeführt hast und keine weiteren Fragen mehr dazu bestehen, kannst du zur Gruppenbehandlung übergehen. Ich will es immer auf später verschieben, aber sobald sich Paare gebildet haben, vergesse ich es meist. Zeige die Gruppenheilung also jetzt. Laß einige Leute vortreten, um die Behandlung an einem neuen Freiwilligen zu demonstrieren. Erwähne in diesem Zusammenhang auch die Reiki-Kreise. Falls jemand daran interessiert ist, könnte er eine Adressenliste zusammenstellen, um einen solchen Reiki-Kreis zu gründen. Findet der Kurs in deinem Heimatort statt, könntest du auch selbst einen Reiki-Kreis organisieren.

Teile sodann die Gruppe in Paare auf, damit sie sich gegenseitig Heilungen geben. Jeder Schüler ist einmal der Empfänger und einmal der Heiler. Ist die Zeit knapp oder sind zu viele Schüler anwesend, gestalte dies als Gruppenheilung. Die Einzelsitzungen sind jedoch sehr wichtig und sollten wann immer möglich durchgeführt werden. Laß die Gruppe wissen, daß noch vorhandene unangenehme Empfindungen bezüglich der Energie durch diese Heilung aufgehoben werden. Kommt es nach dem Kurs zu Mißempfindungen, was in den folgenden Wochen durchaus üblich ist, empfiehlt es sich, möglichst oft Reiki zu geben. Versichere den Schülern, daß dies harmlose Wahrnehmungen sind. Sag ihnen, womit sie rechnen müssen, und erwähne die Entgiftung. Die paarweisen Behandlungen nehmen beinahe die Hälfte der Kursdauer in Anspruch und sind überaus wichtig. Sie sorgen dafür, daß die Einweihungsenergie die Schüler durchströmt, daß sie die Positionen kinästhetisch lernen und das System des natürlichen Heilens allmählich Gestalt annimmt. Erst diese Sitzungen im Anschluß an die Einweihung machen die Schüler zu Reiki-I-Praktizierenden.

Du solltest für alle möglichen Fragen zur Verfügung stehen, aber im wesentlichen ist der Unterricht hiermit beendet. Nachdem sich jedes Paar gegenseitig behandelt hat, gib auch du eine Behandlung und laß dich behandeln. Dies baut das hohe Energieniveau ab und tut einfach gut. Es gibt viele Heiler, denen niemand Heilung gibt, und dabei haben sie es genauso nötig wie jeder andere. Sollte am Ende des Kurses noch etwas Zeit bleiben, führe weitere Gruppenheilungen durch. Anschließend kommt die Gruppe allein zurecht, es ist jedes Mal ein Wunder. Reiki I nimmt etwa fünf Stunden in Anspruch, zuzüglich einer Mittagspause. Ich persönlich gebe den Kurs lieber am frühen Abend oder Nachmittag, da sich die Mittagspause immer so lange hinzieht.

Die Unterlagen für Reiki I enthalten die Handhaltungen für die Selbstbehandlung und die Behandlung anderer. Sie können zusätzlich die Reiki-Lebensweisheiten sowie Informationen über die seelisch-geistigen Ursachen von Krankheiten enthalten. Der ethische Grundsatz für Reiki I lautet, daß eine Behandlung nur mit Erlaubnis des Empfängers durchgeführt werden darf. Das ist in wesentlichen Grundzügen der Inhalt des Reiki-I-Kurses. Weitere Informationen können bei Bedarf hinzugefügt werden.

Reiki II

Reiki II nimmt zwar weniger Unterrichtszeit in Anspruch, erfordert aber wesentlich mehr Unterlagen und von den Schülern fleißiges Lernen zu Hause. Ich bevorzuge auch für Reiki II eine ungezwungene Atmosphäre, doch ein Klassenzimmer tut es auch. Bilde entweder einen Stuhlkreis oder laß die Leute auf dem Boden Platz nehmen. Es sollten stets ein paar Stühle bereitstehen für Leute, die Probleme haben, auf dem Boden zu sitzen. Erkundige dich nach den Namen aller Anwesenden und ob jemand noch Fragen zu Reiki I hat. Wenn ich an Wochenenden Intensivkurse gebe, bringt dies eine gewisse Kontinuität in den Kurs, und gleichzeitig werden Dinge geklärt, die du unter Umständen am Tag zuvor vergessen hast. Solltest du irgend etwas während Reiki I vergessen haben, kannst du es jetzt anbringen.

Selbst wenn die Schüler eine Weile mit dem ersten Reiki-Grad gearbeitet haben, gibt es häufig noch Fragen.

Beschreibe als nächstes, wie sich Reiki II von Reiki I unterscheidet: Es bezieht die Fernheilung ein, die Symbole kommen hinzu usw. Erkundige dich, wer im Kurs bereits Erfahrung mit Fernheilung hat. Ich muß immer wieder erstaunt feststellen, daß es normalerweise weniger als die Hälfte aller Schüler sind. Bitte diejenigen, die bereits Fernheilungen durchgeführt haben, zu beschreiben, wie sie dabei vorgehen. Es gibt eine Vielzahl von Methoden. Auch diejenigen, die meinen, sie würden keine Fernheilungen geben, sind oft überrascht zu erfahren, daß sie es regelmäßig tun. Beschreibe deine eigene Methode der Fernheilung oder gib eine einfache Anleitung, die diesen Vorgang Schritt für Schritt erklärt.

Erkläre die vier speziellen Methoden des Fern-Reiki: 1. Die Vorstellung, die Person sei geschrumpft und du hältst sie in deiner Hand. 2. Die Vorstellung, bei ihr zu sein für eine Kontaktbehandlung. 3. Die Verwendung deines Knies und Beins als Fokus. 4. Die Verwendung eines Teddybären oder eines Ersatzes. Teile den Schülern mit, daß die Reiki-Symbole zu der gewählten Methode hinzugefügt werden, und beschreibe, wie diese visualisiert und ausgesandt werden.

Gehe auf die ethischen Grundsätze von Reiki II ein. Beginne damit, wie die Erlaubnis einzuholen ist, falls der Empfänger sie nicht auf der körperlichen Ebene gibt. Dies ist sehr wichtig. Ich lege in Reiki II Wert auf ein ethisches Bewußtsein, da es sich um die erste bewußte Anwendung einer sehr hohen Energiekonzentration handelt. Wenn die Rede auf anderweitige Anwendungen und auf das Manifestieren kommt, verweise ich noch einmal auf die Moral. Es ist moralisch nicht vertretbar, jemanden in irgendeiner Weise zu manipulieren. Beim Manifestieren beziehe nur dich selbst in deine Wunschvorstellungen ein, andere jedoch erst nach ihrer Zusage. Reichtum und Wohlstand in sein Leben zu bringen, ist durchaus legitim – nicht aber, diese Fülle anderen wegzunehmen, um sie selbst zu haben.

Als nächstes beschreibe die Symbole, wobei du deine Unterlagen mit den Abbildungen zu Hilfe nimmst. Diese Unterlagen könnten auch zusätzliche Informationen über die Anwendung der Symbole enthalten. Zeichne die Symbole mit der Hand in die Luft, um zu zeigen, wie sie ausgeführt werden. Du könntest die Gruppe bitten, dies zu üben. Lege öfter mal eine Pause ein, falls Fragen anstehen. Besprich dann die nicht heilungsbezogenen Anwendungen der Symbole: das Segnen und Energetisieren von Mahlzeiten, das Reinigen und Klären von Häusern und Wesen sowie die Verwendung der Symbole als Schutzfunktion oder zur Karmabereinigung in einem früheren Leben. Ermuntere die Gruppe, eingehend darüber zu diskutieren. War der Stoff in Reiki I noch körperbezogen und kinästhetisch, es wurde mehr gefühlt als besprochen, spricht Reiki II stärker die intellektuelle Ebene an. Im zweiten Grad werden Welten aus der Leere des Geistes geschaffen.

Schlage sodann eine Pause vor und übertrage dann die Einweihungen. Schwierigkeiten mit der Öffnung, wie sie bei Reiki I auftreten können, gibt es hierbei nicht, und es ist auch nicht nötig, daß die Schüler sich danach gegenseitig die Hände auflegen. Sie werden sich eventuell ein wenig benommen fühlen, vielleicht etwas stärker als nach der ersten Einweihung, aber das geht schnell vorbei. Weise sie jedoch darauf hin, daß diese Empfindungen auch später noch auftreten können und daß eine sechsmonatige Phase der emotionalen Heilung und der Lebensveränderungen auf Reiki II folgt. Autofahrer sollten nach dem Kurs besonders achtgeben.

Ich unterrichtete einmal Reiki I und II am selben Tag und warnte die Gruppe beim Gehen vor dem Gefühl des Weggetretenseins. Alle meinten, sie wären in Ordnung. Etwa eine halbe Stunde später rief eine der Teilnehmerinnen an und fragte, ob sie dorthin zurückkommen könnte, wo der Kurs stattgefunden hätte, um mit uns den Abend zu verbringen. Ich wohnte bei der Frau, die den Kurs organisiert hatte. Wir hatten nichts dagegen, gingen zusammen zum Essen und verbrachten einen unterhaltsamen Abend. Nach einer Weile fragte ich die Frau, weshalb sie zurückgekommen sei. Sie lief puterrot an und machte einen verwirrten Eindruck, worauf ich zu ihr sagte, sie müsse es mir nicht erzählen. Sie rang sich aber doch dazu durch und meinte: »Du hattest recht mit dem Gefühl des Weggetretenseins. Ich konnte nicht nach Hause finden.«

Schließe Reiki II mit Informationen über die Ki-Übungen und erzähle kurz, warum sie wichtig sind. Weise darauf hin, daß die Symbole zum Heilen als ganze Figur ausgesandt werden können (sie müssen nicht aus dem Gedächtnis gezeichnet werden), falls die Schüler nicht vorhaben, mit Reiki III weiterzumachen. In diesem Fall brauchen sie sich auch nicht weiter um die Übungen zu kümmern. Mit dem Zugang zum dritten Grad schließt sich jedoch der Kreis des Reiki, was eine große Bereicherung ist, so daß viele es dann doch tun. Ich ermutige meine Reiki-Schüler zu fleißigem Lernen und Üben, das heißt, die Symbole auswendig zu lernen und die Ki-Übungen zu praktizieren. Ich fordere sie auch auf, mit Reiki III weiterzumachen, wenn es sich bei ihnen um engagierte Heiler handelt und sie ein echtes Interesse daran haben, Reiki zu unterrichten. Dank der einfachen Methoden und der relativ günstigen Preise von freien Reiki-Meistern ist der dritte Grad jedem zugänglich, der ihn nutzbringend anwenden möchte.

Die Unterlage für Reiki II enthalten die drei Symbole samt Abbildungen, Wissenswertes über ihre Anwendung und die Beschreibung der Ki-Übungen. Die ethischen Grundsätze für Reiki II bestehen darin, niemanden zu manipulieren und bei Fernheilungen die Erlaubnis des Empfängers einzuholen.

Reiki III

Das Programm für Reiki III hört sich zwar einfach an, aber der Unterricht dauert länger als bei Reiki I oder II: mindestens fünf Stunden mit einer lebhaften Gruppe. Der Lernstoff umfaßt zwei weitere Symbole, den Einweihungsprozeß, das buddhistische Hintergrundwissen (siehe folgendes Kapitel) sowie Informationen zum Unterricht in den einzelnen Graden. Es gibt außerdem eine Einweihung. Der Reiki-III-Unterricht ist sehr viel spannender als in den unteren Stufen. Die Schüler sind durchweg fortgeschrittene Heiler, und es erscheinen weniger als in den ersten Kursen. Im Laufe von Reiki I und II lernst du jeden einzelnen kennen, und diejenigen, die nicht für Reiki III in Frage kommen, sind nicht mehr dabei. Es hat eine Auslese stattgefunden.

Du kennst wahrscheinlich längst alle Schüler mit Namen, ansonsten frage nach. Erkundige dich, ob es noch offene Fragen zu Reiki gibt. Falls unter den Schülern einige sind, die Reiki II nach der traditionellen Methode gelernt haben, beginnst du den Kurs mit den Ki-Übungen und erklärst auch die Hui-Yin-Position. Sage den Teilnehmern, daß sie sämtliche Reiki-II-Symbole, mit denen sie bereits arbeiten, weiterhin verwenden können, selbst wenn diese sich von deinen unterscheiden. Vielleicht möchte die Gruppe auch über die Unterschiede zwischen den Symbolen diskutieren.

Stelle nun die Reiki-III-Symbole vor: das Dai-Ko-Myo und das Raku sowie dessen Anwendungen beim Heilen und in anderen Bereichen. Nimm dir dafür ruhig ein wenig Zeit.Verteile Zettel mit beiden Versionen des Dai-Ko-Myo, der traditionellen sowie der modernen Version. Du kannst deinen Schülern ruhig sagen, welche Variante du bevorzugst, welche Vorteile sie beide haben und daß sie sich eins aussuchen können. Es kann im Anschluß auch über die Symbole diskutiert werden, die nichts mit Reiki zu tun haben. Erörtere als nächstes den Stoff des folgenden Kapitels. Hierbei handelt es sich um Erkenntnisse über die Herkunft der Symbole, wodurch sich neue Perspektiven für das ganze Reiki-System auftun. Diese Informationen sind Reiki III vorbehalten, damit die Schüler sich zu Beginn ihrer Reiki-Ausbildung auf die Symbole konzentrieren können.

Als nächstes kommt der Einweihungsprozeß an die Reihe. Beschreibe ihn und führe ihn vor. Stelle einen Stuhl in die Mitte des Raumes und reiche die Einweihung in den dritten Grad an jeden einzelnen Schüler weiter, während die anderen den Vorgang verfolgen. Mir ist es am liebsten, wenn ich die Reiki-III- Einweihungen einzeln weiterreichen kann, es sei denn, die Gruppe ist sehr groß. Die Reaktionen auf diesen kräftigen Energieschub sind verschieden. Manche sitzen einfach da und kichern, so wie es mir nach meiner Einweihung erging, andere brechen in Tränen aus, wieder andere verlassen für einige Minuten ihren Körper, und nicht selten fangen Leute mit Channeling an. Diese Einweihungsenergie ist pure Lebensfreude. Vielleicht möchtest du zwischen den Einweihungen einige Dinge erklären. Du kannst es aber auch vorher oder nachher tun.

Sobald jeder seine Einweihung erhalten hat und keine weiteren Fragen zur Durchführung von den Schülern kommen, erkundige dich, ob jemand versuchen möchte, eine Einweihung weiterzugeben. Die Kursunterlagen mit den Symbolen können dabei zu Hilfe genommen werden. Ein paar mutige Schüler werden sich vermutlich melden, aber normalerweise sind sie zu diesem Zeitpunkt zu sehr überwältigt von dem Geschehen. Dränge sie nicht, sie können und werden später üben. Ich hatte mal in einem Kurs eine Frau, die der felsenfesten Überzeugung war, daß sie es niemals schaffen würde, Einweihungen weiterzureichen oder Unterricht zu geben, obwohl sie sich das Wochenende gut geschlagen hatte. Ich sagte ihr, ich würde ihr beweisen, daß sie es könnte, und ließ sie auf der Stelle unter meiner Anweisung eine Einweihung an mir persönlich vornehmen. Ich hielt die Zettel mit den Symbolen und sagte ihr Schritt für Schritt, was sie zu tun hatte. Sie war total begeistert, als sie die Energie spürte, und gewann dadurch unwahrscheinlich an Selbstvertrauen.

Die meisten Schüler brauchen nach dem Reiki-Wochenende mindestens ein paar Monate, bis sie soweit sind, Einweihungen zu geben oder unterrichten zu können. Allein das Halten der Hui-Yin-Position erfordert in der Regel einige Wochen der Übung. Es dauert auch eine Weile, um die Symbole zu behalten und den gesamten Vorgang zu beherrschen. Schüler, die an einem Wochenende in Reiki I bis III eingeweiht worden sind, benötigen noch mehr Zeit, denn sie müssen alle drei Grade erlernen. Nach dem Reiki-Wochenende sind die meisten Schüler von der Energie und dem Wissen überwältigt, und es dauert eine Weile, um alles zu verarbeiten. Sie benötigen wahrscheinlich mehr Schlaf in den nächsten Tagen, so daß sich ihre Hara-Linie der Energie entsprechend ausdehnen kann. Es gibt allerdings auch Ausnahmen.

Eine Schülerin, die nach der traditionellen Methode in Reiki I und II eingeweiht worden war, lud mich in ihre Stadt ein, um dort einen Wochenendkurs zu geben. Sie sollte am Sonntag ihr Reiki III erhalten, aber ich hatte ihr bereits vorher die Unterlagen über das Hui-Yin geschickt. Bei meiner Ankunft war sie dermaßen ungeduldig, daß ich ihr bereits am Freitagnachmittag Reiki III gab. Als ich noch am selben Abend Reiki I unterrichtete, fragte ich sie spaßeshalber, ob sie bereit wäre, mir zu helfen. Sogleich legte sie das Informationsmaterial neben sich und gab zwei Einweihungen erfolgreich weiter. Dann brach sie unter Tränen zusammen und meinte, sie könne nicht weitermachen. Innerhalb eines Monats gab sie ihren ersten Reiki-I-Kurs, und ich bin mir sicher, daß sie es gut gemacht hat. Sie hatte zehn Jahre auf ihr Reiki III gewartet und wollte einfach nicht länger warten.

Nach den Einweihungen solltest du darüber sprechen, welche Informationen zum Unterricht der einzelnen Grade gehören. Du findest alles Wissenswerte darüber in diesem Kapitel. Die meisten Fragen und Diskussionen kommen zum Thema Einweihungen auf, und dann überziehe ich oft die geplante Zeit, obwohl schon alle ungeduldig aufs Essen warten. Es könnte hilfreich sein, eine Informationsschrift über die Mitarbeit der Gruppe in den jeweiligen Graden zu erstellen. Es gibt Dinge, die unbedingt angesprochen werden sollten, zum Beispiel wie man feststellt, daß sich der Empfänger geöffnet hat, was zu tun ist, falls er sich nicht öffnet, und wie man Leuten hilft, die heftige Reaktionen auf die Einweihung zeigen. Beim Reiki-I-Unterricht bestehe ich darauf, daß die Kursteilnehmer sich nach der Einweihung gegenseitig die Hände auflegen. Schüler wollen immer wissen, wen sie in ihre Kurse aufnehmen oder wem sie die Teilnahme an fortgeschrittenen Kursen verweigern sollen.

Wir wollen hoffen, daß die Zeiten vorbei sind, da Reichtum die Voraussetzung zum Heilen und zur Ausbildung des Heilers war. Heilen muß jedem zugänglich sein, der das Talent oder den Willen dazu hat. Es spricht nichts dagegen, für Heilungssitzungen oder Unterricht zu bezahlen. Ein Heiler hat das Recht, mit Reiki seinen Lebensunterhalt zu verdienen. Reiki ist ein Geschenk für alle, die es praktizieren und lehren, und wartet mit Reichtümern aller Art auf. Das Leben mit all seiner Fülle wird kommen, wenn die Preise niedrig gehalten und Stipendien gewährt werden. Das amerikanische Gesundheitssystem läßt Leute ohne Krankenversicherung und Einkommen im Regen stehen. Das ist medizinisch nicht vertretbar, und es ist erst recht verantwortungslos, so mit einem System zu verfahren, das auf dem buddhistischen Prinzip des Mitgefühls für alle Lebewesen beruht. Was du aussendest, bekommst du mannigfaltig wieder zurück.

Ein Thema, über das Reiki-III-Schüler häufig diskutieren, ist das Geld. Sie wollen wissen, was sie für ihre Arbeit verlangen können, wann sie Stipendien gewähren sollen, ob das Reiki-System ohne Bezahlung geschätzt wird und ob es moralisch vertretbar ist, sich mit Reiki seinen Lebensunterhalt zu verdienen. Ich denke, daß ich meine Meinung hinreichend dargelegt habe, doch letztendlich muß jeder selbst entscheiden. Da es ein sehr wichtiges Thema ist, gibt es darüber meist eine leidenschaftliche Diskussion, zumal wahrscheinlich alle Reiki-Lehrer aus derselben Gegend sind und somit leicht Konkurrenzgefühle aufkommen. Wenn die Schüler sich jetzt über die Preisgestaltung einig werden können, hat dies weitreichende Konsequenzen zum Wohle aller. Solange es sich um eine fruchtbare Diskussion handelt, solltest du sie nicht unterbrechen, sei dir jedoch auch bewußt, daß jeder Schüler seine eigenen Entscheidungen treffen und mit dem Problem auf seine Weise fertig werden muß.

Zu mir kamen auch Reiki-Meister, die nach anderen modernen oder traditionellen Methoden ausgebildet worden waren. Ein Paar wollte zum Beispiel Reiki in einem Aids-Zentrum unterrichten. Die beiden hatten jedoch das Gefühl, daß sich ihre Einweihungsmethode nicht für größere Gruppen eignete. Sie absolvierten einen dreitägigen Kurs bei mir, wobei sie mir beim Unterricht in den einzelnen Graden zuschauten und die Einweihung nach meiner Methode erhielten. Die moderne Einweihungsmethode sagte ihnen sehr zu und so benutzten sie sie bei ihrem eigenen Unterricht. Oft kommen traditionell ausgebildete Leute in meine Seminare, um mich zu überprüfen oder um sich bei mir oder über mich zu beschweren. Wenn sie gehen, haben sie oft einen anderen Eindruck gewonnen. Eine Frau erzählte mir, sie hätte erwartet, »eine Hexe vorzufinden, die Reiki unterrichtet«, und statt dessen eine »Reiki-Meisterin angetroffen, die zugleich eine Hexe ist«. Ich faßte es als Kompliment auf, und so war es auch gemeint. Die modernen Methoden haben sich bestens bewährt und sind sehr kraftvoll.

Ich spreche auch ganz gern über die Möglichkeit, als Meister ein Gefühl der Selbstherrlichkeit zu entwickeln, und ermahne meine Schüler zu Bescheidenheit. Reiki verfügt über eine Intelligenz und Heiligkeit, die die menschliche Vorstellungskraft bei weitem übersteigt, und als Lehrer tragen wir die Verantwortung für Reiki und unsere Schüler. Ich rede über die Notwendigkeit, mehr Reiki-III-Praktizierende auszubilden. Ich ermutige die Gruppe, Reiki weiterzugeben und Lehrer auszubilden. Neue Reiki-Meister haben manchmal die Tendenz, die Geheimnisse und Wunder für sich zu behalten. Bedenke, in was für einer Welt wir leben und wie sehr die Menschheit Heilung benötigt. Je mehr praktizierende Reiki-Lehrer es gibt, um so eher kann Reiki wieder allen Menschen zugänglich gemacht werden, so daß alle davon profitieren.

Die Unterlage für einen Reiki-III-Kurs enthalten die Ki-Übungen für alle diejenigen, die sie zuvor nicht kannten, außerdem die Symbole des dritten Grades und ihre Schreibweise sowie eine detaillierte Beschreibung der Weitergabe von Einweihungen. Bei Bedarf können sie ergänzt werden durch eine Zusammenfassung des nächsten Kapitels und eine Übersicht über den Lernstoff in den einzelnen Graden. Die moralische Verpflichtung für Reiki III besteht in einer angemessenen Preisgestaltung und in der Gewährung von Stipendien. Die Verpflichtung zu lehren gehört meiner Meinung nach auch dazu.

Das ist in groben Zügen der Inhalt eines Reiki-III-Meisterkurses. Ich kann gar nicht beschreiben, wie wunderbar es ist, Reiki zu unterrichten und mit anderen Menschen zu teilen. Ich habe bereits einige hundert Reiki-III-Schüler ausgebildet, und viele von ihnen unterrichten mittlerweile selbst. Bis jetzt geben sie Reiki zu angemessenen Preisen weiter, an Menschen in den USA, in Kanada, Deutschland und Mexiko. Der Bedarf an Lehrern und Heilern ist groß, und deshalb bitte ich alle meine Reiki-III-Schüler, hinauszugehen und zu lehren. Ich kann nur die Einweihung und die Lehrinformationen weiterreichen, alles andere obliegt dem einzelnen. Er muß in die Funktion des Reiki-Meisters oder der Reiki-Meisterin hineinwachsen.

Damit kommen wir zum Ende. Anhand des hier vorgestellten Lernstoffes sollte es möglich sein, Reiki in den drei Graden zu unterrichten. Jeder Lehrer entwickelt im Laufe der Zeit seine eigenen Methoden. Insofern ist die hier vorgestellte nur ein Anhaltspunkt und gibt Richtlinien. Das letzte Kapitel dieses Buches befaßt sich mit Reiki und Buddhismus. Das sind die Schlüssel zum gesamten Reiki-System, und ihre Entdeckung war für mich der aufregendste Teil des Reiki-Puzzles. Ich habe es bis zum Schluß aufgehoben, weil sich hierdurch interessante Perspektiven eröffnen.

10. Kapitel

Reiki und der Weg zur Erleuchtung

Auf meiner Suche nach der Bedeutung und Herkunft des Reiki-Systems hatte ich vor einigen Jahren das Glück, mich mit einer Nonne des Mahayana-Buddhismus zu unterhalten. Obwohl sie von Reiki nichts wußte, waren ihr die Reiki-Symbole durch die buddhistische Lehre bekannt, und so taten sich für mich völlig neue Perspektiven auf. Bei den Recherchen zu diesem Buch las ich buddhistische Schriften und gewann neue Einsichten, die manche Frage zum Reiki-System beantworteten. Mikao Usui sprach von einer einfachen Formel, aus der sich Reiki sowie die Symbole ableiten. Ich glaube, daß ich diese 2500 Jahre alte Formel in einer buddhistischen Schrift gefunden habe. Ein Großteil meiner zusätzlichen Informationen über die Reiki-Symbole basiert auf dieser Studie und der unten dargelegten Formel.

Durch meine ausgiebige Beschäftigung mit dem Mahayana- und dem Vajrayana-Buddhismus erkenne ich verblüffende Ähnlichkeiten zu den philosophischen Grundlagen fast aller Religionen. Der Buddhismus verehrt keinen bestimmten Gott und keine bestimmte Göttin, sondern akzeptiert die Gottheiten der jeweiligen Kultur. Es handelt sich dabei mehr um eine universelle Philosophie des Daseins als um die Verehrung eines Schöpfers. Der aus dem Mahayana-Buddhismus hervorgegangene tantrische Mystizismus verkörpert den Kern jedes metaphysischen Systems auf dieser Welt, auch den des Wicca-Kultes. Als Theosophie gelangte er durch die russische Mystikerin Helena Petrowna Blavatsky in den Westen. Auch die ursprünglichen Lehren Jesu sind im Buddhismus verankert, einschließlich der Heilkräfte, Gleichnisse, Philosophie, Einstellung und Wunder.

Gautama Siddhartha, der Sakyamuni Buddha, wurde im Jahre 620 v. Chr. in Indien nahe der nepalesischen Grenze geboren. Er starb im Jahre 543 v. Chr. Ebensowenig wie die Lehren Jesu wurden auch Buddhas Worte nicht zu seinen Lebzeiten niedergeschrieben. Die ersten Schriften kamen erst einige

Jahrhunderte später auf. In der Bibel finden sich nur wenige Stellen, die darauf hindeuten, daß es sich um die eigenen Worte und die Lehre Jesu handelt. Über Gautama Siddhartha ist mehr bekannt.

Buddha suchte nach einem Weg, alle Menschen von Leid, Schmerz und Wiedergeburt zu befreien. Er unterrichtete Männer wie Frauen sowie Menschen aller Kasten und Klassen. Das war für die traditionelle Hindu-Gesellschaft genauso ungewöhnlich wie sechshundert Jahre später Jesu Auftreten im patriarchalischen System des Mittleren Ostens. Buddhas Erleuchtung kam nicht durch einen patriarchalischen Gott oder Lehrer zustande, sondern durch das Erreichen einer bestimmten Bewußtseinsstufe. Als er die Antworten auf seine Fragen fand, ging er nicht ins Nirwana ein, sondern verzichtete freiwillig auf den Zustand der Glückseligkeit und kehrte zurück, um die Menschen auf den Pfad der Erkenntnis zu führen. Erleuchtung ist »eine unmittelbare, dynamische, spirituelle Erfahrung, hervorgerufen ... durch die Fähigkeit der Intuition ... oder einfacher gesagt, durch ›klare Einsicht‹«.[1] Das Ergebnis ist eine Befreiung und Freiheit, wobei »das innere Licht« der spirituellen Wahrheit aufgeht.

Buddhas Predigt in Benares ist das Gegenstück zur Bergpredigt Jesu. Darin kommt das Wesentliche der buddhistischen Lehre zum Ausdruck. In diesem Dokument ist die Rede von den »Vier Edlen Wahrheiten«, wonach 1. alles Dasein dem unaufhörlichen Leiden unterworfen ist, 2. die Ursache des Leidens der »Durst« ist, das heißt das Verlangen nach Sinnesgenüssen und nach Dasein, 3. die Beseitigung des Durstes das Leiden aufhebt und 4. der Weg zur Aufhebung des Leidens der Achtfache Pfad ist. Dieser Achtfache Pfad unterteilt sich in: 1. rechtes Erkennen, 2. rechtes Entschließen, 3. rechtes Reden, 4. rechtes Handeln, 5. rechter Broterwerb, 6. rechtes Bemühen, 7. rechte Wachsamkeit (oder Gedankenkontrolle) und 8. rechte Versenkung (oder Konzentration).[2]

Alles im Leben ist Leiden, es gehört einfach zum Leben. Es gibt Krankheit, Alter, Tod und den Kummer, wenn uns nahestehende Menschen leiden und wir hilflos zusehen müssen. Schmerz und Leiden machen unglücklich, und darin liegt das größte Problem unseres Daseins. Dies versuchte der mitfühlende Buddha zu beheben. Bei seiner Erleuchtung erkannte Gautama Siddhartha, daß Leiden durch das starke Haften am Dasein und an anderen Menschen bewirkt wird. Der Durst auf Leben kann nie völlig gestillt werden. Dieses Haften erzeugt Frustration und negatives Handeln, wodurch wiederum schlechtes Karma angehäuft wird. Dieses im Leben angesammelte Karma macht weitere Leben erforderlich, da Karma nur in einem Körper auf- und abgebaut werden kann.

Dieses Sichklammern an weltliche Dinge kann man ablegen, und das Karma kann aufgelöst werden, so daß die Seele sich nicht mehr in einem anderen physischen Körper inkarnieren muß. Im Buddhismus ist dies der Weg, das Leiden zu besiegen und auch die einzig mögliche Form der Heilung: der Ausstieg aus dem endlosen Kreislauf der Wiedergeburten. Der Achtfache Pfad, der moralische Leitfaden des Buddhismus, der seine Entsprechung in den christlichen Zehn Geboten findet, kann dies bewerkstelligen. Bei seiner Erleuchtung wurde Buddha gezeigt, daß die Beendigung dieses Kreislaufs für jeden möglich ist. Seine Lehren basieren darauf, andere zur Erleuchtung zu führen, ihnen den Prozeß der Karmabereinigung bewußtzumachen.

Rechtes Streben, Wachsamkeit und Konzentration – all das, was die Kontrolle des Bewußtseins ermöglicht – gehören zu den Voraussetzungen, um dieses Ziel zu erreichen, denn wir schaffen uns unsere Realität immer selbst. Sie ist ein Produkt unseres Geistes. Nur wer sich von allen Verbindungen befreit, kann ins Nirwana eintreten und braucht sich nicht mehr zu inkarnieren. Wer die Wahrheit des Geistes und das Prinzip des Daseins versteht, dem wird diese Freiheit zuteil. Nirwana wird nicht als Auslöschung, sondern als »Befreiung, als innerer Frieden und Kraft, als Einsicht in die Wahrheit, als Freude über das Einssein mit der Realität sowie als Liebe gegenüber allen Wesen des Universums«[3] beschrieben.

Die Wirklichkeit wird durch den Geist aus der Leere geschaffen. Diese Leere ist die höchste transzendente Wirklichkeit jenseits aller Gestaltungen und Manifestationen: unendlicher Frieden, Reinheit, Perfektion, Mystik und Lebensfreude. Im Wicca, dem modernen Hexenwesen, wird die Leere als Geist, Äther oder Göttin bezeichnet. Sämtliche Daseinsformen kommen aus der Leere, sie ist die Essenz alles Lebendigen. Alle Menschen sind bereits vollkommene, spirituelle Wesen und Teil der Buddha-Natur (oder der göttlichen). Wirklichkeit ist auch das, was sich jenseits der Leere befindet, eine Vielzahl von Welten und wechselnden Universen. Der Geist, der sich aus dieser Leere erhebt, ist die erste Buddha-Quelle, die den meisten Menschen durch die Illusion der Wahrnehmungen allerdings verborgen bleibt. Die Wirklichkeit, die durch diese Verdunkelung des reinen Geistes geschaffen wird, ist wie die Realität in einem Spiegel. Während der Inkarnation erwachen die Menschen nicht zu ihrer innerlichen Reinheit (der Leere), die außerhalb ihrer Wahrnehmungen existiert. Ihr Verständnis basiert auf der Illusion der Form. Ein verzerrter Geist auf Erden erschafft eine verzerrte Realität, die Leiden auslöst.

»Der Geist, der sich als Weisheit manifestiert, ist im wesentlichen leer; doch geht aus ihm alles hervor und ist deshalb eine geistige Schöpfung .«[4] Alles Reale wird aus der Perfektion der Leere geschaffen. Trotzdem nehmen wir die Welt durch die Verzerrung und die Illusion als unvollkommen wahr und unterliegen weiterhin der Täuschung. Weisheit = Energie = Erschaffung ist die Leere und partizipiert am Nirwana. Die menschliche Wahrnehmung der Wirklichkeit ist die Form. Sie basiert auf dem Potential und nimmt an der geistigen Erschaffung des Leidens in der Welt teil. Erleuchtung bedeutet, die Freude an der Leere zu erkennen, seine eigene vollkommene Buddha-Natur, und das Haften an der Existenz und die Täuschungen der Form und der Sinne hinter sich zu lassen. Sobald die wahre Realität erkannt wird, haben die weltlichen Dinge keine Bedeutung mehr, und das Nirwana ist erreicht. Das versteht man unter Erleuchtung. Dieser Prozeß erlöst die Seele vom Karma und durchbricht die Kette der endlosen karmischen Wiedergeburten. Der Geist befreit sich von den Einflüssen der sinnlichen Welt.

Die buddhistische Lehre gründet sich auf die göttlichen Qualitäten Freundlichkeit, Mitgefühl, Mitleid und Gleichmut.[5] Der Buddha besaß diese Tugenden, als er auf das Eingehen ins Nirwana verzichtete, um andere Menschen von ihren Leiden zu erlösen. Nach Buddhas Tod (Parinirwana, Aufstieg) entwickelte sich in den darauffolgenden Jahrhunderten in Hinterindien der Hinayana-Buddhismus und im 1. und 2. Jahrhundert in Nordindien der Mahayana-Buddhismus. Dieser Zweig des Buddhismus spielt noch heute eine zentrale Rolle und basiert auf den oben beschriebenen Grundsätzen Gautama Buddhas. Einer dieser Grundsätze des Mahayana-Buddhismus ist die Versicherung, daß jeder die Erleuchtung erlangen kann, auch jene, die sich nicht voll und ganz der Religion verschreiben. Zum Mahayana-Buddhismus gehört auch das Konzept des Bodhisattva, des sogenannten Erleuchtungswesens.

Der Ausdruck Bodhisattva bezeichnet einen zukünftigen Buddha, der zwar die Erleuchtung erlangt hat, auf das Eingehen ins Nirwana jedoch so lange verzichtet, bis jeder mit ihm die Erleuchtung erlangt. Er bleibt auf der Welt, um allen Wesen zu helfen. Kuan-yin gilt als die weibliche Form des Bodhisattvas. In Japan ist sie als Kwannon bekannt, und die ihr ebenbürtige Figur in Tibet ist Tara. Auch Jesus und seine Mutter Maria könnten als Bodhisattva

Der Stupa und die fünf Elemente[7]

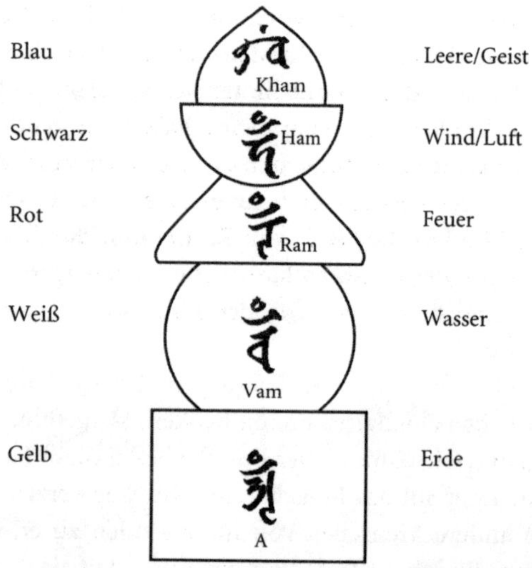

Die fünf Formen

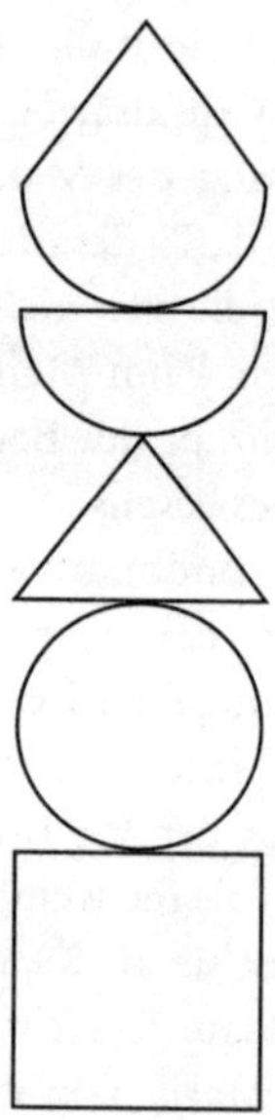

bezeichnet werden. Die meisten Bodhisattvas sind männlich. Ein Bodhisattva besitzt die Eigenschaften eines Buddha und wird auch ein Buddha, wenn er die Erde endgültig verläßt. Gautama Siddhartha war nicht der einzige Buddha, aber fand als erster den Weg. Der Bodhisattva genießt im Mahayana-Buddhismus höchste Verehrung.

Der Vajrayana- oder Tantra-Buddhismus entwickelte sich in Tibet aus dem Zweig des Mahayana-Buddhismus. Es ist die mystische und esoterische Ausrichtung des Buddhismus, in der die Treue zu einem Lehrer oder Guru groß geschrieben wird. Er enthält farbenfrohe Rituale, Einweihungen, Mandalas und Mantras, friedvolle sowie zornige Gottheiten, Visualisierungen zur Bewußtseinskontrolle, fortgeschrittene Meditationsübungen und eine reiche Symbolik. Das rauhe Klima in Tibet und seine isolierte Lage trugen wesentlich dazu bei, daß sich der Vajrayana-Buddhismus dort in eine ganz andere Richtung entwickelte als in Indien. Seine Lehren basieren aber dennoch auf den *Sutras* und den Glaubenslehren des Mahayana-Buddhismus. Tantrische Anhänger verehren Buddha in heiligen Statuen und Kunstgegenständen, doch in der Meditation suchen sie Buddha und die Bodhisattvas im eigenen Geist.[6] Sie versuchen, die vielen Wirklichkeiten und die Vollkommenheit der Leere zu verstehen.

Die Reiki-Formel stammt aus den Mahayana-*Sutras* und der mystischen Interpretation des Vajrayana-Buddhismus. Bei den fünf Reiki-Symbolen handelt es sich um die fünf Ebenen des Geistes, die zur Erleuchtung führen. Buddhisten kennen sie als Weg zur Erleuchtung. Es sind auch die fünf Elemente, die fünf Farben und fünf Formen, die überall in der tantrischen Kunst zu finden sind. Die fünf Elemente sind Erde, Wasser, Feuer, Wind (Luft) und Leere (Geist). Die fünf Farben sind Gelb, Weiß, Rot, Schwarz und Blau. Bei den fünf Formen handelt es sich um das Quadrat, den Kreis, das Dreieck, den Halbkreis und

Der Stupa und der Körper

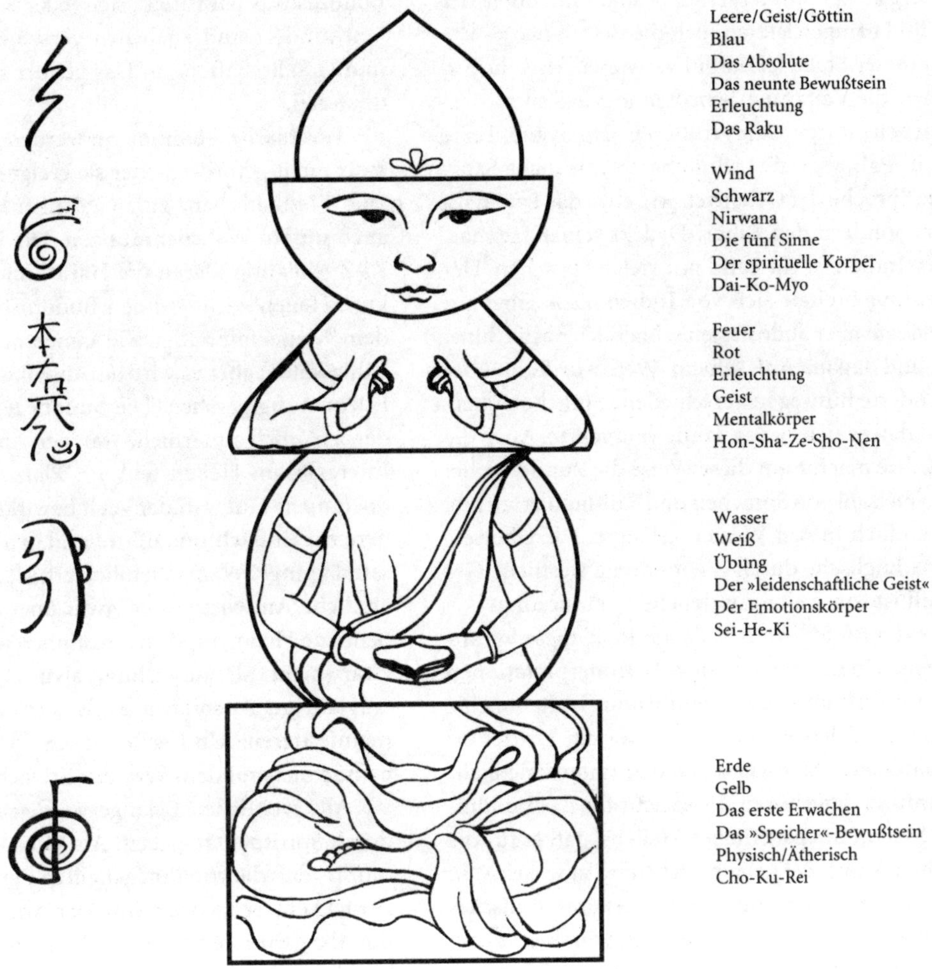

den *Cintamani* des Stupa. Diese können mit den fünf Punkten des Wicca-Fünfecks oder der Leere als Geist oder Äther verglichen werden. Die fünf Elemente werden auch mit den Chakras in Verbindung gebracht.

Zusammen repräsentieren die fünf Reiki-Symbole die Nicht-Dualität von Geist und Objekt sowie die Leere des Egos, das das buddhistische Nirwana erreicht. Nach dem Eintritt ins Nirwana durchbricht der Reiki-Prozeß die Kette der endlosen Wiedergeburten und befreit damit die Seele. Die ursprüngliche Verwendung des Symbolsystems war nicht auf Heilung bezogen, sondern spiritueller Art – Erleuchtung in der Absicht, anderen zu helfen, der Bodhisattva-

Weg. Die Reiki-Symbole sind Schöpfungen der Weisheitsenergie, der unverzerrten Vollkommenheit der Leere, und bringen letztendlich die Befreiung.

An dieser Stelle sei darauf verwiesen, daß die *Sutras* sowie die Vajrayana-Schriften in Sanskrit niedergeschrieben waren (die früheren Hinayana-Texte waren in Pali abgefaßt). Buddha sprach nicht Sanskrit, die Sprache der Gelehrten wie etwa das Latein im Westen, sondern den Bihari-Dialekt seiner Heimatprovinz. Indien ist ein Land mit vielen Sprachen. Der Buddhismus breitete sich von Indien nach Tibet aus und gelangte über Südostasien schließlich nach China, Korea und Japan. Auf seinem Weg wurde er über Jahrhunderte hinweg in verschiedene Sprachen übersetzt, so daß er sich zwangsläufig veränderte. Auch die Reiki-Lehre machte auf diese Weise die Runde, wobei sie eine Vielzahl von Sprachen und Kulturen erreichte, bis sie endlich in den Westen gelangte. Die Übersetzung ins Englische durch die moderne westliche Gesellschaft ist somit eine zusätzliche Veränderung.

Wie der Buddhismus hat auch Reiki diese Veränderungen, Übersetzungen und Neuinterpretationen relativ gut verkraftet. Der Buddhismus ist heute eine der großen Weltreligionen, der etwa ein Drittel bis ein Fünftel aller Menschen aus den unterschiedlichsten Kulturen angehören. Es spricht für das buddhistische System des natürlichen Heilens, daß es für die westlichen Anwender genauso lebendig ist wie einst in den Ländern und Sprachen seiner Herkunft. Indisches Reiki unterschied sich wahrscheinlich von tibetischem Reiki, da auch die Kulturen und Bräuche anders waren. Das Reiki, das Jesus aus Indien mitbrachte, war vermutlich anders als das heutige Reiki. Und ähnlich gab es beim japanischen Reiki Abweichungen vom tibetanischen und indischen Reiki.

Reiki ist auch im Westen anders als die von Mikao Usui wiederentdeckte Heilmethode, und trotzdem ist es lebendig und kraftvoll. Daß sich das System heute in der westlichen Kultur weiterentwickelt, verwundert niemand, der sich im Buddhismus auskennt. Wie der Buddhismus paßt Reiki sich jeder Kultur und jedem Jahrhundert und auch den verschiedenen Sprachen und Gesellschaften an. Das gehört zu den Wundern des Reiki.

Psychische Phänomene werden im Buddhismus zwar nicht gefördert, aber sie ereignen sich dennoch. Die Meditationen zur Gedankenkontrolle öffnen auch innere Wahrnehmungen. Die Übungen für die Ki-Zirkulation klären die Hara-Linie sowie die Chakras. Heilen wird von den Buddhisten zwar nicht in dem Maße mißbilligt wie einige andere psychische Fähigkeiten, aber es wird als Ablenkung vom Weg zur Erleuchtung gesehen. Die buddhistische Nonne, mit der ich mich unterhielt, war der Ansicht, daß mein Interesse am Heilen fehl am Platze sei. Ich könnte doch mehr Gutes in der Welt bewirken, wenn ich andere zur Erleuchtung führte und den Weg des Bodhisattvas ginge. Wahrscheinlich erhielt Mikao Usui eine ähnliche Antwort, als er etwas über die von Buddha benutzte Heilmethode herausfinden wollte. Heilen gilt zwar nicht als unwichtig, aber es erfordert eine langjährige Ausbildung, bis sich die Fähigkeiten manifestieren. Und selbst dann ist das Heilen nebensächlich auf dem Weg zur Erleuchtung.

Alle weltlichen Belange werden im Buddhismus durch Spiritualität ersetzt. Als Mikao Usui feststellen mußte, daß die von ihm geheilten Bettler in die Slums zurückkehrten, wurde ihm klar, was die Buddhisten ihm die ganze Zeit sagen wollten – daß ohne die Einbeziehung von Seele und Geist der Körper nicht auf Dauer geheilt werden kann. Buddhisten sind der Auffassung, daß die einzige Heilung darin besteht, die Kette der endlosen Wiedergeburten zu durchbrechen. Es wird so lange Unzufriedenheit, Krankheit und Leiden geben, wie der Körper sich inkarnieren muß. Karma kann nur in der Verkörperung abgebaut werden, wodurch ein immerwährender Kreislauf der Hoffnungslosigkeit entsteht. Indem der Weg zur Erleuchtung beschritten wird, verblaßt das Verlangen nach Sinnesgenüssen und Dasein, Karma wird geheilt, der Geist wird befreit von seiner fortwährenden Erschaffung der Täuschungen, und die Reinkarnation ist abgeschlossen. Dieser Weg zur Beendung der Reinkarnation ist die Reiki-Symbolformel.

In den fünf Reiki-Symbolen sind die fünf Stufen dieses Prozesses oder Weges enthalten. Das Cho-Ku-Rei ist die unterste Stufe und repräsentiert die Ebene des Körpers bzw. des ätherischen Doppels. Das Sei-He-Ki ist die Transformation von Emotion und Ego (Emotionskörper), und das Hon-Sha-Ze-Sho-Nen ist die Erschaffung der wahren Realität durch das Erkennen des reinen Geistes auf der Ebene des Mentalkörpers. Das Dai-Ko-Myo stellt die Erreichung des Bodhisattva-Weges dar und repräsentiert den spirituellen Körper. Das Raku ist die eigentliche Erleuchtung, Transzendenz und Nirwana, die transpersonale Ebene, die sich außerhalb des Körpers befindet. Jedes der Symbole ist in einem der Schwingungskörper dargestellt, wirkt besonders auf einen der vier Körper ein und wird für die Heilung auf dieser Schwingungsebene angewendet. Die Formel hierfür ist der Hauptweg im Studium des Mahayana- und Vajrayana-Buddhismus, wo sie offen diskutiert wird und absolut kein Geheimnis ist. Die Verwendung des Symbols zu Heilzwecken ergab sich zwangsläufig aus ihrem spirituellen Wert.

Bei den Reiki-Symbolen handelt es sich um japanische Schriftzeichen, die sich aus dem Sanskrit ableiten und die mindestens 2500 Jahre alt sind. Sie wurden psychisch als Bilder und Klänge (Mantras) entworfen und haben auch als Buchstaben eine Bedeutung. Die Nonne erkannte die Symbole und meinte, daß die Abweichungen kulturell bedingt sind. Bei einigen war sie der Meinung, daß es sich um den Versuch handele, die Sanskrit-Fassung ins Japanische zu übersetzen. Sie konnte die Symbole eindeutig bestimmen, kannte ihre Namen und die damit verbundenen Konzepte. Sie sind der Weg zur Erleuchtung in Symbolform und stellen eine Formel ähnlich wie im Reiki dar. Nachfolgend möchte ich die einzelnen Symbole erläutern. Ich habe mich bemüht, ihre Komplexität einigermaßen verständlich zu machen.

Das Cho-Ku-Rei

Das Cho-Ku-Rei ist der erste Schritt sowie die erste Erfahrung auf dem Weg, es entspricht der Stufe der Erzeugung. Dem Schüler wird ein Mandala gegeben, über das er meditiert. Er soll die Aufmerksamkeit in einem veränderten Bewußtseinszustand so lange auf die kreisförmige Abbildung lenken, bis er zwischen der Welt der Meditation und der physischen Erde keinen Unterschied mehr wahrnimmt. Das Lösen von der irdischen Ebene und der Eintritt in den egolosen Zustand der Leere sind das Ziel der Übung. Der Schüler lernt zu meditieren und sich vom täglichen Leben für einen kurzen Moment zu entfernen, indem er sich auf die Abbildung konzentriert. Das Mandala wird dabei in dem Herz des Schülers gehalten. Durch die Übertragung von Realität auf das Mandala löst sich der Übende von der Welt der Form und betritt die Vollkommenheit der Leere. Als Meditationshilfe kann ein sehr einfaches Objekt wie eine Schale Wasser dienen, andere Mandalas sind wesentlich komplizierter. Der Schüler lernt, seine Aufmerksamkeit von sich auf die Abbildung zu lenken.

Die Mandalaform in der tantrischen Kunst repräsentiert das Eine und die Vielen. Sie symbolisiert den Erleuchtungsprozeß, indem das Eine den Buddha darstellt und die Vielen sich auf alle Menschen bezieht. Die ultimative Realität ist die Vereinigung von Materie und Energie sowie die Vereinigung der ersten fünf Elemente (Erde, Wasser, Feuer, Luft und das Leere/Äther) mit dem sechsten Element, dem Bewußtsein. Ein Mandala steht für die Einheit – nicht für die Dualität – der ultimativen Realität des Universums, und das Wort an sich bedeutet »perfekte und

Das Mandala

unübertreffliche Erleuchtung erreicht zu haben«.[8] »Manda« bedeutet Essenz, und »la« ist die Beendigung.

Für das Auge sind es nicht bloß abstrakte Muster, du kannst darin Darstellungen von Gottheiten, Buddhas und Bodhisattvas ausmachen. Die Verwendung von Mandalas bei der Meditation trainiert den Geist für den komplexen Prozeß der Visualisierung. Im Vajrayana-Buddhismus geschieht dies zur Gedankenkontrolle und zur Erschaffung geistiger Bilder, um mit Göttinnen sowie anderen psychischen Kräften in Verbindung zu treten und um veränderte Bewußtseinszustände zu erreichen. Das Mandala wird als großer Kreis von friedlichen und zornigen Gottheiten beschrieben.[9]

Mit zunehmender Übung in meditativer Versenkung helfen die Gottheiten im Mandala dem Schüler, die Hindernisse aus dem Weg zu räumen. Diese Gottheiten werden als lebendig angesehen und gelten auch als geistige Schöpfung. Dem Schüler wird die Leere aller Dinge bewußt, indem er sich mit der Gottheit identifiziert. Schüler und Mandala werden eins, und beide haben teil an der Leere. Die Gottheit und das Mandala werden ins Herz geschlossen, und der Schüler wird zur Gottheit. In alchimistischer Terminologie sind »die Verehrung, der Verehrer und die Verehrten alle gleich«.[10]

John Blofeld beschreibt in seinem Buch *Tantric Mysticism of Tibet* eine Meditation der Cho-Ku-Rei-Ebene über die Göttin Tara, die weibliche Form des tibetischen Bodhisattva:

> *Taras Herz zeigt die Silbe ›Dham‹, umgeben von ihrem spezifischen Mantra, das Lichtstrahlen in alle Richtungen aussendet. Der Eingeweihte zieht diese Strahlen »wie Nektar oder Regen« durch die höchste Stelle seines Kopfes ein und lenkt sie in sein Herz, wodurch sein Körper zu einem »kristallklaren Gefäß« wird.*
>
> *Tara schaut ihn hocherfreut an und indem sie langsam auf Daumengröße schrumpft, tritt sie an der Oberseite des Kopfes in seinen Körper ein und kommt auf einer Sonnenscheibe über einer Mondscheibe und dem Lotus in seinem Herzen zum Stehen. Nun beginnt sich auch der Körper des Eingeweihten zu verkleinern, wird kleiner und kleiner, bis er auf die Größe von Tara geschrumpft ist. »Tara... und der Eingeweihte sind wahrhaftig eins ohne irgendeinen Unterschied«.*[11]

Meditationen über das Cho-Ku-Rei bewirken ähnliches, indem sie die Person in ein Labyrinth entführen und von der irdischen Ebene lösen. Vom modernen Stand der Metaphysik aus betrachtet, lernt der Meditierende, seinen Körper zu verlassen, indem er in sich geht. Jede spirituelle Disziplin beginnt damit, meditieren zu lernen und veränderte Bewußtseinszustände zu erlangen, die weltlichen Dinge hinter sich zu lassen, den Frieden der Leere und die Leere des Egos zu erfahren. In einem tiefen meditativen Zustand hat sich das Ego zurückgezogen, und die Buddha-Natur oder die göttliche Identität kommt zum Vorschein. Zuerst kann sich der Anfänger nur kurz konzentrieren, aber durch fleißiges Üben wird seine Fähigkeit wachsen. Mit der Zeit trainiert er seinen Geist, ganze Welten zu erschaffen. Beim Reiki ist das Cho-Ku-Rei der »Lichtschalter«, der die Heilenergie aktiviert und ihre Kraft verstärkt. Als Stufe der Erzeugung ist es die Ebene der körperlichen Heilung, der Beginn der Heilung und der Anwendung der Reiki-Energie. Es ist das Tor zu Reiki und zum Heilen.

Das Sei-He-Ki

Die Umwandlung der Emotionen ist ein alchimistischer Prozeß und gleichzeitig die zweite Stufe des buddhistischen Weges zur Erleuchtung. Die Erde sowie die auf ihr verkörperte Person gelten als unrein. Sie werden durch eine gelbe Farbe repräsentiert. Das Feuer der Weisheit wirkt reinigend und hebt das irdische Niveau, so daß der Schüler ein neues Bewußtsein erlangt (Gold). Diese Umwandlung erinnert an die alchimistischen Experimente in Europa zur Zeit der Renaissance. Der Alchimist, der das Bestreben hatte, Blei in Gold umzuwandeln, bewirkte zwar nicht die Transmutation des Stoffes, dafür aber eine geistig-seelische Transmutation, durch die er zum Selbst wurde. Alchimie war eine Kombination aus Zauberei und den Anfängen der Wissenschaft. Genauso verhält es sich mit dem oben beschriebenen. Im Buddhismus ist Weisheit = Energie = Erschaffung.

Dies ist ein unbegreiflicher (unterbewußter) Seinszustand, der sich dahingehend verändert, daß er erkannt und bewußt gemacht wird. Die vorher in einer verzerrten Welt lebende Person erkennt auf einmal die Wahrheit der Leere. Sie läßt die Verzerrung hinter sich. Sie erreicht die Erleuchtung durch die Realisation der eigenen Leere. Unreiner Boden wird durch die Weisheit gereinigt: Aus gelbem Licht wird goldenes Licht. Nur wenige Menschen erreichen diese Entwicklungsstufe, den Buddha-Status. Der Buddha steht für die Vereinigung des Einen und der Vielen und ist die wahre Natur aller Wesen.

Die Nichtexistenz des Selbst ist ein zentrales Konzept der buddhistischen Lehre. Die eigene Identität wird als ein die Buddha-Natur verdunkelndes Konstrukt angesehen, ein illusorischer Träger für Handlungen auf der irdischen Ebene. Dies ist nicht von Dauer, da auch das Leben nicht von Dauer ist, dafür aber voller Mißverständnisse, Täuschungen und Fehler. Wenn man der eigenen Identität entblößt ist, gibt man die Dinge auf, die einen am spirituellen Wachstum hindern, zum Beispiel Widerstände, Blockaden, Täuschungen und Schmerzen, negative Angewohnheiten sowie Gefühle wie Neid, Haß, Gier und Wut. Inhaltlosigkeit ist die zentrale Eigenschaft der Leere, ein Ort vollkommenen Friedens, innerer Ruhe und Lebensfreude. In diese große Leere wird nur die Weisheit eingelassen.[12]

Im *Pranja Paramita Hrdaya Sutra* (Sutra von der Essenz der vollkommenen Weisheit) heißt es:

> *Die Leere unterscheidet sich nicht von der Form,*
> *die Form unterscheidet sich nicht von der Leere;*
> *was auch immer die Form ist, das ist die Leere,*
> *was auch immer die Leere ist, das ist die Form.*[13]

Die Leere ist die ultimative Realität des Universums und unserer eigenen Identität.

Nach dem Loslassen der negativen Emotionen werden die göttlichen Tugenden kultiviert, und die negativen Emotionen werden durch positive ersetzt. Nach dem Loslassen des Ego herrscht Einheit mit allem, dies ist ein weiteres zentrales Konzept des Buddhismus. Bei den göttlichen Tugenden handelt es sich um Freundlichkeit, Mitgefühl, Mitleid und Gleichmut. Ein wichtiger Grundsatz des Mahayana-Buddhismus ist, daß die Erleuchtung von allen Menschen erlangt werden kann. In Reiki ist das Sei-He-Ki das Symbol der emotionalen Heilung sowie der Umwandlung von negativen Gefühlen in positive. Es zeigt einen Weg auf, den jeder gehen kann. Es steht auch für den alchimistischen/magischen Prozeß der Reinigung, Klärung und des Schutzes. Emotionen erzeugen Durst und Verlangen, und das wiederum baut Karma auf.

Das Hon-Sha-Ze-Sho-Nen

Ich habe bereits mehr über das Hon-Sha-Ze-Sho-Nen geschrieben als über alle anderen Symbole. Die folgenden Informationen veranlaßten mich, das Symbol zum Aufarbeiten eines früheren Lebens sowie zum Auflösen von traumatischen Erlebnissen des gegenwärtigen Lebens anzuwenden, und ich entdeckte, wieviel Kraft diese Anwendungen besitzen. Diese Möglichkeiten wurden mir während meiner Reiki-II-Ausbildung nicht aufgezeigt, und ich frage mich, inwieweit sie heute unter Reiki-Praktizierenden bekannt sind. In der buddhistischen Kultur und Weltanschauung wären sie ein wesentlicher Bestandteil des Heilens gewesen. Geistige Heilung beinhaltet im Buddhismus die Heilung des ganzen Menschen, da die gesamte Realität eine Schöpfung des Bewußtseins ist. Sämtliches Karma wird vom Geist erzeugt und kann von diesem auch wieder aufgelöst werden.

Der Geist stellt im Buddhismus die ultimative Realität dar, und Geist, Denken und Bewußtsein sind austauschbare Begriffe. Die wörtliche Übersetzung des Hon-Sha-Ze-Sho-Nen ist »keine Vergangenheit, keine Gegenwart, keine Zukunft«. Indem das Selbst nicht existiert (Leere des Ego), werden sämtliche Begrenzungen aufgehoben. Erleuchtung bedeutet, die Grenzen des Geistes zu überschreiten und die uns alle innewohnende Buddha-Natur (göttliche Identität) zu erkennen. Wenn sich der Geist der wahren Realität (der Leere) bewußt ist, herrscht offene Weite ohne Zeit, Raum, Täuschung und Begrenzung. Die Auflösung der Begrenzung bedeutet, alles zu verstehen. Frei zu sein von der Täuschung der Form bedeutet, frei zu sein von Karma, da Karma ein Produkt des Geistes ist.

Die Begrenzungen, die wir erfahren, haben wir uns selbst geschaffen. Da wir die Realität wie in einem Spiegel wahrnehmen, bleibt uns diese Wahrheit verborgen. Sobald wir sie aber erkennen, löst sich alles auf, was uns von der Erleuchtung fernhält und uns mit den Täuschungen der irdischen Ebene verbindet. Diese Realisation läßt uns verstehen, wie die Welt funktioniert. In der Fernheilung kann Reiki über Tausende von Kilometern geschickt werden. Es kann sich automatisch zu einer bestimmten Zeit wiederholen, es kann sogar in die Vergangenheit oder Zukunft geschickt werden. Lineare Zeit ist eine Täuschung, die überwunden werden kann. Sobald wir wissen, daß Zeit eine Fälschung ist, können wir uns darauf einstellen. Geist ist die sinnliche Wahrnehmung, die mit seinen Objekten in Kontakt kommt. Realität ist das, was wir zur Realität machen. Im Wicca-Kult gibt es eine Redewendung, die besagt, daß »Magie die Kunst ist, das Bewußtsein willentlich zu verändern«. Es gibt keine Begrenzung, es gibt nur den Willen.

Das zentrale Konzept ist hierbei das Bewußtsein des Geistes. Dieses Bewußtsein befreit von den karmischen Verstrickungen und damit von der Notwendigkeit, immer wieder verkörpert zur Erde zurückkehren zu müssen, um schlechtes Karma abzubauen. Auf der Schwelle zum Neuen Zeitalter werden die meisten Menschen unter anderem mit einem früheren Leben und mit der Karmabereinigung konfrontiert. Beim Heilen treten diese Fragen immer wieder auf. Das geht so weit, daß sich für fast jede negative Erfahrung des gegenwärtigen Lebens ein karmisches Muster finden läßt. Das Hon-Sha-Ze-Sho-Nen hilft das Karma abzuschließen und es aufzulösen, ein Prozeß, der im bewußten Geist stattfindet. Indem die Bilder der Gegenwart zur Heilung der Vergangenheit eingesetzt werden, kann Karma aufgelöst werden. Diese Auflösung ist von Dauer, und mit jeder aufgehobenen Beschränkung entfällt die Notwendigkeit ihrer Auflösung durch eine weitere Reinkarnation.

Über das Symbol erhält man Zugang zur Akasha-Chronik, in der sämtliche Inkarnationen einer Seele verzeichnet sind. Mit Hilfe eines bewußten Geistes können diese Aufzeichnungen umgeschrieben werden. Ein weiser Umgang mit ihrer Macht ist unerläßlich. Alle buddhistischen Übungen und Praktiken dienen der Schulung des Geistes: Meditation, Visualisierung, Kontaktaufnahme mit Gottheiten sowie die Konzentration auf den Körper und den Ki-Fluß. Das Training zur Kontrolle des bewußten Geistes verändert auch die Realität. Beim Reiki heilt das Symbol die Vergangenheit, Gegenwart und Zukunft, es transzendiert die Zeit, heilt Karma und ermöglicht die geistige Fernheilung. Es hat dramatische Auswirkungen auf unsere Generation an der Schwelle zum Wassermannzeitalter. Eine andere Definition für diese Energie ist »öffne das Buch des Lebens und lies darin«. Das Symbol heilt den Mentalkörper.

Das Dai-Ko-Myo

Das Dai-Ko-Myo symbolisiert den Bodhisattva-Weg. Ein Bodhisattva ist jemand, der nicht nur für sich die Erlösung sucht, sondern dem das Wohl aller Geschöpfe am Herzen liegt. Er erkennt, daß das Einswerden die Grundlage für das Verständnis aller Dinge ist. Wenn er die Erleuchtung erlangt, ist er von der Inkarnation und von allem Leiden erlöst. Trotzdem verzichtet der Bodhisattva so lange auf die Glückseligkeit des Nirwana, bis auch der letzte Mensch von Schmerz, Ego oder Täuschung befreit ist. Er kehrt zurück bzw. reinkarniert sich, um die Menschen auf den Pfad der Erkenntnis zu führen. Das Wort »Bodhisattva« bedeutet »Erleuchtungswesen« und wird in der tibetischen Sprache als »heldenhaftes Wesen« übersetzt. Der Adept des Mahayana- oder Vajrayana-Buddhismus arbeitet hart an sich, um die Erleuchtung zu erreichen, schwört jedoch, nicht eher ins Nirwana einzugehen, bis jeder andere mit ihm eingehen kann. Während er auf diesen Tag wartet und der Welt Gutes tut, verurteilt er seine Seele zu endlosen Inkarnationen.

Einer der Grundsätze des Buddhismus ist der Respekt für die Einheit der Lebewesen sowie das Mitgefühl für das Leid aller, einschließlich der Tiere. Viele Buddhisten sind Vegetarier. Dieses Mitgefühl ist der Beginn des Bodhisattva-Status, in dem noch andere Tugenden entwickelt werden müssen. Bei diesen Tugenden handelt es sich um Geben, Moral, Geduld, Hingabe, Meditation und Weisheit.[14] Bodhisattvas gehören zu den meistgeliebten Gestalten dieser Welt. Sie werden sowohl von Buddhisten als auch von Nichtbuddhisten respektiert und geachtet. Besonders hervorzuheben wäre die in China vielverehrte weibliche Gottheit Kuan-yin, die tibetische Tara sowie die christliche Maria und Jesus. Kuan-yins vollständiger Name ist Kuan Shih Yin, die Auf-die-Rufe-der-Welt-Horchende.

Für die Erleuchtung bedarf es der perfekten Vereinigung von Weisheit und Mitgefühl. Das unmittelbare Erkennen der Nicht-Existenz des Selbst ist ein Teil dieser Weisheit, und Mitgefühl ist die erste Voraussetzung, um die Täuschung des Selbst vollkommen aufzulösen. Dieses Selbst ist ein Konzept des Getrenntseins, wogegen die Nicht-Existenz des Selbst die Einheit darstellt. Das Streben nach Mitgefühl und nach Erleuchtung wird Bodhi genannt. Aus dieser Quelle stammt die befreiende Energie der Weisheit und des Mitgefühls. Der Fluß der Bodhi-Energie wird in himmlischen Formen verkörpert: als Buddhas, die nach der Erleuchtung ins Nirwana eingegangen sind, sowie als Bodhisattvas, die die Erleuchtung erlangt haben, aber auf der Erde verbleiben.[15]

Der frühe Buddhismus kannte nur wenige weibliche Bodhisattvas. Es hieß, daß eine Frau zuerst in einem männlichen Körper wiedergeboren werden müßte, bevor sie die Erleuchtung erlangen könne. Sogar Kuan-yin und Tara gehen auf einen männlichen Bodhisattva zurück, auf Avalokiteshvara, der sich in

ZUSAMMENFASSUNG: TIBETISCH-BUDDHISTISCHE DEFINITION DER FÜNF REIKI-SYMBOLE

Die fünf Reiki-Symbole stellen die fünf Ebenen des Geistes dar. Zusammen verkörpern sie die aufgehobene Dualität von Geist und Objekt sowie die Leere des Ego, das die höchste Stufe des vollendeten Wegs der Erleuchtung (buddhistisches Nirwana) erreicht. Mit Erreichen dieser Stufe wird die Kette der endlosen Wiedergeburten durchbrochen.

Ursprünglich diente das Symbol nicht Heilzwecken(weltlich), sondern sollte anderen Menschen zur Erleuchtung verhelfen. Fünf Ebenen der Weisheit, die in der Erleuchtung gipfeln.

Cho-Ku-Rei – Beginn oder Eintritt, Entwicklungsebene. Plazierung des Mandalas im Herzen. Meditieren, bis die Unterschiede zwischen Meditation und der Welt restlos aufgehoben sind. Leere – Losgelöstheit von der irdischen Ebene. Der erste Schritt, die erste Erfahrung. (Reiki-Definition: der Lichtschalter.)

Sei-He-Ki – Die Erde (und die inkarnierte Person) wird als unreiner Boden betrachtet. Unreiner Boden (gelb) wird durch Weisheit in Gold umgewandelt – Reinigung, Transmutation, alchimistische Verwandlung von unedlen Metallen zu Gold. Das ist Erleuchtung, wie sie nur wenige erlangen (Buddha-Status), durch das Erkennen der Leere des Selbst. Läuterung durch das Feuer der Weisheit zu Gold/Reinheit. (Reiki-Definition: emotionale Heilung, Reinigung, Klärung, Schutz.)

Hon-Sha-Ze-Sho-Nen – Keine Vergangenheit, keine Gegenwart, keine Zukunft. Die Überwindung von Täuschung und Karma (wobei Karma als Aktivität des Geistes definiert wird). Der Geist schafft Zeit, Raum, Begrenzung sowie Täuschung. Erleuchtung bedeutet, die Buddha-Natur (göttliche Identität) jenseits des Geistes zu erfahren. Ist der Geist bewußt, gibt es Offenheit und Loslösung: Überwindung von Zeit, Raum, Täuschung und Begrenzung. Die Aufhebung von Begrenzung heißt alles zu verstehen. (Reiki-Definition: Heilung der Vergangenheit/Gegenwart/Zukunft, Auflösung des Karmas, Fernheilung.)

Dai-Ko-Myo – »Der mit dem freigebigen Herzen des Mahayana« oder »Tempel des strahlenden Lichtes«. Jemand, der zum Wohle aller nach Erleuchtung strebt und sie erreichen wird. Er erkennt, daß Vereinigung die Grundlage für das Verständnis aller Dinge ist. (Einheit, du bist die Göttin.) Mit der Erleuchtung wird er von Inkarnation und Leiden befreit. Dies ist im Buddhismus die einzige wirkliche Form der Heilung. (Reiki-Definition: Heilung der Seele.)

Raku – Vervollständigung, Erreichen des unteren Nirwana, Leere des Selbst und der Existenz. Die Erscheinung eines Buddha- (oder Göttinnen-) Bildes im Selbst. Freiheit, Erleuchtung, vollkommener Frieden. Befreiung von der Illusion der materiellen Welt, Lösung vom Körper und der Inkarnation, vollkommene Heilung. Im Buddhismus wird dieses Symbol von den Füßen zur höchsten Stelle des Kopfes gezeichnet, um aus dem Körper auszutreten. Im Reiki wird es von oben nach unten (von der Oberseite des Kopfes zu den Füßen) zur Erdung benutzt und um die kosmische Energie in den Körper zu ziehen (gegensätzliche Absicht und Bedeutung – Reiki ist der weltliche Gebrauch der Symbole, Erleuchtung ist der spirituelle und buddhistische Gebrauch; nach buddhistischer Auffassung sind Körper und Heilung belanglos). (Reiki-Definition: der Blitz, Vollendung, Erdung.)

Einstimmung = Einweihung = Ermächtigung

China, Japan und Tibet zum weiblichen Bodhisattva gewandelt hat. In Buddhas Frau Yasodhara könnte man den Prototyp der Kuan-yin sehen. Ähnlich verhält es sich im Westen, wo Jesus im Vordergrund steht, seine Mutter Maria aber diejenige ist, die notleidende Menschen um Hilfe anflehen. Diese weltweit anzutreffende Frauenfeindlichkeit läßt in der heutigen Zeit etwas nach. Es gibt mittlerweile viele Buddhistinnen, die das Bodhisattva-Gelübde abgelegt haben und auf das Eingehen ins Nirwana verzichten, bis alle Menschen eingehen können. Die Qualitäten des Buddhismus sind eher weiblich als männlich, sie umfassen Mitgefühl, Einigkeit sowie ein respektvolles Verhalten. Im heutigen Buddhismus gehört auch ein Bemühen dazu, die Welt zu verändern. Insbesondere der tibetische Buddhismus verehrt das weibliche Prinzip in der Gestalt der Göttin Tara. Im Vajrayana-Buddhismus kann die Einheit nur durch das weibliche Prinzip erreicht werden.

Das Dai-Ko-Myo bedeutet Heilung auf der seelischen Ebene. Die Seele wird geheilt, indem die Kette der endlosen Wiedergeburten durchbrochen wird. Die buddhistische Lehre, die auf die Transzendenz des Körpers ausgerichtet ist, akzeptiert keine andere Heilung als die auf der spirituellen Körperebene. Das Dai-Ko-Myo fliegt beim Reiki von Herz zu Herz, und es ist im Herzen, der Wohnstatt von Tara oder Kuanyin. Das Symbol bewegt sich spiralförmig aus der Mitte der Leere hinein und hinaus, so daß Form und Nicht-Form eins sind. Die Dai-Ko-Myo-Ebene ist die Einheit alles Lebendigen. Der Heiler geht den Weg des Bodhisattva, ob er sich für den buddhistischen Weg zur Erleuchtung entschieden hat oder nicht. Er ist bemüht, sich selbst und alle anderen Menschen vom Leiden zu erlösen. Im Wicca-Kult heißt dieses Konzept »Du bist die Göttin«. Reiki ist ein Werkzeug und eine Tugend des Bodhi, das Streben nach Weisheit, nach Mitgefühl und nach Erleuchtung – alles, was für die geheilte Seele von zentraler Bedeutung ist. Wenn die Seele leidet, kann keine körperliche, geistige oder emotionale Heilung stattfinden.

Das Raku

Das Raku ist viel mehr als nur ein Erdungsmechanismus zum Ende des Einweihungsprozesses. Es ist die Spitze des ganzen Systems, gewissermaßen die Erleuchtung. Das Raku ist Vollendung, das Erlangen des unteren Nirwana. Es ist die Verwirklichung der Leere, das Erwachen unserer eigentlichen, wirklichen Identität. Als Buddha die Erleuchtung erlangt hatte, ging er hin und predigte, was er gelernt hatte. Nachdem er sein Missionswerk beendet hatte und starb, erreichte er den Zustand des Parinirwana oder des Aufstiegs. Von diesem Zustand jenseits des Nirwana gibt es kein Zurück, keine weitere Reinkarnation in einem Körper. Der Sakyamuni-Buddha wird nicht zurückkehren, er hinterließ jedoch eine Anleitung, damit andere Menschen diesen Zustand erreichen und ihm folgen können. Andere können die Erleuchtung erlangen und selbst zu Buddhas werden. Dies wird als die ersehnte Ruhe und der Zustand höchster Vollendung und vollkommenen Friedens gedeutet.

Erleuchtung, wie sie durch das Raku symbolisiert wird, ist das Freimachen von der Illusion der materiellen Welt. In der Meditation erscheint das Bildnis einer Gottheit, die für den Übenden von Bedeutung ist. Mit zunehmender Übung erreicht der Meditierende einen Zustand vollkommener Konzentration, in dem sein Geist frei ist von Ablenkungen und allem selbstsüchtigen Verlangen. Der Anbeter und das Angebetete sind eins, die Dualität von Subjekt und Objekt schwindet. Ohne das Verlangen gibt es keine Reinkarnation und keine Illusion, und der Meditierende/Schüler tritt ins Nirwana ein. Er ist frei und erfüllt von Wahrheit und Freude. E.A. Burrt beschreibt Nirwana als »Befreiung, inneren Frieden, Einsicht in die

Wahrheit, Freude über das Verschmelzen mit der Realität und Liebe gegenüber allen Geschöpfen des Universums«.[16]

Der Geist, das sind die Sinne, die mit ihren Objekten in Berührung kommen. Die Sinne sind die Ursachen, die Bedingungen die Objekte. Die Ursachen und Bedingungen sind jedoch eins. Das Objekt erzeugt eine Erscheinung, die vermutlich jeder anders sieht. Wenn zwei Menschen einen Baum betrachten, bewundert der eine vielleicht die schönen Herbstfarben der Blätter, während der andere nur an das Zusammenkehren des Laubs denken kann. Wir übertragen unsere Bilder in die Realität, und was wir erschaffen, basiert auf Glauben und Konditionierung. Die Einheit des Geistes ist die Auflösung der Gegensätze – die Erkenntnis, daß sie eins sind, obwohl sie anscheinend im Widerspruch zueinander stehen.

Mit der Vollendung oder Erleuchtung schaffen Glaube und Konditionierung Raum für Nirwana und Leere. Die illusionären Nebel lichten sich, und was übrigbleibt, ist real (der Geist, die Leere und die Buddha-Natur). Das Objekt und der Geist sind eins, und die Illusion der materiellen Welt schwindet. Die Samen der Erleuchtung sind Abdrücke des Bewußtseins. Mit dieser Erkenntnis wird die Glückseligkeit des unteren Nirwana erreicht. Dies ist die Vereinigung der Vielen mit dem Einen. Das Raku symbolisiert das Absolute sowie das neunte Bewußtsein. Es ist außerdem Äther, Geist und die Leere. Das Selbst geht auf in allem, und das bringt die Befreiung.

Das Raku ist auch der Blitz, der Vajra des Vajrayana-Buddhismus. »Vajra« bedeutet hart wie ein Diamant und »Yana« Gefährt. Auf Tibetisch heißt es »Dordsche«. Der Diamant ist »eine Substanz, die so hart ist, daß nichts im Universum sie einkerben oder schneiden kann. Unwiderstehlich, unbesiegbar, strahlend und klar«.[17] Er ist unzerbrechlich und nichts kann ihm standhalten. Wenn ein Schüler der Erleuchtung so nahe ist, daß ihn nichts von diesem Weg abbringen kann, hat er den Vajra-Körper erlangt und wird zu einem Vajra-Wesen. Das Vajra-Wesen, ein Vajrasattva, ist die reinste Form des Buddha-Prinzips und auch die Bezeichnung für die Buddha-Form in der Mitte oder der Ostseite von Mandalas. Vajra bedeutet auch Weisheit, die so hart und scharf ist wie ein Diamant, der zur Buddhaschaft führt, indem er die Illusion zerschneidet. Die das Diamantzepter schwingen, die Vajra-Dharas, sind Bodhisattvas und Buddhas.

Der Vajra

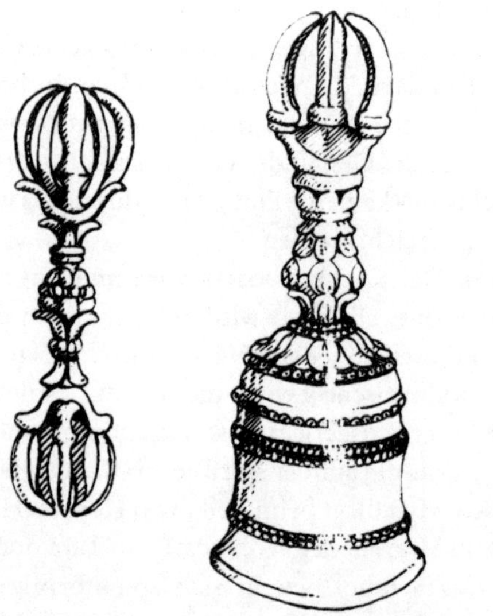

Als Ritualwerkzeug symbolisiert der Vajra die Fähigkeit, das Mitgefühl und die Weisheit, die zur Buddhaschaft sowie zur Erleuchtung führen. Es ist die ultimative Realität, der Weg und die Erleuchtung an sich. Der Vajra stellt die Auflösung der Gegensätze dar, die aufgehobene Dualität von Geist und Objekt sowie die Vereinigung der Buddha-Welt mit der Welt der Lebewesen. Es ist ein Zepter, dessen Enden als fünf Arme ausgeformt sind. Die zwei sich gegenüberliegenden Enden verkörpern die Einheit der Gegensätze, und die fünf Arme wiederholen die Zahl fünf, die sich wie ein roter Faden durch den buddhistischen Symbolismus zieht. Es sind dies die fünf Ebenen des Geistes auf dem Weg zur Erleuchtung, die fünf Elemente, fünf Farben, fünf Körper, fünf Buddhas und die fünf Reiki-Symbole. Sie repräsentieren außerdem die fünf Energieweisheiten des Mandalas.[18] Der Vajrayana-Buddhismus beruft sich darauf, daß der Schüler durch mystische Übungen, Rituale und Meditationen seine Vajra/Diamant-Natur, die Buddha-Natur, erhält. Er bekommt einen Diamant-Körper (Vajra-Körper) und wird zu einem Diamanten/ Vajrasattva, zu einem Erleuchtungswesen.

Beim Reiki wird das Raku oder der Vajra vom Kopf bis zu den Füßen gezeichnet, vom Universum in den Körper hinein. Es erdet die Reiki-Erleuchtungsenergie der Bewußtseinsebene im Körper des Heilers. Im Buddhismus wird es umgekehrt angewendet, von den Füßen zur höchsten Stelle des Kopfes, wodurch die Person aus ihrem Körper heraus ins Universum/in die Leere geführt wird. Reiki ist die weltliche Anwendung der fünf Symbole sowie der fünf Stufen auf dem Weg zur Erleuchtung. Nach buddhistischer Auffassung ist körperliche Heilung belanglos, da die einzige Heilung in der Erleuchtung besteht. Reiki bringt die Erleuchtung in den Körper hinein, anstatt das Bewußtsein aus dem Körper herauszunehmen. Sandy Boucher beschreibt die Erleuchtung in *Turning the Wheel* als »klares Sehen«.[19] Sie ist auch das Licht des Wissens, der Information und des Ki, die universelle Lebenskraft des Raku und der Reiki-Heilung.

Einige meiner Schüler baten mich bei Weitergabe von Einweihungen, das Raku in der umgekehrten Richtung – von den Füßen zum Universum – zu erfahren. Dies ist ein kurzer Austritt aus dem Körper, der zu schneller Vollendung führt, und sie beschreiben ihn als die Reise ihres Lebens. Das Raku wird nur während der Einweihung zur Vollendung und Erdung eingesetzt. Bei der Heilarbeit wird es nicht benutzt. Es ist der Blitz des Vajrayana-Buddhismus, der tantrisch-mystischen Ausrichtung des Mahayana-Buddhismus, sowie die Einsicht, Offenbarung und Elektrizität der Erleuchtung.

Diese Aufeinanderfolge von Symbolen ist das zentrale Thema des Buddhismus und auch des Reiki-Systems. Trotzdem kenne ich keinen Reiki-Lehrer, der je darüber gesprochen hat. Meine Unterhaltung mit der buddhistischen Nonne und meine intensiven Studien haben mir die Augen geöffnet. Die Kenntnisse der Nonne über Reiki (jemand, der kein Reiki hatte und es auch nicht wollte) rückten den gesamten Heilungsprozeß in ein völlig neues Licht. Als Buddhist müßte Mikao Usui zur Zeit seiner Reiki-Öffnung die Formel sowie der Weg zur Erleuchtung bekannt gewesen sein. Falls Jesus ein in Indien oder Tibet ausgebildeter Reiki-Meister war, was wahrscheinlich ist, hätte auch er Reiki als Erleuchtungsprozeß verstanden. Der historische Jesus hatte vermutlich mehr mit dem Buddhismus und dem Bodhisattva-Weg gemein, als es heute von christlicher Seite anerkannt wird. Wo hörte die Weitergabe dieser Informationen auf? Das ist auch ein wichtiger Teil in der Geschichte des Reiki.

Die auf Heilung bezogenen Anwendungen der einzelnen Symbole werden durch diese Informationen ein wenig klarer. Die Symbole sind aber vielseitiger zu gebrauchen, als normalerweise gelehrt wird, und ihre Kräfte sind damit noch längst nicht ausgeschöpft. Das Reiki-System ist mindestens 2500 Jahre alt, vielleicht sogar noch älter. Es ist hervorgegangen aus dem reichen Mystizismus des Vajrayana-Buddhismus. Unter Umständen haben es auch die isolierten Tibetaner entwickelt. Beim Channeling wurde uns mitgeteilt, daß Reiki mit den ersten fleischgewordenen Menschen auf die Erde kam. Shiva brachte die Heilenergie zu uns und möchte dafür geehrt werden. Reiki könnte sogar noch älter sein als der Mahayana-Buddhismus, vielleicht liegt der Ursprung in den Sternen.

1 Sandy Boucher, *Turning the Wheel: American Women Creating the New Buddhism*, S. 15-16.
2 E.A. Burrt, *The Teachings of the Compassionate Buddha*, S. 28.
3 *Ebenda*, S. 29.
4 John Blofeld, *The Tantric Mysticism of Tibet*, S. 112.
5 Sandy Boucher, *Turning the Wheel*, S. 17.
6 *Ebenda*, S. 18-20, und John Blofeld, *The Tantric Mysticism of Tibet*, S. 91.
7 Pierre Rambach, *The Secret Message of Tantric Buddhism*, S. 56-57, 60.
8 *Ebenda*, S. 44.
9 John Blofeld, *The Tantric Mysticism of Tibet*, S. 84-85.
10 *Ebenda*, S. 85.
11 *Ebenda*, S. 216.
12 Edward Conze, *Der Buddhismus. Wesen und Entwicklung.*
13 Pierre Rambach, *The Secret Message of Tantric Buddhism*, S. 42.
14 John Blofeld, *The Tantric Mysticism of Tibet*, S. 135-136.
15 John Blofeld, *Bodhisattva of Compassion: The Mystical Tradition of Kuan Yin*, S. 22.
16 E.A. Burrt, *The Teachings of the Compassionate Buddha*, S. 29.
17 John Blofeld, *The Tantric Mysticism of Tibet*, S. 117.
18 *Ebenda*, S. 117-118.
19 Sandy Boucher, *Turning the Wheel*, S. 15.

NACHWORT

DIE ZUKUNFT DES REIKI IN DER PLANETARISCHEN KRISE

Wir leben in einer Zeit der rasanten Veränderung und der persönlichen und planetarischen Schmerzen. Die Zeit vergeht schneller wegen der magnetischen Verschiebung der geographischen Pole, und das führt zu Chaos auf allen Ebenen des irdischen Lebens. Länder sind in Auflösung begriffen, Menschen sind obdachlos, ihre Städte werden belagert, und die politische Lage ist vielerorts brisant. Auch die Erde steckt in einer Krise: Wirbelstürme, Erdbeben, Brände, Vulkanausbrüche, Dürren, Tornados, Überschwemmungen und Erdrutsche bedrohen immer wieder unsere Existenz. Es gibt neue unheilbare Krankheiten, und Krankheiten, die längst ausgerottet schienen, brechen wieder aus. Der Großteil der amerikanischen Bevölkerung wird an Krebs, Herzkrankheit oder Schlaganfall sterben. Unsere Trinkwasserversorgung ist nicht gesichert, die Luft und der Boden sind verschmutzt und verseucht. Vergewaltigungen, Schießereien, Überfälle, Kindesmißbrauch sowie jede andere Form von Gewalt sind an der Tagesordnung, und das in immer neuen und entsetzlichen Varianten. Kinder werden ausgebeutet und gehen ihrerseits auf Raubzug.

Das Alte muß dem Neuen Platz machen. Dies ist ein Prozeß der Wiedergeburt, aber eine Geburt ist nie einfach und oft vom Tod begleitet. Wir leben in einer Zeit des Todes und in einer Zeit, in der neues Leben erwacht. Die politischen Führer sind genauso hilflos wie die Verantwortlichen auf dem medizinischen Sektor, wenn es darum geht, die Veränderungen zu erleichtern und die Schmerzen zu lindern, von denen niemand verschont bleibt. Frauenfeindlichkeit, Homophobie, religiöse Intoleranz, jegliche Form von Diskriminierung sowie Rassismus, das alles sind Reaktionen auf den Schmerz und die Hilflosigkeit. Es sind vergebliche Versuche, jemanden zu finden, der dafür verantwortlich gemacht werden kann. Das in der Entstehung begriffene Leben ist zerbrechlich und sein Überleben ist noch nicht gesichert.

Eine neue Geburt findet aber dennoch statt. Das Bewußtsein für die notwendige Veränderung ist vorhanden. Es gilt die Erde zu säubern, auch von dem, was wir ihr durch unser Handeln antun. Obwohl Regierungen veraltet sind und große Unternehmen viele Veränderungen verhindern, kommt langsam, aber sicher etwas in Gang. Politische Systeme sterben in einer Form aus, um als etwas Neues wiederaufzuleben. Kindesmißbrauch, Gewalt gegen Frauen, Inzest und Vergewaltigung werden endlich öffentlich gemacht und können hoffentlich bei kommenden Generationen verhindert werden. In Katastrophenzeiten helfen sich die Menschen gegenseitig, sie können nicht darauf warten, daß eine schwerfällige Bürokratie irgendwann ungeeignete Maßnahmen ergreift. Regierungen werden gezwungen sein, sich bestmöglich um ihr Volk zu kümmern, anstatt Kriege auszutragen.

Ganz allmählich wird ein neues Bewußtsein geboren. Die Autorität »draußen« in der Regierung oder der Medizin wandelt sich zu einer inneren Kraft. Am deutlichsten ist dies an der Ermächtigung von Frauen festzustellen. Wir leben in einer Zeit, in der die Macht einigen wenigen abgerungen und an viele verteilt wird. Die klarsten Stimmen für die Veränderung der Welt kommen von Frauen. Sie sagen »nein« zu Mißbrauch und Gewalt und »ja« zu Mitgefühl und friedlicher Veränderung. Frauen wollen nicht länger die Vergewaltigung akzeptieren, die ihres eigenen Körpers, ihrer Kinder und der Erde, und fordern Gleichberechtigung, gesunden Menschenverstand, Unterstützung und Heilung.

Mit der Befreiung der Frau kommt auch die Befreiung der menschlichen Entwicklung. Die metaphysische New-Age-Bewegung bringt vielen Menschen Bewußtsein und inneres Wachstum, angefangen vom *Human Potential Movement,* einer weitverbreiteten Bewegung der 70er Jahre, die besonderen Wert auf persönliche Weiterentwicklung legt, bis hin zu Splittergruppen der großen Weltreligionen, wie zum Beispiel der Wicca-Kult, der Spiritismus oder der moderne Buddhismus. Es ist eine Rückkehr zu alten Wegen der Wahrnehmung und des Denkens, eine Rückkehr zu Werten, die beim Zerfall des modernen Lebens verlorengingen. Es ist eine Rückkehr zu dem, was wir wirklich sind: Heiler, medial veranlagte Menschen und solche, die am bewußten Dasein und am erprobten Lebensstil teilhaben.

Immer mehr Leute lehnen auch die Gerätemedizin zugunsten älterer Erkenntnisse ab. Diese von der Technik beherrschte Medizin, das mangelnde Mitgefühl des Personals, die Behandlung des Körpers als tote Maschine sowie ihre Grausamkeit und Abgeschlossenheit schreckt inzwischen viele Menschen. Ihre übermäßig hohen Kosten sowie die Tatsache, daß sie von großen Unternehmen, Versicherungen und Pharmakonzernen kontrolliert wird, läßt immer mehr Menschen davon Abstand nehmen. Darüber hinaus hat die Schulmedizin kaum Lösungen zu den heutigen Leiden und Krankheiten anzubieten. Methoden, die von Frauen und dem gemeinen Volk im 13. bis 17. Jahrhundert erforscht wurden, sind heute wieder im Kommen, ebenso nichtinvasive Methoden der Gegenwart und Vergangenheit. Dazu gehören Kräuter, Homöopathie, Massage, Geburtshilfe, Akupunktur, Blütenextrakte und geistiges Heilen. Dies sind effektive Mittel, die oft zum Erfolg führen, wenn das medizinische System versagt.

Reiki ist eines dieser Systeme, und ein überaus wichtiges dazu. Es werden keine Geräte oder Mittel benötigt, und es kann zusammen mit jeder anderen Heilmethode angewendet werden. Die Methode ist von einem Augenblick zum anderen anwendbar, und jeder kann sie erlernen. Einfach ausgedrückt, lehrt Reiki eine grundsätzliche Behandlung, die für alle Leiden – ob emotional, geistig, körperlich oder spirituell – benutzt werden kann. Reiki ist schnell gelernt. In einer Zeit der Kraftlosigkeit und Angst stärkt es die Frauen-Power. Reiki ist nicht nur Rückkehr in die

Vergangenheit, sondern auch die Geburt der unbekannten Zukunft.

Reiki überbringt uns friedliche Werte einer Kultur, in der Mitgefühl und Einheit höchste Bedeutung haben. Reiki ist sanft und nichtinvasiv, es verursacht keine Schmerzen und schadet nicht. In einer Welt des Leidens ist Reiki eine Zuflucht der Gesundheit. Es schafft Behaglichkeit, beruhigt und besänftigt, lindert Schmerzen, beschleunigt den Heilungsprozeß, stoppt Blutungen und löst emotionale Traumata der Vergangenheit und Gegenwart. Es kann nicht mißbraucht, ins Böse verkehrt oder dem Heiler entzogen werden. Die Reiki-Führer wußten, in was für einer Welt Reiki gebraucht wurde, und trafen entsprechende Vorkehrungen zu seinem Schutz. Im Westen steckt die Entwicklung des Reiki noch in den Kinderschuhen.

In dieser Zeit des weltweiten Umbruchs und der Gewalt ist Reiki ein Bestandteil der planetarischen Heilung. Es gehört zu jedem und somit auch zur Erde. Es ist das größte Potential an Gutem, was den Menschen auf diesem Planeten gegeben werden kann. In den ersten Kulturen dieser Erde war Reiki allen zugänglich. Es war in unserem genetischen Code verankert und sollte nie verlorengehen. Je mehr Menschen diese Heilmethode erlernen, desto einfacher werden die kommenden Jahre der Veränderung sein, desto weniger menschliches Leid wird es geben und desto sicherer werden sich die neuen Geburten gestalten. Jetzt ist es an der Zeit, Reiki an alle zurückzugeben.

Dies ist eine Aufforderung zu handeln, gerichtet an Frauen und Männer, an Heiler, an Menschen, die für den Frieden und mit Licht/Erkenntnis arbeiten. Ich appelliere an alle, Reiki allen zugänglich zu machen, so wie es ursprünglich vorgesehen war. Heile die Menschen dieses Planeten, heile Tiere, heile die Erde, heile das menschliche Bewußtsein. Gib Reiki und unterrichte es, damit sich Frieden, Heilung, Gesundheit und positive Veränderungen manifestieren können. Die Reiki-Techniken liegen nun erstmals in gedruckter Form vor, das heißt, die Heimlichtuerei und die Exklusivität sind vorbei. Die Zeit ist reif. Ich bitte alle Reiki-Heiler, sich engagiert für diese Heilung einzusetzen. Ich bitte alle Reiki-III-Schüler, das System gründlich zu studieren und sich für seine Verbreitung einzusetzen. Ich bitte sie, faire Preise zu verlangen oder Reiki umsonst zu geben, damit es alle erreicht.

Jetzt ist es an der Zeit, die Erde und ihre Bewohner – Menschen wie Tiere – zu heilen. Ausflüchte und Verzögerungen darf es nicht mehr geben. Jeder Tag bringt neues Leid, neue Schmerzen und neue Krisen. Wir haben keine Zeit mehr. Denke an die Tugenden der Freundlichkeit und des Mitgefühls und an die Einheit von Körper, Geist und Seele, worauf Reiki und jede Heilung im ganzheitlichen Sinne aufbaut. Erkenne die Notwendigkeit für die Heilung aller Menschen in dieser Zeit des Leidens und der Veränderungen.

ANHANG

Es folgt nun eine Zusammenstellung des Unterrichtsmaterials für die Reiki-Kurse I, II und III. Die meisten Lehrer ziehen es vor, ihre Unterlagen selbst zusammenzustellen. Du kannst über dieses Material frei verfügen und damit arbeiten, solltest jedoch auf die Quelle verweisen.

REIKI-I-POSITIONEN[1]

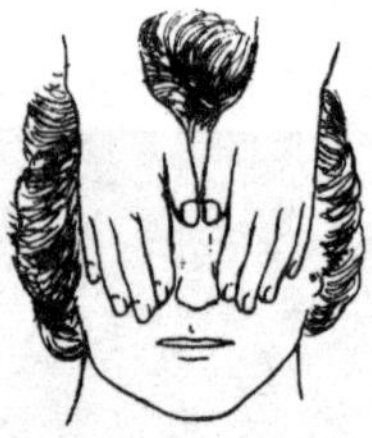
1.

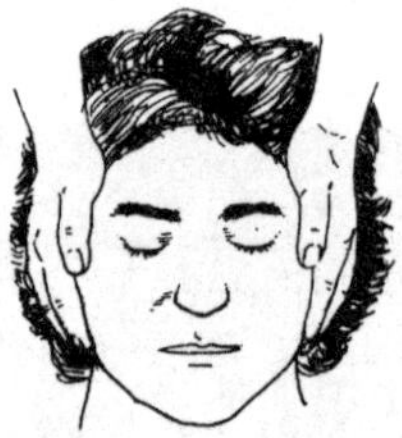
2.

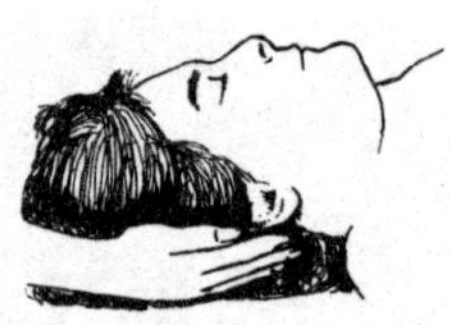
3.

4.

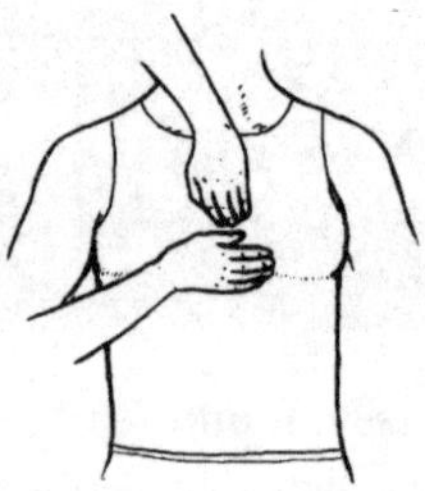
5.

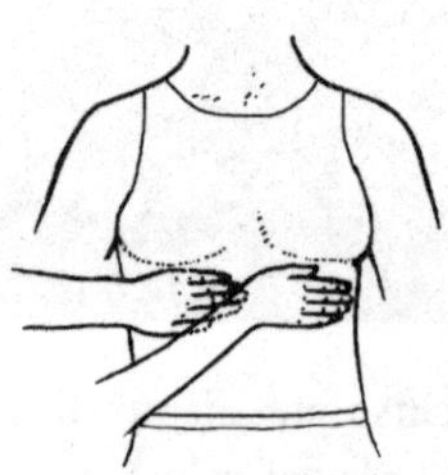
6.

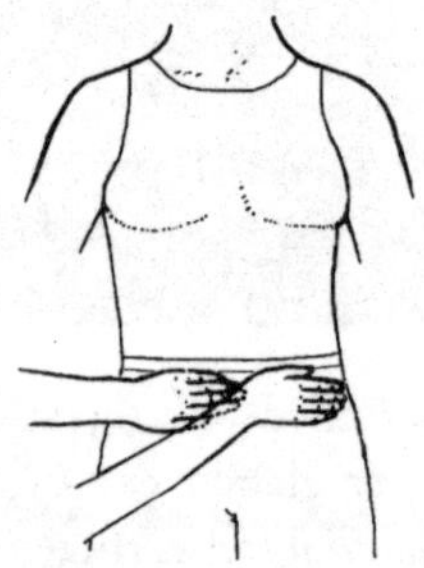
7.

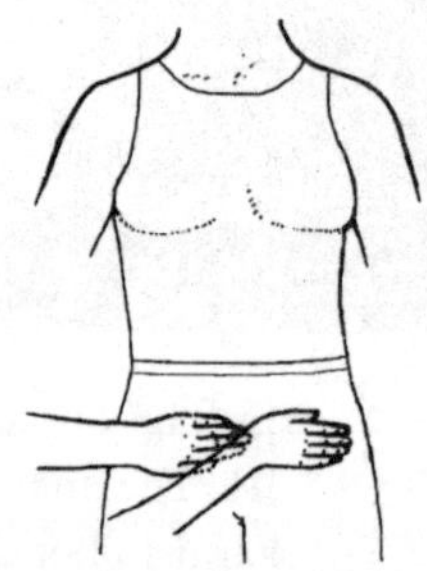
8.

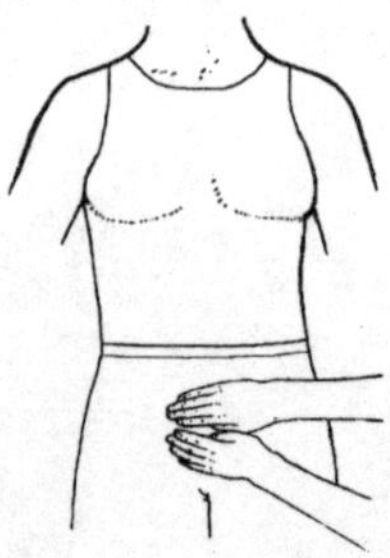
9.

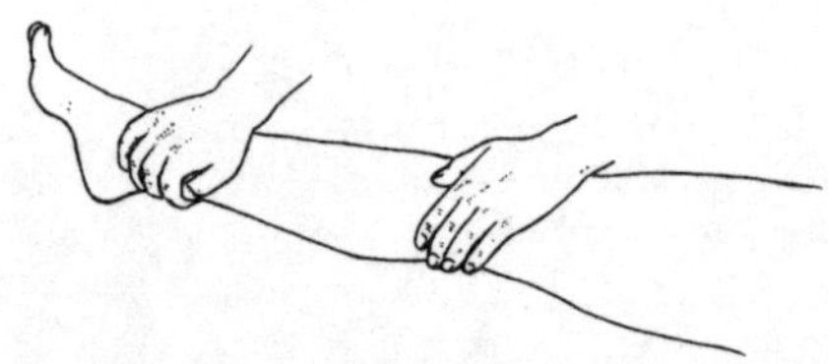
10.

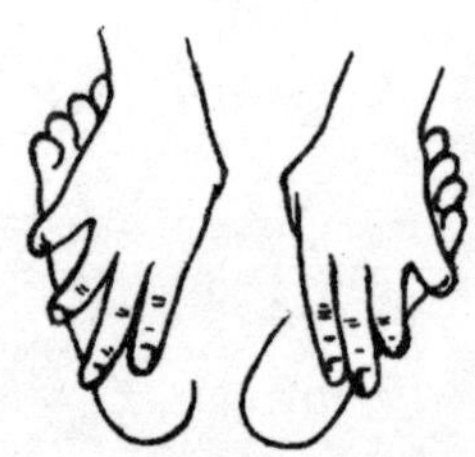
11.

In den Positionen 1-4 befindet sich der Heiler hinter dem Empfänger, in den Positionen 5-9 seitlich von ihm, und für die Positionen 10 und 11 ist es notwendig, sich zu bücken. Für die Behandlung der Füße ist es eventuell praktischer, ganz in die Hocke zu gehen. Wiederhole die gleichen Positionen an der Körperrückseite.

1 Diane Stein, *Naturheilkunde für Frauen. 10 alternative Methoden zur Selbstbehandlung.*

DIE REIKI-LEBENSWEISHEITEN:

Gerade heute sorge dich nicht.
Gerade heute sei nicht ärgerlich.
Ehre deine Eltern, Lehrer und die Älteren.
Respektiere die absolute Einheit allen Lebens.
Sei dankbar für die vielen Segnungen.
Verdiene dein Brot ehrlich.

Reiki II – Die Symbole des zweiten Grades

1. **Cho-Ku-Rei** – Verstärken der Kraft; der Lichtschalter. Wende es umgekehrt an, um die Kraft zu vermindern (zum Beispiel über einem Tumor). Benutze es bei allen Behandlungen. Konzentriere die Kraft auf einen Ort, indem du die universelle Lebensenergie/Energie der Göttin anrufst. Visualisiere das Symbol und/oder sprich seinen Namen dreimal laut oder in Gedanken aus. Anfänger sollten über das Symbol meditieren, um seine tiefere Bedeutung zu erfahren.

2. **Sei-He-Ki** – Emotionale und mentale Heilung, außerdem auch Schutz, Reinigung, Klärung und Befreiung von geistigen Anhängseln oder Verkettungen. »Gott und Mensch sind eins; wie oben, so unten.«

3. **Hon-Sha-Ze-Sho-Nen** – Keine Vergangenheit, keine Gegenwart, keine Zukunft; Fernheilung, ein Zugang zur Akasha-Chronik. »Öffne das Buch des Lebens und lies darin«, oder »Gott in mir erkennt Gott in dir /die Göttin in mir grüßt die Göttin in dir«. Heilt die Vergangenheit, Gegenwart und Zukunft; Karmabereinigung. Wende es stets bei der Fernheilung an.

Diese Symbole müssen auswendig gelernt werden, und du mußt in der Lage sein, sie korrekt zu zeichnen. Die dünnen Linien mit Pfeilen auf den Abbildungen (Seite 204) zeigen die Abfolge der Striche und Bögen. Du kannst sie bei der Kontaktbehandlung anwenden, indem du sie bei der Ausführung der Grundpositionen visualisierst. Du kannst sie zu Beginn der Sitzung anwenden und/oder immer dann, wenn du das Gefühl hast, daß sie gebraucht werden. Das Cho-Ku-Rei kann auch mehrmals gezeichnet werden. Laß dich von deiner Intuition leiten. Die Symbole sind heilig und besitzen starke Kräfte, gehe respektvoll mit ihnen um.

Handbewegungen

Zeichne die Symbole mit der ganzen Hand, als ob du Farbe auf eine Leinwand schmieren würdest. Visualisiere sie in Violett oder laß sie selbst die Farbe wechseln. Bei der Fernheilung visualisierst du die Symbole, anstatt sie zu zeichnen. Sende sie vollständig, und sie werden vollständig übermittelt werden. Um die Kraft der Symbole zu verstärken, drücke bei ihrer Anwendung deine Zungenspitze in die sich am Gaumen befindliche Fuge. Bei der Kontaktbehandlung kannst du die Symbole mit deiner Zunge oder Hand zeichnen oder sie visualisieren.

Die Symbole können zur Manifestierung von Wünschen benutzt werden (besonders das Cho-Ku-Rei). Visualisiere sie deutlich, überlege dir gut, worum du bittest, und achte darauf, daß du die Willensfreiheit anderer nicht einschränkst. Bekräftige die Visualisierung mit einer Affirmation: »Dies oder etwas Besseres manifestiert sich nun für mich auf völlig befriedigende und harmonische Weise, zum Wohle aller Beteiligten.« Die Symbole können auch in doppelter Ausführung benutzt werden.

Die Reiki-II-Symbole

Cho-Ku-Rei
Verstärken der Kraft

Sei-He-Ki
Emotionale Heilung

Hon-Sha-Ze-Sho-Nen
Fernheilung

Reiki II – Die Symbole des zweiten Grades und ihre Schreibweise

Cho-Ku-Rei
»Der Lichtschalter« – Verstärken der Kraft
(im Uhrzeigersinn)

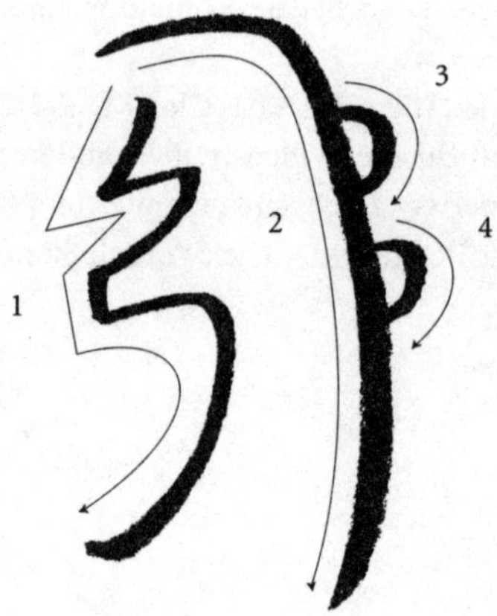

Sei-He-Ki
Emotionale Heilung, Reinigung, Schutz und Klärung

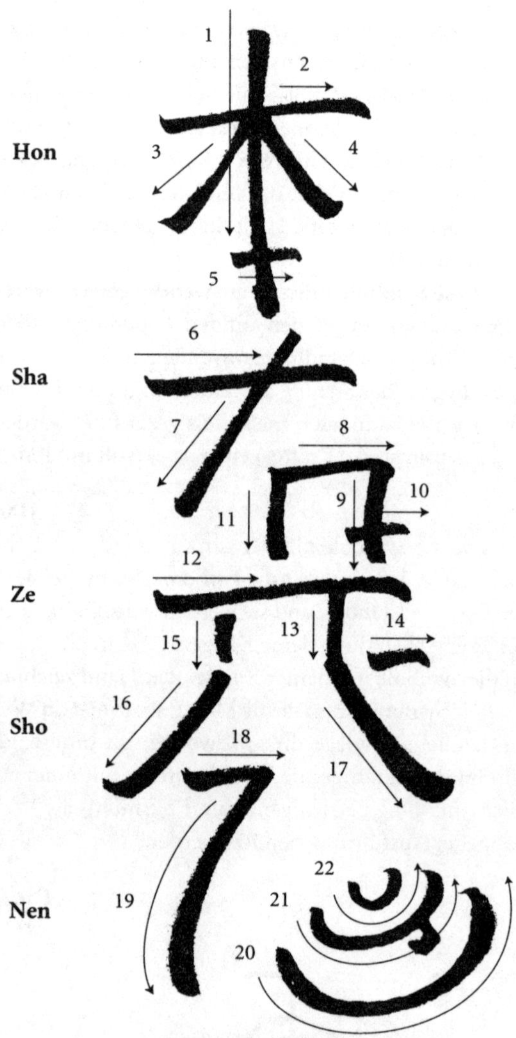

Hon-Sha-Ze-Sho-Nen
»Die Pagode«
Fernheilung, Akasha-Chronik
Vergangenheit – Gegenwart – Zukunft

Reiki II – Andere Reiki-II-Symbole und ihre Schreibweise
Traditionelles Usui-System

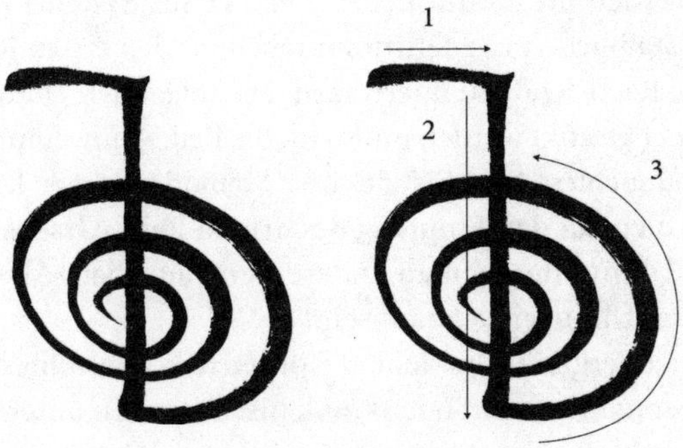

Cho-Ku-Rei
»Lege die Kraft hierher« oder »Gott ist hier«
(entgegen dem Uhrzeigersinn)

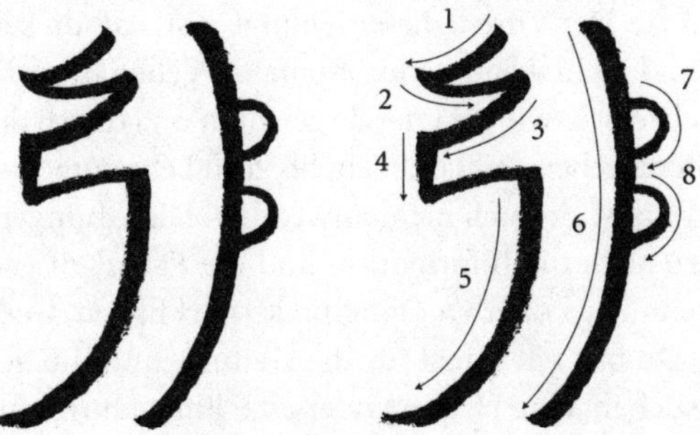

Sei-He-Ki
»Schlüssel zum Universum«
oder »Mensch und Gott werden eins«

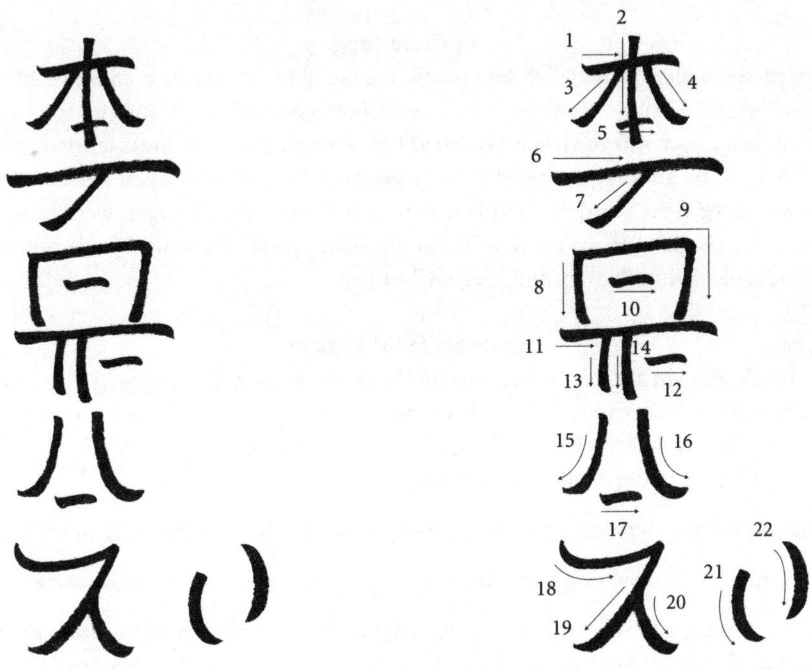

Hon-Sha-Ze-Sho-Nen
»Der Buddha in mir reicht dem Buddha in dir die Hand, um Erleuchtung und Frieden zu fördern«

REIKI II – KRAFTÜBUNGEN

Bei der modernen Lehrmethode wird der Körper als Energiekanal benutzt, um die Einweihungen weiterzureichen. Die hier beschriebene Methode sowie die Kraftübungen werden im traditionellen Reiki (Usui-System) nicht benutzt. Der Vorteil dieser Übungen ist, daß du statt der sonst üblichen vier Einstimmungen für den ersten Reiki-Grad die Einweihung nur einmal zu geben brauchst, um die Reiki-Kraft zu übertragen. Die folgenden Übungen beschreiben, wie die Energie gehalten und durch deinen Körper gelenkt werden muß, um die Reiki-Einweihungen weiterzugeben. Falls du nicht bis zum Lehrergrad weitergehen möchtest, brauchst du diese Methode nicht zu lernen und mußt sie auch nicht anwenden. Die Übungen bereiten dich auf den Empfang des dritten Reiki-Grades vor, wozu auch die Information und die Fähigkeit gehört, Reiki-Einweihungen an andere weiterzugeben. Alle, die bereits Yoga oder Qi-Gong praktiziert haben, werden mit den Übungen vertraut sein.

Du bist ein Kanal für die Heilung und die heilige Reiki-Energie. Halte deinen Körper rein. Du solltest nie versuchen, eine Heilung oder eine Einweihung zu geben, wenn du wütend oder krank bist oder dich unter dem Einfluß von Drogen befindest. Viele glauben, daß Raucher kein klarer Kanal für diese Energie sein können. Solltest du interessiert sein, das Rauchen aufzugeben, ist Reiki dir eine große Hilfe bei der Entgiftung deines Körpers. Das Sei-He-Ki ist das Symbol, auf das du deine Aufmerksamkeit richten solltest, wenn du von einer Abhängigkeit loskommen oder mit einer schlechten Angewohnheit brechen willst.

Vorbereitung

Als ich diese Übungen kennenlernte, hatte ich sehr gemischte Gefühle. Ich wußte nicht so recht, ob ich den Frauen beibringen sollte, wie sie ihre Brust vergrößern oder verkleinern oder ihren Menstruationszyklus kontrollieren können. Doch inzwischen haben mir so viele Frauen bestätigt, wie wichtig oder sogar lebensrettend diese Übungen für sie waren, daß ich meine anfängliche Skepsis aufgegeben habe. Die Übungen der ersten Stufe dienen der Kanalisierung der Ki-Energie. Sie werden nicht benötigt, um Reiki-Einweihungen weiterzureichen oder Reiki-Heilungen zu geben. Die zweite Stufe ist notwendig für die Weitergabe von Reiki-Einweihungen sowie für Reiki III. Visualisiere keine Reiki-Symbole während dieser Übungen.

Erste Stufe für Frauen

Setze dich mit geöffneten Beinen auf den Boden, so daß du die Ferse eines Fußes gegen deine Vagina und Klitoris drücken kannst. Übe mit der Ferse einen festen, gleichmäßigen Druck aus. Falls du nicht so gelenkig bist, kannst du auch einen Tennisball oder einen größeren Kristall zu Hilfe nehmen, um den Druck auszuüben. Nicht selten wirst du dadurch sexuell erregt oder kommst zum Orgasmus.

Reibe deine Hände aneinander, um sie aufzuwärmen; verstärke die Energie in deinen Händen.

Lege die Hände auf deine Brüste und spüre die Wärme, stimuliere nicht die Brustwarzen.

Streiche die Brüste nun vorsichtig und mit sanftem Druck von unten nach oben und von innen nach außen aus. Führe diese kreisenden Bewegungen zweimal täglich mindestens 36- und höchstens 360mal aus. Du kannst mit 36 anfangen und die Anzahl der Bewegungen langsam erhöhen. Es ist vorteilhaft, wenn die Brüste dabei entblößt sind.

Diese kreisende Bewegung (nach oben und nach außen) wird Verteilung genannt. Bei korrekter Ausführung werden unter Umständen Knoten in der Brust verkleinert oder gar beseitigt und außerdem die Brüste verkleinert. Auch die lästigen Beschwerden in den Wechseljahren können dadurch gelindert oder behoben werden.

Kreisbewegungen in der entgegengesetzten Richtung (nach oben und nach innen) werden Inversion genannt. Diese Umkehrübungen können die Brust vergrößern, aber auch eventuell vorhandene Knoten in der Brust anregen. Beschränke dich auf die Verteilung, falls du Knoten oder Zysten hast.

Du kannst die Übungen auch zur Hälfte als Verteilung und zur Hälfte als Inversion ausführen, dann verändert sich die Brustgröße nicht.

Reiki II – Zweite Stufe für Frauen

Dies ist die für die Weitergabe der Reiki-Einweihungen benötigte Hui-Yin-Position.

Spanne im Sitzen die Muskeln der Vagina sowie des Afters an, als wolltest du sie schließen. Falls du jemals Kegel-Übungen gemacht hast, wird dir dies bekannt vorkommen. Drücke als nächstes den Schließmuskel des Afters so stark zusammen, als ob du den Mastdarm in den Körper zu ziehen versuchst. Wenn du es richtig machst, fühlt es sich an, als ob Luft durch Vagina und After einströmt. Halte die Anspannung, solange es angenehm ist. Entspanne dich dann und wiederhole die Übung ein paarmal.

Anfangs bereitet diese Übung vielen Frauen Schwierigkeiten. Mit zunehmender Kontrolle über die Muskeln wird es leichter, und du kannst länger in der Position verharren. Zum Schluß beherrschst du die Muskelanspannung so gut, daß du dabei deinen täglichen Verrichtungen nachgehen kannst. Du mußt die Hui-Yin-Position mindestens zwei bis drei Minuten mit angehaltenem Atem einnehmen können, und für die Weitergabe einer Einweihung noch länger, allerdings ohne die Luft anzuhalten. Versuche es anfangs mit angehaltenem Atem. Bei korrekter Durchführung wirst du einen Energieschub im mikrokosmischen Kreislauf der Hara-Linie verspüren.

Während du die Hui-Yin-Position beibehältst, führst du deine Zunge in die Furche hinter den Zähnen. Jetzt sind die Meridiane des Konzeptions- und des Lenkergefäßes miteinander verbunden, der Energiekreislauf ist geschlossen. Halte die Anspannung am Damm und an der Zunge und spüre, wie die Energie hindurchfließt. Hole tief Luft und halte deinen Atem an, solange du kannst. Es erfordert fleißiges Üben. Du mußt in der Lage sein, mindestens drei bis vier Minuten mit angehaltenem Atem und geschlossener Wurzelschleuse und Zungenposition stehend so auszuharren. Zweck dieser Position ist die Schließung der Kanäle, wodurch die Energie über die Hara-Linie umgeleitet und durch deinen Körper geschickt wird, um schließlich über deinen Atem und deine Hände wieder auszutreten. Auf diese Weise wird eine Reiki-Einweihung weitergereicht und jemand zum Reiki-Meister gemacht. Vielleicht nimmst du die Energie auch als kreisende Acht – das ägyptische Symbol für Unendlichkeit – wahr.

Anmerkungen

Bei diesen Übungen richtet sich durch die kontrollierte Übertragung von Energie die Aufmerksamkeit auf das spirituelle Bewußtsein und die Verbindung des Spirituellen mit dem Körperlichen. Die Energie wird daran gehindert, durch deinen Körper zu fließen und statt dessen dorthin gelenkt, wo du sie benötigst – in deinen Händen und in deinem Atem für die Weiterreichung der Reiki-Einweihungen.

Dabei kommt es unter Umständen zu sexueller Erregung oder zum Orgasmus, auch mehrere Orgasmen hintereinander sind keine Seltenheit. Mit der Zeit läßt dieses Phänomen nach.

Manche Frauen machen eine Erfahrung, die im Qi-Gong als »Umkehr des Blutes« bezeichnet wird. Dies bedeutet, daß die Menstruation schwächer wird oder bei Frauen, die die Übungen der ersten Stufe praktizieren, eventuell ganz aufhört. Die Ursache liegt im Absinken des Östrogenspiegels. Führe diese Übung also nicht zu häufig durch, ein Ausbleiben der Menstruation ist nicht unbedingt erstrebenswert. Versuche es mit einer geringeren Anzahl von kreisenden Bewegungen um die Brüste, weniger als 100, und das zweimal täglich. Sollte die Menstruation ganz ausbleiben, kann keine Empfängnis stattfinden. Die Blutung kommt nicht eher wieder in Gang, bis die kreisenden Bewegungen reduziert werden. Die Theorie besagt, daß die Energie, die verwendet wird, um das Ei für die Empfängnis vorzubereiten, nach oben zur Krone umgeleitet wird. Die weibliche Kraft der Frau wird für das spirituelle Wachstum kanalisiert, wobei ihrem physischen Körper erhöhte Energie zugeführt wird. Die Menstruation setzt wieder ein, wenn die Kreisbewegungen eingeschränkt werden.

Es sind keinerlei schädliche Nebenwirkungen von diesen Übungen bekannt. Sie geben Kraft und fördern den Heilungsprozeß, insbesondere bei Frauen, die Knoten in der Brust haben oder die dringend einer Gedanken- oder Körperkontrolle bedürfen. Frauen in den Wechseljahren können diese Übungen zur Linderung oder gar Beseitigung ihrer Beschwerden einsetzen. Sie halten damit die biologische Uhr an. Außerdem fördern diese Übungen die Kreativität und erweitern das Bewußtsein.

Führe die Übungen zweimal täglich durch, nach dem Aufwachen und vor dem Schlafengehen. Die Übungen der zweiten Stufe sind Voraussetzung für Reiki III.

MANIFESTIERUNGSNETZ

1. *Visualisiere deinen Wunsch mit dir darin.*
2. *Plaziere die Erde hinter deinen Wunsch (und hinter dich).*
3. *Breite ein goldenes Netz über die Wunschvorstellung, diagonal oder spiralförmig, das vom Himmel zur Erde verläuft.*
4. *Zeichne das Cho-Ku-Rei über das gesamte Bild.*
5. *Bleib, solange du kannst, in deinem Bild und laß es dann los.*
6. ***Überlege dir gut, worum du bittest, es könnte in Erfüllung gehen!***

Reiki II – Für Männer

Dies sind die auf die männliche Anatomie zugeschnittenen Reiki-Kraftübungen. Sie bewirken folgendes:

1. Die Stärkung der Geschlechtsorgane.

2. Die Erhöhung des spirituellen Bewußtseins sowie der Verbindung von Geist, Körper und Seele. Die Prostata ist hormonell mit den Nebennieren und anderen Drüsen entlang des Kundalini/Wirbelsäulen-Kanals und der Hara-Linie verbunden. Die dadurch bedingte Verstärkung der Zirkulation im Unterleib wird zu einem starken Energiefluß, der Nährstoffe und spirituelle Energie des Samens durch den Rest des Körpers, insbesondere zur Krone und durch sie hindurch transportiert. Wenn die energetische Verbindung hergestellt ist, wirst du einen Kälteschauer oder ein Kribbeln verspüren, das, einem Orgasmus vergleichbar, die Wirbelsäule bis zum Kopf hochsteigt. Spürst du dieses Kribbeln an der höchsten Stelle des Kopfes, jedoch nicht in deiner Rückenmitte, bedarf es noch etwas Übung, um deine Sensibilität zu erhöhen. Falls diese Empfindungen sich über kurz oder lang nicht einstellen, sind unter Umständen Energieblockaden vorhanden, die aufgelöst werden müssen. Versuche es mit dem mikrokosmischen Kreislauf.

3. Das dritte Ziel ist Selbstbestimmung. Sollte ein Chakra oder ein Energiepunkt blockiert sein, so wird die Energiebewegung dort gestoppt. Durch die Kontaktbehandlung des blockierten Bereichs und durch eine Mentalbehandlung können unbewußte Blockaden aufgelöst werden. Sobald die Drüse/das Chakra wieder durchgängig ist, bewegt sich der Energiestrom aufwärts. Fließt die Energie während der Übung bis in die Krone, sind keine Blockaden vorhanden. Denke daran, die Energie im Hara zu erden.

4. Ein stetig wachsender innerer Frieden ist das vierte Ziel dieser Übungen. Mit der Zeit werden Kreativität sowie geistige Prozesse verstärkt, und du erfährst immer mehr Ruhe und Frieden sowie eine spirituelle Öffnung.

Erste Stufe für Männer

Führe diese Übung sitzend, stehend oder liegend aus, am besten unbekleidet. Reibe deine Hände schnell aneinander, um vermehrt Hitze und Energie zu erzeugen.

Umfasse deine Hoden mit der rechten Hand, so daß sie vollständig bedeckt sind. Übe nur einen leichten Druck aus und gib die Wärme weiter.

Lege als nächstes die linke Hand an das Hara, gut zwei Zentimeter unter dem Bauchnabel und streiche mit sanftem Druck 81mal im Uhrzeigersinn um den Nabel. Spüre dabei die zunehmende Wärme deiner Hand.

Wiederhole die Übung mit der anderen Hand, wobei du zuerst wieder beide Hände aneinanderreibst, um Wärme und Energie zu erzeugen. Umfasse nun mit deiner linken Hand die Hoden, während du die rechte auf das Hara legst. Führe die kreisenden Bewegungen nun 81mal entgegen dem Uhrzeigersinn aus. Konzentriere dich dabei auf die körperliche Bewegung und fühle die aufsteigende Wärme.

Ziel dieser Übung ist die Vereinigung von Körper, Geist und Seele.

Visualisiere dabei keine Reiki-Symbole und verstärke die Energie auch nicht in Gedanken. Die Visualisierung des Raku könnte hierbei gefährlich sein, da es eine Überaktivierung der Ki-Kräfte zur Folge hat. Solltest du zu weit gegangen sein, wende Erdungsmethoden an. Umarme einen Baum, lege dich auf den Boden, zentriere und harmonisiere dich, sende Wurzeln in das Herz der Erde aus. Stell dir vor, daß die Feuerenergie eingedämmt wird und durch die Körpervorderseite ins Erd-Chakra zurückkehrt.

Reiki II – Zweite Stufe Für Männer

Dies ist die Hui-Yin-Position, in der die Reiki-Einweihungen vorgenommen werden. Im Unterschied zu der zweiten Stufe für Frauen werden hier nur die Aftermuskeln angespannt.

Drücke den Schließmuskel zusammen, als wolltest du ihn in den Körper hineinziehen. Bei korrekter Anwendung fühlt es sich an, als ob du durch den Mastdarm Luft in deinen Körper saugst. Halte die Anspannung, solange sie angenehm ist. Entspanne dich und wiederhole die Übung mehrmals, ohne Beschwerden dabei zu empfinden.

Du wirst ein Kribbeln spüren, das sich über die gesamte Hara/Kundalini-Linie erstreckt. Dies ist eine natürliche Reaktion, die rasch kommt und wieder vergeht. Versuche nicht, sie durch Gedanken zu beeinflussen oder bewußt zu kontrollieren.

Lege deine Zunge gegen den Gaumen. Verharre in der Hui-Yin-Position, mit der Zunge am Gaumen, und halte, solange du kannst, deinen Atem an. Dann löse die Anspannung und probiere es erneut. Für die Weitergabe von Reiki-Einweihungen mußt du in der Lage sein, diese Position stehend drei bis vier Minuten beizubehalten.

Führe diese Übungen zweimal täglich aus: morgens nach dem Aufwachen und abends vor dem Einschlafen. Durch fleißiges Üben lernst du, diese Positionen immer länger zu halten (zweite Stufe). Wenn du weiterhin die kreisenden Bewegungen (erste Stufe) ausführst, stellt sich mit der Zeit ein Hochgefühl und ein absolutes Wohlbefinden ein. Die Übungen der zweiten Stufe sind wie bei den Frauen Voraussetzung für die Weitergabe von Einweihungen. Die Übungen der ersten Stufe haben bei Männern das Ziel, Energieblockaden zu lösen, spirituelles Bewußtsein zu verstärken und ein Gefühl der körperlich-geistigen Verbundenheit und des Wohlergehens zu erzeugen. Sie steigern außerdem die sexuelle Leistungsfähigkeit und lindern Prostatabeschwerden.

Ich freue mich über jeden Mann, der sich in dieser Zeit der Veränderung spirituell weiterentwickelt. Dein Bewußtsein ist erwacht mit deiner persönlichen Heilung, und die wiederum ist ein Teil der Heilung aller Menschen und des gesamten Planeten.

REIKI III

Reiki-III-Symbole und ihre Schreibweise

Dai-Ko-Myo

Heilung der Seele, Weitergabe von Einweihungen (wird von da an bei allen Heilungen eingesetzt). Zeichne es von der Mitte der Spirale aus.

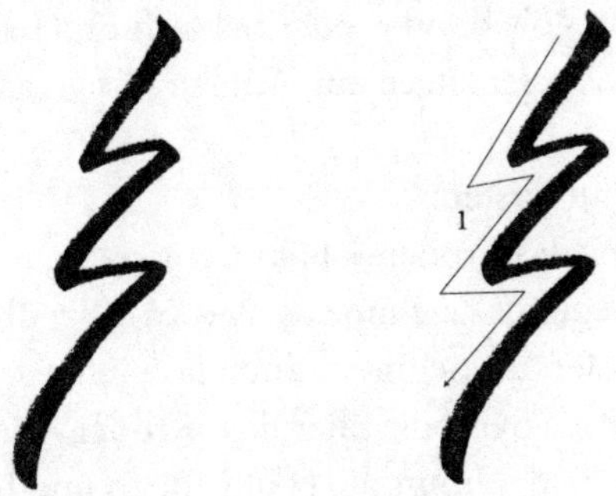

Raku

Der Blitz, Dämmung des Feuers (nur für die Weitergabe von Einweihungen).

Traditionelle Symbole des dritten Grades: Alternative Dai-Ko-Myo-Formen

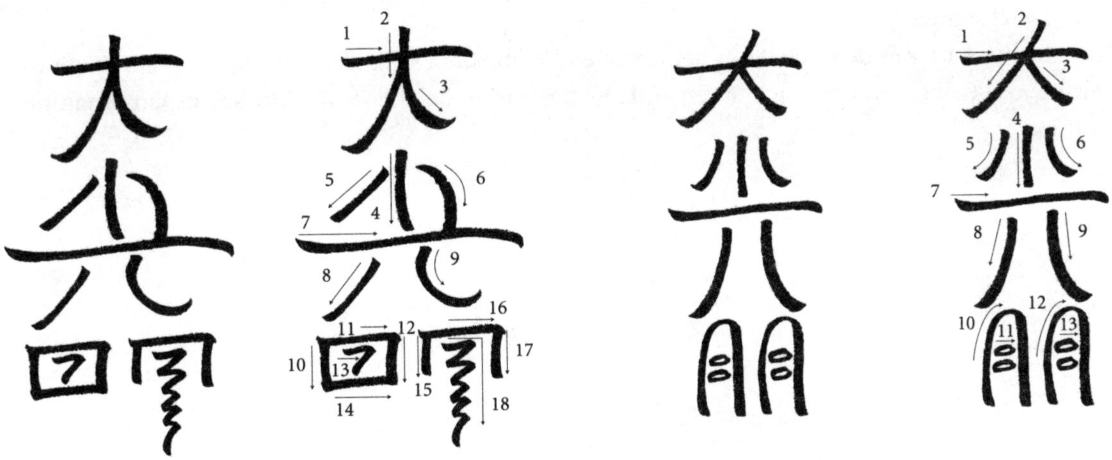

Symbol des Reiki-Meisters; Mann – Frau – Universum = vollständige Energie

DIE WEITERGABE VON EINWEIHUNGEN

Verharre in der Hui-Yin-Position mit der Zunge am Gaumen. Halte den Atem an, es sei denn, du bläst, hole dann wieder tief Luft und halte sie an. Der Reiki-Meister steht während der Einweihung, die Schüler sitzen auf Stühlen mit geraden Lehnen, wobei sie ihre Hände auf Brusthöhe falten.

1. Von hinten:
Öffne das Kronen-Chakra, entweder mit einer Visualisierung oder durch eine entsprechende Handbewegung. Zeichne das Dai-Ko-Myo über dem Kronen-Chakra. Beuge dich vor, um die Hände des Schülers zu nehmen, und blase in das Kronen-Chakra. Hole tief Luft und halte sie an. Zeichne die anderen Symbole über dem Kronen-Chakra: das Cho-Ku-Rei, das Sei-He-Ki und das Hon-Sha-Ze-Sho-Nen. Nimm die Hände hoch und blase in das Kronen-Chakra. Hole wieder tief Luft und halte den Atem an.

2. Geh nach vorn:
Öffne die Hände des Schülers wie ein Buch. Zeichne das Cho-Ku-Rei über beide Handflächen. Klopfe dreimal. Zeichne das Sei-He-Ki über beide Handflächen. Klopfe dreimal. Zeichne das Hon-Sha-Ze-Sho-Nen über beide Handflächen. Klopfe dreimal. Zeichne das Dai-Ko-Myo über beide Handflächen. Klopfe dreimal. Falte die Hände des Schülers und halte sie in einer Hand. Blase vom Wurzel-Chakra zum Herzen. Hole tief Luft und halte den Atem an.

3. Geh nach hinten:
Schließe die Aura mit den sich darin befindenden Symbolen. (Schließe nicht das Kronen-Chakra.) Zeichne das Raku von oben nach unten entlang der Wirbelsäule. Löse die Muskelanspannung und atme aus.

ZUSAMMENFASSUNG: TIBETISCH-BUDDHISTISCHE DEFINITION DER FÜNF REIKI-SYMBOLE

Die fünf Reiki-Symbole stellen die fünf Ebenen des Geistes dar. Zusammen verkörpern sie die aufgehobene Dualität von Geist und Objekt sowie die Leere des Ego, das die höchste Stufe des vollendeten Wegs der Erleuchtung (buddhistisches Nirwana) erreicht. Mit Erreichen dieser Stufe wird die Kette der endlosen Wiedergeburten durchbrochen.

Ursprünglich diente das Symbol nicht Heilzwecken (weltlich), sondern sollte anderen Menschen zur Erleuchtung verhelfen. Fünf Ebenen der Weisheit, die in der Erleuchtung gipfeln.

Cho-Ku-Rei – Beginn oder Eintritt, Entwicklungsebene. Plazierung des Mandalas im Herzen. Meditieren, bis die Unterschiede zwischen Meditation und der Welt restlos aufgehoben sind. Leere – Losgelöstheit von der irdischen Ebene. Der erste Schritt, die erste Erfahrung. (Reiki-Definition: der Lichtschalter.)

Sei-He-Ki – Die Erde (und die inkarnierte Person) wird als unreiner Boden betrachtet. Unreiner Boden (gelb) wird durch Weisheit in Gold umgewandelt – Reinigung, Transmutation, alchimistische Verwandlung von unedlen Metallen zu Gold. Das ist Erleuchtung, wie sie nur wenige erlangen (Buddha-Status), durch das Erkennen der Leere des Selbst. Läuterung durch das Feuer der Weisheit zu Gold/Reinheit. (Reiki-Definition: emotionale Heilung, Reinigung, Klärung, Schutz.)

Hon-Sha-Ze-Sho-Nen – Keine Vergangenheit, keine Gegenwart, keine Zukunft. Die Überwindung von Täuschung und Karma (wobei Karma als Aktivität des Geistes definiert wird). Der Geist schafft Zeit, Raum, Begrenzung sowie Täuschung. Erleuchtung bedeutet, die Buddha-Natur (göttliche Identität) jenseits des Geistes zu erfahren. Ist der Geist bewußt, gibt es Offenheit und Loslösung: Überwindung von Zeit, Raum, Täuschung und Begrenzung. Die Aufhebung von Begrenzung heißt alles zu verstehen. (Reiki-Definition: Heilung der Vergangenheit/Gegenwart/Zukunft, Auflösung des Karmas, Fernheilung.)

Dai-Ko-Myo – »Der mit dem freigebigen Herzen des Mahayana« oder »Tempel des strahlenden Lichtes«. Jemand, der zum Wohle aller nach Erleuchtung strebt und sie erreichen wird. Er erkennt, daß Vereinigung die Grundlage für das Verständnis aller Dinge ist. (Einheit, du bist die Göttin.) Mit der Erleuchtung wird er von Inkarnation und Leiden befreit. Dies ist im Buddhismus die einzige wirkliche Form der Heilung. (Reiki-Definition: Heilung der Seele.)

Raku – Vervollständigung, Erreichen des unteren Nirwana, Leere des Selbst und der Existenz. Die Erscheinung eines Buddha- (oder Göttinnen-) Bildes im Selbst. Freiheit, Erleuchtung, vollkommener Frieden. Befreiung von der Illusion der materiellen Welt, Lösung vom Körper und der Inkarnation, vollkommene Heilung. Im Buddhismus wird dieses Symbol von den Füßen zur höchsten Stelle des Kopfes gezeichnet, um aus dem Körper auszutreten. Im Reiki wird es von oben nach unten (von der Oberseite des Kopfes zu den Füßen) zur Erdung benutzt und um die kosmische Energie in den Körper zu ziehen (gegensätzliche Absicht und Bedeutung – Reiki ist der weltliche Gebrauch der Symbole, Erleuchtung ist der spirituelle und buddhistische Gebrauch; nach buddhistischer Auffassung sind Körper und Heilung belanglos). (Reiki-Definition: der Blitz, Vollendung, Erdung.)

Einstimmung = Einweihung = Ermächtigung

Bibliographie

Arnold, Larry/Nevius, Sandi: *The Reiki Handbook.* PSI Press, Harrisburg, PA 1982.

Baginski, Bodo J./Sharamon, Shalila: *Reiki. Universale Lebensenergie zur ganzheitlichen Behandlung.* Synthesis Verlag, Essen 1985.

Bailey, Alice: *The Rays and the Initiations, Volume V.* Publishing Company, New York, NY 1972.

Birnbaum, Raoul: *Der heilende Buddha. Einführung in das psychosomatische Heilsystem des Buddhismus.* Goldmann Verlag, München 1990.

Blofeld, John: *Bodhisattva of Compassion: The Mystical Tradition of Kuan Yin.* Shambala Publications Inc., Boston, MA 1977.

Blofeld, John: *The Tantric Mysticism of Tibet: A Practical Guide to the Theory, Purpose and Techniques of Tantric Mysticism.* Arkana Books, New York, NY 1970.

Boucher, Sandy: *Turning the Wheel: American Women Creating the New Buddhism.* Beacon Press, Boston, MA 1993.

Brennan, Barbara Ann: *Licht-Arbeit. Das große Handbuch der Heilung mit körpereigenen Energiefeldern.* Goldmann Verlag, München 1993.

Brennan, Barbara Ann: *Licht-Heilung. Der Prozeß der Genesung auf allen Ebenen des Körpers.* Goldmann Verlag, München 1994.

Brown, Fran: *Reiki leben – Großmeisterin Takatas Lehren.* Synthesis Verlag, Essen 1993.

Bruyere, Roslyn L./Farrens, Jeanne (Hg.): *Wheels of Light: A Study of the Chakras, Vol. I.* Bon Productions, Sierra Madre, CA 1989.

Burrt, E. A.: *The Teachings of the Compassionate Buddha.* Mentor Books, New York, NY 1955.

Chaney, Earlyne/Messick, William L.: *Kundalini and the Third Eye.* Astara, Inc., Upland, CA 1980.

Chang, Stephen T.: *Das Tao der Sexualität. Von der tieferen Weisheit des Lebens.* Goldmann Verlag, München 1995.

Chia, Mantak und Maneewan: *Awaken Healing Light of the Tao.* Healing Tao Books, Huntington, NY 1993.

Chia, Mantak: *Awakening Healing Energy Through the Tao.* Aurora Press, Santa Fe, NM 1983.

Mackenzie Clay, A. J.: *The Challenge to Teach Reiki.* New Dimensions, Byron Bay, NSW, Australien 1992.

Mackenzie Clay, A. J.: *One Step Forward for Reiki.* New Dimensions, Byron Bay, NSW, Australien 1992.

Coddington, Mary: *In Search of the Healing Energy.* Destiny Books, New York NY 1978.

Conze, Edward: *Der Buddhismus. Wesen und Entwicklung.* Kohlhammer, Stuttgart 1981.

Diamond, John: *Der Körper lügt nicht.* Verlag für angewandte Kinesiologie, Freiburg im Breisgau 1993.

Finley II, Sherwood H. K.: »Secrets of Reiki: Healing With Energy in an Ancient Tradition« in *Body, Mind and Spirit,* März/April 1992.

Garfield, Laeh Maggie/Grant, Jack: *Companions in Spirit.* Celestial Arts Press, Berkeley, CA 1984.

Haberly, Helen J.: *Reiki: Hawayo Takata's Story.* Archedigm Publications, Olney MD 1990.

Hay, Louise L.: *Heile deinen Körper. Seelisch-geistige Gründe für körperliche Krankheit.* Verlag Alf Lüchow, Freiburg im Breisgau 1989.

Hay, Louise L.: *You Can Heal Your Life.* Hay House, Santa Monica, CA 1984.

Homan, Frank: *Kofutu Touch Healing.* Sunlight Publishing, Philadelphia, PA 1986.

Kersten, Holger: *Jesus lebte in Indien: sein geheimes Leben vor und nach der Kreuzigung.* Ullstein, Berlin 1996.

Marciniak, Barbara/Thomas, Tera (Hg.): *Bringers of the Dawn: Teachings From the Pleiadians.* Bear and Company Publishing, Santa Fe, NM 1992.

Mitchell, Paul David: *Reiki: The Usui System of Natural Healing.* The Reiki Alliance, Coeur d'Alene, Idaho 1985.

Mookerjee, Ajit: *Kundalini: The Arousal of the Inner Energy.* Destiny Books, Rochester, VT 1991.

Packer, Duane/Roman, Sanaya: *Awakening Your Light Body.* LuminEssence Productions, Inc., Oakland, CA 1989. 6teilige Reihe von Tonkassetten.

Rambach, Pierre: *The Secret Message of Tantric Buddhism.* Rizzoli International Publications, New York, NY 1979.

Rand, William L.: »A Meeting With Phyllis Furumoto«. In *Reiki News,* Frühjahr 1992.

Rand, William L.: *Reiki: The Healing Touch, First and Second Degree Manual.* Vision Publications, Southfield, MI 1991.

Starhawk: *The Spiral Dance: A Rebirth of the Ancient Religion of the Great Goddess.* Harper and Row Publishers, San Francisco, CA 1979.

Steadman, Alice: *Who's the Matter With Me?* ESPress Inc., Washington, DC 1996.

Stein, Diane: *The Natural Remedy Book for Dogs and Cats.* The Crossing Press, Freedom, CA 1994.

Stein, Diane: *Dreaming the Past, Dreaming the Future: A Herstory of the Earth.* The Crossing Press, Freedom CA 1991.

Stein, Diane: *Naturheilkunde für Frauen. 10 alternative Methoden zur Selbstbehandlung.* Fischer TBV, Frankfurt 1997.

Takata, Hawayo: *The History of Reiki as Told by Mrs. Takata.* The Center for Reiki Training, Southfield, MI 1979. Tonkassette und Begleitheft.

Wallace, Amy/Henkin, Bill: *Anleitung zum Geistigen Heilen.* Synthesis, Essen 1982.

Janet G. Woititz

Heilen der Sexualität

Partnerschaft - Intimität - Vertrauen - Liebe

In Heilen der Sexualität wendet sich Janet G. Woititz an die Millionen Männer und Frauen – einschließlich ihrer Partner, Familien und Freunde –, die aufgrund ihrer Kindheitserlebnisse nicht in der Lage sind, gesunde Beziehungen zu unterhalten.

Dieses Buch beschäftigt sich damit, wie Menschen sich von den Fesseln befreien können, in die sie infolge zu früher sexueller Erfahrungen und/oder Verschmelzung geraten sind. Es handelt von Beeinträchtigungen des Individuationsprozesses, die die Betroffenen überwinden müssen, um zu anderen Menschen realistische und normale Beziehungen aufnehmen zu können – sexuelle ebenso wie andere. Es gibt keinen Zweifel daran, daß das möglich ist. Sich dessen bewußt zu werden ist der erste Schritt auf diesem Weg. Wenn diese Voraussetzung erst einmal erfüllt ist, stehen dem Betroffenen verschiedene Wahlmöglichkeiten offen. Eine positive Wahlmöglichkeit ist der Anfang eines neuen Lebens, das Ihnen helfen wird, von Ihren Kindheitstraumata zu genesen, indem Sie an der Heilung Ihrer sexuellen Persönlichkeit arbeiten.

Mit einer Adressenliste wichtiger Beratungsstellen.

Janet G. Woititz ist die Begründerin und Vorsitzende des Institute for Counseling and Training in West Caldwell, New Jersey, einer Einrichtung, die sich darauf spezialisiert hat, mit dysfunktionalen Familien und Einzelklienten zu arbeiten.

160 S., Paperback
DM 24,80/ÖS 181,–/sFr 23,–
ISBN 3-925610-01-4

Charles L. Whitfield

Heilen des inneren Kindes

Entdecken und erwecken Sie den Teil in sich wieder, der lebendig, kraftvoll, schöpferisch und erfüllt ist: IHR WAHRES SELBST.

Das innere Kind ist der Teil eines jeden von uns, der lebendig, voller Lebenskraft, schöpferisch und erfüllt ist; es ist unser wahres Selbst – das, was wir wirklich sind.

Unsere Eltern und die Gesellschaft haben unbewußt dazu beigetragen, daß die meisten von uns das Kind in sich ablehnen. Wenn aber dieses Kind nicht umsorgt wird und man ihm keine Möglichkeit bietet, sich frei auszudrücken, entsteht ein falsches oder »co-abhängiges« Selbst, wie es in der Fachsprache heißt. Dann erleben wir unser Dasein aus der Sicht eines Opfers, und es wird uns schwerfallen, seelische Traumata aufzulösen. Wenn sich unerledigte geistig-seelische Probleme mit der Zeit immer mehr aufstauen, können chronische Ängste, Zustände der Verwirrtheit, eine innere Leere und ein generelles Gefühl des Unglücklichseins entstehen.

Es gibt jedoch einen Ausweg. Wir können das Kind in uns entdecken und heilen und uns damit von den Fesseln und Leiden unseres falschen Selbst befreien. Davon handelt dieses Buch.

Mit einem Adressenverzeichnis von Beratungsstellen und Selbsthilfegruppen.

Charles L. Whitfield, M.D., hat siebzehn Jahre lang Patienten behandelt, die Probleme mit Alkohol, Drogen oder mit ihren Familien hatten. Er führt in Baltimore eine Privatpraxis und hat sich auf die Behandlung von erwachsenen Kindern und Co-Abhängigen spezialisiert. Außerdem ist er Mitglied des Lehrkörpers der »Summer School on Alcohol Studies« der medizinischen Fakultät der Universität von Maryland.

200 S., Paperback
DM 27,80/ÖS 219,–/sFr 26,–
ISBN 3-925610-02-2